新世界新思想译丛
New World New Ideas

The Sublime Object of Ideology

意识形态的崇高客体

第二版

〔斯洛文尼亚〕斯拉沃热·齐泽克（Slavoj Žižek）著
季广茂 译

中央编译出版社
Central Compilation & Translation Press

图书在版编目（CIP）数据

意识形态的崇高客体／（斯洛文）斯拉沃热·齐泽克著；
季广茂译. —北京：中央编译出版社，2017.8（2024.8 重印）
书名原文：The Sublime Object of Ideology
ISBN 978-7-5117-3369-6

Ⅰ．①意⋯
Ⅱ．①斯⋯ ②季
Ⅲ．①意识形态－研究
Ⅳ．①B022

中国版本图书馆 CIP 数据核字（2017）第 183016 号

The Sublime Object of Ideology
By Slavoj Žižek
Copyright©2008 by Verso
Simplified Chinese edition copyright：
2014 CENTRAL COMPILATION and TRANSLATION PRESS
All rights reserved.

意识形态的崇高客体

责任编辑	王 琳　朱瑞雪
责任印制	李 颖
出版发行	中央编译出版社
地　　址	北京市海淀区北四环西路 69 号（100080）
电　　话	（010）55627391（总编室）　（010）55627319（编辑室）
	（010）55627320（发行部）　（010）55627377（新技术部）
经　　销	全国新华书店
印　　刷	北京溢漾印刷有限公司
开　　本	710 毫米 × 1000 毫米 1/16
字　　数	316 千字
印　　张	25.25
版　　次	2017 年 8 月第 2 版
印　　次	2024 年 8 月第 12 次印刷
定　　价	70.00 元

新浪微博：@中央编译出版社　　微　信：中央编译出版社（ID：cctphome）
淘宝店铺：中央编译出版社直销店（http://shop108367160.taobao.com）（010）55627331

本社常年法律顾问：北京市吴栾赵阎律师事务所律师　阎军　梁勤
凡有印装质量问题，本社负责调换，电话：（010）55627320

目 录

新版前言：观念的便秘 …………………………………… 1
引 论 …………………………………………………………… 1

第一部分 征 兆

一 马克思如何发明了征兆？ …………………………… 3
  1. 马克思、弗洛伊德：对形式的分析 ……………… 3
  2. 商品形式之无意识 ………………………………… 9
  3. 社会性征兆 ………………………………………… 17
  4. 商品恋物癖 ………………………………………… 20
  5. 极权主义的笑声 …………………………………… 24
  6. 狗智主义：意识形态的一种形式 ………………… 26
  7. 意识形态幻象 ……………………………………… 30
  8. 信仰的客观性 ……………………………………… 34
  9. "律令就是律令" …………………………………… 37
  10. 卡夫卡：阿尔都塞的批判者 …………………… 46
  11. 作为现实支撑物的幻象 ………………………… 52
  12. 剩余价值与剩余快感 …………………………… 55

二 从征兆到征候 ··· 73
（一）对征兆的诸种辩证 ······································· 73
  1. 回到未来 ··· 73
  2. 历史中的重复 ··· 78
  3. 黑格尔与奥斯汀并驾齐驱 ··································· 83
  4. 两个黑格尔式的笑话 ······································· 84
  5. 时间陷阱 ··· 88
（二）作为实在界的征兆 ······································· 91
  1. 作为征兆的泰坦尼克号 ····································· 91
  2. 从征兆到征候 ··· 95
  3. "在你之内又超乎你" ······································ 100
  4. 意识形态原乐 ·· 105

第二部分 大对体中的匮乏

三 "你想咋的？" ·· 123
（一）同 一 ·· 123
  1. 意识形态"缝合" ··· 123
  2. 描述主义与反描述主义 ···································· 126
  3. 两个神话 ·· 129
  4. 刚性指称词与小客体 ······································ 135
  5. 意识形态歪像 ·· 138
（二）认 同 ·· 141
  1. 意义的回溯性 ·· 141
  2. "后屈效应" ··· 144
  3. 形象与凝视 ·· 147
  4. 从 i (o) 到 I (O) ······································· 150

（三）超越认同 ·· 154
　　　1. "你想咋的？" ··· 154
　　　2. 犹太人与安提戈涅 ····································· 159
　　　3. 幻象：用以屏蔽大对体欲望的屏幕 ······················· 164
　　　4. 自身不一致的原乐这个大对体 ··························· 168
　　　5. "穿越"社会幻象 ······································· 172
四　你只能死两次 ··· 188
　　　1. 两种死亡之间 ··· 188
　　　2. 作为重复的革命 ······································· 195
　　　3. "末日审判这一视角" ··································· 203
　　　4. 从主人到领袖 ··· 208

第三部分　主　体

五　哪一种实在界之主体 ··· 219
　　　1. "根本没有元语言" ····································· 219
　　　2. 阳物能指 ··· 222
　　　3. 作为客体的"列宁在华沙" ······························· 225
　　　4. 作为实在界的对抗 ····································· 230
　　　5. 被迫作出的自由选择 ··································· 234
　　　6. 对立项的契合 ··· 240
　　　7. 另一个黑格尔式的笑话 ································· 246
　　　8. 作为"实在界的应答"的主体 ····························· 253
　　　9. S(A̸), a, Φ ·· 258
　　　10. 想必××的主体 ······································ 263
　　　11. 想必知道 ·· 266
　　　12. "怕犯错误……本身就是错误" ·························· 269

13. "超感性之物是作为表象的表象" ………………… 273
六 不仅作为实体,而且作为主体 ……………………… 289
   1. 崇高之逻辑 ……………………………………… 289
   2. "精神是根骨头" ………………………………… 297
   3. "财富就是自己" ………………………………… 301
   4. 设置的反思、外在的反思、确定的反思 ………… 305
   5. 设置预设 ………………………………………… 308
   6. 预设设置 ………………………………………… 321

齐泽克其人其书 ……………………………………………… 340
译者后记 ……………………………………………………… 345

新版前言：观念的便秘

一个学科身处危机之时，要么致力于洗心革面，要么在其基本框架内补充其论点。后者是一个可以称之为"托勒密化"的过程。之所以称之为托勒密化，是因为，一旦大量涌入的数据与托勒密的地心说天文学发生抵触，他的支持者就会引入额外的说辞，对异常现象作出解释。但是，不引入额外的说辞，不改变微小的前提，而是彻底转换基本框架，这时，真正的"哥白尼式"革命就会降临。所以，每当面对自诩的"科学革命"，我们总是提出这样的问题：这是真正的哥白尼式革命，还是只是陈旧范式的托勒密化？

托勒密化有两大例证。我们有充分的理由断定，声称要为统一性理论（unified theory）——用来描述亚原子粒子的四种基本互动的单一理论框架，在此之前，亚原子粒子的四种基本互动分别由相对论和量子力学解释——奠定根基的"弦理论"（string theory），依然致力于托勒密化。我们还在等待新起点，它要求基本预设（basic presuppositions）发生更为彻底的变化，诸如不再把时间和空间视为现实的基本构成元素，等等。[1]同样，在社会理论中，我们有充分的理由断定，有关当代世界的性质——我们正在步入后工业社会、后现代社会、风险社会和信息社会，等等——的全部"新范式"提议（"new paradigm" proposals），依然是古典社会学模型的"旧范式"的托勒密化。

因此，问题是：精神分析的状况如何？尽管弗洛伊德把自己的发现视同哥白尼式的革命，但是认知科学的基本前提是，精神分析依然是古典心理学的"托勒密化"，它没能放弃自己最基本的前提。附带说一句，后古典经济学家（post-classical economists）也声称马克思的发现如同哥白尼式的革命，但马克思对亚当·斯密和李嘉图的批判实际上也是托勒密化。《意识形态的崇高客体》想通过复原精神分析的哲学内核来回答这个问题。精神分析理论蒙恩于黑格尔的辩证法，也只有以黑格尔的辩证法为背景才具有可读性。或许，这不得不成为最糟糕的步骤：努力拯救精神分析这套名誉扫地的理论（与实践），却要引证更为声名狼藉的理论，引证最糟糕的思辨哲学，而现代科学的进步早已使这种思辨哲学形同废物。

不过，正如拉康曾经教导我们的那样，当我们面对表面看来清晰无误的选择时，要做出的正确事情有时是挑选那个最糟糕的选项。因此我要押的赌注不仅过去是，而且现在依然是：我相信，通过它们的互动，即通过拉康解读黑格尔和通过黑格尔解读拉康，精神分析和黑格尔的辩证法可以同时自我救赎，蜕去旧皮，以新的、出人意料的形态再世。

且以黑格尔最具"理想主义"色彩的辩证法为例，即以扬弃（sublation, *Aufhebung*）这一概念为例。在这里，扬弃是对全部"直接的—物质的现实"（immediate-material reality）的扬弃。扬弃的基本运作是化约：被扬弃之物幸存下来，但它是以"节本"的形式幸存下来的，它被剥离了其自身的生命—世界的语境（life-world context），只剩下它自身的基本特征，生命的全部运动和财富都被化约为固定的标记。仿佛在理性之抽象（abstraction of Reason）以其固定范畴或概念决断（notional determination）完成自身的羞辱性使命（mortifying job）后，思辨性的"具体普遍性"会莫名其妙地使我们获得鲜艳的生命之绿。情形并非如此。相反，一旦我们从经验性现实（empirical reality）走向概念性扬弃（notional *Aufhebung*），生命的直接性（immediacy of Life）就会永远丧失。当我们对现实进行概念性的把握时，现实的丰富性就会销声匿迹，因此悲伤，为此哀叹，都与黑格尔的本意相去甚远。

不妨回忆一下，黑格尔在《精神现象学》的"前言"中是如何毫不含糊地对知性（Understanding）的绝对力量大加赞美的："把各种因素分割开来，如此行动是知性力量（force of Understanding）的实施。在所有的力量中，知性力量是最惊人和最伟大的力量，或者说是绝对的力量（absolute power）。"[2]这种赞美绝不合格。也就是说，黑格尔要表明的并不是，这种力量终将通过"扬弃"，变成具有统一化功能的理性整体（unifying totality of Reason）的次要时刻（subordinate moment）。知性的问题在于，它无法始终释放这种力量，它把这种力量视为事物本身的外在之物。于是便有了这样的想法：以想象的方式把"现实"中本为一体的东西分割开来的，只是我们的知性，因此知性的"绝对力量"只是我们想象的力量，它并不涉及被分解的事物之现实（reality of the thing）。我们从知性走向理性，并不发生于下列之时：在使我们重返现实之财富的综合（synthesis that brings us back to the wealth of reality）中，这种分解或撕裂被克服。我们从知性走向理性，发生在这样的时候：作为否定性（negativity）本身固有的力量，这种"撕裂"之力从"纯粹在我们心中"的存在走向事物自身。

在20世纪60年代，一位崇尚"进步"的教育理论家拨动了众人的心弦。他那时发表了一篇论文，公布了一个简单实验的结果：他让一群五岁的孩子画出他们在家玩耍时的情形，两年之后，这群孩子已经读了一年半的小学，他让他们再次画出同样的场景。两者间的差异令人震惊：五岁时，他们的自画像生气勃勃、充满活力、色彩丰富，充满了超现实主义的顽皮情趣；两年后，他们变得僵硬死板、低眉顺目，而且绝大多数孩子自然地选择了灰色，尽管他们可以随意选择其他颜色。可以预见，人们把这个实验视作证据，以此证明学校这类国家机器的"压制性"，证明学校的训练和纪律如何毁灭了儿童天生的创造力，云云。不过，从黑格尔的视角看，我们理应反其道而行之，把这个转移视为决定性的精神进步（crucial spiritual progress）之迹象，并对之大加赞美：把生气勃勃的五颜六色化约为灰色的规训，这并未给他们造成任何损失，相反，他们由此获得的收益却不胜枚举，因为精神的力量恰恰在于从"绿色"的生命直接性（immediacy of life）迈向"灰色"的概念性结构（conceptual structure），并借助于这种被化约的中介（reduced medium）重现本质性决断（essential determinations），而我们直接的经验是无法看到这种本质性决断的。

同样的羞辱（mortification）还发生在历史的记忆和过去的遗迹中。在那里，幸存下来的都是被剥夺了活的灵魂的东西。谈及古希腊，黑格尔这样说道："雕像现在只是石头，石头里的活的灵魂已经飘然而逝，就像赞美诗只剩下了言词，言词里的信仰已经销声匿迹。"[3] 如同从圣父（substantial God）向圣灵（Holy Spirit）过渡，要在"灰色"的概念决断中寻找正确的辩证性复苏（dialectical reanimation）：

> 借助于抽象的普遍性这种形式，知性的确[为形形色色的感官之物]提供了存在的刻板性。……但是，与此同时，通过简单化，知性又用精神使之复活，使之变得敏捷。[4]

这种简单化，正是拉康在提到弗洛伊德时把某个事物化约为一元属性（unary feature, *le trait unaire*, *der einzige Zug*）之物。我们在此面对的是某种缩影（epitomization），借助于这种缩影，众多属性被化约为某个单一的支配性的特征。如此一来,我们便得到了"一个具体形态,在那里,一个决断居于主宰性的地位,其他决断只以模糊的轮廓呈现出来":"内容变成了已被化约为一种可能性的现实性,其直接性已被克服,具体的形态已被化约为缩略的、简单的思想决断。"[5]

辩证的方法(dialectical approach)通常被视为这样一种尝试:要在整体(它本身即从属于这一整体)中锁定即将分析的现象,发现它与其他事物的联系(这种联系是一笔财富),进而打破咒语,不再对抽象(abstraction)盲目崇拜。从辩证的角度看,我们不仅要看到眼前之物的正面,还要看到它的另一面,即被嵌入其具体历史语境之全部财富(embedded in all the wealth of its concrete historical context)的那一面。然而,这是我们要竭力躲避的最危险的陷阱。在黑格尔看来,真正的问题恰恰相反:我们在观察某物时,在它身上花费了太多的精力,仿佛中邪一般,一味关注经验细节之财富,如此经验细节之财富阻止我们对概念决断进行清晰的领悟,而如此清晰的领悟则构成了该物的核心。因此,问题并不在于如何把握决断的多重性(multiplicity of determinations),而在于如何从这些决断中提取精华,在于如何约束我们的凝视,使之仅仅把握概念决断。

在这个问题上,黑格尔的概括至为精确:将某物化约为符指化的"一元属性"(signifying "unary feature"),就是将现实性(actuality)减化为可能性(possibility)。这话是在柏拉图的意义上说的。在柏拉图那里,某物之概念——理念——总是将某个道义维度(deontological dimension)赋予该物,总是指定:为了使之充分实现自身,该物应该成为怎样之物。职是之故,"潜在性"(potentiality)并不只是以众多的经验之物(empirical things)实现自身的某物的本质的称谓,如椅子之理念即某种潜在性,该潜在性以经验的椅子(empirical chairs)实现了自己。某物的众多的实际属性(actual properties),不仅被化约成了该物的"真正现实"(true reality)之内核,更重要的是,符指化的化约(signifying reduction)强调或凸显了事物的内在潜力(inner potential)。在称某人为"我的老师"时,我实际上勾勒出了"我期待着从他那里得到什么"这一视域。在把某物称为"椅子"时,我特别强调,我以后会以何种方式使用它。在透过语言这面镜子观察周围的世界时,我是通过隐藏在语言中的众多潜在性之镜(lenses of the potentialities)领悟周围世界的现实性(actuality)的。这样说意味着,潜在性(potentiality)就是"照此"显现出来的,它只是通过语言实现了潜在性:正是对某物的称谓,展示("设置")了它的潜力。

一旦以这种方式把握扬弃,我们会迅速看到那个重要话题——即对黑格尔采取伪弗洛伊德式拒斥——的问题之所在,即下列观念的问题之所在:黑格尔的体系是对口腔构造(oral economy)的最高级和最强劲的表述。实际上,黑格尔的理念(Hegelian Idea)不就是一个贪得无厌的饕餮之徒吗?遇到的每个物体,它都要"狼吞虎咽"。难怪黑格尔把自己视为基督徒。对他而言,吞食已经变为基督血肉的面包,这个仪式发出了这样的信号:基督教主体能够丝毫不剩地吞入和消化上帝。因此,黑格尔式的构想/把握不就是崇高版的消化(sublimated version of digestion)吗?黑格尔写道:

> 如果某人要做什么,完成什么,达到某个目的,那么这个行为必须以事物自身的样子为根基,以该事物之概念、行为和举止为根基。如果我吃苹果,那我就毁灭了它有机的自我同一性(organic self-identity),把它同化于我。我能这样做,有一个前提:在我拿到这个苹果之前,就其本性而言,这个苹果已经事先拥有了决断(determination)——屈从于被毁灭,本身具有与我的消化器官一致的同质性(homogeneity)。这样我才能使它

与我保持同质。[6]

黑格尔提供给我们的，不就是低版本的认知过程吗？在这样的认知过程中，正如他热衷于指出的那样，只有在此物体已经"想与我们共处"时，我们才能把握它。我们应该把这个隐喻推向极致：对黑格尔做的标准的批判性解读，把黑格尔所谓绝对的实体—主体（absolute Substance-Subject）作这样的建构，即认为实体—主体患了严重便秘，因为在它内部保留着被吞咽的内容。或者如同阿多诺在一则辛辣评论中所言（他没有击中要害，这是阿多诺的老毛病），黑格尔体系"变成了精神的腹部"[7]，它假装自己吞下了整个无法消化的异己性（Otherness）。……但是反运动（counter-movement）——黑格尔式的排便——呢？掌握了黑格尔所谓"绝对知识"（absolute Knowledge）的主体，不也是被彻底掏空了的主体吗？如此主体不是被化约成了内容自我运动（self-movement of the content）的纯粹观察者或记录者了吗？

因此，最丰富的也是最具体和最主观的，那些使自己一味撤退，直至最后只有最简单深度（simplest depth）的，也是最强大和最能囊括一切的。最高级的观点，最集中的至高之点，乃是纯粹的个性（pure personality）。仅仅通过绝对的辩证（absolute dialectic）——绝对的辩证乃其品性——它仍旧能够在其自身之内容纳和保持一切。[8]

从这个严格的意义上讲，主体是被废止/被净化的实体（abrogated/cleansed substance）。这样的实体被化约成为自我相关的否定性（self-relating negativity）这种空洞形式，被掏空了"个性"（personality）的全部财富。用拉康的术语讲，从实体到主体，就是从 S 走向

S（Ā）。也就是说，主体是被禁的实体（barred substance）。阿多诺和霍克海默在《启蒙之辩证》[9]中提出了一个重要观点：醉心于纯粹求生的自我（Self）必须牺牲其全部内容，才能求生；而正是其全部内容，才使得如此求生具有价值。与此相反，黑格尔以肯定的态度审视这一构成性的牺牲（constitutive sacrifice）。[10]谢林把这一步骤称为收缩（contraction）：主体即收缩了的实体（contracted substance）。同样收缩需要借助于自发地挤出粪便、排出粪便这一行为具有的排泄内涵（excremental connotation）。

如此说来，难道黑格尔体系的终极主体立场（final subjective position）没有强迫我们把这个有关消化的隐喻颠倒过来？关于反运动，至高无上——在许多人看来也是最成问题——的个案，出现在《逻辑学》（Logic）的结尾处。在那里，在完成了概念的部署（notional deployment）后，在实现了绝对理念（absolute Idea）的循环后，理念以其决心/决定（resolve/decision）"将自己随心所欲地放进"大自然，让大自然走开，让大自然离去，摒弃它，推开它，并因此解放了它。[11]这也是为什么在黑格尔看来，自然哲学并非对这种外在性（externality）的再次占用；相反，它涉及观察者的被动态度：如同他在《精神哲学》（Philosophy of Mind）中所言，"可以说，哲学只是需要观察，看自然是如何扬弃其外在性的。"[12]

同样的步骤是由上帝本人完成的。上帝在基督这个有限凡人（finite mortal）的掩护下，同样"将自己随心所欲地放进"暂时的存在（temporal existence）之内。这道理同样适用于早期现代艺术。黑格尔在解释以"死亡自然"（dead nature）为题材——不仅包括风景和鲜花等，也包括食物或死去的动物——的画作时，认为此类画作恰恰是由下列事实所致：在艺术的发展中，主体性（subjectivity）不再需要以视觉中介（visual medium）为其主要表现方式。也就是说，因为重心已经转向能够较为直接地呈现主体内心生活的诗歌，自然环境（natural environs）已从表现主体性这一重负下"释放"出来，因而获得了自由，能够独立地张扬自己。此外，正如黑格尔著作的某些心如明镜的读者已经指出的那样，在哲学科学（philosophical sciences）中扬弃艺术，即在概念性的思想（conceptual thought）中扬弃艺术，即艺术不再被迫充当精神（spirit）的主要表现中介，这种做法解放了艺术，使艺术获得自治性和独立性。这不正是"现代艺术诞生"（birth of modern art）的定义吗？这时艺术不再被迫承担再现精神现实（spiritual reality）的使命。

废除（abrogation）与扬弃的关系，并非简单的前后相续或外部对立，并非"先吃饭，后排便"。排便是整个过程内在的终结，没有它，我们就会面临无穷无尽的扬弃过程这个"伪无穷大"（spurious infinity）。只有通过反运动，扬弃过程才能抵达终点：

> 与我们最初的想象相反，扬弃与废除这两个过程是完全相互依存的。在考察绝对精神的最后一刻时，我们自然会注意到动词"aufheben"["扬弃"]与"befreien"["解放"]以及"ablegen"["丢弃"、"除去"、"减去"]的同义关系。思辨性废除（speculative abrogation）与"Aufhebung"["扬弃"]的过程绝非水火不容，相反，它是扬弃的完成。废除是对扬弃的扬弃（sublation of sublation），是扬弃以扬弃之道对付自己的结果，因而是它自身的转化。在历史的某个时刻，即绝对知识的时刻（Absolute Knowledge），抑制（suppression）与保留（preservation）导致了这种转化。如果用"绝对"一词表达这样的意思——摆脱了某种类型的依附的解除（relief）或扬弃，那可以说，思辨性废除是绝对的扬弃（absolute sublation）。[13]

因此，真正的认知不只对认知对象进行概念性"占有"：只要认知依然处于未完成状态,占有就会继续进行下去。认知的完成有个标志,那便是,它解放了自己的对象,对它放手,任它离去。扬弃之运动(movement of sublation)必在扬弃之行为的自我相关的姿势(self-relating gesture of sublating)中达至顶峰,原因就在这里,它也是这样达至顶峰的。

显而易见的反论(counter-argument)呢?被废除、释放的那一部分不正是认知对象的任意和短暂的一面吗?不正是因其自身毫无价值而被概念性调停/概念性化约(notional mediation/reduction)放弃的那一部分吗?这正是要避免的幻觉。之所以这么说,原因有两个。首先,恰恰相反,如果获准继续使用排便的隐喻,我们可以说,被丢弃、释放的那一部分恰恰是精神发展的肥料,是进一步发展的基础。把大自然释放出来,使之自由自在,此举奠定了精神(Spirit)成长的根基,精神也只有在摆脱自然之后才得以发展,脱离自然的过程即其内在的自我扬弃(inherent self-sublation)。其次,更为重要的是,在思辨性认知(speculative cognition)中被释放出来的,归根结底是认知的对象。这样的认知对象一旦被真正把握(begriffin),就不再必定依赖主体的主动干预,而是以其自身的概念性的自动作用(conceptual automatism)发展自己。这时主体被化约成被动的观察者,他允许事物配置(deploy)自己的潜能,而不必伸援助之手(Zutun)。主体只是记录这个过程。

之所以说黑格尔的认知同时既是主动的又是被动的,原因就在这里。从某种意义上说,黑格尔的认知观彻底废黜了康德的认知观——认知是主动性和被动性的统一。在康德那里,主体对内容进行综合。内容即感官多样性(sensuous multiplicity),综合即把一致性(unity)授予内容。主体一边对内容进行综合,一边被动地接受内容的影响。与康德相反,在黑格尔看来,在绝对知识(Absolute Knowledge)这个层面上,正在进行认知的主体彻底被动化了:他不再干预认知对象，他只是记录认知对象的自我分化/自我决断（self-differentiation/self-determination）这一内在运动。或者用更具当代感的话说，主体只是记录认知对象自创生的自我组织（autopoietic self-organization）这一内在运动。所以，即使在最激进的层面上，主体也不是这个过程的能动者（agent）：能动者是知识体系，知识体系"自动"配置自己，无需外在的推动或激励。

不过，这种全然的被动性同时又涉及最大的主动性：如果主体作为干预认知对象的能动者要"抹除"自己的具体内容，要把自己显现为中立的中介（neutral medium），要使自己成为知识体系自我配置的场所（site of the System's self-deployment），那他就必须作最艰辛的努力。黑格尔因此克服了体系（System）与自由（Freedom）的标准二元论，克服了由下列两者构成的二元论：一是斯宾诺莎有关"实体性的上帝或自然"（substantial *deus sive natura*）之观念，这种观念身陷决定论的泥潭无力自拔；一是费希特的主体观——主体即与惰性物质（inert matter）截然相反的能动者，他要支配和占有惰性物质。主体自由的至高时刻（the supreme moment of the subject's freedom）就是要释放其对象，让对象随心所欲地配置自己。"理念的绝对自由在于，它决心使自己自由地走出其具体性那一时刻（the moment of its particularity）。"[14]

"*Absolvere*"的词源学意义是释放和松手。就此而言，照字面意义看，"绝对自由"是绝对的。在把下列做法视为不合理的做法并提出批评的人中，谢林是第一个。他认为，黑格尔完成了概念（Notion）合乎逻辑的自我发展的循环，并意识到整个自我发展是在抽象的思想中介（abstract medium of thought）中完成的。然后，黑格尔莫名其妙地要重返真实生活（real life）。但他的逻辑学没有可以用来实现这一"重返"的范畴，所以他不得不借助"决定"（decision）之类的术语，如理念"决定"释放自然之类，使之自行其是。这些术语不属于逻辑学的范畴，而属于意志和实际生活（practical life）之域。谢林的批评显然没有看到，释放他者（the other）完全是辩证过程（dialectical process）的内在之物，是辩证过程的终结时刻，是辩证循环（dialectical circle）终结的标志。这不就是黑格尔版的"泰然任之"（*Gelassenheit*）吗？

我们也应该这样解读黑格尔的"第三个哲学三段论"（the third syllogism of Philosophy），即精神—逻辑—自然（Spirit-Logic-Nature）这个三段论。由这个三段论呈现出来的思辨运动的起点是精神实体（spiritual substance），主体就沉浸在这样的精神实体之中；此后，通过艰辛的概念性劳作（conceptual work），这个实体的财富被化约为潜在的、基本的逻辑/概念结构（logical/notional structure）；一旦这个使命圆满完成，得到充分发展的逻辑理念（logical Idea）就会解放自然。以下是那个关键段落：

> 也就是说，在把自己设置为纯粹概念（pure Notion）与其现实的绝对统一（absolute unity），并因此使自己浓缩为存在的直接性（immediacy of being）时，理念就是以这种形式或性质呈现出来的整体性（totality）。[15]

但这种决断（determination）并非来自生成的过程（process of becoming），也不是过渡。仿佛如同前面所言，整体性的主观概念（subjective Notion）变成了客体性（objectivity），主观目的（subjective end）变成了生活。其实恰恰相反，纯粹的理念——概念的确定性和概念的现实（determinateness or reality of the Notion）在纯粹的理念中已经提升成为概念（Notion）——是绝对的解放（absolute liberation）。对于绝对的解放来说，不再存在非同样设置的（not equally posited）、本身不是概念（Notion）的直接决断（immediate determination）。因此，在这种自由中，没有发生任何过渡；理念决心要使自己变成的那种简单存在（simple being），依然对自身高度透明，它就是概念（Notion），而概念在自身的决断中与自身生死与共。所以要以这种方式理解这种过渡，即理念是凭借着绝对的自信和内心的镇静，自由地解放自己的。因为存在着这样的自由，其确定性（determinateness）完全可以自由地采取任何一种形式——时间和空间的外在性之存在，绝对不依赖于外物，无需主体性之时刻（moment of subjectivity）的干预。[16] 黑格尔再三强调，这种"绝对自由"与标准的辩证"过渡"大相径庭。如何不同？对此，人们的疑心从未消除：黑格尔的"绝对解放"依赖于对全部异己性（all otherness）的绝对调停（absolute mediation）：只有在把大对体（the Other）完全内在化之后，我才使它自由。……然而，情形果真如此吗？

我们应该在此重新解读拉康对黑格尔的批判：如果黑格尔根本没有拒绝拉康所谓的"主观分离"（subjective disjunction），而是与之相反，断言存在着在此之前大家闻所未闻的分裂，而且这种分裂贯穿于［特殊的］主体，也贯穿于"集体性"（collectivity）这一［普遍的］实体秩序，同时又使两者统一起来呢？也就是说，如果特殊性（the Particular）和普遍性（the Universal）的"和解"正是通过横贯于它们的分裂实现的呢？对黑格尔所作的基本的"后现代"研究是这样的：他的辩证法承认对抗和分裂，而对抗和分裂的目的只有一个，即在更为高级的综合—调停中，魔法般地消除对抗与分裂。这种研究与谢林早已阐述过的、古老的马克思主义研究奇妙地构成了对比。依据这种马克思主义研究，黑格尔只是借助于概念的调停（conceptual mediation），在"思维"中解决了对抗与分裂；在现实中，对抗与分裂依然故我。我们不禁要信以为真地接受第二种研究，并用之与第一种研究抗衡：如果这就是对下列谴责——黑格尔的辩证法魔法般地解决了对抗与分裂——的正确回应呢？如果在黑格尔看来，问题的关键恰恰在于不去"解决""现实中"的对抗与分裂，而是推动视差转移（parallax shift）呢？借助于视差转移，对抗与分裂得到认可，对抗与分裂扮演的"积极"角色得以发现。

从康德向黑格尔的过渡远比想象的复杂。我们且以对待旨在证明上帝存在（existence）的本体论证据（ontological proof）的不同态度为例，研究这一过渡。康德对这个证据的拒绝，是从他的下列论点出发的：存在（Being）不是谓词，而且即使我们知道某个实存物（entity）的全部谓词，也不能证明那个实存物存在，因为我们无法从概念（notion）推断存在（being）。在这里，反莱布尼兹的思路是显而易见的，因为根据莱布尼兹的观点，如果两个物体的谓词完全相同，那我们就无法把它们区分开来。用以证明上帝存在的本体论证据具有的蕴含是明摆着的：我可以拥有有关100泰勒[17]的完美概念，但我的口袋依然空空如也；同样，我可以拥有有关上帝的完美概念，但上帝可能并不存在。黑格尔对这个思路的第一个评论是，"存在"是最可怜、最不完美的概念决断，因为一切事物皆"存在"（is），即使我最疯狂的念头也是如此。只有通过进一步的概念决断，我们才能把握存在（existence）、现实（reality）和现状（actuality），而存在、现实和现状远远多于纯粹的存在（being）。他的第二个评论是，横亘在概念与存在之间的鸿沟正是有限之标志（mark of finitude），它适用于100泰勒之类的有限物体，不适用于上帝，因为上帝不是我可以装进口袋或不装进口袋之类的东西。

初看上去，情形似乎是，康德与黑格尔的对立最终是唯物主义与唯心主义的对立：康德强调最低限度的唯物主义，相信现实独立于概念决断；黑格尔则使现实完全溶化于概念决断。不过，黑格尔的真实看法似乎并不在这里，它涉及更为激进的"唯物主义"论断，即，某个实存物——我们把"存在"（being）添加给实存物，以促成其存在——的完整的概念决断本身就是抽象概念（abstract notion），就是空洞而抽象的可能性。（某种模式的）存在的匮乏，总还是某个概念决断的内在匮乏。比如，某个物体要想作为昏暗的物质现实（opaque material reality）的一部分来存在（exist），它就必须具有一套完整的概念条件—决断（notional conditions-determinations），同时其他的决断必须付诸阙如。对于100泰勒或任何其他经验物体（empirical object）来说，这意味着，它们的概念决断是抽象的。之所以说它们拥有的只是昏暗的经验存在（opaque empirical being），而不是充分的现状（full actuality），原因就在这里。所以，就在康德把上帝与100泰勒相提并论时，我们应该提出一个天真的问题：康德真的拥有有关（充分发展的）上帝的概念吗？

这使我们想到了黑格尔论证的巧妙性。黑格尔的论证沿两个方向扩展，一者与康德针锋相对，一者与安塞姆（Anselm）背道而驰，针对的都是他们用来证明上帝存在的本体论证据。[18] 黑格尔在反驳安塞姆的证据时，并不是指责它过于概念化，而是批评它在概念化方面做得远远不够：安塞姆并没有确立"上帝"之概念，只是把它说成是尽善尽美之总和（sum of all perfection），说它彻底超越了我们有限的人类心灵的理解力。安塞姆只是把"上帝"预设为一种现实，一种超越了我们理解力的、刀枪不入的现实（impenetrable reality）。也就是说，它不属于概念的王国（notional domain）。换言之，上帝绝不是概念，不是由我们概念性劳作（conceptual work）设置的东西，而是纯粹预设的前概念现实（pre-conceptual reality）或非概念现实（non-conceptual reality）。

尽管方向完全相反，但是沿着同样的思路，我们理应注意下列事实具有的反讽意味：康德谈论的是泰勒，谈论的是货币，而货币的存在并无"客观"可言，货币的存在依赖于"概念决断"。没错，正如康德所言，拥有"100泰勒"这个概念与把它们装进自己的口袋，根本不是一回事。我们不妨设想这样一个过程：急剧的通货膨胀使你口袋中的100泰勒变成了废纸。在这种情形下，客体依然存在，但它已经不再是货币，而是变成了毫无意义和毫无价值的废纸。换言之，货币是这样的客体，它的货币身份取决于我们如何"想"它：如果大家不再把它视作货币，如果大家不再"相信"它是货币，它就不再是货币了，它就丧失了它的货币身份。

说到物质性现实（material reality），我们要把用来证明上帝存在的本体论证据翻转过来：物质性现实的存在向我们证明，概念（Notion）并未得到充分实现。事物的"物质性存在"并不始于它们满足了某些概念性要求（notional requirements）之时，而是始于它们没有满足这些要求之时。因此，物质性现实是非完美（imperfection）之标志。说到真理，这意味着，在黑格尔看来，命题之真（truth of a proposition）天生就是概念性的，只受制于内在的概念内容（notional content）。探究命题之真时，不能拿概念（notion）与现实相比较。用拉康的话说，真理乃"并非全部"（non-All, pas-tout）。在讨论"并非全部"时引用黑格尔的著作，听上去有些怪异：黑格尔不就是一个专门主张"全部"（All）的哲学家吗？但黑格尔所谓的真理恰恰没有任何外在的限制或例外，更不能把这些限制或例外当成衡量真理的尺度或标准。之所以说衡量真理的准则是绝对内在性的，原因就在这里：我们只能把某个陈述与它自身相比较，与它自身的阐明过程（process of enunciation）相比较。

当巴迪欧强调真理—事件（Truth-Event）的不可判定性（undecidability）时，他的看法与解构主义对不可判定性的看法大相径庭。[19]在巴迪欧看来，不可判定性意味着，我们在判断事件（Event）时，并不存在中立的"客观"标准：事件只向那些在事件的召唤中认出自己的人们显现。或如巴迪欧所言，事件是自我相关的，它把自己——把它对自身的任命——囊括于它的构成要素。虽然这意味着我们不得不对事件作出判定，但毫无根据的判定并不是标准意义上的"不可判定",相反,它不可思议地类似于黑格尔的辩证过程。黑格尔在《精神现象学》的引论中说得很清楚,"意识的形象"(figure of consciousness)是不能以任何外在的真理标准来衡量的,而只能以绝对内在的方式来衡量,透过横亘在它本身与它自己例证/展现(exemplification/staging)之间的鸿沟来衡量。就拉康赋予"并非全部"这一术语的严格意义而言,事件就是"并非全部":正是因为它是无限的,也就是说,正是因为不能把任何外在的限制强加于它,它从来都没有得到完全的证实。我们可以由此得出这样的结论:出于同样的原因,黑格尔所谓的"整体性"(totality)也是"并非全部"。

　　且让我们回到主要的论证思路上来。这样说意味着,相对于理念(Idea)而言,自然(Nature)当然是外在的。自然的外在性并非理念的构成性例外(constitutive exception)之外在性。并不是说,自然一旦作为例外获得自由,就会确保理念的自我调停之完整性(Wholeness of the Idea's self-mediation)。情形并非如此:一旦这一调停得以完成,也就是说,一旦理念的辩证进展(dialectical progress)不再受理念自身的完整性驱使,一旦它无法对它自身的概念(notion)作出回应,完整的理念就需要外在的大对体(the Other)——自然——来维系其自我调停的循环,即完整而封闭的循环。相反,自然标志着理念整体性的"并非全部"(non-All of the Idea's totality)。所以,用一个低俗的比喻来说,黑格尔并不像有关辩证过程的寻常观念常常引导我们相信的那样,是一个升华了的食粪者(sublimated coprophagist)。辩证过程的母体并非这样的母体:先是吞咽或再次占有外在化内容(externalized content),后是对外在化内容的排泄,使外在化内容外在化。恰恰相反,辩证过程的母体是这样的母体:先是排泄运动,即放开、释放、任其自行其是,然后才是占有。这样说意味着,我们不应该把外在化等同于异化。终结辩证过程之循环的外在化并非异化。它是非异化（dis-alienation）的最高点：我们真正使自己与外部内容达成和解，这种行为并不发生于我们被迫征服和控制外部内容之时，而是发生于我们有能力发出至高无上的主权姿势（supreme sovereign gesture），即释放这一内容，使之获得自由之时。正是由于这个缘故，可以说，正如某些更为才思敏捷的阐释者所说的那样，黑格尔没有使自然全然处于人类的主宰之下，而是漫不经心地为生态意识（ecological awareness）开辟了空间。在黑格尔看来，驱动着人们以技术开发自然的力量仍然是人类之有限性（man's finitude）的标志。以这种态度，自然被视为外在客体，被视为有待支配的敌对力量（opposing force）。与此同时，从黑格尔的绝对知识（Absolute Knowledge）的立场看，哲学家不把自然视为有待控制和有待支配的威胁性力量（threatening force），而把自然视为可以任其自行其是之物。

这样说意味着，黑格尔式的主体—实体（Subject-Substance）与任何一种控制辩证过程（dialectical process）的巨大主体（mega-Subject）没有任何关系：没有谁在背后操纵或控制着这个过程，黑格尔体系（Hegelian System）是一架无人驾驶的飞机。在这里，路易·阿尔都塞把下列两者对立起来的做法是错误的：一是黑格尔式的主体—实体，即合乎"目的论"的"有主体的过程"（process-with-a-subject）；一是唯物主义—辩证的"无主体的过程"（process without a subject）。黑格尔式辩证过程其实是最激进的"无主体的过程"。这里所谓"主体"，指控制和指挥这个过程的能动者（agent），无论这能动者是上帝、人，还是作为集体性主体（collective subject）的阶级。阿尔都塞在以后的著述中对此有所觉察，但又全然没有意识到，下列两者表达的意思完全相同：一是事实——黑格尔式的辩证过程是"无主体的过程"，一是黑格尔的根本命题——"至关重要的是，不仅把绝对（Absolute）当成实体（Substance）来把握，而且把它当成主体（Subject）来把握"。作为空白（Void）的纯粹主体（pure subject）的出现，与如下的"体系"观念密切相关："体系"是客体自身的自我配置，它不需要任何主观能动者（subjective agent）推它前行或为它指引方向。

所以说，或许那些批评黑格尔贪得无厌的人，都需要一剂疗效显著的通便剂。

注　释：

[1] 原注 1。见 Lee Smolin, *The Trouble with Physics*, New York: Houghton Mifflin Company, 2006。

[2] 作者没有给出这段文字的具体出处。经查，这段文字出自：Hegel, G. W. F., *The Phenomenology of Mind*, Trans. J. B. Baillie, London/New York: Harper Torchbooks 1967, p. 93。原文是："The action of separating the elements is the exercise of the force of Understanding, the most astonishing and greatest of all powers, or rather the absolute power." 另参见中文版："分解活动就是知性［理解］的力量和工作，知性是一切势力中最惊人和最伟大的，或者甚至可以说是绝对的势力。"见黑格尔：《精神现象学》上卷，贺麟、王玖兴译，商务印书馆 1979 年版，第 20—21 页。——译者注

[3] 原注 2。G. W, F. Hegel, *Phenomenology of Spirit*, Oxford: Oxford University Press, 1977, p. 455. ——作者注。原文是："The statues are now only stones from which the living soul has flown, just as the hymns are words from which belief has gone." 另参见中文版："神灵的雕像现在变成了死尸，因为它们已经没有了有生气的灵魂，而颂神诗的歌词里已经没有了真诚的信仰。"见黑格尔：

《精神现象学》下卷，贺麟、王玖兴译，商务印书馆 1979 年版，第 231 页。——译者注

[4] 原注 3。G. W. F. Hegel, *Science of Logic*, London and New York: Humanities Press, 1976, p. 611. ——作者注。原文是："The understanding, through the form of abstract universality, does give [the varieties of the sensuous], so to speak, a rigidity of being… but, at the same time through this simplification it spiritually animates them and so sharpens them." 另参见中文版："知性诚然通过抽象普遍性形式，给予它们这样一个姑且说是有的坚硬……但是知性通过这一单纯化，同时使它们有了精神并磨砺它们。"见黑格尔：《逻辑学》下卷，杨一之译，商务印书馆 1976 年版，第 280 页。——译者注

[5] 原注 4。Hegel, *Phenomenology of Spirit*, p. 17. ——作者注。原文是："a concrete shape in which one determination predominates, the others being present only in blurred outline", "the content is already the actuality reduced to a possibility [*zur Möglichkeit getilgte Wirklichkeit*], its immediacy overcome, the embodied shape reduced to abbreviated, simple determinations of thought"。另参见中文版："……一种具体的形态，统治着一个具体形态的整个存在的总是一种规定性，至于其中的其他规定性则只还留有模糊不清的轮廓而已"，"内容已经不是现实性，而是被扬弃为可能性了的现实性，或被克服了的直接性；[旧的] 形态已经变成了形态的缩影，变成了简单的思想规定。"见黑格尔：《精神现象学》上卷，贺麟、王玖兴译，商务印书馆 1979 年版，第 18—19 页。——译者注

[6] 原注 5。G. W. F. Hegel, *Lectures on the Philosophy of Religion* Ⅲ, Berkeley: University of California Press, 1987, p. 127.

〔7〕原注6。Theodor W. Adorno, *Negative Dialectics*, New York: Continuum, 1973, p. 34.

〔8〕原注7。Hegel, *Science of Logic*, p. 841. ——作者注。原文是："The richest is therefore the most concrete and most subjective, and that which withdraws itself into the simplest depth is the mightiest and most all-embracing. The highest, most concentrated point is the pure personality which, solely through the absolute dialectic which is its nature, no less embraces and holds everything within itself."另参见中文版："因此，最丰富的东西是最具体的和最主观的，而那把自己收回到最单纯的深处的东西，是最强有力的和最囊括一切的。最高、最锋锐的顶峰是纯粹的人格，它唯一地通过那成为自己的本性的绝对辩证法，既把一切都包摄在自身之内……"见黑格尔：《逻辑学》下卷，杨一之译，商务印书馆1976年版，第549页。——译者注

〔9〕《启蒙运动之辩证》（*Dialectic Of Enlightenment*），通常译为《启蒙辩证法》。此种译法颇具误导性：仿佛专门存在着一种"方法"，叫"启蒙辩证法"。究其本意，实为"对启蒙运动的辩证"或"从辩证的角度看启蒙运动"，是对启蒙运动的消极面的批判。——译者注

〔10〕"构成"（constitute）及其同根词（constituting, constituted, constitutive, constitutively, constitution）在本书中共出现60次，将其译为"构成"、"构成性"、"被构成"等，实属迫不得已。这里的"构成"包括两层含义：（1）组成；（2）生成。第二层含义是现代汉语"构成"一词没有的含义，所以更值得重视。还要特别注意"构成"一词包含的悖论性意涵。比如，"构成性牺牲"（constitutive sacrifice）是指通过牺牲而成为某物，而不是化为乌有。"有的人活着，他已经死了"，

此乃自然死亡，即"非构成性死亡"；但"有的人死了，他还活着"，此乃自然死亡之逆转，即"构成性死亡"，因为他人虽已死，但精神长存，或者说，若想长存，就必须死去，"只有死去的父亲，才是好父亲"。比如，"构成性例外"（constitutive exception），某个规则的有效性并不因为存在例外而受损，反而因为存在着例外才能成立，才更为"普遍有效"，这样的例外，就是"构成性例外"。比如，主体是通过意识形态误认构成的，因为倘若没有误认，就没有主体，正是误认造就了主体，这样的误认包含着"瞒"和"骗"的因素，不"瞒"不"骗"就没有主体，所以说，"瞒"和"骗"固然可恶，却又是"必要的可恶"。此外，还有"构成性的被压抑"（constitutively repressed）、"构成性的质朴"（constitutive naiveté）、"构成性的不平衡"（constitutive imbalance）、"构成性的匮乏"（constitutive lack）、"构成性的异化"（constitutive alienation）、"构成性的不可能性"（constitutive impossibility）、"构成性变态的性格"（constitutively perverse character），等等。——译者注

[11] 原注8。Hegel, *Science of Logic*, p. 843.

[12] 原注9。G. W. F. Hegel, *Philosophy of Mind*, Oxford: Clarendon Press, 1971, Para. 381, p. 14. ——作者注。原文为："philosophy has, as it were, simply to watch how nature itself sublates its externality."中文版也可参见黑格尔：《精神哲学》，杨祖陶译，人民出版社2006年版，第18页。——译者注

[13] 原注10。Catherine Malabou, *The Future of Hegel*, London: Routledge, 2005. p. 156.

[14] 原注11。G. W. F. Hegel, *Encyclopaedia of the philosophical Sciences*, Part I: Logic, Oxford: Oxford University Press, 1892, Par. 244.

［15］原注 12。Hegel, *The Science of Logic*, p. 843. ——作者注。原文是:"The Idea, namely, in positing itself as absolute unity of the pure Notion and its reality and thus contracting itself into the immediacy of being, is the totality in this form-nature." 中文版把这段话译为:"正是当理念把自身建立为纯概念及其实在的绝对统一,从而使自身凝聚为有的直接性时,理念便作为这种形式的总体——自然。"见黑格尔:《逻辑学》下卷,杨一之译,商务印书馆 1976 年版,第 552 页。——译者注

［16］原注 13。Hegel, *philosophy of Mind*, Par. 577.

［17］泰勒(thaler),德国旧银币名称。——译者注

［18］安塞姆(Anselm, 1033—1109),意大利中世纪哲学家、神学家,1093 年至 1109 年间出任坎特伯雷大主教,第一位经院哲学家。他运用形式逻辑论证基督教正统教义,提出关于上帝存在的"本体论证据"及救赎论的"补赎说",为中世纪的神学议题指出了新方向。——译者注

［19］原注 14。见 Alain Badiou, *l'être et l'événement*, Paris: Editions de Minuit, 1989。

引 论

在哈贝马斯专门处理所谓"后结构主义"（post-structuralism）问题的著作《现代性之哲学话语》（*Der Philosophische Diskurs der Moderne*）中，有一个事关拉康名字的奇怪细节：它仅仅五次提及拉康之名，而且每次都与他人相提并论。且看这五次的具体情形：第70页——"从黑格尔和马克思到尼采和海德格尔，从巴塔耶和拉康到福柯和德里达"；第120页——"巴塔耶、拉康和福柯"；第311页——"自列维-斯特劳斯和拉康以来"；第313页——"当代结构主义——列维-斯特劳斯的民族学和拉康的精神分析"；第359页——"在弗洛伊德或荣格、拉康或列维—斯特劳斯的概念中"。拉康的理论并没有被视为一个特定的实存物；用埃内斯托·拉克劳（Ernest Ladau）和尚塔尔·穆菲（Chantal Mouffe）的话说，拉康的理论是用一系列等价物来说明的。一部对巴塔耶、德里达，特别是哈贝马斯的真正伙伴福柯进行长篇大论的著作，竟然拒绝直面拉康，何以如此？

这个谜语的答案可以在哈贝马斯这部著作的另一个古怪之处发现，即在有关阿尔都塞的怪异事件中发现。当然，我们是在夏洛克·福尔摩斯的意义上使用"怪异事件"这一术语的：阿尔都塞的名字在哈贝马斯的这部著作中甚至一次都没有提及，这正是那个"怪异事件"。因此我们的第一个论点是：占据了今日知识场景之前景的那场大论争，即哈贝马斯与福柯之争，掩盖了另外一种对立，另外一场论争，一场在理论上意义更为深远的论争。这就是阿尔都塞和拉康之争。阿尔都塞学派的突然衰亡，是难解之谜：仅从理论失利的角度，这是解释不清的。情形更像是这样的，阿尔都塞的理论有创伤性内核（traumatic kernel），这创伤性内核必须被迅速忘却，被迅速"压抑"。这是理论失忆症（theoretical amnesia）的有效案例。那么，为什么阿尔都塞与拉康的对立被哈贝马斯与福柯的对立，以某种隐喻性替换（metaphorical substitution）的方式取而代之？至关重要的是，这里存在着四种不同的伦理立场（ethical positions），同时又存在着四种不同的主体观。

在哈贝马斯那里，我们拥有的是完整交流之伦理学（ethics of the unbroken communication），即对普遍、透明、互为主体的共同体的理想。当然，在这个理想的后面掩藏着的主体观，是语言哲学版（philosophy-of-language version）的古老的超验反思主体（subject of transcendental reflection）。在福柯那里，我们拥有的是对普遍主义伦理学的反抗。对普遍主义伦理学的反抗导致了伦理学的某种美学化：每个主体都必须在没有普遍法则支撑的情形下，建立自己的自我掌控模式（model of self-mastery）；他必须协调自身内各种力量之间的对抗——就是说，要把自己当成主体发明出来，生产出来，找到自己特定的生存艺术。福柯之所以痴迷于边缘生活方式，而这样的生活方式又建构了自己特定的主体性模式（mode of subjectivity），即施虐受虐的同性恋世界，原因也在这里。[1]

不难发现福柯的主体观是如何进入人本主义—精英主义传统的。近乎完美地实现这一传统的，是文艺复兴时期的"通才人格"（all-round personality）理想。"通才人格"能够掌控自己内心的激情，并把自己的生活改造成艺术作品。福柯的主体观是古典的主体观：主体是自我调停的力量（power of self-mediation），他能够调和各种力量之间的对抗；主体是通过恢复自我形象（image of self）来掌握

"快乐的用途"（use of pleasures）的方式。在这里，哈贝马斯和福柯是一币之两面。真正的突破是以阿尔都塞为代表的，是以他对下列事实的坚守为代表的——裂痕（cleft）、裂缝（fissure）、误认是人类境遇的基本特征，是以下列论点为代表的——有人以为意识形态可能终结，这种观念本身就是意识形态性的观念。[2]

尽管阿尔都塞没有对伦理学问题大论特论，但显而易见，他全部著作都体现了某种激进的伦理态度，我们可以称之为异化之英雄主义（heroism of alienation），或主体性贫困（subjective destitution）之英雄主义，尽管——或者因为——阿尔都塞认为这种"异化"观是意识形态性的而大加抵制。关键不仅在于，我们必须揭穿，在怎样的结构机制（structural mechanism）下，主体成了意识形态误认（ideological misrecognition）的结果；关键还在于，我们必须同时彻底承认，意识形态误认是不可避免的。也就是说，我们必须把某种幻觉视为我们历史活动的前提条件，视为我们扮演历史进程能动者（agent of the historical process）这一角色的前提条件来接受。

从这个角度看，主体是通过某种误认构成的。通过意识形态的询唤这一过程，主体作为接受者，在意识形态事业（ideological cause）的呼唤中"认出"了自己。意识形态询唤这一过程必定暗含着某种短路[3]，暗含着那种"我已在那儿"的幻觉。这正如米歇尔·佩舍（Michel Pêcheux）所言（佩舍为我们提供了询唤理论的精装版），这种幻觉不乏喜剧效果，因为它造成了这样一种短路："难怪你作为一个无产者被询唤，你本来就是一个无产者嘛。"[4]在这里，佩舍以马克斯兄弟（Marx Brothers）来补充马克思主义。[5]马克斯兄弟最著名的笑话是："你让我想到伊曼纽尔·拉韦利（Emanuel Ravelli）。""可我就是伊曼纽尔·拉韦利呀。""难怪你长得那么像他！"

在阿尔都塞那里，异化发生于符号性的"无主体的过程"中。与这种异化伦理学（ethics of alienation）形成鲜明对比的是，我们可能把由拉康的精神分析理论暗示出来的伦理学称为分裂伦理学（ethics of separation）。拉康有一个著名的格言：涉及欲望不让步（*ne pas céder sur son desir*）。[6] 拉康此语旨在强调，我们千万不要取消下列两者间的距离：其一是实在界（the Real），其二是实在界的符号化。实在界的每一次符号化都会产生剩余（surplus），正是这种剩余充当着欲望的客体成因（object-cause of desire）。[7] 正视这种剩余，或者说得更确切些，正视这种残余（leftover），意味着承认，存在着致命的僵局，存在着"对抗"（antagonism），存在着内核，它抵抗符号性整合—消解（symbolic integration-dissolution）。锁定这样的伦理立场（ethical position）的最佳方式，就是看它与传统马克思主义的社会对抗观（notion of social antagonism）如何大相径庭。传统马克思主义的社会对抗观具有两个相互关联的特征：（1）存在着一个根本对抗，它在"调停"所有其他的对抗方面，享有本体论的优先权（ontological priority），同时判定其他各种对抗（阶级对抗、经济剥削）的地位和比重；（2）在解决这个根本对抗和调停所有其他对抗方面，历史发展即便不能导致必然性，至少也会导致"客观可能性"（objective possibility）。不妨回忆一下马克思主义的那个著名的公式：推动人类走入异化和阶级划分的那个逻辑，也会为消灭异化和阶级划分创造条件。正像马克思的同代人瓦格纳（Wagner）借帕西法尔（Parsifal）之口说出来的那样："矛伤还得矛来治"（"*die Wunde schliesst der Speer nur, der sie schlug*"）。[8]

马克思主义的革命观和革命形势观，正是以这两大特征的统一为基础建立起来的。这种情形属于隐喻性浓缩（metaphorical condensation）。在这种情形下，日常意识（everyday consciousness）最后终于明白了，不解决全部问题，就无法解决任何具体问题。也就是说，不解决那个体现了社会整体性（social totality）的对抗性特征的根本问题，就无法解决任何具体问题。在"正常"的、前革命的状态

(pre-revolutionary state）下，人人各自为战（工人为工资而罢工，女权主义者为女性权利而战斗，民主主义者为政治自由和社会自由而浴血，生态主义者反对掠夺自然，和平运动的参与者反对战争，等等）。马克思主义者则运用论辩的技巧与机敏，说服各自为战的人们：解决他们各自问题的真正方案，要在全球革命中寻找。只要社会关系依旧为资本所支配，两性关系中的性别歧视就会继续存在下去，全球战争的威胁就会继续存在下去，这样的危险就会存在下去——政治自由和社会自由将被废除，自然还会一如既往地被残酷盘剥……全球革命将消灭基本的社会对抗，催生一个透明的、理性管治的社会。

当然，所谓"后马克思主义"的基本特色就是打破了这种逻辑。顺便说一句，"后马克思主义"并不必然具有马克思主义的内涵：根据这种马克思主义，几乎任何显现为第二性的对抗，都可以取代调停者这个本质性角色（essential role），对所有其他的对抗进行调停。例如，我们有女权主义的基设主义（不把妇女解放出来，不废除性别歧视，就没有全球性解放）、民主的基设主义（民主是西方文明的基本价值，民主斗争以外的任何其他斗争——经济的、女权主义的、少数派的，等等——只是对基本的民主、平等原则的进一步应用）、生态学的基设主义（生态僵局是人类面临的根本问题）。对了，还有马尔库塞在《爱欲与文明》（*Eros and Civilization*）中清晰阐明的精神分析基设主义（社会解放的关键在于改变压抑性的力比多结构）[9]。

只要精神分析还是精神分析，精神分析的"本质主义"（essentialism）就是悖论性的。至少就拉康对精神分析的解读而言是这样的。拉康对精神的解读是对本质主义逻辑（essentialist logic）的真正突破。也就是说，与通常的"后马克思主义"的反本质主义（antiessentialism）相比，拉康的精神分析迈出了更具决定性的一步。"后马克思主义"的反本质主义确信特定斗争具有不可化约的多元性。

换言之,"后马克思主义"的反本质主义表明,对一系列等价物的清晰说明,总是依赖于社会—历史进程(social-historical process)的绝对偶然性(radical contingency)。拉康的精神分析使我们能够在把握这种多元性时,把它视为对同一个"不可能的—实在界的内核"(impossible-real kernel)的众多回应。[10]

且以弗洛伊德的"死亡驱力"(death drive)观为例。我们必须抽离弗洛伊德的生物主义。"死亡驱力"不是生物学事实,而是一种观念。这种观念表明,人类的精神机器(psychic apparatus)从属于盲目的重复自动症(automatism of repetition),而盲目的重复自动症超越了对快乐的追求(pleasure-seeking),超越了对自我的保存,超越了人与环境的和谐一致。黑格尔武断地认为,人类是"病入膏肓的动物",是被贪得无厌的寄生虫(理性、逻各斯、语言)敲骨吸髓的动物。从这个角度看,"死亡驱力",这个彻底否定性之维(dimension of radical negativity),是不能化约为被异化的社会条件的表现形式的。"死亡驱力"是这样界定人的状况(la condition humaine)的:没有解决问题的方法,也无法弃之而去;要做的不是去"克服"、"消灭"它,而是甘心忍受,学着识别它令人恐惧的维度,然后以这个根本性识别(fundamental recognition)为基础,努力阐明应对它的权宜之计(modus vivendi)。

在某种程度上,所有"文化"都是限制、疏导、调教这种不平衡、这个创伤性内核、这个根本性对抗的反应—构成(reaction-formation)和努力。正是通过这种不平衡、这个创伤性内核、这个根本性对抗,人割断了自己与自然的脐带,与动物体内平衡(animal homeostasis)的脐带。不仅奋斗的目标不再是废止这种驱力对抗(drive antagonism),而且废止这种驱力对抗的渴望本身就是极权主义诱惑(totalitarian temptation)的源泉。最大规模的大众屠杀和人类浩劫,都以人的和谐存在为名义,以没有对抗性张力的新人(New

Man without antagonistic tension）为名义实施的。

我们的逻辑与生态学的逻辑无异：人是"自然的伤口"（wound of nature），自然的平衡再也无法复原；要与环境和谐相处，人唯一能做的事情便是全盘接受这个裂口、裂缝，接受这个结构性的斩草除根（structural rooting-out），事后尽可能修复；所有其他的解决方案，如这样的幻觉——重返自然是可能的，如这样的观念——自然是可以全盘社会化的，都直接通往极权主义。我们的逻辑与女权主义的逻辑无异。"根本不存在性关系"，也就是说，根据定义，两性关系是"不可能的"，是对抗性的。不存在最终的解决方案，稍微可以忍受的两性关系得以存在的唯一根基，就是承认这个基本的对抗（basic antagonism），承认这个基本的不可能性（basic impossibility）。

我们的逻辑与民主政治的逻辑无异：用过时的、被归于丘吉尔名下的话说，在所有可能的政治制度中，民主政治是最糟糕的；唯一存在的问题是，再也没有比它更好的政治制度了。也就是说，民主政治总是承载着腐化的可能性，承载着庸才治国的可能性；唯一存在的问题是，躲避这一固有的风险、恢复"真正"民主政治的每一次努力，都必定走向民主政治的反面，导致民主政治的废除。在此为这样一种观点辩护是完全可能的：第一个后马克思主义者正是黑格尔，因为在黑格尔看来，对公民社会之对抗（antagonism of civil society）的压制，必定导致极权恐怖主义——国家只能在事后限制其灾难性的后果。

拉克劳和穆菲的功绩在于，在《霸权与社会主义策略》（Hegemony and Social Strategy）一书中，他们把自己的社会场域理论（a theory of the social field）建立在这样的对抗观上，建立在对原初"创伤"的承认上，建立在对不可能的内核的承认上。不可能的内核抵抗符号化、整体化（totalization）和符号整合（symbolic integration）。每一次符号化—整体化的努力，都是在事后进行的：它努力缝合原初的裂口（original cleft）；根据定义，这种迫不得已的努力注定失败。他们强调，我们千万不要变得激进，而所谓激进，指寻求激进的解决方案（radical solution）：我们总是生存在间隙（interspace）之中，我们总是生活在借来的时间（borrowed time）之中；任何解决方案都是临时性和暂时性的，都是对根本性的不可能性（fundamental impossibility）的某种延宕。我们必须看到，他们使用的术语"激进民主"（radical democracy）颇有自相矛盾的意味：就纯粹的、真正的民主政治而言，民主政治恰恰是非"激进"的；与此相反，它的激进品性（radical character）意味着，只有将民主政治的"激进的不可能性"（radical impossibility）纳入视野，我们才能拯救民主政治。在这里，我们可以理解，我们是如何走到传统马克思主义立场的极端对立面的：在传统的马克思主义那里，全球性的解决方案——革命——是有效解决所有具体问题的前提条件；而在这里，每一次对具体问题的临时性、暂时性的成功解决，都承载着对全球性的激进僵局、不可能性的承认，承载着对根本对抗的承认。

我在《最崇高的癔症：黑格尔关口》（*Le plus sublime des hystériques: Hegel passe*）中提出的观点是，关于承认对抗，最为始终如一的模型是由黑格尔的辩证法提供的：对黑格尔来说，辩证法远非有关逐步克服（progressive overcoming）的故事，而是对如此努力之失败所作的系统注释——"绝对知识"（absolute knowledge）指的是这样一种主体立场，它最终接受了"矛盾"，并把矛盾视为每个同一性（every identity）的内在条件。换言之，黑格尔的"和解"（reconciliation）并非对一切现实从概念（Concept）上进行泛逻辑主义的扬弃，而是最终赞成下列事实：用拉康的话说，概念（Concept）本身是"并非全部"。从这个意义上说，我们可能重复第一个后马克思主义者黑格尔提出的命题：他撕开了某个裂缝之场域（field of a certain fissure），马克思主义随后把它"缝合"了起来。

对黑格尔作这样的理解，不可避免地与人们普遍接受的下列"绝对知识"观背道而驰："绝对知识"是概念整体性（conceptual totality）这个怪物，它吞食每个偶然性。关于黑格尔，得出这样的老生常谈，实在有点操之过急，就像那个著名笑话中的巡逻士兵。这个笑话来自刚刚经历军事政变、由雅鲁泽尔斯基执政的波兰。那时，武装巡逻的士兵在10点宵禁后有权不经警告，直接射杀街上的行人。有一天，两个士兵在街上巡逻，9点50分，一个士兵看到某人在街上行色匆匆，立即向他开枪射击。他的同伙问他，何以在9点50分就开枪杀人，他的回答是："我认识那伙计，他住得离这里很远，他无论如何都不可能在10分钟内赶回家，所以为了省事，现在就给他一枪……"那些批评所谓的黑格尔"泛逻辑主义"的人与此无异：他们"在10点之前"就宣判了绝对知识的死刑，尽管那时他们对绝对知识还一无所知。也就是说，他们的批评只能证明他们在这个问题上持有偏见。

本书要达到三个目的：

- 充当介绍拉康精神分析的某些基本概念的引论。本书反对扭曲拉康的形象，反对把他归入"后结构主义"场域，同时阐明他对"后结构主义"的重大突破；反对扭曲拉康的学说，反对把它描绘成蒙昧主义（obscurantism），同时把拉康置于理性主义的世系（lineage of rationalism）。拉康理论可能是最激进的、当代版的启蒙。
- 实现"对黑格尔的回归"，即在拉康精神分析的基础上重新解读黑格尔的辩证法，再次激活黑格尔的辩证法。眼下的黑格尔形象——"唯心主义者暨一元论者（idealist-monist）——是全然误导性的：我们在黑格尔那里发现的，是对差异和偶然性的最强烈的肯定——"绝对知识"只是称谓,意指对激进匮乏(radical loss)的承认。

- 通过重新解读某些著名的经典母题和拉康某些至关重要的概念,努力建立意识形态理论。著名的经典母题包括"商品恋物癖"[11]等。拉康的某些至关重要的概念,乍看之下,似乎无益于意识形态理论的建立。这样的概念包括"缝合点"[quilting point, *Ie point de capitan*、"upholstery button"(装饰扣)]、崇高客体(sublime object)、剩余快感(surplus-enjoyment)等。

我相信,上述三个目的是紧密相连的:"拯救黑格尔"的唯一方式是通过拉康,对黑格尔及黑格尔式的遗产进行拉康式的解读,也会为意识形态研究开辟新的途径,同时允许我们把握当代意识形态现象(如狗智主义[12]、"极权主义"、民主政治的脆弱身份),而不落入任何种类的"后现代主义"陷阱(诸如我们生活在"后意识形态"社会里之类的话语)。

注 释:

[1] 原注1。例如,见 Foucault, *Power/Knowledge*, New York: The Harvester Press, 1980。

[2] 原注2。Louis Althusser, *For Marx*, London: Verso, 2006.

[3] 齐泽克多次提及短路(short circuit),它是对物理术语的借用。电力系统在运行中,相与相之间或相与地(或中性线)之间发生的非正常连接,即为短路。短路的结果是漏电。齐泽克所谓的"短路"指本不相交的东西,出于某种原因相交了,因而构成短路。短路常常擦出思想的火花。有个笑话可以表明这一

点。爸爸教导儿子:"人生最要紧的是诚实和聪明。"儿子问:"什么是诚实?""诚实就是你签订了一个合同,即使倾家荡产也要履行合同,不能毁约。""那什么是聪明呢?""聪明就是永远不要签订这样的合同。"诚实和聪明本是两股道上跑的车,不相交,也不应该相交,却发生了"短路",引发了异乎寻常的"笑果"。——译者注

[4] 原注 3。Michel Pêcheux, *Language, Semantics and Ideology*, New York: Macmillan, 1982. ——作者注。齐泽克在别处说过,某人成了基督徒,并不是因为他读了《圣经》才成了基督徒;相反,因为已经成了基督徒,他才有兴趣去读《圣经》,才能读懂《圣经》。同样,某人成了共产主义者,并不是因为他读了《共产党宣言》;相反,因为已经成了共产主义者,他才有兴趣读《共产党宣言》,才能读懂《共产党宣言》。从这个意义说,短路是无处不在的:"难怪你作为一个基督徒被询唤,你本来就是一个基督徒嘛。""难怪你作为一个共产主义者被询唤,你本来就是一个共产主义者嘛。"——译者注

[5] 马克斯兄弟(Marx Brothers),指由一母之同胞组成的喜剧演员团队,共五人,全都生于纽约市,犹太人后裔,常在歌舞剧、舞台剧、电影中演出。1905—1949 年间风靡美国。五兄弟主演的电影中,有 13 部电影被美国电影学院选入 100 部喜剧电影名单,其中《鸭羹》(*Duck Soup*)和《歌剧院之夜》(*A Night at the Opera*)更是名位前 12 位。五兄弟中,奇科(Chico)、哈珀(Harpo)和格鲁乔(Groucho)最为著名。——译者注

[6] 对许多西方学者来说,拉康的格言"ne pas céder sur son désir"是难解之谜。此语英译甚多,包括"do not give up on your desire","do not give way on its desire","not giving way as to one's desire","not to compromise one's desire","do not give ground

relative to your desire"……其大意谓：在你的欲望这个问题上，不要让步、放弃、妥协、退却等。译者个人的感觉是：拉康在提出此论时，尚没有把"欲望"与"驱力"严格区分开来，还在把欲望与驱力混为一谈。严格说来，涉及欲望要让步，要妥协，要拖延，因为欲望之所以为欲望，在于永远推迟欲望的满足，在于为欲望让步。"驱力"则不然，明知山有虎，偏向虎山行，它是超越快乐原则的，甚至是超越现实原则的，因而是一种伦理行为。——译者注

〔7〕把握精神分析所谓"剩余"（surplus），甚为不易。一般说来，剩余指"从某个数量里减去一部分后遗留下来的东西"。精神分析所谓"剩余"指"在某个固定数量之外增加的部分"。从这个意义上说，剩余价值不是"从某个固定价值里减去一部分价值后遗留下来的价值"，而是"在固定价值之外增加的价值"。"剩余"比"非剩余"更重要，更难以把握。"有贼心的时候没贼胆，既有贼心又有贼胆的时候，贼又没了。"在这里，"贼"是固定部分，先有了"贼"，然后才有了"贼"的"剩余"，即"贼心"和"贼胆"；但到最后，有了"贼心"和"贼胆"这个"剩余"，"贼"这个"非剩余"却不告而辞……这是最堪回味之处。——译者注

〔8〕《帕西法尔》（*Parsifal*）是瓦格纳于1877—1882年创作的最后一部歌剧。剧情来自中世纪的宗教故事，叙述圣杯（相传耶稣最后晚餐时所用之杯）与圣矛（相传曾是刺中十字架上的耶稣之矛）的护卫统领安佛塔斯受女神巫昆德丽的蛊惑而犯戒律。女神巫则受妖术士克林索尔的引诱，帮助妖术士窃得圣矛，刺伤安佛塔斯。此伤百药难治，只有收回圣矛，才能治愈。帕西法尔是一位山村少年，他竟闯入妖术士园中，不为昆德丽的诱惑所动，取得圣矛。数年后，帕西法尔来到安佛塔斯的城堡，

用圣矛治愈了安佛塔斯的创伤。——译者注

[9] 原注4。见 Herbert Marcuse, *Eros and Civilization*, Boston, Beacon Press, 1974。

[10] 本书使用"不可能"（impossible）及其同根词"不可能性"（impossibility）共100余次。这时的"不可能"或"不可能性"，既有一般的"不可能存在的事"、"不可能发生的事"的意义，又有不堪忍受、无法容忍、不可理喻、难以置信、无法想象的意义。"不可能的—实在界的内核"（impossible-real kernel）指这种"内核"无法彻底地符号化，也就是说，即使这种内核要符号化，也会产生残渣、残余、剩余等。——译者注

[11] 关于"fetishism"，大陆传统上译为"拜物教"，港台多译为"恋物癖"。大陆的翻译着眼于政治经济学，港台的翻译注目于精神分析理论。在马克思那里，任何商品都有使用价值与交换价值，有的消费者完全不顾商品的使用价值而一味注重其交换价值，形成了"交换价值的自治"（autonomy of exchange value），即阿多诺在《否定性的辩证》（*Negative Dialectics*）中所谓的"客观主体"（objective subject）。这就是所谓的"拜物教"。但精神分析理论理解的"fetishism"与此不同：在弗洛伊德那里，被崇拜的物神（fetish）基本上是阳物的替代品；在拉康那里，人的主体性建立于镜像阶段之前，这个阶段任何不健全的发展，都可能使婴儿摆脱自我，而依恋某一物品，因而形成恋物癖。克里斯蒂娃（Kristeva）在《诗语中的革命》（*Revolution in Poetic Language*）第62—67页中，对此有一番精辟的解释，可参见之。鉴于这个概念在本书中更多地被置于拉康的精神分析这一语境之下，故译为"商品恋物癖"。——译者注

〔12〕从字面上看，狗智主义（cynicism）即犬儒主义（cynicism），但这种犬儒主义与以前的犬儒主义大相径庭。"犬儒主义"一词而三义：（1）指古希腊由犬儒（Cynic）践行的哲学主张，后形成流派，世称犬儒派（Cynics）。它否定社会与文明，倡导回归自然，主张清心寡欲，鄙弃荣华富贵。（2）西方进入19世纪后，"犬儒主义"摇身一变，成为某种特定的人生态度或心理状态，其特点是对人类、文化和制度采取怀疑一切、否定一切的态度，对之冷嘲热讽，表现出愤世嫉俗、玩世不恭、厌倦尘世的样子。用齐泽克的话说，这时的"犬儒主义代表着平民大众、黎民百姓对官方文化的拒绝，而拒绝的方式则是反讽（irony）和讥讽（sarcasm）：经典的犬儒做法，是以庸常的陈词滥调（everyday banality）对抗占统治地位的官方意识形态所使用的乏味语句（pathetic phrases），反抗它神圣、低沉的语调，并将这种语句和语调提升到荒诞不经的高度，以此揭露掩藏在高贵意识形态语句下面的自我利益、血腥暴力和对权力的极度渴望。……例如，当政客号召大家履行为国牺牲的义务时，犬儒主义会揭露说，这位政客正在从别人的牺牲中捞取个人利益。"（3）第三种意义的犬儒主义恰恰是对第二种犬儒主义的"否定"：它对"掩藏在高贵意识形态语句下面的自我利益、血腥暴力和对权力的极度渴望"一清二楚，但依然找理由为这种现象进行辩解：在高贵意识形态语句下面固然有自我利益、血腥暴力和对权力的极度渴望，在"低贱"意识形态语句下面又何尝不是如此？有一种意识形态的面具来遮掩那些肮脏的东西，总比赤裸裸的肮脏强吧？伪君子固然不好，总比真小人强吧？这时的犬儒主义不仅与古希腊的犬儒主义风马牛不相及，而且与19世纪以来的犬儒主义态度南辕北辙，译为犬儒主义，容易造成理解的混乱，无奈之下，译为"狗智主

义"。犬儒者,"犬仁"也,因为儒家以"仁"为本;狗智者,重"智"轻"仁"。故译为"狗智主义",尚能说得过去。齐泽克意识到了犬儒主义与狗智主义的区别,但在概念上,还是使用同一个术语。——译者注

第一部分

征兆
ZHENGZHAO

一 马克思如何发明了征兆？

1. 马克思、弗洛伊德：对形式的分析

依拉康之见，发明征兆（symptom）这一概念的不是别人，而是马克思。难道拉康的这个看法只是脱口而出的妙语、含糊不清的类比？它是否有坚实的理论根基？如果马克思真的详细说明过征兆这一概念，而且征兆还在弗洛伊德的领域中发挥作用，那么，我们就必须对这一相遇[1]的认识论上的"可能性条件"（conditions of possibility），提出康德式的质疑：马克思在其对商品世界的分析中，创造了一个同时可以用来分析梦、癔症现象的概念，这是如何可能的？

答案是，在马克思的阐释程序（interpretative procedure）和弗洛伊德的阐释程序之间，说得更确切些，在马克思对商品的分析和弗洛伊德对梦的解析之间，存在着血浓于水的同源关系。在这两种情形下，关键之处在于，要避免对据说隐藏在形式之后的"内容"作恋物癖式的迷恋：要通过分析来揭穿的"秘密"，不是被形式（商品之形式、梦之形式）隐藏起来的内容，而是这种形式本身的"秘密"。以梦的形式为研究对象的理论智能（theoretical intelligence），并不表现在从"显在内容"（manifest content）向其"隐含内核"（hidden Kernel）、"潜在梦思"（latent dream-thoughts）的渗透上，而表现在对如下问题的回答上：何以"潜在梦思"采取了这样一种形式，何以"潜在梦思"被转换成了梦这种形式？分析商品，亦复如是。真正的问题不是向商品的"隐含内核"渗透，即根据消耗于劳动产品的劳动数量来判定该劳动产品的价值,而是作出解释:为什么劳动采取了商品的价值(value of a commodity)这种形式,为什么只能以劳动产品采取的商品形态(commodity-form)来确认劳动的社会品格?

许多人指责弗洛伊德在释梦时充斥着"泛性欲主义",这种指责如今已成陈词滥调。汉斯-于尔根·艾森克(Hans-Jürgen Eysenck)[2]这位精神分析的严厉批判者,很久之前就在弗洛伊德的释梦中看到一个生死攸关的悖论。依弗洛伊德之见,在梦中表达的欲望被假定为无意识,同时与性有关系,至少原则上可以这么说。这与弗洛伊德本人分析的多数案例相抵触。弗洛伊德的案例始于他挑选出来的一个梦,他把这个梦当成了导论性的案例,以之例示梦的逻辑。这就是关于"伊玛注射"(Irma's injection)的那个著名的梦。这个梦表达的潜在思想(latent thought),是弗洛伊德的一种努力,即借助于这样一种类型的争辩——"这不是我的过错,它是由一系列的环境因素造成的"——推卸理应由他承担的、他的患者伊玛医治失败的责任。但显而易见,这种"欲望",这个梦的意义,既与性无关(倒是涉及职业伦理),亦与无意识无涉(伊玛医治的失败令弗洛伊德寝食难安)。[3]

这种指责——指责弗洛伊德在释梦时充斥着"泛性欲主义"——是建立在根本性的理论失误上的:它把梦中的无意识欲望(unconscious desire)等同于"潜在思想",即等同于梦的意涵(signification)。但正如弗洛伊德反复强调的那样,在"潜在梦思"中没有任何东西是"无意识"性的:"潜在梦思"是完全"正常"的思想,它可以用日常、普通语言的句法清晰地表述出来;从拓扑学[4]的角度讲,它属于"意识/前意识"(consciousness/preconsciousness)一脉;主体通常意识到了它的存在,虽然过度意识到了它的存在;它始终骚扰着主体……在某些条件下,这种思想被推开,被排除在意识之外，于是沉入了无意识，也就是说，屈从于"原初过程"（primary process）的规则，被翻译成了"无意识的语言"（language of the unconscious）。因此，"潜在思想"与所谓梦的"显在内容"——即梦的文本（text of the dream）或以字面现象（literal phenomenality）呈现出来的梦——的关系，就是下列两者间的关系：一是完全"正常"的（前）意识思想，一是梦的"字谜"（rebus），它是由完全"正常"的（前）意识思想翻译而来的。因而梦的本质性构成（essential constitution）不是它的"潜在思想"，而是这种运作（work），即置换（displacement）与压缩（condensation），还有单词或音节的内容定形（figuration of the contents of words or syllables）。这种运作赋予"潜在思想"以梦的形式。

因此，基本的误解就在这里：如果在由显在文本（manifest text）隐藏起来的潜在内容中寻找"梦的秘密"，我们注定铩羽而归。我们找到的一切，都是完全"正常"——虽然通常令人不快——的思想。就其本性而言，这种思想通常与性无关，也不是"无意识"性的。这种"正常"的意识/前意识思想被引向无意识和被压抑，不是因为对于意识来说，它具有"令人不快"的品性，而是因为它造成了自己与另一种早已被压抑、早已被置于无意识中的欲望的"短路"。这种欲望无论如何都与"潜在梦思"毫不相干。"如果无意识愿望，即源于婴儿期并处于压抑状态的欲望，已经转移到正常的思路上"，"正常的思路（normal train of thought）也只屈从于我们一直都在描述的那种不正常的精神治疗（abnormal psychical treatment）"，即屈从于"梦的运作"（dream-work），屈从于"原初过程"（primary process）的诸种机制。正常的思路是正常的，因而能以普通的日常语言表达，也就是说，能以"次级过程"（secondary process）的句法表达。[5]

不可化约为"正常思路"的，正是这种无意识/性欲望。它之所以不可化约,是因为从一开始,它就受到了构成性的压抑(constitutively repressed)——弗洛伊德使用的术语是"*Urverdrängung*";也就是说,它之所以不可化约,是因为它在用于日常交流的"正常"语言中,在意识/前意识的句法中,没有任何"原初"(original)可言;它只能置身于"原初过程"的机制之内。这也是我们不应该把梦的阐释,或一般征兆的阐释,化约为重译(retranslation)的原因。这里所谓重译,即把"潜在梦思"重译为哈贝马斯所谓的主体间交流(inter-subjective communication)的"正常"的日常语言。结构总是三重的,总有三种因素的运作:显在的梦文本(manifest dram-text)、潜在的梦内容(latent dream-content)或潜在的梦思想、在梦中表达出来的无意识欲望(unconscious desire)。这种欲望将自身依附于梦,将自己插入横亘在潜在思想与显在文本之间的缝隙;因此就它与潜在思想的关系而言,它并非"更隐蔽和更深藏的",相反,它是更加"处于表面"的,它是完全由能指的机制(signifier's mechanisms)构成的,是由治疗构成的(潜在的思想屈从于这种治疗)。换言之,它唯一的藏身之所是"梦"这种形式:梦的真正主题——无意识欲望——是在"梦的运作"中,在对其"潜在内容"的精心阐释中,表达出来的。

正如弗洛伊德常做的那样,被他概括为经验观测的东西(尽管是以"相当惊人的频率"),预示着根本性的、普遍性的原则的到来:"梦的形式或为梦提供藏身之所的形式,被人以相当惊人的频率,用来代表以这种形式隐藏的主题"。[6] 如此说来,这就是梦的基本悖论:无意识欲望——即一直被假定为梦的最为隐蔽的内核的无意识欲望——正是以下列方式表现出来的:对梦的"内核"——梦的潜在思想(latent thought)——进行掩饰性运作(dissimulation work),即借助于把梦的内容—核心(content-kernel)翻译成梦—字谜(dream-rebus),对梦的"内容—核心"伪装性运作(work of disguising)。与他往常的做法一样,弗洛伊德在稍后出版的版本的一个注释中,为这个悖论作了最终的概括:

> 我一度发现,让读者习惯于在梦的显在内容(manifest content)与梦的潜在梦思(latent dream-thoughts)之间作出区分,是极其困难的。各种观点和异议将一而再、再而三地提出。这些观念和异议都以某些尚未解析的梦为基础,而这些尚未解析的梦又是以这样的形式存在的——梦被保留在了记忆之中。需要对这些梦进行阐释,但这种需要被忽略了。但是,既然精神分析师至少已经愿意用通过阐释揭示出来的意义替代显在的梦(manifest dream),他们中的许多人又为以同样固执的态度陷入另一种混乱而深感内疚。他们努力在梦的潜在内容中发现梦的本质,而且在这样做时,他们忽视了下列两者间的区别:一是潜在梦思,一是梦的运作。
>
> 其实,梦不过是特定的思维形式而已,睡眠状态使之成为可能。正是梦的运作创造了形式,而且只有梦的运作才是做梦的本质,才能解释它特定的性质。[7]

弗洛伊德是分两步进行的:

- 首先,我们必须打破这样的表象,根据这种表象,梦不过是既简单又无意义的一团混乱,不过是由生理过程引发的无序状态,因而无论如何都无意涵可言。换言之,我们必须向阐释学研究(hermeneutical approach)迈出至关重要的一步,把梦设想为有意义的现象,它传输被压抑的信息,而被压抑的信息的发现离不开阐释性的程序(interpretative procedure);

- 其次，我们必须摆脱对意涵内核（kernel of signification）的迷恋，对梦的"隐含意义"（hidden meaning）的迷恋。这就是说，我们必须摆脱对隐藏在梦的形式之后的内容的迷恋，全神贯注于形式本身，贯注于"潜在梦思"都要对之俯首称臣的梦的运作。

这里要注意的至关重要的事情是，我们在马克思对"商品形式的秘密"（secret of the commodity form）所作的分析中，发现了一模一样的阐述。马克思主义的阐释也是分两步完成的：

- 首先，我们必须打破这样的表象，根据这种表象，商品的价值取决于纯粹的偶然，比如，取决于供应与需求之间的意外的互动。我们必须迈出至关重要的一步，去设想隐藏在商品形式（commodity-form）之后的隐含"意义"，设想由这种形式"表达"的意涵；我们必须看破商品价值的"秘密"：

> 因此，劳动时间决定价值量，这是个秘密。这个秘密隐藏在商品相对价值的表面波动之下。这个秘密的发现，虽然消除了有关"产品价值量的决定纯属偶然"的所有表象，却绝对没有改变那个模式，商品的价值就是由这个模式决定的。[8]

- 但正如马克思所言，这里还存在着某个"却"：仅仅揭穿秘密是不够的。古典资产阶级政治经济学已经发现了商品形式的"秘密"；这种经济学的局限在于，它无力摆脱对隐藏在商品形式之后的秘密的迷恋，它的注意力被作为财富真正来源的劳动所迷惑。换言之，古典政治经济学只是对隐藏在商品形式后面的内容感兴趣。这也是它不能对真正的秘密作出解释的原因。这秘密不是隐藏在形式之后的秘密,而是关于这个形式本身的秘密。尽管古典政治经济学对"价值量的秘密"作了相当正确的解释,但对于古典政治经济学而言,商品依然是神秘的、谜一般的事物。这道理同样适用于梦:即便在我们解释了它的隐含意义、潜在思想之后,梦依然是个谜一般的现象;尚未得以解释的,只是它的形式,即这样的过程,通过这个过程,隐含意义以梦这种形式来伪装自己。

因此,我们必须迈出至关重要的另一步,分析商品形式自身的生成。把形式化约为本质(essence)和隐含的内核(hidden kernel)是不够的,我们还必须考察过程。这过程类似于"梦的运作"。正是通过这个过程,被隐藏起来的内容才采取了这种形式,因为正如马克思所言:"劳动产品一旦采取了商品这种形式就具有了谜一般的品性,这样的品性源于何处?显然源于这种形式本身。"[9]正是这一步,即迈向形式的发生这一步,古典政治经济学没有完成。而且,这正是它事关生死的弱点之所在:

> 不论有多么不完整,政治经济学都分析了价值及其数量,揭开了隐藏在那些形式中的内容。但它从未提出这样的问题:为什么这样的内容采取这种特定的形式?也就是说,为什么劳动是以价值来表现的?为什么以时间的长短衡量劳动,是以产品的价值量的形式表现出来的?[10]

2. 商品形式之无意识

为什么马克思对商品形式的分析——乍看之下这些分析只涉及纯粹的经济学问题——对一般社会科学领域具有如此之大的影响力?

为什么它能让几代哲学家、社会学家和艺术史家如醉如痴？因为它提供了一个母体，该母体能使我们生成所有其他形式的"恋物癖式倒置"（fetishistic inversion）：仿佛对商品形式的辩证认识（dialectics of the commodity-form）为我们提供了一个纯粹版——或净化版——的机制研究，该机制研究为我们从理论上理解那些初看上去与政治经济学毫无瓜葛的现象（法律、宗教等等），提供了一把钥匙。与商品形式本身相比，商品形式内部肯定存在着更多利害攸关之物，正是这个"更多"散发着迷人的魅力。深入揭示商品形式的普遍延伸（universal reach）的理论家，无疑是阿尔弗雷德·佐恩-雷特尔（Alfred Sohn-Rethel）这个法兰克福学派的"同路人"。他的基本观点是：

> 对商品所作的形式分析（formal analysis），不仅对政治经济学批判来说至为关键，而且对下列行为来说也是如此：对抽象的概念思维模式（abstract conceptual mode of thinking）作出历史的解释，对随着抽象的概念思维模式出现的脑力劳动与体力劳动的分工作出历史的解释。[11]

换言之，有可能在商品形式的结构中找到超验主体（transcendental subject）：商品形式事先说明了康德式超验主体（Kantian transcendental subject）的骨架，即构成了"客观"的科学知识的先验框架（a priori frame）的超验范畴网络（network of transcendental categories）。商品形式的悖论就表现在这里：它是入世的、"病理性"的现象（"病理性"一词是就康德赋予它的意义而言的），却为我们解决知识理论的根本问题——具有普遍有效性的客体知识——提供了关键。这是如何可能的？

经过一系列的详尽分析，佐恩-雷特尔得出了如下结论：由科学程序——当然是牛顿的自然科学程序——所预设、暗示的范畴机器（apparatus of categories），即以之把握自然的概念网络（network of notions），已经呈现出社会功效（social effectivity），并出现在商品交换这种行为中。在思维获得纯粹的抽象（abstraction）之前，抽象以市场的社会功效的形式出现了。商品交换包含了双重的抽象：其一来自商品的多变品性（changeable character），而商品的多变品性是在交换行为中出现的；其二来自商品具体的、经验的、感性的、特殊的品性。在交换行为中，对商品进行特殊的、具体的、定性的决断，不在考虑的范围之内；商品被化约为抽象的实存物，不论它的特殊本性和它的"使用价值"如何，它都与它将要交换的商品具有"同等价值"。

纯粹的定量决断（quantitative determination）是现代自然科学得以形成的必要条件。在思维获得纯粹的定量决断这种观念之前，纯粹数量（pure quantity）就以货币的形式呈现出来。货币就是这样一种商品，它呈现出所有其他商品的通约性（commensurability），不论这些商品具体的定性决断（qualitative determination）如何。在物理学能够说明发生在几何空间中的纯粹抽象运动这种观念之前（纯粹抽象运动与正在移动的物体的所有定性决断无关），社会性的交换行为已经实现了如此"纯粹"、抽象的运动。如此"纯粹"、抽象的运动丝毫没有触及处于运动中的物体的具体—感性的属性，没有造成属性的转移（transference of property）。关于实体（substance）与其意外表现（accidents）的关系，关于在牛顿科学中发挥作用的因果观（notion of causality），简言之，关于整个纯粹理性范畴网络（whole network of categories of pure reason），佐恩-雷特尔都作了同样的展示。

这样，超验主体这个先验范畴网（net of *a priori* categories）的支撑物，就要面对这样一个令人忐忑不安的事实：就其最初的形式起源（formal genesis）而言，它依赖某个入世的、"病理性"的过程。从超验的视角（transcendental point of view）看，这个入世的、"病理性"的过程是丑闻（scandal），是无意义的不可能性（nonsensical impossibility）；根据定义，只要形式—超验之物（the formal-transcendental）先验地独立于所有的实证内容（positive contents），那么这个入世的、"病理性"的过程就是丑闻，就是无意义的不可能性。它是丑闻，与弗洛伊德所谓无意识具有的"丑闻"（scandalous）品性遥相呼应，从超验的—哲学的视角（transcendental-philosophical perspective）看，这也是难以容忍的。也就是说，如果我们仔细审视佐恩-雷特尔所谓的"真实抽象"（real abstraction, *das reale Abstraktion*）——即发生在有效的商品交换过程中的抽象行为——的本体论身份（ontological status），那么，"真实抽象"的本体论身份与无意识的身份的一致性，这个存在于"另一个场景"（another Scene）中的符指链（signifying chain），是绝对引人瞩目的："真实抽象"就是超验主体的无意识，是客观的—普遍的科学知识的支撑物。

一方面，就商品作为物质客体具有的真实、有效属性中的"真实"一词而言，"真实抽象"当然是不"真实"的：物体—商品（object-commodity）并不像它拥有一套决定其"使用价值"的特定属性（形态、颜色、味道等）那样拥有"价值"。正如佐恩-雷特尔所言，商品的本性就是由有效的交换行为暗示出来的公设（postulate）。换言之，商品的本性是某种"煞有介事"（*als ob*）：在交换行为中，人们买卖商品，仿佛商品并不从属于物质交换，仿佛它被排除在生与死的自然循环之外，进入了不生不死的境界，尽管在"意识"的层面上，他们"很清楚"情形并非如此。

检测这个公设的有效性，最简易的方式就是去想一想，我们是如何面对货币的物质性的：我们很清楚，和所有其他物质客体一样，货币也在忍受着被使用的后果，它的物质材质也在随着时间的变化而改变，但就市场的社会有效性（social effectivity of the market）而言，我们是这样对待钱币的，好像它取材于"不变实体，时间对这种实体无计可施，它与在自然中找到的任何物质都构成了鲜明的对比"。[12]我们不禁想到那个"恋物癖式否认"（fetishistic disavowal）的公式："我很清楚，但是……"这个公式的例证还有许多："我知道母亲（Mother）没有阳物（phallus）"，但是……（我相信她有）"；"我知道犹太人与我辈无异，但是……（他们总是有些怪模怪样）"。现在，我们必须毫不迟疑地添加有关货币的变体："我知道货币和其他物质客体毫无二致，但是……（好像它是由特殊材料制成的，时间对它无能为力）"。

我们在此触及一个马克思没有解决的问题，即有关货币的物质品性的问题：货币不是由经验的、物质的材料制成的，而是由崇高的材料（sublime material）制成的，是由另一种"不可毁灭和不可改变的"、只生不灭的物质制成的。制作货币的这种物质，俨然萨德[13]笔下的受难者的躯体。萨德笔下的受难者的躯体能够忍受一切磨难，能够毫发无损地死里逃生。这种"躯体之内的躯体"（body-within-the-body）的非物质肉体性（immaterial corporality），为我们提供了崇高客体（sublime object）的精确定义，正是从这个意义上说，只有精神分析的货币观——货币是"前阳物的"（pre-phallic）、"肛门区的"（anal）的客体——才是可以接受的。这样说的前提是，我们没有忘记，这个崇高躯体（sublime body）的假想性存在（postulated existence）是怎样依赖符号秩序（symbolic order）的：既不可磨损又无法撕破的、坚不可摧的"躯体之内的躯体"，总是由某个符号性权威（symbolic authority）的担保来维持的：

> 钱币印上花纹，用作交换的手段（means of exchange），而不是用作使用的客体（object of use）。它的重量和金属纯度是由

发行机关担保的。这样,如果在流通中因为磨损和破损而损失了分量,可以以旧换新。钱币的物理材质显然成了货币的社会功能的单纯载体。[14]

如果"真实抽象"与"现实"的层面无关,与有效属性的层面无关,与客体的层面无关,那么,基于这个原因,把"真实抽象"视为"思想—抽象"(thought-abstraction),视为发生在思维主体(thinking subject)"内部"的过程,就是错误的:与这个"内部"相比,属于交换行为的这个抽象,是外在的,是去中心(decentred)的,而且这里的"外在"和"去中心"是不可化约的。用佐恩-雷特尔的简明公式说,那就是:"交换的抽象(exchange abstraction)不是思想,但具有思想的形式(form of thought)。"

我们在此得到了无意识的一个可能的定义:无意识是一种思想形式(form of thought),它的本体论身份并非思想本体的本体论身份。也就是说,无意识是处于思想之外的思想形式。简言之,它是处于思想之外的某个"大对体场景"(Other Scene),凭借着它,思想之形式(the form of the thought)已经提前得以阐明。符号秩序恰恰就是这样的形式秩序(formal order),它补充和/或破坏下列两者间的双重关系:其一是"外在"的事实性现实(factual reality),其二是"内在"的主体经验。因此,佐恩-雷特尔对阿尔都塞的批判,还是很有道理的。阿尔都塞把抽象视为完全发生在知识领域里的一个过程,并因此否认"真实抽象"这一范畴,把"真实抽象"视为"认识论混乱"(epistemological confusion)的表现。阿尔都塞在"实在客体"(real object)与"知识客体"(object of knowledge)之间作了根本性的认识论区分。在这个根本性的认识论区分的框架内,"真实抽象"是不可思议的。于是他引进了第三个颠覆了上述区分的因素,即先于和外在于思想的思想形式。简而言之,这样的思想形式就是符号秩序。

我们现在能够精确概括佐恩-雷特尔的哲学反思事业的"丑闻性"了：他以外在空间——哲学反思已在这样的外在空间中"上演"——对抗哲学反思的死循环（closed circle）。哲学反思因而屈从于一种离奇的经验，这经验类似于用古老的东方套语——"汝即彼"[15]——概述出来的经验：你的正确位置处于交换过程的外在有效性（external effectivity of the exchange process）之中；那里有一座剧院，在剧院里，在你认识到你的真相之前，它已经上演。[16]与这个位置交锋，是难以承受的，因为哲学之所以为哲学，就是因为它对这个位置的盲目不知，哲学就是根据它对这个位置的盲目不知来界定的。哲学一旦考虑到这个位置，就会烟消云散，就会丧失其一致性（consistency）。

不过，这并不意味着，与哲学—理论意识完全相反的日常"实用"意识，即介入交换行为的单个人的意识，离得开发挥补充作用的盲目性（complementary blindness）。在参与交换行为时，人人都是作为"实用的唯我主义者"（practical solipsists）采取行动的，他们误认了交换的社会综合功能（socio-synthetic function）：这就是"真实抽象"，"真实抽象"是私人生产社会化（socialization of private production）之形式，而私人生产社会化是通过市场这个中介实现的。"处于交换关系中的商品所有者的所作所为，就是实用唯我主义（practical solipsism）。无论他们关于自己的所作所为想了些什么，说了些什么，都是如此。"[17]如此误认，是交换行为得以完成的必要条件。如果交换行为的参与者注意到了"真实抽象"的这一维度，"有效"的交换行为就不再可能了：

> 因此，谈到交换的抽象性，我们必须小心翼翼，不能把这个术语运用于交换能动者（exchange agents）的意识。他们理应

全神贯注于他们看到的商品的用途，但只以想象的方式关注。真实抽象的是交换行为，而且只有交换行为才是抽象的……在交换行为发生时，那一交换行为的抽象性是无法被注意到的，因为交换能动者的意识只放在了交易上，放在了事物的外貌上，而事物的外貌从属于事物的用途。可以说，交换能动者的行为的抽象性是交换能动者无法意识到的，因为他们的意识阻碍了他们的认识。一旦抽象性攫取了他们的心灵，他们要采取的行动就不再是交换，抽象本身也无从出现了。[18]

这个误认带来了意识的分裂，意识被分裂成"实用"的意识和"理论"的意识。参与商品交换行为的经营者，都是作为"实用唯我主义者"参与商品交换的：他们忽略了自己行为的普遍的社会综合维度（socio-synthetic dimension），把他们的行为化约为原子化的个人（atomized individuals）在市场上不经意的邂逅。于是，他们行为的"已被压抑"的社会维度以一种与这一维度相反的形式浮现出来，如同普遍理性（universal Reason）转而观察自然一样。有关"纯粹理性"的范畴网络（network of categories），成了自然科学的概念框架（conceptual frame of natural sciences）。

一边是商品交换的社会有效性，一边是对这种社会有效性的"意识"，两者构成了一个至关重要的悖论。再次用佐恩-雷特尔的简明概括说，这个悖论就是，"对现实的这种一无所知（non-knowledge），正是现实的本质的一部分"。交换过程的社会有效性是这样一种现实，只有在这样的前提下，它才是可能的：参与交换过程的人并不知道交换过程遵循的逻辑。也就是说，交换过程的社会有效性是这样一种现实，它的本体性的一致性（ontological consistency）暗示出参与者的某种"一无所知"。如果我们"知情太多"，如果我们看穿了社会现实的真实运作（true functioning of social reality），这种现实就会自行消解。

大概这就是"意识形态"的根本维度：意识形态不仅是"虚假意识"（false consciousness），不仅是对现实的虚幻再现（illusory representation），还是已被视为"意识形态"的现实。"意识形态"即社会现实，它的存在暗示我们，它的参与者对于它的本质一无所知。也就是说，社会有效性及社会有效性的再生产暗示我们，人们"对他们的所作所为一无所知"。"意识形态"并非对（社会）存在的"虚假意识"，而是得到虚假意识支撑的这种存在本身。于是我们最终看到了征兆的维度，因为征兆的一个可能的定义也会是"一种构型（formation），这种构型的一致性暗示了主体一方的一无所知"：主体可以"享受他的征兆"，只要他对征兆的逻辑一无所知——征兆得到成功阐释的标尺，正是该征兆的烟消云散。

3. 社会性征兆

那么，我们能够界定马克思的征兆概念吗？马克思通过发现裂缝、非对称和"病理性"失衡，"发明了征兆"（拉康语）。这些裂缝、非对称和"病理性"失衡证明，资产阶级"权利与义务"具有的普遍性是虚假的。这种失衡，远远没有宣告这些普遍原则的"不完美实现"（imperfect realization），也就是说，远远没有宣告，进一步的发展会消灭这些普遍原则的不充分性（insufficiency）。相反，这种失衡充当着这些普遍原则的"构成性时刻"（constitutive moment）：严格地说，"征兆"是一个特殊因素，它颠覆了自身的普遍根基（universal foundation）；严格说来，征兆是属（species），它颠覆了自己的种（genus）。在这个意义上，我们可以说，马克思主义"意识形态批判"的基本程序已经是"征兆性"的了：它努力寻找某个崩溃点（a point of breakdown），该崩溃点与既定意识形态场域大异其趣，同时又是这个场域寻求解脱、获得圆满所必不可少的。

这个程序暗示了某种"例外逻辑"（logic of exception）：每一个

意识形态的普遍原则（ideological Universal），例如自由、平等，都是"虚假的"，因为它必然包含了一个特殊个案，该个案将打破意识形态普遍原则的一致性，暴露其虚假性。例如，先是一个普遍的自由概念，它包括一系列的属（species），如言论自由、意识自由（freedom of consciousness）、商业自由、政治自由等等；然后，凭借结构上的必要性（structural necessity），出现了特殊的自由，如工人在市场上随意出售自己劳动力的自由，它将颠覆普遍的自由概念。这就是说，这种自由与有效的自由（effective freedom）呈南辕北辙之势：通过"随意"出卖自己的劳动力，工人失去了自由。也就是说，这一自由出卖行为的真正内容是工人遭受资本的奴役。当然，至关重要的是，正是这个悖论性的自由，正是自由的对立物采取的形式，终结了"资产阶级自由"的循环。

这道理同样适用于公平的等价交换这一市场理想。在前资本主义社会中，当商品生产尚不具备普遍的本性时，也就是说，当处于支配地位的还是所谓的"自然生产"（natural production）时，生产方式的所有者也是生产者（至少大体如此）：这是手工生产；所有者亲自制作并在市场上销售自己的产品。这个发展阶段没有剥削（至少基本如此，即不考虑对学徒工等人的剥削）；市场交换是等价交换，每件商品都能实现自己的全部价值。但是，一旦以市场为导向的生产在既定社会的经济大厦中流行开来，这种生产就必然伴之以崭新的、悖论性的商品形态（paradoxical type of commodity）的出现，即劳动力、工人的出现，他们不是生产方式的所有者，他们因此被迫在市场上出售自己的劳动力，而不是出售他们劳动的产品。

因为有了这种新商品，等价交换成为对自身的否定，因为出现了剥削，出现了对剩余价值的占有。这里不能错过的关键之处是，等价交换对自身的否定恰恰出现在等价交换的内部，而不是从外部对它的简单反叛：劳动力被剥削，不是因为没有把全部价值支付给它；至少大体上，劳动和资本的交换是完全等价和绝对公平的。这里的迷人之处在于，劳动力是一种奇特的商品，劳动力的使用（即劳动）创造了剩余价值，正是这个超出劳动力价值的剩余价值，被资本家占有了。

这里我们再次看到了意识形态的普遍原则，即等价、公平交换的普遍原则；同时还看到了特定的悖论性的交换（paradoxical exchange），即劳动力与工资的交换。劳动力与工资的交换是等价交换，但这种交换充当着剥削之形式（form of exploitation）。"量"的发展，商品生产的普遍化，带来了新的"质"，即新商品的出现。新商品代表着从内部对商品等价交换这一普遍原则的否定。换言之，它带来了征兆。从马克思的视角看，乌托邦社会主义之所以为乌托邦社会主义，就在于它相信，建立这样的社会是完全可能的：在那里，交换关系已经普遍化，以市场为导向的生产也居于主导地位，但工人依然是生产方式的所有者，因而不被剥削。简言之，"乌托邦"传达了这样的信仰：没有自身的征兆的普遍性（universality without its symptom）还是可能的，没有"例外点"（point of exception）的普遍性还是可能的，而征兆和"例外点"发挥着这样的作用——从内部否定普遍性。

这也是马克思在批判黑格尔和黑格尔的社会观——社会即理性的整体（rational totality）——时所使用的逻辑：一旦试图把现存社会秩序设想为理性的整体，我们就必须向该整体注入一个悖论性因素，这个因素还要继续充当该整体的内在的构成因素，发挥征兆的作用，即颠覆这一整体的普遍理性原则（universal rational principle）。当然，在马克思那里，现存社会中这个"非理性"因素就是无产者，即马克思所谓的"理性自身的非理性"（the unreason of reason itself），即这样的点位：在那里，在现存社会秩序中体现出来的理性遇到了它自身的非理性。

4. 商品恋物癖

然而，在把征兆的发现归功于马克思时，拉康的做法更为独特。马克思曾经设想从封建主义向资本主义的过渡，拉康则把征兆的发现锁定在马克思对这一过渡的设想上："我们必须寻找征兆这一概念的起源，但不能从希波克拉底[19]那里寻找，而要从马克思那里寻找，要在马克思首先确立的资本主义与'某者'之间的联系中去寻找。'某者'为何？美好的往昔时光，即我们所谓的封建时代。"[20]要想把握从封建主义向资本主义过渡遵循的逻辑，我们必须首先阐明这种过渡的理论背景，即马克思对商品恋物癖的看法。

首先，商品恋物癖是"人与人之间的确定的社会关系，但在这些人的眼中，这种关系采取的是物与物的关系这种奇异形式"。[21]某一商品的价值，本是众多商品的诸多生产者之间的社会关系网络的标志，却采取了另一种物品—商品（thing-commodity）的准"自然"属性——货币——这种形式：我们说，某一商品的价值就是某种数量的货币。结果，商品恋物癖的基本特性并不在于那个妇孺皆知的以物代人（"人与人的关系采取了物与物的关系这种形式"），而在于那个涉及下列两者关系的误认：其一是结构化的网络（structured network），其二是这种结构化的网络的一个因素。真正的结构性效应（structural effect），即由众多因素构成的关系网络所产生的效应，显现为这众多因素中的某一个因素的直接财富（immediate property），仿佛即使在这个因素与其他因素结构的关系之外，这一财富也非它莫属。

这样的误认除了发生在"人与人的关系"中，还可以发生在"物与物的关系"中。马克思在谈及价值表现（value-expression）的形式时，对此作了明确的表述。只有把商品乙作为自己的参照物，商品甲才能表现自己的价值，因此，商品乙成了商品甲的等价物。在价值关系中，商品乙的自然形式（商品乙的使用价值，它的实证的、经验的属性),可以用来充当商品甲的价值形式。换言之,商品乙的躯体成了商品甲的镜子,商品甲可从中看到自己的价值。马克思为上述反射添加了一个注释:

> 在某种程度上,人就像商品。因为人来到世间,既没有带镜子,也不像费希特派的哲学家那样,对他们来说,只说"我是我"就足够了。人是首先在他人身上看到并认出自己的。彼得只能通过拿他与作为同类存在的保罗进行比较,才能确立他自己作为人的身份。因此,只有在保罗扮演自己的角色、展示自己的性格时,在彼得看来,保罗才成了那种类型的人。[22]

这个简短的注解在某种程度上预期了拉康的镜像阶段理论:只有先在另一个人身上折射自己,也就是说,只有另一个人为自我(ego)提供反映自我的一致性的形象,自我才能获得它自己的自我—身份(self-identity)。由此说来,身份与异化密切相关。马克思追逐身份与异化的这种同源关系:只有当商品甲与商品乙联系在一起,就像商品甲与它自身价值的表象形式(form-of-appearance)联系在一起时,也就是说,只有在这种关系之内,另一种商品(商品乙)才是等价物。但是表象——恋物癖特有的颠覆效果就表现在这里——与此恰恰相反:商品甲似乎与商品乙联系在一起,仿佛对于商品乙来说,成为商品甲的等价物不是成为商品甲的马克思所谓的"反射性决断"(reflexive determination)——也就是说,仿佛商品乙早已自在地(it itself)成了商品甲的等价物,仿佛即使在它与商品甲的关系之外,"成为等价性物"(being-an-equivalent)这一属性也非它莫属,这一属性与它的其他"天然"有效的、构成了它的使用价值的属性处于同一个层面。马克思为这些反射添加了一个非常有趣的注释:

关系的如此表现形式，被黑格尔称为反思范畴（reflex-categories）。一般说来，它构成了一个古怪的种类。比如说，某人之所以是国王，是因为其他人处于臣属于他的关系之中。反之亦然，其他人之所以想象着自己是他的臣民，是因为他是国王。[23]

"当国王"是"国王"与其"臣民"结成的社会关系网络产生的效应。但是——恋物癖式的误认（fetishistic misrecognition）出现了——要想成为这种社会联结（social bond）的参与者，上述关系就必须以颠倒的形式显现出来：他们之所以认为自己是给予国王以皇家待遇的臣民，是因为国王早已自在地成了国王（already in himself），即国王天生就是国王，与他和他的臣民结成的关系无关；仿佛"当国王"的决断（determination）乃国王这个人的"天然"属性。在此，人们怎能不想起那个著名的拉康断言：一个疯子相信自己就是国王，一个国王也相信自己就是国王——他直接把自己等同于"真命"天子，疯子与国王相较，疯子并不比国王更疯。

我们在此得到的是两种恋物癖模式（modes of fetishism）的对照，关键问题涉及这两个层面的确切关系。也就是说，这关系绝非简单的同源关系：我们不能说，在以市场为导向的生产占支配地位的社会里，或者干脆说，在资本主义社会里，"人就像商品"。更确切些说，与此完全相反的陈述才是真实的：商品恋物癖出现在资本主义社会中，但在资本主义社会中，人与人的关系还绝没有"恋物癖化"（fetishized）；我们在此得到的是"自由"人与"自由"人之间的关系，这些人各自追逐自我利益。这种相互关系的主流形态，这种关系的主导形式，不是统治和奴役，而是自由人与自由人之间的契约关系，从法律的角度看，这些自由人是完全平等的。这种关系的模型是市场交换：这里，两个主体相遇，他们之间的关系已经摆脱了臣民对主人（Master）的崇拜色彩，也剔除了主人对臣民的资助和关心；他们是作为两个人相遇的，他们的行为完全取决于他们的自我利益，每个主体都是作为真正的功利主义者行事的；在某个主体眼里，其他主体都不再拥有神秘的光环；他在同伴那里看到的，是另一个追逐自我利益的主体，他之所以对这个同伴有兴趣，只是因为这个同伴拥有某个东西，即商品，而且该商品能够满足他的某种需求。

所以说，这两种恋物癖形式（forms of fetishism）是不可兼容的：在商品恋物癖大行其道的社会中，"人与人的关系"被完全"去恋物癖化"（defetishized）了；在"人与人的关系"依然充斥着恋物癖的社会中，即在前资本主义社会中，商品恋物癖尚未出现，因为在那里，占主导地位的是"自然"生产，不是以市场为导向的生产。必须为人与人的关系中充斥着的恋物癖提供一个正确的名称。我们在此得到的，是马克思所谓的"统治和奴役的关系"，即黑格尔意义上的 Lordship（统治）和 Bondage（奴役）的关系。[24]仿佛主人在资本主义社会中的退位，只是换汤不换药而已：仿佛"人与人的关系"的"去恋物癖化"，已由"物与物的关系"中的恋物癖——商品恋物癖——作了补偿。恋物癖已由主体与主体的关系转至"物与物"的关系：以统治和奴役（如主人与其奴隶等）的人际关系这种形式存在的、至关重要的社会关系，即生产关系，不再一目了然；用马克思的精确概括说，这种关系在"物与物即劳动产品与劳动产品结成的社会关系的外表下"，把自己伪装了起来。

马克思曾以某种方式设想从封建主义向资本主义的过渡。我们之所以要在这种方式中寻找征兆的发现过程，原因就在这里。随着资产阶级社会的确立，统治和奴役的关系受到压抑：形式上，我们最初显然关切的是自由的主体，自由主体间的人际关系已经剔除一切恋物癖；被压抑的真相——即统治和奴役的依然故我——以征兆的形式显现出来,这个征兆颠覆了平等、自由等意识形态表象(ideological appearance)。这个征兆,即有关社会关系的真相的"浮现点"(point of emergence),恰恰就是"物与物的关系"。这与封建社会形成鲜明对比,在封建社会中:

> 不论我们认为这个社会中不同阶级的人扮演什么角色,人与人在其劳动表现中结成的社会关系,无论如何都显现为人与人相互间的人际关系,无论如何都没有在物与物即劳动产品与劳动产品结成的社会关系的外表下,把自己伪装起来。[25]

"人与人结成的社会关系没有显现为人与人相互间的人际关系,而是在物与物即劳动产品与劳动产品结成的社会关系的外表下,把自己伪装起来。"这就是癔症征兆(hysterical symptom)的精确定义,是资本主义特有的"转移癔症"(hysteria of conversion)的精确定义。[26]

5. 极权主义的笑声

与马克思处于同一时代的批评马克思的人们,大多认为马克思对商品恋物癖的辩证分析已经过时,并将之抛弃。与这些人相比,马克思更具颠覆性,因为马克思对商品恋物癖的辩证分析,至今还能帮助我们把握所谓的"极权主义"现象。且以翁贝托·艾柯(Umberto Eco)的《玫瑰的名字》(*Name of the Rose*)为出发点。[27]这样做,只是因为这本书有问题。这批评不仅适用于该书的意识形态。仿照"意大利式西部片"(spaghetti Westerns)的说法,可以把这种意识形态称为意大利式结构主义(spaghetti structuralism),即结构主义和后结构主义的一种简化大众版。根据这种结构主义,根本不存在终极现实,我们生活在从一个记号指向另一个记号的记号世界里……本书令我们不安的,应该是它基本的潜在论点——极权主义源于对官方词语的教条依附（dogmatic attachment）：缺乏笑声，没有采取讽刺的超然态度（ironic detachment）。对于善的过度担当，本身会成为最大的恶：真正的恶，是任何种类的狂热教条主义，特别是在至善（supreme Good）名义下实施的狂热教条主义。

这个论点已经成为启蒙版的宗教信仰（enlightened version of religious belief）的一部分：如果我们过于迷恋善，迷恋对世俗的憎恨，那我们对善的迷恋会转化为恶的力量，即一种形式的毁灭性仇恨（destructive hatred）：只要不对我们的善的观念（idea of Good）作出回应，即可报之以毁灭性仇恨。真正的恶是纯真的凝视（innocent gaze）。在这个世界上，除了恶，纯真的凝视什么也看不到，如同在亨利·詹姆斯（Henry James）的《螺丝在拧紧》（*The Turn of the Screw*，又译《碧庐冤孽》、《旋转的螺丝》）中那样。在那里，真正的恶当然是故事讲述者（年轻的家庭女教师）的凝视。

首先，认为迷恋善或狂热地献身善会变成恶，这种看法遮盖了相反的经验，这更加令人不安：对于恶的热诚的、狂热的依附，是如何获得不为我们的自私自利（egoistical interests）所左右的伦理立场（ethical position）这一身份的？只要想想莫扎特的歌剧《唐璜》（*Don Giovanni*）的结尾就可以了。在那里，唐璜面临着如下选择：认罪，就能得到救赎；一意孤行，必将万劫不复。从快乐原则（pleasure principle）的视角看，正确的做法是放弃过去，但他没有这样做，而是固守罪恶，尽管他知道，这样做将死无葬身之地。具有讽刺意味的是，因为最终选择了恶，他获得了伦理英雄（ethical hero）的身份，也就是说，他成了这样的人：接受"超越快乐原则"（beyond the pleasure principle）这一根本原则的引导，不为快乐和功利所左右。

不过，《玫瑰的名字》真正令人心烦意乱之处在于，它深信，笑声、反讽性疏离（ironic distance）具有的解放性的、反极权主义的力量。我们的看法与艾柯这部小说的潜在前提几乎南辕北辙：在当代社会（无论民主社会或极权社会）中，可以说，狗智式疏离（cynical distance）、笑声、反讽是极权主义游戏的一部分。占主导地位的意识形态并不打算让人严肃地或从字面上来理解。或许，对于极权主义来说，最大的危险就是从字面上理解它的意识形态。即使在艾柯的小说中，可怜的老博尔赫斯（Jorge）这个永远不笑的教条主义信念的化身，也是一个相当悲剧性的人物：他是一具过时的活僵尸，是一堆历史的残余物，但肯定不是能代表现存社会权力和政治权力的人。

从这里，我们应该得出什么结论？我们是否应该说，我们生活在后意识形态社会？或许首先努力搞清意识形态一词的意涵更好一些。

6. 狗智主义：意识形态的一种形式

意识形态最初级的定义，或许是出自马克思《资本论》的那个著名短语："他们虽然对之一无所知，却在勤勉为之。"[28]意识形态的这一概念，暗示了某种基本的、创构性的质朴（constitutive naïveté）。它是对自己的预设（presupposition）的误认，它是对自己得以成立的有效条件（effective conditions）的误认，它是下列两者间的距离与歧异：一是所谓的社会现实，一是我们对所谓社会现实所作的扭曲了的再现（distorted representation），我们对所谓社会现实的虚假意识。这也是可以把如此"质朴意识"（naive consciousness）提交给意识形态批判程序的原因。意识形态批判程序要达到的目标，就是引导质朴的意识形态意识（naive ideological consciousness）前行，一直到它认识到自己得以成立的有效条件，认识到它正在扭曲的社会现实，并通过这种行为消解自己。在更为复杂版本的意识形态批判中，比如在法兰克福派确立的版本中，这不仅仅是按事物（即社会现实）"本来的样子"看待它的问题，不仅仅是摒弃意识形态的变形景观（distorting spectacles of ideology）的问题；重要的是要明白，离开了所谓的意识形态神秘化（ideological mystification），现实就无法再生产自身。面具不仅正在掩藏事物的真实状态，意识形态的扭曲已经成为事物的本质。

于是，我们发现了一种存在的悖论（paradox of a being）：这种存在只有在被误认和被忽略的前提下，才能再生产自身；一旦我们审视它"本来的样子"，这种存在就会化为乌有，或者更确切地说，一旦我们审视它"本来的样子"，这种存在就会变成另一种现实。这也是我们要避免使用揭面具、撕面纱之类的简单隐喻的原因。面具和面纱是用来隐藏赤裸裸的现实的。我们可以理解，何以拉康在其名为"精神分析的伦理"（The Ethic of Psychoanalysis）的讲座中对那个解放性的姿势（liberating gesture）——最终大喊"皇帝陛下一丝不挂"——敬而远之。正如拉康所言，关键在于，皇帝即使穿了衣服，但在其衣服下面，他还是一丝不挂。因此，如果精神分析有揭面具这一姿势的话，那它也只能近乎法国19世纪作家阿方斯·阿莱（Alphonse Allais）讲过的那个著名笑话（拉康引用过这个笑话）：某人指着一个妇女大声惊呼："快看她，真是奇耻大辱，在她穿的衣服下面，她竟然一丝不挂。"[29]

不过，所有这些都已经广为人知：根据经典的意识形态概念，意识形态是对现实的"虚假意识"，是对现实的误认，这样的意识形态概念已经成为现实的一部分。我们的问题是：这样的意识形态概念（意识形态即质朴意识）是否还适用于今天的世界？这样的意识形态现在还在运行吗？在《狗智理性批判》（Critique of Cynical Reason）这部以德语写成的伟大畅销书中，彼得·斯洛特迪基克（Peter Sloterdijk）提出了一个论点：意识形态的主导运作模式（dominant mode of functioning）是狗智性的，这使得古典的意识形态批判程序武功尽废，或者说得更确切些，这使得古典的意识形态批判程序无功而返。狗智主体（cynical subject）对意识形态面具（ideological mask）与社会现实之间的疏离心知肚明，但他死死抓住面具不放。如同斯洛特迪基克所言，公式只能是这样的："他们对自己的所作所为一清二楚，但他们依旧坦然为之。"狗智理性不再质朴，它成了一个悖论，一个有关"已被启蒙的虚假意识"（enlightened false consciousness）的悖论：人们对意识形态的虚假性一清二楚，也完全知道在意识形态普遍性的下面掩藏着特殊的利益，但依然对这种意识形态依依不舍。

我们必须把狗智立场（cynical position）与斯洛特迪基克所谓的"犬儒主义"（Kynicism）严格区分开来。犬儒主义代表着平民大众、黎民百姓对官方文化的拒绝，而拒绝的方式则是反讽（irony）和讥讽（sarcasm）：经典的犬儒做法，是以庸常的陈词滥调（everyday banality）对抗占统治地位的官方意识形态所使用的乏味语句（pathetic phrases），反抗它神圣、低沉的语调，并将这种语句和语调提升到荒诞不经的高度，以此揭露掩藏在高贵意识形态语句下面的自我利益、血腥暴力和对权力的极度渴望。因此，这一做法比论辩更实用：它以子之矛攻子之盾，以官方命题阐明的情形（situation of its enunciation）对抗官方命题，进而颠覆官方命题；它凡事都拿个人利益说事，例如，当政客号召大家履行为国牺牲的义务时，犬儒主义会揭露说，这位政客正在从别人的牺牲中捞取个人利益。

狗智主义是占主导地位的文化对这种犬儒式颠覆（kynical subversion）的回应：它看到——也考虑到——掩藏在意识形态普遍性（ideological universality）下面的特定利益，看到——也考虑到——意识形态面具与现实之间的疏离，但它依然寻找理由来保留面具。这种狗智主义坚守的立场并非直接的不道德的立场（direct position of immorality），它更像是为不道德服务的道德。狗智智慧（cynical wisdom）的模型是，把正直、诚实视为最高形式的欺诈，把品行端正视为最高形式的放荡不羁，把真理视为最有效的谎言形式。因此，这种狗智主义是对官方意识形态的变态的"否定之否定"：面对非法敛财，面对暴力抢劫，狗智性反应（cynical reaction）是这样的，它会说，非法敛财不如合法敛财，非法抢劫不如合法抢劫，这样效率更高，还受法律保护。正如布莱希特在《三便士歌剧》（*Threepenny Opera*）中所言："与建银行相比，抢银行算得了什么？"[30]

显而易见，面对这样的狗智理性，传统的意识形态批判已经无能为力。我们无法再使意识形态文本（ideological text）接受"征兆性解读"（symptomatic reading），无法使意识形态文本直面它的空白点（blank spots），直面它为了组织自身（organize itself）、为了保持自身的一致性而必须压抑的东西。狗智理性已经事先注意到了这一疏离。这是不是说，有待我们确认的唯一问题就是，借助于狗智理性的盛行，我们在所谓的后意识形态世界里找到自己？甚至阿多诺也得出了这样的结论。他的前提是，严格说来，意识形态只是自称拥有真理的体系。也就是说，意识形态不仅是谎言，而且是被视为真理的谎言，是假装着要被人们认真对待的谎言。极权主义意识形态不再拥有这种"假装"。极权意识形态（totalitarian ideology）不再期望得到严肃的对待，甚至这种意识形态的创造者也不再拿它当一回事。就其身份而论，极权意识形态只是操纵他人的手段，是纯粹外在性和工具性的；它的统治不是由它的真假值（truth-value）来保证的，而是由简单的超意识形态暴力（extra-ideological violence）和对好处的承诺来保证的。

正是在这里，在这个时候，引入了征兆与幻象的区别。只有这样才能表明，这样的观念，即认为我们生活在后意识形态社会的观念，实在是有些超前，狗智理性以其讽刺的超然态度，没有触及意识形态幻象（ideological fantasy）的基本层面，而正是在这个基本层面上，意识形态结构着社会现实。

7. 意识形态幻象

若要把握幻象这一维度，必须回到马克思的那个公式："他们虽然对之一无所知，却在勤勉为之。"这给我们自己提出一个至为简单的问题：意识形态幻觉（ideological illusion）位于何处？位于"知"（knowing），位于"为"（doing），还是位于现实？初看起来，答案似乎是显而易见的：意识形态幻觉位于"知"。一边是人实际上正在做什么，一边是人认为自己正在做什么，两者存在不一致。问题的实质就是这个不一致。意识形态之所以为意识形态，就在于，人"并不知道他们实际上正在做什么"，他们对自己置身其间的社会现实作了虚假再现（false representation）——扭曲当然是由人置身其间的现实造成的。让我们再次审视马克思的那个经典范例，即所谓的商品恋物癖：货币实际上只是社会关系网络的化身、浓缩、物化，它被用来充当所有商品的普遍等价物，这个事实（即被充当等价物）的成立是以它在社会关系的肌理（texture of social relations）中所处的位置为前提条件的。但对于人来说，货币的功能——成为财富的化身——表现为被人称作"货币"的那种事物具有的直接、自然的属性。仿佛货币已经自在地（already in itself）、仅仅凭借它直接的物质现实（immediate material reality），就成了财富。我们在此再次触及"物化"（reification）这一经典的马克思主义话题：我们必须在事物的后面，在物与物的关系中，发现社会关系，即人类主体与人类主体的关系。

但是，对马克思这一公式做如此解读，遗漏了幻觉、错误和扭曲。幻觉、错误和扭曲早已在社会现实中发挥作用，在"人实际上正在做什么"这一层面上发挥作用，而不仅在"人认为或知道他们正在做什么"这一层面上发挥作用。人在使用货币时，他很清楚，货币毫无魔力可言：货币，就其物质性而言，只是社会关系的一种表现形式。日常、自发的意识形态把货币化约为一个简单记号，它赋予占有它的人一项权利，即享有部分社会产品的权利。因而，在日常的层面上，人们很清楚，在物与物的关系的后面，隐藏着人与人的关系。问题是，就人的社会行为而言，就人正在做的事情而言，从他们的行为来判断，仿佛货币仅凭自己的物质现实（material reality），就成了财富的直接化身。他们在实践上，而不是在理论上，成了恋物癖者（fetishists）。他们所"不知道的"，他们所误认的，是下列事实：就他们的社会现实而言，就他们的社会行为而论——即以他们的商品交换行为而论，他们受到了恋物癖幻觉（fetishistic illusion）的引导。

为了搞清这一点，让我们再次审视马克思的那个经典话题，即普遍（the Universal）与特殊（the Particular）的关系的思辨性倒置（speculative inversion）这一话题。普遍（the Universal）只是真正存在着的具体物体的属性，但是，一旦我们成了商品恋物癖的牺牲品，商品的具体内容（其使用价值）仿佛就成了商品的抽象普遍性（其交换价值）的表现形式。抽象的普遍（abstract Universal），即价值（Value），显现为真正的实体（real Substance），陆续地成为一系列具体物质的化身。马克思的一个基本观点是：有效的商品世界早已像黑格尔的主体—实体（subject-substance）那样行事，早已像普遍（Universal）那样经历了一系列的具体的化身。马克思谈过"商品的形而上学"（commodity metaphysics），谈过"日常生活的宗教"（religion of everyday life）。哲学思辨唯心主义（philosophical speculative idealism）就根植于商品世界的社会现实，以"唯心主义"方式行事的正是这个商品世界，或用马克思在第一版《资本论》的第一章中的话说：

> 一旦倒置，那些感性的具体事物，也只能算作抽象的普遍事物的现象形式（phenomenal form），这与事物的真实状态背道

而驰。就事物的真实状态而论，抽象和普遍只能算作具体的属性。这样的倒置是价值的表现形式（expression of value）所特有的，正是这种倒置使得理解这种表现形式变得如此困难。如果我说：罗马法律和德国法律都是法律，这人人都能理解。但是，如果我说：法律这个抽象物，在罗马法律和德国法律中，即在这两个具体的法律中，实现了自身，那么它们的相互联系就变得神秘起来了。[31]

要再次追问的问题是：幻觉位于何处？我们千万不要忘记，在其日常意识形态（everyday ideology）中，资产阶级个人绝对不是沉思冥想的黑格尔派。他不会认为，具体的内容是由普遍理念（universal Idea）的自主运动带来的。相反，他是一个地地道道的盎格鲁－萨克逊唯名主义者（Anglo-Saxon nominalist），知道普遍（the Universal）乃具体（the Particular）之属性，也就是说，是真实存在着的事物的属性。价值并不自在地（in itself）存在，只有个别事物才有价值可言。个别事物除了其他属性，还有价值属性。问题在于，就其实践而论，就其真实行为而论，仿佛具体事物（商品）只是普遍价值的化身。让我们改述一下马克思的话：他很清楚，罗马法律与德国法律只是两种法律，但就其实践而论，就其行为而论，仿佛法律这个抽象的实存物（abstract entity）在罗马法律和德国法律中实现了自己。

到目前为止，我们已经向前迈出了决定性的一步；我们找到了解读马克思下列公式的新方式："他们虽然对之一无所知，却在勤勉为之。"幻觉并不处于知（knowledge）的一边，而是处于现实一边，处于人的行为一边。人们不知道的是，他们的社会现实，他们的行为，受到了幻觉的引导，受到了恋物癖式倒置（fetishistic inversion）的引导。他们所忽略的，他们所误认的，不是现实，而是幻觉。幻觉正在建构他们的现实，正在结构他们真实的社会行为。他们对事物的真实面目一清二楚，但他们在做事的时候，又仿佛对事物的真实面目一无所知。因此，幻觉是加倍的：幻觉之为幻觉，在于人们对幻觉的忽视，而这样的幻觉正在结构我们与现实之间的真实、有效的联系。这种忽略，这种无意识幻象（unconscious illusion），就是可以称为意识形态幻象（ideological fantasy）的东西。

如果我们的意识形态概念依然是经典的意识形态概念（在这样的概念中，意识形态处于"知"的一边），那么今天的社会必定是后意识形态性的：流行的意识形态是狗智主义（cynicism）这种意识形态；人们不再相信，意识形态有任何真实性可言；人们不再严肃对待意识形态命题。不过，就其根本的层面（fundamental level）而言，意识形态不是用来掩饰事物的真实状态的幻觉，而是用来结构我们的社会现实的（无意识）幻象。当然，在这个根本的层面上，我们现在的社会远非后意识形态社会。意识形态幻象具有结构现实的力量（structuring power），使我们无法看到这种力量的方式多种多样，狗智式疏离（cynical distance）只是其中的一种：即使我们并不严肃地对待事物，即使我们保持反讽性疏离（ironical distance），我们依然在对意识形态推波助澜。

只有站在这个立场上，我们才能解释斯洛特迪克提出的那个有关狗智理性（cynical reason）的公式："他们对自己的所作所为一清二楚，但他们依旧坦然为之。"如果幻觉处于"知"的一边，那么狗智的立场（cynical position）就会真的是后意识形态的立场（post-ideological position），即没有幻觉的立场（position without illusions）："他们知道自己的所作所为，但坦然为之。"但是，如果幻觉位于"为之"这一现实（reality of doing）之中，那么，这个公式则可以作另类解读："就他们的行为而论，他们知道自己正在追随幻觉，他们依旧坦然为之。"例如，他们知道自己的自由观掩盖着特定的剥削形态，但他们依然继续追寻自己的自由观。

8. 信仰的客观性

站在这个立场上，会发现，重新解读马克思有关商品恋物癖的基本公式，还是有价值的。在某个社会里，人类劳动的产品采取了商品的形式，人与人之间的重要关系采取了物与物、商品与商品之间的关系（而非人与人之间的直接关系）这种形式。在这样的社会中，我们看到了物与物的社会关系。在20世纪60年代与70年代，阿尔都塞的反人本主义（anti-humanism）把这整个问题搞得名声扫地。阿尔都塞派对马克思的商品恋物癖理论的主要责备是，马克思的商品恋物癖理论是建立在人（人类主体）与物之间的对立上的，而这种对立是质朴的，是意识形态性的，在认识论上是毫无根据的。但拉康的解读可以为这一公式提供崭新的、出人意料、充满曲折的结局（twist）：马克思的这个公式之所以具有颠覆性的力量，原因在于，他以特殊的方式设置人与物的对立。

我们已经看到，在封建时代，人与人的关系是通过意识形态信仰和迷信的网络（web of ideological beliefs and superstitions）神秘化的，也是通过意识形态信仰和迷信的网络来调停的。在封建时代，人与人的关系是主仆关系，主人凭此发挥迷人的神赐力量（charismatic power of fascination），如此等等。尽管在资本主义时代主体被解放了，主体认为自己已经摆脱了中世纪的宗教迷信，但是，当他们彼此打交道时，他们是作为理性功利派（rational utilitarians）打交道的，只受自我利益的引导。不过，马克思所作的分析的要义在于，物（商品）只相信自己所处的位置，而不相信主体所处的位置。好像它们的全部"相信"、迷信和玄学神秘化（metaphysical mystifications），理应已被理性的、功利的人格所战胜的全部"相信"、迷信和玄学神秘化，并没有被战胜，而是摇身一变，隐藏在"物与物的社会关系"中。他们已经不再相信物，但是物还在相信。

这看上去也是拉康的一个基本命题。它与下列寻常命题大相径庭：信仰是内在的，知识是外在的。之所以说知识是外在的，是因为知识可以通过外部程序来证实。相反，根据拉康的这个基本命题，信仰才是真正外在的，它体现在人的实践的、有效的过程中。它类似于西藏人的转经轮[32]：你把祷告写在纸上，把纸卷成一个轮子，然后令其自转，而不需思考。或者，如果你要按黑格尔的"理性的诡计"（cunning of reason）行事，干脆把它绑在风车上，这样它就会为风力所驱动。就这样，转经轮为我祈祷，而不是我亲自祈祷。或者更精确地说，我是通过转经轮这个中介祈祷的。它的全部美妙之处在于，就我的心理内在性（psychological interiority）而言，我可以天马行空般地胡思乱想，我可以沉溺于最肮脏、最淫秽的幻象，而这样做无关紧要，因为——用古老而地道的斯大林主义的语言来说——无论我在想什么，客观上，我在祈祷。

我们应该这样把握拉康的"精神分析不是心理学"这一命题：最隐秘的信仰，甚至最隐秘的情绪，如怜悯、乞求、悲伤、欢笑，都可以转移、转送给别人，而不损失其诚挚性。在题为"精神分析的伦理"的讲座中，拉康曾谈及合唱队在古希腊悲剧中的作用。他说，我们这些观众来剧场看戏，闷闷不乐，忧心忡忡，一脑子的日常生活难题，无法尽情欣赏戏剧，无法感受那必不可少的恐惧和怜悯。但这些都不是问题，有合唱队呢，感受悲哀和怜悯的是他们，不是我们。或者说得更确切些，我们通过合唱队这一中介去感受那必不可少的情绪："于是你消除了所有烦恼，即使你什么也感受不到，合唱队也会代你欢度今宵。"[33]

即使我们这些观众是在昏昏欲睡地观赏那场演出，客观上——再次用古老而地道的斯大林主义的语言来说——我们也在履行自己的义务，即为悲剧主人公掬一把同情之泪。在所谓的原始社会中，我们在"哭灵人"——应聘代我们哭泣的女性——身上发现了同样的现象。这样，以他人为中介，我们履行了自己的义务，即痛悼死者的义务；但同时，我们可以把时间花在更为有利可图的事情上，例如，为死者遗产的分配争吵不休。

我们很容易产生这样一种印象：我们最隐秘情感的这种外在化和转移，只是所谓原始发展阶段特有的现象。为了避免产生这种印象，不妨回想通俗电视节目或电视系列剧中相当寻常的一种现象——"罐头笑声"[34]。在某些假定滑稽或机智的议论过后，你会听到笑声和掌声，这是录制在节目音轨上的声音。我们在此看到的，是古希腊悲剧中的合唱队的精确对应物。我们必须在这里寻找"活着的古代"（living Antiquity）。也就是说，为什么会有这样的笑声？第一个可能的答案是，这样的笑声用来提醒我们，何时当笑。这个答案是相当有趣的，因为它暗示了这样的悖论：开怀大笑事关义务，与自发情感无关。但这个答案是不够充分的，因为通常我们并不笑。唯一正确的答案只能是：隐身于电视机中的大对体（the Other）解除了我们笑的义务，是它在笑，而不是我们在笑。就这样，在经历了一天的愚蠢劳作后，我们疲倦不堪。这时，即使我们一整夜都无所事事，只是昏昏沉沉地盯着电视，事后，我们也可以说，客观上，通过他人（other）这个中介，我们享受了一段真正美妙的时光。

如果不重视信仰的这一客观身份（objective status），我们可能成为那个著名笑话中的傻瓜。他觉得自己是一粒玉米。在精神病院住了些日子后，他的精神病终于治好了。治愈的标志是：他现在知道自己不是一粒玉米，而是一个人了。于是大夫让他出院了。但不久他又回来了，说："我遇到一只老母鸡，我担心它会吃了我。"大夫努力使他平静下来："你害怕什么？现在你都知道你不是一粒玉米，而是一个人了。"那个傻瓜答道："我当然知道这个，但那只老母鸡也知道我不再是一粒玉米了吗？"

9. "律令就是律令"

要从这个社会场域（social field）得出的教益首先是，信仰远非"隐秘的"、纯粹的心理状态，它早已物化（materialized）在我们有效的社会行为中。信仰支撑着幻象，而幻象调控社会现实。且以卡夫卡为例：人们通常说，在卡夫卡小说的"非理性"宇宙中，他为现代官僚体制和现代官僚体制下的个人命运，提供了"夸张的"、"幻象的"、"主观上被扭曲了的"表现方式。在这样说的时候，我们忽略了一个生死攸关的事实：正是这样的"夸张"阐明了这样的幻象，即调控"有效"、"真实"的官僚体制的力比多机能（libidinal functioning）的幻象。

所谓的"卡夫卡的宇宙"（Kafka's universe）并不是"社会现实的幻象—形象"（fantasy-image of social reality），相反，"卡夫卡的宇宙"是在社会现实中运作的幻象的上演（*mise en scéne*）：我们全都心知肚明，官僚体制并不全能；但我们在官僚机器面前做出的"有效"行为，受制于我们的信仰——我们相信官僚体制是全能的。……寻常的"意识形态批判"总是试图从某个社会的有效社会关系的联合（conjunction of its effective social relations）中，推导出该社会的意识形态形式（ideological form）。与此不同，精神分析的意识形态批判首先着眼于在社会现实中运作的意识形态幻象。

没有办法，我们所谓的"社会现实"成了一个伦理建构（ethical construction）；它由某个"仿佛"支撑：根据我们的行为判断，仿佛我们相信官僚体制是全能的；仿佛总统是人民意志（Will of the People）的化身；仿佛政党表达着工人阶级的客观利益；等等。让我们再次提醒自己，不能在"心理学"的层面上设想这种"相信"，因为这种"相信"已经寄身于、物化于社会场域（social field）的有效机能之中。一旦丧失了这种"相信"，社会场域之肌理（texture of the social field）就会土崩瓦解。这一点，帕斯卡尔早已阐明。帕斯卡尔还是阿尔都塞在确立"意识形态国家机器"这一概念时的主要参照点。在帕斯卡尔看来，我们的推理（reasoning）具有的内在性，受制于外在的、荒谬的"机器"，即能指的自治性（automatism of the signifier），符号网络的自治性，主体就深深陷入这样的符号网络：

> 我们不能对自己出现一丁点儿的差错：我们和心灵一样，都是自动机（automaton）……证据只能说服心灵；习性提供最强的证据和最为人相信的东西。习性更像自动机，自动机和它一道，下意识地引导着心灵。[35]

帕斯卡尔为无意识提供了拉康式的定义：无意识即"下意识地引导着心灵"的"自动机"（自动机即死亡的、无意义的字符）。律令的字符（character of the Law）是无意义的，却又是构成性的（constitutively）。由此可知，我们必须服从律令，这倒不是因为它公正、优秀，甚至有益于人，而是因为它是律令。我们必须服从律令，因为它是律令，这个同义反复展现了律令权威（Law's authority）的恶性循环，展示了下列事实——律令权威的最终根基源于它的阐明过程（process of enunciation）：

> 习俗就是全部的公平，之所以如此，仅仅因为它已为人接受。那就是习俗权威的神秘根基。任何人，只要想把它带回到第一原理（first principle）那里，都会毁灭它。[36]

因而，唯一真实的"服从"只是"外在"的服从。出于信念的服从不是真正的服从，因为这样的服从已经经过了我们的主体性（our subjectivity）的"调停"。这就是说，出于信念而服从时，我们并没有真正服从权威，而只是紧跟我们的判断力。我们的判断力告诉我们，只要权威是好的、明智的、仁慈的，它就值得服从。这种倒置不仅适用于我们与"外在"社会权威的关系，而且适用于我们对信仰这一内在权威的服从。克尔凯郭尔曾经写道，如果我们因为基督聪明和善良而信仰他，那是可怕的亵渎。相反，只有信仰基督，才能使我们洞察基督的善良与智慧。我们肯定要寻找合理的理由，以证明我们的信仰值得我们信仰，证明我们服从的宗教命令值得我们服从。但至关重要的宗教经验是，这些理由只向那些已有信仰之人现身——我们之所以找到了证明我们信仰值得我们信仰的理由，那是因为我们早已确立了这样的信仰；我们信仰，不是因为我们找到了足够坚实的理由去信仰。

因此，对律令的"外在"服从并非屈从于外在的压力，并非屈从于所谓的非意识形态的"残忍力量"，而是对命令（Command）的服从。只要这律令是"不可思议"的，是难以理解的，只要它还保留着"创伤性"的、"非理性"的品性，对律令的"外在"服从就是对命令的服从。不仅律令的创伤性的、格格不入的品性无损于律令的权威，而且律令的创伤性的、格格不入的品性正是律令具有权威的积极条件（positive condition）。这是精神分析的"超我"概念的根本特色：超我是指令（injunction），但在人们的心目中，这样的指令是创伤性的、无意义的，是无法融入主体的符号世界的。但是，律令要想"正常"地发挥功用，那个创伤性的事实（"习俗就是全部的公平，之所以如此，仅仅因为它已为人接受"），律令对其阐明过程（process of enunciation）的依赖，或用拉克劳和穆菲确立的概念说，律令的彻底的偶然性这一品性（radically contingent character），就必须受到压抑，就必须沉入无意识。压抑的方式是，对律令的"意义"进行意识形态性的、想象性的体验，对律令的正义根本和真理根基［或用更时髦的话说，对律令的正义根基和功能（functionality）根基］进行意识形态性的、想象性的体验：

因此，对于我们而言，服从律令和服从习俗是一件好事，之所以服从，是因为它们是律令……但是人们没有服从这种学说的义务，他们故而相信真理就在律令和习俗之中，并可在律令和习俗中找到。他们相信律令和习俗，并把律令和习俗的古代形式当成证明它们是真理的证据，而不只是把它当成证明它们是"没有真理的权威"的证据。[37]

在卡夫卡《审判》的结尾处，K 与牧师有一段谈话。在这段谈话中，我们发现了与此完全相同的公式。这是极其重要的：

"我不同意那个观点，"K 摇着头说，"因为如果有人接受这个观点，那他就必须把守门人所说的一切当成真的，接受下来。但是你自己已经充分证明，要做到这一点，是根本不可能的。""不，"牧师说，"没有必要把一切当成真的接受下来，只需要把一切当成必需的接受下来。""一个令人黯然神伤的结论，"K 说，"这会使撒谎变成普遍的原则。"[38]

被"压抑"了的，不是律令的卑微出身，而正是下列事实：律令为人接受，不是因为它是真的，而是因为它是必不可少的，也就是说，它的权威是"没有真理"（without truth）的。驱使人们相信可以在律令中发现真理的，是必不可少的结构性幻觉（structural illusion）。该结构性幻觉精确地描述了移情（transference）的机制：移情就是假定存在着真理，就是假定，在愚蠢的、创伤性的、缺乏一致性的律令事实（fact of the Law）后面，存在着意义（Meaning）。换言之，"移情"是对信仰的恶性循环（vicious circle of belief）的命名：我们为什么相信某人或某事？我们相信某人或某事的理由何在？这理由只能令那些已经相信的人心服口服。在这方面，帕斯卡尔极其重要的文本是著名的第233个片断,即论打赌的必要性的那个片断。首先,为什么"为上帝是否存在而打赌"从理性上讲是明智的?这个片断用了很大篇幅对此问题进行说明,但这个论点随后被帕斯卡尔假想出来的对话伙伴宣告无效:

> 我的手被绑,嘴被封,我被迫打赌,身不由己。我被人飞快地控制,我被搞得什么都无法相信。你究竟想让我干什么?——"这倒是真的。但至少应该记住,如果你没有能力相信什么,那是因为你激情澎湃,因为理性在驱使你相信,但你又做不到这一点。不要把精力放在这个上面——增加上帝存在的证据,进而说服自己;要把精力放在这个方面——减少你的热情,进而说服自己。你想找到信仰,但不知道路在何方。你想治愈无信仰的痼疾,你寻找疗救的药方:跟着那些人学吧,他们一度像你一样束手无策,但现在却倾其所有,孤注一掷。这些人知道你想踏上的道路,他们也治愈了你一直想根治的那些烦恼:沿着他们开辟的道路前行吧。看他们的言谈举止,好像他们真的相信什么,他们取圣水,让人讲话,等等。这会使你相当自然地相信什么,会使你更加温顺。
>
> "选择这条道路会对你有什么害处呢?你会变得忠诚、诚实、谦卑、感恩、慷慨解囊,会成为诚挚、可靠的朋友……这是真的,你不会再沉迷于有害的娱乐、荣誉和讲究吃喝的生活,但你没有其他选择吗?
>
> "我告诉你,即使在此生此世,你也终会有所收获,在这条路上,你每走出一步,你都会看到,你的收获是如此的确凿无疑,你冒的风险是如此的微不足道,以至于最终你会知道,你赌赢了无数确凿无疑的事物,却没有为此付出一分半厘。"[39]

帕斯卡尔的最终答案是：摒弃理性的论证，投身于意识形态的仪式（ideological ritual），通过重复那无意义的姿势使自己变得麻木，假装你已经相信了什么，到那时，你就会真的相信什么。

这就是实现意识形态皈依（ideological conversion）的步骤。这步骤并不限于天主教，而具有普遍的应用区域。这也是在某个特定的时期，它在法国共产主义者中特别盛行的原因。关于"打赌"这一主题，马克思主义的版本是：资产阶级知识分子已经手被绑，嘴被封。表面看来，资产阶级知识分子是自由的，只受理性论证的约束，但实际上他们一脑子资产阶级偏见。这些偏见不会让他步出牢笼，因此他也不能相信历史的意义和工人阶级的历史使命。那他们能做什么？

答案是：首先，他至少应该认识到，他在相信历史的意义这方面软弱无能和虚弱无力；即使他的理性使其倾向于接受真理，但他的阶级立场派生出来的激情和偏见会阻止他接受真理。因此，他不应该竭尽全力地证明工人阶级的历史使命这一真理，相反，他应该学着去制服自己的小资产阶级激情和偏见。他应该从下列人身上汲取经验，他们一度也像他现在一样软弱无力，但他们现在已经准备冒着牺牲一切的危险，投身于革命事业。他应该仿效他们当初的样子：从他们的言谈举止判断，好像他们不相信工人阶级有什么使命可言，他们在党内开始活跃起来，他们收集钱财，以帮助罢工者，宣传工人运动，等等。这使他们麻木不仁，也令他们相当自然地相信了什么。真的，选择这条道路，对他们可有任何危害？他们变得忠诚、慷慨解囊、诚挚、高贵……这倒是真的：他们不得不放弃一些有害的小资产阶级娱乐，放弃他们以自我为中心的知识琐事，放弃他们虚假的个人自由感（sense of individual freedom）。但另一方面，他们所获甚多：过上了有意义的日子，摆脱了怀疑和不确定性；他们全部的日常行为都伴随着这样的意识——他们正在为伟大高贵的事业作着小小的贡献。

把帕斯卡尔的"习俗"与索然无味的行为主义智慧（"你的实际行动决定你的信仰的内容"）区别开来的，是信仰前的信仰（belief before belief）的悖论性身份：主体先是遵奉一种习俗，然后相信了什么，但又对此一无所知，因此，最终的皈依（final conversion）只是一种形式行为（formal act），我们通过这种形式行为认识到，自己真的已经相信了什么。换言之，行为主义者对帕斯卡尔所谓"习俗"的解读所遗漏了的，是这样一个至关重要的事实：外在的习俗是物质支撑物，它总在支撑着主体的无意识。马雷克·卡尼沃斯卡[40]执导的电影《另一个国家》（Another Country）的主要成就，就是它以敏感和精致的方式，指出在皈依共产主义（conversion to Communism）的问题上，"相信了什么，但又对此一无所知"具有的不稳定身份。

《另一个国家》是一部由真人真事改编而成的电影，讲的是两个剑桥学生之间关系的故事。一个学生是共产主义者贾德（Judd），其真实原型是约翰·康福德（John Cornford），他是剑桥左翼学生的偶像，1936年死于西班牙；另一个是家境殷实的同性恋者盖伊·贝内特（Guy Bennet），他后来成了苏俄间谍。他在其流亡地莫斯科向采访他的英国记者回忆整个故事。盖伊的真实原型当然是盖伊·伯吉斯（Guy Burgess）。这两个学生没有性关系，贾德是唯一对盖伊的魅力毫无感知的人（如盖伊所言，贾德是"贝内特规则的例外"）：正是因为这个缘故，贾德成了盖伊的移情认同点（point of his transferential identification）。

故事发生在20世纪30年代的"公立学校"的环境中：那里弥漫着爱国的空谈，充斥着普通学生对学生头领（"诸神"）的恐惧；但是，尽管充满恐惧，但还存在着无拘无束、轻松自如的活动；有一个有趣的滑稽模仿的小圈子，它掩藏着一个不为人知的世界。在那里，极其淫荡的快感大行其道。极度淫荡的快感首先表现为盘根错节的同性恋关系网络。因此真正的恐惧恰恰在于如此快感带来的沉重压力。职是之故，30年代的牛津和剑桥才为克格勃（KGB）提供了极其丰富的人才资源：不仅因为富家子弟在经济和社会危机期间过着优哉游哉的日子，并因此生出"犯罪情结"（guilt complex），而且因为这种令人窒息的快感气氛，以及如此快感气氛导致的沉重张力。只有通过弃绝这种快感（这也正是"极权主义"的吁求），才能化解上述沉重的张力。在德国，知道如何占这个吁求位置（place of this appeal）的，是希特勒；在英国，至少在精英学生中间，克格勃的猎头们最为精通此道。

这部电影值得一提的，是它描绘盖伊皈依苏联所采取的方式：其精密雅致是由下列事实证实的——它没有直接描绘盖伊皈依苏联的方式，而是展现其全部细节。这就是说，占据了电影的大部分内容的、对30年代的倒叙，在盖伊皈依后戛然而止，虽然盖伊对自己的皈依一无所知。这部电影极其精致地略去了形式性的皈依行为（formal act of conversion）。它在某种情形下中止了倒叙，该情形与下列情形极其类似：某人已经坠入情网，却对此一无所知，职是之故，他赋予自己的爱意以这样一种形式：对他所爱之人采取极端的狗智态度，并对所爱之人发起防御性的攻击。

仔细些看，这部电影的结局是什么？对这种令人窒息的快感的情形作出的反应有两种，而且两种反应截然相反：一方面，贾德放弃快感，公开承认自己是共产主义者，因为这个缘故，他不可能成为克格勃特工；另一方面，盖伊成了极端堕落的快乐主义者，不过他的游戏开始分崩离析。"诸神"以仪式性的殴打（ritual beating）令他蒙羞。他之所以遭到仪式性殴打，是因为他的仇人、一位爱国的求职者（career seeker）揭露，盖伊与一个年轻学生建立了同性恋关系。盖伊因此丧失了翌年晋升为"诸神"一员的机会。这时，盖伊意识到，要摆脱这种再也无法维持的情景，关键在于他对贾德的移情关系（transferential relationship）。有两个细节微妙地暗示了这一点。

首先，他责备贾德，说他没有从资产阶级偏见中解放出来。尽管盖伊满口平等和友爱，但他依然认为，"某些人因其做爱的方式不同而优于其他人"。简言之，他捕获的主体是已经对之移情的主体；他之所以移情，是因为他自身存在非一致性，存在匮乏。第二，他向天真的贾德展示了移情的机制。贾德认为，他相信共产主义是真理，这种信仰来自他对历史和马克思著作的深入研究。盖伊对此答道，"你是一个共产主义者，不是因为你理解了马克思；你理解了马克思，是因为你是一个共产主义者！"也就是说，贾德理解了马克思，是因为他预设马克思是某种知识的持有者，这种知识能使人获知历史的真相。这和基督教信徒是一样的：基督教信徒相信基督，不是因为神学论证令他口服心服，相反，他对神学论证心有灵犀，是因为他已经沐浴在信仰的慈悲之中。

初看上去，情形似乎是这样的，上述两个细节告诉我们，盖伊已经处于使自己摆脱对贾德的移情的边缘（他以自己的非一致性捕获了贾德，此外甚至揭示了移情的机制），但真实的情况依然与此截然相反：上述细节只能证明，"知者迷失"（those in the know are lost），即拉康所谓的"*les non-dupes errent*"[41]，是怎么回事。恰恰作为一个"知者"，盖伊跌进了移情的陷阱：只有在某种背景上，他对贾德的两次指责才有意义；这背景便是，他与贾德已经建立了移情性关系。这和接受精神分析的人如出一辙：精神分析师微不足道的弱点和失误，都足以令他欢乐开怀，这是因为移情已经在发挥作用。

就在盖伊皈依苏联之前，他发现自己处于某种状态之中。这种状态，这种极端紧张的状态，通过下列细节极佳地表现出来：先是贾德指责他，后是他对贾德这种指责作出回应。贾德指责盖伊，说他把事情搞得一团糟，要怪也只能怪他自己。如果他在行事时稍微谨慎一点，如果他能够遮掩他的同性恋行为，而不是不可一世、趾高气扬地到处炫耀，就不会出现讨厌的败露，不会使他走向毁灭。盖伊对此指责的回应是："对于我这样的人来说，还有什么比彻底的放浪形骸更能掩人耳目？"当然，这正是拉康给"具有特定的人性维度的欺诈"（deception in its specifically human dimension）所下的定义。根据这一定义，我们借助于真理来欺骗大对体：在一个人人都在寻找掩藏在面具下面的真实面孔的世界里，引导别人误入歧途的最佳方式，就是戴上真理的面具（wear the mask of truth）。但是，维持面具与真理的一致（coincidence of mask and truth），是不可能的：这种一致不仅无法使我们"与同伴直接接触"，而且使得情形不堪忍受；所有的交流都是不可能的，因为通过这一披露（disclosure），我们被完全孤立起来。成功交流的必要条件是，外表与外表隐藏的背面（hidden rear）保持最小的距离。

因此，唯一的出路是遁入对超验的"另一个国家"（共产主义）的信仰，即相信存在着"另一个国家"；遁入阴谋，即成为克格勃特工。这引入了面具与真实面孔的鸿沟。在倒叙的最后一场景中，贾德和盖伊一起横过校园。这时，盖伊已经成为信徒：他的命运已经注定，即使他对此一无所知也是如此。他的导语——"如果共产主义真的存在，那不是很奇妙的事情吗？"——揭示了他的信仰。当时，他还在把这种信仰转送、转移给别人。然后我们直接步入了几十年后的流亡地莫斯科，在那里，把又老又瘸的盖伊与其祖国联系起来的仅有的快感残余（leftover of enjoyment），是对板球的回忆。

10. 卡夫卡：阿尔都塞的批判者

因此，符号机器（symbolic machine）的外在性——"自动机"（automaton）——并非仅仅是外在的，它同时是这样一个场所，我们内在的、最"真挚"和"隐秘"的信仰的命运在那里预演，在那里被预先决定。当我们使自己屈从于宗教仪式这部机器（machine of a religious ritual）时，我们就已经相信了什么，但又对此一无所知；我们的信仰已经物化在外在仪式之中；换言之，我们已经无意识地相信着什么（believe unconsciously），因为只有从符号机器的这一外在品性出发，我们才能解释彻底外在性的无意识之身份，即无法投递、无人解读的死信（dead letter）之身份。信仰事关对无人解读、无法领会的信件的顺从。一是隐秘的信仰，一是外在的"机器"，这两者间的短路，就是帕斯卡尔神学（Pascalian theology）最具颠覆性的内核。

当然，在其"意识形态国家机器"（Ideological State Apparatuses）的理论中，阿尔都塞为帕斯卡尔所谓的"机器"提供了一个精心阐释过的当代版。[42]但是，阿尔都塞理论的弱点在于，他或他的学派从来没有成功跳出意识形态国家机器与意识形态询唤（ideological interpellation）的联结，从来没有在这个联结之外思考问题：意识形态国家机器［即帕斯卡尔所谓的"机器"，即符指化的自治性（signifying automatism）］是如何使自己"内在化"的？它是如何制造"在意识形态上相信某个伟大事业"（ideological belief in a Cause）这种效果的？是如何制造出相互关联的主体化——认可自己的意识形态立场——这种效果的？我们已经看到，对这些问题的回答是，国家机器这个外在"机器"只有在主体的无意识构造（unconscious economy）中被体验为创伤性、无意义的指令（traumatic, senseless injunction）时，才能施展自己的法力。阿尔都塞仅仅谈及意识形态询唤这一过程，通过这一过程，意识形态的符号机器"内在化"了，变成了对意义与真理（Meaning and Truth）的意识形态体验。但我们从帕斯卡尔那里得知：出于结构上的必要性（structural necessity），这种"内在化"从来都无法完全成功；总有残留、残余和斑点，即创伤性的非理性（traumatic irrationality）和创伤性无意义（traumatic senselessness),它们死死抓住这种"内在化"不放;这种残余,不仅不会妨碍主体完全服从意识形态命令,而且是主体完全服从意识形态命令的前提条件:正是这种无意义创伤的剩余(surplus of senseless traumatism),授予律令以绝对权威(unconditional authority)。换言之,只要它逃避意识形态意义(ideological sense),这种无意义创伤的剩余就是我们可能称之为意识形态快感(ideological jouis-sense)、意识形态感官快感(*jouis-sense*,enjoyment-in-sense)的东西。这种东西是意识形态所特有的。

而且,我们提到卡夫卡的名字,这不是偶然的:关于这种意识形态的感官享受,我们可以说,卡夫卡开启了阿尔都塞批判的先河,确立了阿尔都塞批判的雏形。他让我们明白,是什么构成了把"机器"与其机器的"内在化"分隔开来的鸿沟。卡夫卡笔下的"非理性"的官僚体制,这个盲目的、巨大的、无意义的机器,不就是意识形态国家机器吗?在形成任何认同、认可——即主体化——之前,主体不就是这个机器吗?那我们从卡夫卡那里能学到什么呢?

首先,在卡夫卡的小说中,出发点是询唤。卡夫卡式主体被神秘的官僚实存物(律令、城堡)询唤。但是,这种询唤总是挂着一张奇怪的面孔。可以说,这是没有认同/主体化(identification/subjectivation)的询唤;它并没有为我们提供可供我们认同的伟大事业。卡夫卡式主体拼命寻找他要认同的特质(trait),他并不理解大对体的召唤(call of the Other)具有怎样的意义。

在阿尔都塞对询唤的说明中,这个维度被忽略了:在落入认同(identification)的陷阱前,即在落入符号性的承认/误认(symbolic recognition/misrecognition)的陷阱前,主体[$\mathcal{S}$]已被大对体捕获。大对体是借助于主体自身之内的欲望的悖论性的客体—原因[a],借助于假定隐藏在大对体内的这一秘密,捕获主体的:$\mathcal{S} \Diamond a$。$\mathcal{S} \Diamond a$是拉康列出的幻象公式。严格说来,说意识形态幻象结构现实(ideological fantasy structures reality），这究竟是什么意思？要回答这个问题，让我们从拉康的那个根本命题说起。拉康的这个根本命题是：在梦与现实的对立中，幻象位于现实一方。正如拉康所言，幻象是支撑物，它把一致性赋予我们所谓的"现实"。

在题为"精神分析的四个基本概念"（*Four Fundamental Concepts of Psychoanalysis*）的讲座中，拉康通过阐释那个著名的"烧着的孩子"的梦，确立了那个根本命题：

> 一位父亲连续几天几夜守护在自己孩子的病榻旁。孩子死后，他走进隔壁房间，躺了下来，但门开着，这样他能从他的卧室看到他孩子停尸的房间，孩子的尸体四周点着高高的蜡烛。一个老头被雇来看护尸体，他坐在尸体旁边，口中念念有词地祷告着什么。睡了几个小时后，这位父亲梦到他的孩子站在他的床边，摇着他的胳膊，轻声埋怨道："爸爸，难道你没有看见，我被烧着了。"他惊醒过来，注意到隔壁房间里闪着火光，于是急忙走过去，发现雇来的老头已经沉沉入睡，一只燃烧着的蜡烛倒了，引燃了裹尸被和他心爱孩子的一只胳膊。[43]

通常对此梦作的分析，是以下列论点为根基的：梦的功能之一就是帮助做梦者延长其睡眠。做梦者突然暴露于外在的刺激之下，暴露在来自现实的刺激物下（比如闹钟的响铃、敲门声等，在上述情形中是烟味）。为了延长其睡眠，他会飞快地当场建构一个梦：一个小场景，一个小故事，包括了那些刺激性因素。不过，外在的刺激很快变得过于强烈，主体被惊醒了。

拉康的解读与此背道而驰。主体惊醒过来，并不在刺激变得过于强烈之时。主体被惊醒的逻辑与此大异。首先，他建构了一个梦，建构了一个故事，以延长自己睡眠，避免惊醒过来，避免进入现实。

他在梦中遇到了他的欲望之现实（reality of desire），即遇到了拉康所谓的实在界（Lacanian Real）。在上述情形中，主体的欲望之现实，或拉康所谓的实在界，就是孩子对父亲的责备："难道你没有看见，我被烧着了"。这责备暗示我们，父亲怀有根本的内疚（fundamental guilt）。他之所以惊醒过来，并非因为外在刺激变得过于强烈，而是因为他在梦中遇到的欲望之现实，遇到的拉康所谓的实在界，比所谓的外在现实更可怕。他惊醒过来，是要逃避在噩梦中显现出来的他的欲望这一实在界（Real of his desire）。为了能够继续酣睡，为了保持自己的盲目无知，为了避免面对自己的欲望这一实在界，他从梦乡遁入所谓的现实。我们在此可以重述20世纪60年代的那个老"嬉皮士"格言：对于那些不堪重负的人来说，现实就是梦。"现实"是幻象建构（fantasy-construction），它使我们能够遮蔽我们的欲望这一实在界（the Real of our desire）。[44]

意识形态的情形与此毫无二致。意识形态不是供我们逃避残酷现实的梦一般的幻觉。就其基本维度而言，它是用来支撑我们的"现实"的幻象—建构（fantasy-construction）：它是"幻觉"，用来结构我们有效、真实的社会关系，并因此遮掩不堪忍受的、实在界的、不可能的内核。拉克劳和穆菲把这样的内核称为"对抗"（antagonism），即无法符号化的、创伤性的社会分工。意识形态的功能不是为我们提供逃避现实的出口，而是社会现实本身，以供我们逃避某个创伤性的、实在界的内核（traumatic, real kernel）。为了解释这一逻辑，让我们再次引证《精神分析的四个基本概念》。[45]在那里，拉康谈到了著名的庄子悖论。庄子梦见自己变成了一只蝴蝶，但醒来之后，他问自己：他怎么知道他现在不是一只正在做梦的蝴蝶，梦见自己变成了庄子？[46]拉康的解说是，这个问题问得很有道理。之所以说问得很有道理，原因有二。

第一，这证明，庄子不是一个白痴。拉康对白痴的定义是，白痴是这样的人：相信自己与自己的身份完全一致；无法与自己保持经过辩证性调停的距离（a dialectically mediated distance），好比某个国王相信自己就是国王，把自己当王（being-a-king）视作自己的直接属性，而不是把当国王视作某个主体间关系网络（a network of intersubjective relations）——他自己就是这个网络的一部分——施加于他的符号性委任（symbolic mandate）。因为相信自己天生就是国王而成了白痴，这方面的例子是巴伐利亚的路德维希二世（Lugwig Ⅱ of Bavaria），即瓦格纳的庇护人[47]。

不过，这还不是问题的全部；如果这是问题的全部，主体就可以化约为一个空隙（void），化约为一个空位（empty place），在那里，他或她的全部内容都由别人提供，由主体间关系的符号网络（symbolic network of intersubjective relations）提供：我天生就是空无（nothingness），我的实证内容就是我在别人眼中的样子。换言之，如果这就是问题的全部，那么拉康的最终结论会是主体的彻底异化。人的内容，"他是什么"，将取决于为他提供符号性认同点（points of symbolic identification）、授予他符号性委任（symbolic mandates）的外在符指化网络（signifying network）。但是拉康的基本观点，至少是他的晚期著作中的基本观点，是这样的：离开了大对体（the big Other），离开了发挥异化功能的符号网络（alienating symbolic network），主体无法获得内容，无法获得实证一致性（positive consistency）。其他的可能性是由幻象提供的：把主体等同于幻象客体（object of fantasy）。当庄子认为自己是梦见自己变成了庄子的蝴蝶时，在某种程度上他是对的。蝴蝶是客体，它构成了他的幻象—身份（fantasy-identity）的框架、中枢。庄子—蝴蝶的关系可以写为 $S \lozenge a$。在符号性现实（symbolic reality）中，他是庄子；但在他欲望这一实在界中，他是蝴蝶。当蝴蝶，是他在符号网络（symbolic network）之外的实证存在（positive being）具有的完整一致性。我们在特里·吉列姆（Terry Gilliam）的电影《巴西》（*Brazil*）中，发现了庄子故事的回响，或许这并不是完全偶然的。这部电影以令人讨厌的滑稽方式描绘了极权社会：主人公在梦中变成了一只人蝶（man-butterfly），因此找到了逃避日常现实的暧昧出口。

　　猛一看，我们看到的只是对所谓正常的、普通的视角所作的简单的、对称性的倒置。在我们日常生活的层面上，庄子是一个"真正"的人，他梦见自己变成了蝴蝶；而我们在这里看到的是，一个"真正"的蝴蝶梦见自己变成了庄子。但是，正如拉康所言，这个对称性关系是幻觉：当庄子从梦中醒来后，他可以对自己说，他是庄子，只是梦见自己变成了蝴蝶；但在梦中，当他是蝴蝶的时候，他不能问自己：一旦醒来，一旦他觉得自己是庄子时，他还是不是那只梦见自己变成了庄子的蝴蝶。这一问题，这个辩证的裂口（dialectical split），只有当我们醒着的时候，才可能出现。换言之，这个幻觉并不对称，它是单行道，不是双行道，因为倘然它是双行道，我们会发现我们处于还是由阿方斯·阿莱描述出来的了无意义的情境之中：拉乌尔（Raoul）与玛格丽特（Marguerite）是一对情人，他们打算在一个假面舞会上相遇；在那里，他们逃到一个隐蔽的角落，拥抱和抚摸对方。最后他们一起摘下面具，令人吃惊的是，拉乌尔发现他拥抱的是别的女人，不是玛格丽特，玛格丽特发现她拥抱的男人不是拉乌尔，而是她并不认识的陌生人……

11. 作为现实支撑物的幻象

　　这一问题，还必须根据拉康的下列观点加以分析。拉康认为，我们只有在睡梦中才能接近真正的觉醒，接近我们欲望这一实在界。当拉康说，我们所谓的"现实"的最后支撑物是幻象时，我们绝对不能在下列语句的意义上理解他这句话："生活只是一场梦"，"我们所谓的现实只是幻觉而已"，等等。我们在许多科幻小说中看到这样的主题：现实只是广义的梦或广义的幻觉。故事通常是通过主人公的视角讲述的,他渐渐有了惊人的发现:他周围的所有人并不是真正的人,而是某种自动机、机器人,他们只是看上去像人。这些小说的结局当然是,主人公发现自己同样是自动机、机器人,而不是真正的人。这样广义的幻觉是不可能的:我们在埃舍尔[48]的著名画作中,发现了同样的悖论,在那里,左手画右手,右手画左手,同时进行。

与此相反,拉康的看法是,总是存在着硬核(hard kernel),存在着残余,它们保持原貌,我们无法把它们化约为普遍的幻觉镜像嬉戏(universal play of illusory mirroring)。拉康与"朴素唯实论"的区别在于,在拉康看来,我们处理这个实在界硬核(hard kernel of the Real)的唯一切入点是梦。当我们从梦中醒来进入现实后,我们通常对自己说,"只是一个梦而已",我们因此使自己无视下列事实:在我们日常的、清醒的现实中,我们不过是这个梦的意识(a consciousness of this dream)而已。只有在梦中,我们才能接近幻象—框架(fantasy-framework)。正是幻象—框架,决定着我们在现实中的活动,决定着我们在现实中的行为模式。

意识形态梦幻(ideological dream)、意识形态的决断(determination of ideology)也是如此。意识形态作为梦一般的建构,同样阻碍我们看到事物的真实状态,看到现实。我们"睁大双眼竭力观察现实的本来面目",我们勇于抛弃意识形态景观(ideological spectacles),以打破意识形态梦幻,到头来却两手空空一无所成。作为后意识形态的、客观的、冷静的、摆脱了所谓意识形态偏见的主体,作为努力地实事求是的主体,我们自始至终都是"我们意识形态梦幻的意识"(the consciousness of our ideological dream)。打破我们意识形态梦幻的强权的唯一方式,就是坦然面对呈现在梦中的我们欲望的实在界。

且让我们考察排犹主义。仅仅这样说是不够的:我们必须摆脱所谓的"排犹主义偏见",学着实事求是地看待犹太人。仅仅这样说,我们肯定依然是这些偏见的牺牲品。我们必须面对这样的问题:"犹太人"的意识形态形象(ideological figure)是如何充斥着我们的无意识欲望(unconscious desire)的,我们是怎样建构这一意识形态形象,以避开我们欲望的某些僵局的。

例如,我们不妨假定,客观的审视会证明——为什么不能证明呢?——犹太人的确在金融方面盘剥了非犹太人,他们的确有时引诱了我们年幼的女儿,某些犹太人还不定时洗澡。这与我们排犹主义的真正根源毫不相干,这不是明摆着的事情吗?我们在此只需回忆拉康关于病理性的、妒火攻心的丈夫的命题就可以了:即使他征引的全部事实,那些用来证明他嫉妒有理的全部事实千真万确,即使他妻子真的人尽可夫,这也丝毫不能改变下列事实:他的嫉妒是一个病理性的、妄想狂的建构(a pathological, paranoid construction)。

我们不妨扪心自问:在 20 世纪 30 年代后期的德国,这样的非意识形态的客观方法(non-ideological, objective approach)将会导致怎样的结果?结果或许类似于:"纳粹正在过分草率地宣告犹太人有罪,没有充分的论证,所以让我们冷静、清醒地审视问题,看他们是否真的罪有应得;让我们看看,对犹太人的指控是否包含着真理。"真的有必要再加一句:这样的方法只会借助于额外的合理化(additional rationalizations)证实我们所谓的"无意识偏见"(unconscious prejudices)?对排犹主义的正确回应,不是"犹太人真的并非如此",而是"排犹观念与犹太人毫不相干"。犹太人的意识形态形象是缝补我们的意识形态系统的非一致性(inconsistency of our own ideological system)的一种方式。

之所以我们不能通过重视前意识形态层面(pre-ideological level)的日常经验来破除所谓的意识形态偏见,原因就在这里。这一立论的基础是，意识形态建构总在日常经验领域发现自己的局限：意识形态建构不能化约、控制、吸纳和根除这一层面。再次以德国20世纪30年代后期的一个典型人物为例。他被排犹宣传狂轰滥炸，这种排犹宣传把犹太人描述成邪恶的魔鬼化身、只手撑天的幕后操纵者，等等。但回家后，他遇到了他的邻居斯特恩先生（Mr. Stern），那是可在晚上与之聊天的好人，两家的孩子也在一起玩耍。难道这种日常经验不能抵抗那个意识形态的建构吗？

答案当然是不能。如果日常经验能够发起这样的抵抗，排犹主义的意识形态就不会那么深入人心。只有当我们感受不到意识形态与现实的任何对立时，也就是说，只有当意识形态成功地决定了我们在日常生活中以何种方式体验现实时，意识形态才会真正地"深入人心"。那么，我们那位可怜的德国人，如果他是一位一意孤行的排犹分子，一边是有关犹太人的意识形态形象（阴谋家、操纵者、对我们大肆盘剥的人），一边是对好邻居斯特恩先生的普通日常体验，面对两者间形成的鸿沟，他将如何应对？他的反应是，把这一鸿沟、差异转化成排犹主义的证据："你看他们有多么险恶！认识到他们的真实本性，是很困难的。他们把自己的真实本性掩藏在日常表象这个面具下面。正是对其真实本性的掩藏，正是这种阴险狡诈，构成了犹太本性的基本特征。"初看上去与意识形态矛盾的那些事实，现在开始充当有利于这种意识形态的证据。这时，意识形态真的就大功告成了。

12. 剩余价值与剩余快感

它与马克思主义的差异就在这里：从主流马克思主义的角度看，意识形态凝视（ideological gaze）只是局部凝视（partial gaze），忽视了社会关系之整体性（totality of social relations）；从拉康的角度看，意识形态指用来消除其不可能性之踪迹的整体性（a totality set on effacing the traces of its own impossibility）。一边是拉康的意识形态观与马克思的意识形态观的差异,一边是弗洛伊德的恋物癖观念与马克思的恋物癖观念的差异,两者是相对应的。在马克思主义那里,恋物(fetish)遮蔽了实证的社会关系网络(positive network of social relations);在弗洛伊德那里,恋物遮蔽的是匮乏(lack),即"阉割"。符号性网络就是围绕着匮乏、"阉割"精密组织起来的。

只要把实在界设想为"总是回到老地方"(always returns to the same place)之物,就可以推导出另一个同样至关重要的差异。从马克思主义的视角看,典型的意识形态程序是"虚假"的永恒化/普遍化:它是一种状态,依赖于具体的历史关联(historical conjunction),却显现为人类生存条件(human condition)的永恒的、普遍的特性;它是特定阶级的利益,却把自己伪装成普遍的人类利益……"意识形态批判"的目的就是谴责这种虚假的普遍性,揭示掩藏在一般人(man in general)后面的资产阶级个人(bourgeois individual),揭示掩藏在普遍人权后面的形式——正是这种形式使得资本家的剥削成为可能,揭示掩藏在作为超历史的常量(trans-historical constant)的"核心家庭"后面的历史上特定的和历史上有限的血缘关系形式(historically specified and limited form of kinship relations),等等。

从拉康的角度看,我们应该更换术语,把永恒化[49]的对立面——即过快的历史化——指定为最"狡猾"的意识形态程序。且以马克思主义—女权主义在批评精神分析时用的一个老生常谈为例。根据这个老生常谈,对俄狄浦斯情结、核心家庭三角(nuclear-family triangle)的重要作用的持续强调,会把历史上有条件的父权制家庭形式,转化为普遍的人类条件具有的特性。致力于家庭三角的历史化,不就是在躲避那个通过"父权制家庭"——即律令这一实在界(the Real of the Law)、阉割之石(the rock of castration)——彰显自身的"硬核"吗?换言之,如果过快的普遍化催生了准普遍形象(quasi-universal image),而准普遍形象的功能是使我们无视它的历史的、社会—符号的决断（historical socio-symbolic determination），那么过快的历史化会使我们无视实在界内核（the real kernel）。实在界内核通过多种多样的历史化/符号化而保持不变。

这道理还适用于下列现象，该现象极为精确地指出了20世纪人类文明"变态"的一面。它就是集中营。人们作出了各种不同的努力，要把这种现象与某个具体的形象（"大屠杀"、"古拉格"等）绑在一起，把它化约为某个具体的社会秩序的产物（法西斯主义、斯大林主义等）。如此众多的努力都在躲避一个事实：我们在此面对的是我们文明的"实在界"；它作为同一个创伤性内核，为所有的社会制度所共有，而且永不变易。难道不是这样吗？我们不应忘记，集中营是"自由"英国的发明，起源于英—布尔战争[50]，美国也曾经用它隔离日本人。

马克思主义没有将躲避符号化的剩余客体（surplus-object）、实在界之残余（leftover of the Real）纳入自己的视野，更没有将它们融入自己的理论体系。这是事实。如果我们还记得这一点——拉康的剩余快感概念就是仿效马克思的剩余价值概念提出的，那么上述事实就会更加令人吃惊。有证据表明，马克思的剩余价值概念有效地凸显出拉康的作为剩余快感之化身（embodiment of surplus-enjoyment）的小客体（objet petit a）的逻辑。这证据是由马克思使用的一个重要公式提供的。在《资本论》第三卷中，马克思用这个公式标明资本主义的逻辑—历史局限（logical-historical limit）："资本的局限就是资本本身，即资本主义生产方式。"[51]

可以用两种方式解读这一公式。首先，与生产力和生产关系的辩证关系这一不成功的范式相一致，寻常的历史主义—进化主义解读（historicist-evolutionist reading）把生产力与生产关系的关系设想为"内容"与"形式"的关系。这一范式大致借助的，是蛇的隐喻。蛇皮一旦撑得太紧，就会蜕皮。人们把生产力永不停息的增长——通常被化约为技术发展——设想为社会发展的最终动力，设想为社会发展"自然"的、"自发"的常量。迟缓的、从属的时刻（dependent moment）——生产关系——跟在这个"自发"增长的后面，伴以或长或短的延迟。然后我们步入了这样的时代，在那里，生产关系与生产力同步发展；然后是生产力发展，并使它身上的"社会服装"绷紧，把生产关系的框架撑破。生产关系的框架成了生产力进一步发展的障碍，直至社会革命再次对生产力和生产关系进行协调。协调的方式，是以适应生产力发展的新的生产关系取代旧的生产关系。

如果我们从这个角度理解"资本的局限就是资本本身"这一公式，那就只能意味着，最初使生产力迅速发展成为可能的资本主义生产关系发展到一定程度，就会成为资本主义进一步发展的障碍：生产力超出了生产关系的框架，因而需要建立新形式的社会关系。

当然，马克思本人与如此过于简单的进化论观念相去甚远。要确证这一点，只要瞥一眼《资本论》的相关段落就可以了。在那里，马克思论述了资本控制下的生产过程中的形式吸呐和真实吸呐（formal and real subsumption）之间的关系[52]：形式吸纳先于真实吸纳；也就是说，资本首先吸纳生产过程，只是到了后来，才逐步地变革生产力，使生产力与生产过程相一致。与上面提到的过分简单的观念相反，是生产关系的形式（form of the relation of production）驱动着生产力发展，即驱动生产关系的"内容"发展。

要避免对"资本的局限就是资本本身"这一公式作过于简单的进化论解读，只需提个简单明了的问题：如何严格确定资本主义生产关系成为生产力进一步发展的障碍的那一顷刻——尽管这一顷刻只是理想性的？或者从另一面提出同一问题：何时我们才能谈论资本主义生产方式中的生产力与生产关系的协调一致？严格的分析只能得出一个可能的答案：永远都不可能。

资本主义就是这样与先前其他的生产方式区别开来的：在先前其他的生产方式中，我们可以谈论"协调一致"之时，那时，社会生产和再生产的过程表现为宁静的循环运动；也可以谈论动荡不安之时，那时，生产力与生产关系之间的矛盾趋于恶化。在资本主义时期，这种矛盾，即生产力与生产关系的不一致，已经以社会生产方式与私人占有方式的矛盾的形式，化入它的骨髓。正是这种内在的矛盾，驱使资本主义永远扩张其生产，永不停息地发展其自身的生产条件。这与先前的生产方式形成鲜明对比。在先前其他的生产方式中，至少以其"常态"而论，（再）生产是以循环运动的方式进行的。

如果情形果真如此，那对"资本的局限就是资本本身"这一公式所作的进化论解读就是不恰当的。关键并不在于，生产力发展到一定时候，生产关系的框架就会开始限制生产力的进一步发展。关键在于，正是这一固有的限制，这一"内在的矛盾"，驱使着资本主义的永恒发展。资本主义的"常态"就是对它自身的生存条件（conditions of existence）进行永恒的革命：刚一降生，资本主义就"腐烂"了，它充满了严重的矛盾和不一致，对平衡充满了内心的渴望：这正是永不停息地变革和发展的原因。对于它来说，要想反复消解它自身的根本性的、构成性的不平衡（"矛盾"），要想与它自身的根本性、构成性的不平衡（"矛盾"）达成妥协，唯一的方式就是永不停息地发展。它的局限（limit）不是它的限制（constricting），而是它发展的动力。资本主义特有的悖论，它的迫不得已，就在这里：资本主义能够把它的局限，把它的无能为力，转化为它的力量之源（source of its power）：它越是"腐烂"，它的内在矛盾越是趋于恶化，它就越要为了生存进行内部革命。

正是这个悖论，为剩余快感提供了定义：剩余快感不是使自己简单依附于某种"正常"的、根本的快感的剩余。这么说，是因为剩余快感中的"快感"只能出现在这种"剩余"中，因为剩余快感是构成性的"过度"。减去剩余，就会失去快感。这与资本主义无异：资本主义只有对其自身的物质条件不断进行革命，才能死里逃生，倘若"保持不变"，倘若达成了内部平衡，它必死无疑。因此，剩余价值与剩余快感存在着同源关系：剩余价值是启动资本主义生产过程的"成因"（cause），剩余快感是欲望的客体—成因（object-cause of desire）。

当然，马克思对所有这些都"一清二楚……但是"：但是，在《政治经济学批判》的序言里的一个至关重要的陈述中，仿佛马克思对此一无所知。他依据上面提及的生产力和生产关系的庸俗进化主义的辩证法，描绘从资本主义到社会主义的过渡：生产力发展到一定的限度，资本主义生产关系便成为生产力进一步发展的障碍。生产力与生产关系的这种不一致，造成了对社会主义革命的需求，而社会主义革命的基本功能是再次调整生产力与生产关系之间的关系，也就是说，建立促使生产力高速发展的生产关系，而生产力的高速发展则是历史进程的自在目的（end-in-itself）。资本的运动，根本性的阻塞（fundamental blockage），通过狂热的活动、过度的力量（excessive power）消解和再生产自身。狂热的活动、过度的力量又是根本性无能（fundamental impotence）的表象形式。从无能向狂热、过度的直接跨越，局限与过度、匮乏与剩余的合一……所有这一切，构成了悖论性的拓扑结构（paradoxical topology）。这悖论性的拓扑结构不就是拉康所谓小客体、残余具有的悖论性拓扑结构吗？在拉康那里，小客体、残余是根本性、构成性匮乏的化身。

我们怎么可能在这个陈述中觉察不到下列事实——马克思没能处理剩余快感的悖论（paradoxes of surplus-enjoyment）这一问题？对这个失误所作的具有讽刺意味的历史报复是，如今存在着这样的社会，即与生产力和生产关系的庸俗进化主义的辩证关系完美对应的社会。这就是"真正的社会主义"社会,一个通过引证马克思的著作使自己合法化的社会。有人断言:"真正社会主义"会促进高速的工业化,但是,一旦生产力达到一定发展水平(通常以含糊不清的术语"后工业社会"来指称这样的发展水平),"真正社会主义"的社会关系就开始限制自身进一步的增长。这样的断言不早就是老生常谈了吗?

注　释

〔1〕这一相遇(such an encounter),指马克思与弗洛伊德的相遇,马克思主义与精神分析的相遇,《资本论》与《释梦》的相遇。——译者注

〔2〕汉斯-于尔根·艾森克(Hans-Jürgen Eysenck,1916—),德国心理学家。——译者注

〔3〕原注1。Hans-Jürgen Eysenck, *Sense and Nonsense in Psychology*, Harmondsworth: Penguin, 1966.

〔4〕拓扑学(topology)是数学的一个分支,研究几何图形在连续改变形状时还能保持不变的一些特性。它只考虑物体的位置关系而不考虑它们的距离和大小。受当时的结构主义思潮影响,拉康喜欢运用拓扑学图表阐释其精神分析理论。其实这些图表只是"图示"已有结论,并不能推导出新论。——译者注

〔5〕原注2。Sigmund Freud, *The Interpretation of Dream*, Harmondsworth: Penguin, 1977.——作者注。这段话没有注明页数,理解起来殊为不易。弗洛伊德的原文是:"[A] normal train of thought is only submitted to abnormal psychical treatment of the sort we have been describing if an unconscious wish, derived from infancy and in a state of repression, has been transferred on to it."见

Sigmund Freud, *The Interpretation of Dreams*. New York: Basic Books, 2010, p. 594。另参见中文版:"一个正常的思想系列只有在这种情况下,即只有当一个源于幼儿期并且处于压抑状态的潜意识欲望转移到这个思想系列之上时,它才接受异常的精神处理。"见弗洛伊德:《释梦》,孙名之译,商务印书馆2002年版,第599页。——译者注

〔6〕原注3。Ibid., p. 446. ——作者注。这段话的原文是:"The form of a dream or the form in which it is dreamt is used with quite surprising frequency for representing its concealed subject matter." 另参见中文版:"梦的形式或梦见的形式极其经常地被用来表示其隐藏的题材。"见弗洛伊德:《释梦》,孙名之译,商务印书馆2002年版,第332页。——译者注

〔7〕原注4。Ibid., p. 650. ——作者注。弗洛伊德的这段文字至关重要,它要我们把下列三者区分开来:一是梦的"显在内容"或"显在的梦",二是梦的"潜在内容"或"潜在梦思",三是"梦的运作"。在弗洛伊德看来(当然更是在齐泽克看来),最重要通常也是最为常人所忽略的,是"梦的运作",即梦的运作机制。梦的运作是做梦的本质,只有通过它,才能揭开梦的秘密。译文毕竟是译文,无论如何努力,都无法传达原文之神。故把这段文字的原文列出,以供读者深入研究之用:

I used at one time to find it extraordinarily difficult to accustom readers to the distinction between the manifest content of dreams and the latent dream-thoughts. Again and again arguments and objections would be brought up based upon some uninterpreted dream in the form in which it had been retained in the memory, and the need to interpret it would be ignored. But now that analysts at least have become reconciled to replacing the manifest dream by the meaning revealed by its interpretation, many of them have become guilty of falling into another confusion which they cling to with an equal obstinacy. They seek to find the essence of dreams in their latent content and in so doing they overlook the distinction between the latent dream-thoughts and the dream-work.

At bottom, dreams are nothing other than a particular form of thinking, made possible by the conditions of the state of sleep. It is the dream-work which creates that form, and it alone is the essence of dreaming – the explanation of its peculiar nature.

另参见中文版:"我有一段时间发现很难使读者弄清楚梦的显意和梦的隐念之间的区别。有些人根据记得的但并未经过分析的梦不断地提出争议,表示反对,而忽视了需要先对梦进行解释。现在分析家们至少已经同意了这一点,即用解释所得的意义以取代显梦。但是许多人又以同样固执的态度陷入了另一种思想上的混乱。他们企图在梦的隐意中发现梦的实质所在,而且在这样做的时候又忽视了梦的隐意与梦的工作之间的区别。归根结底,梦不过是思维的一种特殊形式,可能由睡眠状态所造成。正是梦的工作创造了这种种思维形式,只是梦的工作本身才是做梦的实质所在——对梦的特殊性质的说明。"见弗洛伊德:《释梦》,孙名之译,商务印书馆2002年版,第508页页下注。——译者注

[8] 原注5。Karl Marx, *Capital*, Volume 1, Harmondsworth: Penguin, 1976, p. 168. ——作者注。原文为:"The determination of the magnitude of value by labour – time is therefore a secret, hidden under the apparent fluctuations in the relative values of commodities. Its discovery, while removing all appearance of mere accidentality from the determination of the magnitude of the values of products, yet

in no way alters the mode in which that determination takes place. "另参见中文版："因此，价值量由劳动时间决定是一个隐藏在商品相对价值的表面运动后面的秘密。这个秘密的发现，消除了劳动产品的价值量纯粹是偶然决定的这种假象，但是决没有消除这种决定所采取的物的形式。"见马克思：《资本论》（第一卷·上），中央编译局译，人民出版社1975年版，第92页。——译者注

[9] 原注6。Ibid., p. 76.——作者注。原文是："Whence, then, arises the enigmatical character of the product of labour, as soon as it assumes the form of commodities? Clearly from this form itself. "另参见中文版："可是，劳动产品一采取商品形式就具有的谜一般的性质究竟是从哪里来的呢？显然是从这种形式本身来的。"见马克思：《资本论》（第一卷·上），中央编译局译，人民出版社1975年版，第88页。——译者注

[10] 原注7。Alfred Sohn Rethel, *Intellectual and Manual Labour*, London: Macmillan, 1978, p. 31.

[11] 原注8。Ibid., p. 33.

[12] 原注9。Ibid., p. 59.

[13] 萨德（Marquis de Sade, 1740—1814），侯爵，法国贵族，对色情作品情有独钟，一生丑闻缠身。年轻时放荡不羁，多次虐待雏妓和仆人，多次被控性虐。罗希·凯勒（Rose Keller）曾经控告他对她鞭笞，结果萨德被捕入狱。马赛的一名妓女控告萨德，说他对妓女实施麻醉后，强迫她们进行群交和鸡奸，萨德被缺席判处死刑，但逃脱。出逃时又拐骗了一个修女，再次被捕，后越狱未遂，被关进巴士底狱，长达五年半。在狱中可随意借书、买书和读书，并秘密写作。1789年巴士底狱被攻陷前，萨德向外面示威的人大声喊叫，导致了巴黎公众攻占巴

士底狱。巴士底狱被攻破后，萨德转入疯人院。后多次入狱，74 岁时死于疯人院。写有《香阁侯爵》、《萨克森王妃布伦瑞克的阿德莱德》和《巴伐利亚的伊莎贝拉秘史》。没有写完的小说《索多玛的 120 天》或《放纵学校》在 1904 年被发现，1909 年发表。小说主要描写了 120 天暴乱的性生活，其中包括形态各异的性行为，令人叹为观止。——译者注

[14] 原注 10。Alfred Sohn Rethel, *Intellectual and Manual Labour*, London: Macmillan, 1978, p. 59.

[15] "汝即彼"（Thou Art That）一语源于西方人理解的佛教。西方人认为，佛教徒在深入冥想境界时，会忘却自己的躯体，全然"坐忘"。这时的"汝"不再是汝之躯体。只有这样，才能"禅定"。禅定完全超越感官意识，禅定时所观、所想及禅定的过程均告消失，只剩下了"一"。"一"即"梵"。"汝"已不存在，因为"汝即彼"，汝即"一"，汝即"梵"。——译者注

[16] 本书多次出现"truth"、"Truth"，其意义较汉语中的"真理"复杂。除了"真理"，还有"真事"、"真相"、"真情"之意。读者对此不可不察。——译者注

[17] 原注 11。Ibid., p. 42.

[18] 原注 12。Ibid., pp. 26-7.

[19] 希波克拉底（Hippocrates, B. C. 460—B. C. 370），古希腊名医，被誉为医药之父。——译者注

[20] 原注 13。Jacques Lacan, "RSI", *Ornicar?* 4, p. 106.

[21] 原注 14。Marx, *Capital*, Volume I, p. 77. ——作者注。中文版将这句话译为："人们自己的一定的社会关系，但它在人们面前采取了物与物的关系的虚幻形式。"见马克思：《资本论》（第一卷·上），中央编译局译，人民出版社 1975 年版，第 89

页。——译者注

［22］原注 15。Ibid., p. 59. ——作者注。中文版是这样翻译这段文字的："在某种意义上,人很像商品。因为人来到世间,既没有带着镜子,也不像费希特派的哲学家那样,说什么我就是我,所以人起初是以别人来反映自己的。名叫彼得的人把自己当作人,只是由于他把名叫保罗的人看作是和自己相同的。因此,对彼得说来,这整个保罗以他保罗的肉体成为人这个物种的表现形式。"见马克思:《资本论》(第一卷·上),中央编译局译,人民出版社 1975 年版,第 67 页页下注 (18)。——译者注

［23］原注 16。Marx, *Capital*, Volume I, p. 63. ——作者注。中文版把这段文字译为："这种反思的规定是十分奇特的。例如,这个人所以是国王,只因为其他人作为臣民同他发生关系。反过来,他们所以认为自己是臣民,是因为他是国王。"见马克思:《资本论》(第一卷·上),中央编译局译,人民出版社 1975 年版,第 71 页页下注 (21)。——译者注

［24］原注 17。Lordship 和 Bondage 是我们引用的那个英译本中的术语。英译本为 *Hegel, Phenomonology of Spirit*。拉康步科耶夫(Kojève) 后尘,用的是"maître"和"esclave",在英文中,它们分别被译为"master"(主人) 和"slave"(奴隶)。

［25］原注 18。Marx, *Capital*, Volume I, p. 82. ——作者注。中文版把这段文字译为："不论我们怎样判断中世纪人们在相互关系中所扮演的角色,人们在劳动中的社会关系始终表现为他们本身之间的个人的关系,而没有披上物之间即劳动产品之间的社会关系的外衣。"见马克思:《资本论》(第一卷·上),中央编译局译,人民出版社 1975 年版,第 94 页。——译者注

［26］齐泽克所谓"转移癔症"(hysteria of conversion) 中的"转

移",指从"人与人的关系"向"物与物的关系"的转移。这是资本主义所特有的。——译者注

[27] 翁贝托·艾柯(Umberto Eco, 1932—),意大利学者与作家。除学术著作外,还著有大量小说、杂文和小品文。小说中,《玫瑰的名字》最为著名。现任教于博罗尼亚大学,居住在米兰。《玫瑰之名》讲述了这样一个故事:在意大利中世纪修道院,方济会士威廉与弟子阿德索前往意大利北部山区的一所修道院,调解神圣罗马帝国皇帝与教宗的纷争。威廉修士精于推理,修道院长委托他调查修道院中发生的一起命案。但是,一起死亡事件发展成一系列的连环杀人事件,引出修道院隐藏的一个惊人秘密。虽然这是一本通俗小说,但意蕴丰富,涉及符号学、语言学、传播学、历史知识,读来殊为不易。国内译本众多。——译者注

[28] 这句话对本书至关重要,但作者没有注明出处,译者曾经写信向作者请教,作者迅速回复,但也只是指出这句话的大致方位。后在中央编译局黄晓武的帮助下,终于确定了它的具体位置。这句话的德文原文是"Sie wissen das nicht, aber sie tun es",译成英文是"they do not know it, but they are doing it",中文版译为"他们没有意识到这一点,但是他们这样做了"。见马克思:《资本论》(第一卷·上),中央编译局译,人民出版社1975年版,第90—91页。——译者注

[29] 原注19。Jacques Lacan, *Le Séminaire VII L'éthique de la psychanalyse*, Paris: Seuil, 1986, p. 231.

[30] 言下之意,抢银行是抢,建银行也是抢,而且建银行抢得更多更快,更有效率,还受法律保护。换言之,建银行是抢银行的最高形式。——译者注

[31] 原注20。Karl Marx, *Les "sentiers escarpés" de Karl Marx*,

Volume I, Paris: CERF, 1977, p. 132.

〔32〕据说，藏传佛教认为，转动一次经轮等于将经轮中所藏的经文诵读一遍，待到中轴磨坏，即为功德圆满。对于藏民来说，选择一个转经轮就如同选择了一位终身伴侣，成为漫长岁月中的情之所系，魂之所依。——译者注

〔33〕原注 21。Lacan, *Le Sémillaire VII*, p. 295.

〔34〕"罐头笑声"（canned laughter），又称"预录笑声"、"假笑"等，是电视和广播为加强某种效果而提前录制的拍手声、欢笑声之类的声音，在情景喜剧（sitcom）中最为常见。——译者注

〔35〕原注 22。Blaise Pascal, *Penséee*, Harmondsworth: Penguin, 1966, p. 274. ——作者注。英文为："For we must make no mistake about ourselves: we are as much automaton as mind ... Proofs only convince the mind; habit provides the strongest proofs and those that are most believed. It inclines the automaton, which leads the mind unconsciously along with it." 另参见中文版："因为我们一定不可误解自己：我们乃是自动机，正如我们是精神一样；……证明只能使精神信服。习俗形成了我们最强而有力的、最令人相信的证明；它约束那个能使精神就范而不进行思索的自动机。"帕斯卡尔：《思想录》，何兆武译，商务印书馆 1985 年版，第 138 页。——译者注

〔36〕原注 23。Ibid., p. 46. ——作者注。原文为："Custom is the whole of equity for the sole reason that it is accepted. That is the mystic basis of its authority. Anyone who tries to bring it back to its first principle destroys it." 中译本为："习俗仅仅由于其为人所接受的缘故，便形成了全部的公道；这就是它那权威的奥秘的基础了。谁要是把它拉回到原则上来，也就是消灭了它。"帕

斯卡尔：《思想录》，何兆武译，商务印书馆1985年版，第156—157页。——译者注

[37] 原注24。Ibid., p. 216.——作者注。英文本为："It would therefore be a good thing for us to obey laws and customs because they are laws ... But people are not amenable to this doctrine, and thus, believing that truth can be found and resides in laws and customs, they believe them and take their antiquity as a proof of their truth (and not just of their authority, without truth)." 中文本为："因而，人们服从法律与习俗就是好事，因为它们是规律；……可是人民并不接受这种学说；并且既然他们相信真理是可以找到的，而且真理就在法律和习俗之中；所以他们便相信法律和习俗，并把它们的古老性当作是它们的真理——而不仅仅是它们那并不具有真理的权威——的一种证明。"帕斯卡尔：《思想录》，何兆武译，商务印书馆1985年版，第169页。——译者注

[38] 原注25。Franz Kafka, *The Trial*, Harmondsworth: Penguin, 1985, p. 243.

[39] 原注26。Blaise Pascal, *Penséee*, pp. 152-3.——作者注。参见中文版：

"是的；但我的手被束缚着，我的口缄默着；我被迫不得不赌，我并不是自由的；我没有得到释放，而我天生来又是属于那种不能信仰的人。然则，你要我怎么办呢？

"确实如此。但是你至少可以领会你对信仰的无力，——既然理智把你带到了这里，而你又不能做到信仰。因而，你应该努力不要用增加对上帝的证明的办法而要用减少你自己的感情的办法，来使自己信服。你愿意走向信仰，而你不认得路径；你愿意医治自己的不信仰，你在请求救治：那你就应该学习那

些像你一样被束缚着、但现在却赌出他们全部财富的人们；正是这些人才认得你所愿意遵循的那条道路，并且已经医治好了你所要医治的那种病症。去追随他们已经开始的那种方式吧：那就是一切都要做得好像他们是在信仰着的那样，也要领圣水，也要说会餐，等等。正是这样才会自然而然使你信仰并使你畜牲化。——"但，这是我所害怕的。"——为什么害怕呢？你有什么可丧失的呢？

"但是为了向你表明它会引向这里，它就要减少你的感情，而你的感情则是你最大的障碍。

"本篇讨论结束——现在，参与了这一边会对你产生什么坏处呢？你将是虔敬的、忠实的、谦逊的、感恩的、乐善的，是真诚可靠的朋友。你确实决不会陷入有害的欢愉，陷入光荣，陷入逸乐；然而你绝不会有别的了吗？我可以告诉你，你将因此而赢得这一生；而你在这条道路上每迈出一步，都将看到你的赢获是那么地确定，而你所赌出的又是那么地不足道，以致于你终将认识到你是为着一桩确定的、无限的东西而赌的，而你为它并没有付出任何东西。"——帕斯卡尔：《思想录》，何兆武译，商务印书馆1985年版，第128—129页。——译者注

〔40〕马雷克·卡尼沃斯卡（Marek Kaniewska, 1952—），英国电影导演，曾在戛纳电影节和佛罗伦萨电影节多次获奖，代表作有《另一个国家》（*Another country*, 1984，又译《同窗之爱》)、《零下的激情》（*Less Than Zero*, 1989）、《神偷大话王》（*Where the Money Is*）和《不一样的忠诚》（*A Different Loyalty*）等。——译者注

〔41〕"les non-dupes errent"是拉康在第21次（1973—1974）讲座上探讨的主题。意思是，"那些不允许自己陷入符号骗局/虚构中的人，那些一味相信眼见为实的人，都是些错上加错之

人。如果一个愤世嫉俗者'只相信自己的眼睛',那他必定无视符号性虚构(symbolic fiction)的存在,也不知道符号性虚构是如何建构我们的现实经验的。在我们最亲密的邻居关系中,同样的裂口也在发挥作用:好像我们并不知道我们的邻居也放屁也大便似的。一定程度的理想化和偶像崇拜,是我们共存的基础。"Slavoj Žižek, "The Big Other Doesn't Exist", *Journal of European Psychoanalysis*, Spring-Fall, 1997. ——译者注

〔42〕原注 27。Louis Althusser, *Essays in Ideology*, London: Verso, 1984.

〔43〕原注 28。Freud, *The Interpretation of Dreams*, p. 652.

〔44〕原注 29。Jacques Lacan, *The Four Fundamental Concepts of Psycho-Analysis*, Harmondsworth: Penguin, 1979, chapters 5 and 6.

〔45〕原注 30。Ibid., Chapter 6.

〔46〕《庄子·齐物论》:"昔者庄周梦为蝴蝶,栩栩然蝴蝶也……俄然觉……不知周之梦为蝴蝶与?蝴蝶之梦为周与?"——译者注

〔47〕巴伐利亚的路德维希二世是位浪漫君主,曾在南巴伐利亚的崇山峻岭之中修建了一座童话城堡——新天鹅堡。1864 年,路德维希二世派使臣召瓦格纳回国,让他定居慕尼黑,由国库支付他年金,资助他创作。瓦格纳受宠若惊,称这位君主是"最善良的幸福的庇护者",并成为路德维希二世的宠儿。——译者注

〔48〕埃舍尔(M. C. Escher, 1898—1972),享誉世界的艺术家,善于利用视觉原理和数学原理精心创作石版画、木版画以及金属版画。——译者注

〔49〕"永恒化"一词的原文是"externalization"(外在化)。根据上下文判断,疑为"eternalization"(永恒化)的笔误,故改

之。——译者注

〔50〕英—布尔战争（Anglo-Boer War），生于南非的荷兰人后裔（也叫布尔人）与英国人的一场战争，始于1899年，终于1902年，英国人获胜，但也有2.8万人阵亡，因而对英国的海外殖民扩张是不小的打击。——译者注

〔51〕参见中文版："资本主义生产的真正限制是资本自身，这就是说：资本及其自行增殖，表现为生产的起点和终点，表现为生产的动机和目的；生产只是为资本而生产，而不是相反；生产资料只是不断扩大生产者社会的生活过程的手段。以广大生产者群众的被剥夺和贫困化为基础的资本价值的保存和增殖，只能在一定的限制以内运动，这些限制不断与资本为它自身的目的而必须使用的并旨在无限制地增加生产，为生产而生产，无条件地发展劳动社会生产力的生产方法相矛盾。"见马克思：《资本论》（第三卷·上），中央编译局译，人民出版社1975年版，第278—279页。——译者注

〔52〕中文本将"吸纳"（subsumption）译为"从属"，把"形式吸纳"（formal subsumption）译为"形式上的从属"，把"真实吸纳"（real subsumption）译为"实际上的吸纳"。见《马克思恩格斯全集》（第48卷），中央编译局译，人民出版社1985年版，第3页。——译者注

二 从征兆到征候[1]

(一) 对征兆的诸种辩证

1. 回到未来

拉康的著作唯一提及的科幻小说领域与时间悖论有关。在第一个讲座中,拉康使用了诺贝特·维纳[2]的时间反向(inverted direction)的隐喻,以解释作为"被压抑物的回归"的征兆:

> 维纳假想了两种存在,每一种存在都按自己的时间维度,沿着相反的方向运行。诚然,这没有意义,可这没有意义的事物,突然有了意义,只不过是在一个与之大不相同的领域。如果其中一个存在向另一个存在发送信息,比如发送一个正方形,反向运转的另一个存在首先看到的,是正在消失的正方形,然后才看到这个正方形。这也正是我们所看到的。征兆最初对我们显现为一个踪迹,它也只能永远显现为一个踪迹,一个永远无法为人理解的踪迹,直至做了很长一段时间的精神分析,直至我们意识到了它的意义。[3]

因此精神分析被视为符号化(symbolization),即对无意义的想象性踪迹(imaginary traces)所作的符号性整合(symbolic integration)。这一观念暗示我们,无意识的主要特征是想象:无意识是由

"无法融入主体历史的符号性发展（symbolic development of the subject's history）的想象性固着（imaginary fixations）"组成的。结果，无意识"是将在符号界（the Symbolic）中现身之物，或说得更确切些，多亏在精神分析中取得的符号性进展（symbolic progress），无意识是将要成为的某种事物（something which will have been）"。[4]

被压抑物从何处回归？拉康对此问题的回答是悖论性的："从未来回归"。征兆是无意义的踪迹，其意义不能从隐蔽的、遥远的过去发现和挖掘，而只能回溯性地建构。精神分析制造真理（analysis produces the truth）。也就是说，精神分析提供符指化框架（signifying frame），而符指化框架为征兆提供符号性的位置和意义。一旦我们进入符号秩序，过去就总是以历史传统的形式呈现，踪迹的意义是无处寻找的。过去会随着能指网络（signifier's network）的变化而变化，永不停止。每一次历史断裂，每一个新的主人能指（master-signifier）的降临，都会回溯性地改变整个传统的意义，都会重构有关过去的叙事（narration of the past），都会以另一种方式，即新的方式，使过去更具可读性。

于是，"这没有意义的事物，突然有了意义，只不过是在一个与之大不相同的领域。"如果"走进未来"（journey into the future）不是"越过"（overtaking），还会是什么？通过"超车"，我们事先假定，其他人在某种程度上"知道"我们的征兆的意义。如果这种"知道"不是移情，还会是什么？这种"知道"是幻觉，其他人并不真的知道，其他人的"知道"是通过我们这些主体的能指的运作（signifier's working），在事后建构起来的。但是与此同时，它又是必不可少的幻觉，因为我们只能依靠这个幻觉——其他人早已知道我们征兆的意义，我们却在寻找我们征兆的意义——来悖论性地详细阐释这种"知道"。

如果真像拉康所说的那样，在征兆中，被压抑的内容是从未来而不是从过去回归的，那么移情——无意识现实的实现（actualization of the reality of the unconscious）——就必须把我们送进未来，而不是抛入过去。如果"走入过去"（journey into the past）不是对能指本身的回溯性经历（retroactive working-through）、阐释，还会是什么？"走入过去"是下列事实的幻觉性上演（hallucinatory mise en scéne）：在能指领域，也只在能指领域，我们可以改变过去，我们可以造就过去。

只有被纳入能指的共时网（synchronous net of the signifier），只有进入能指的共时网，也就是说，只有在历史记忆的肌理（texture of the historical memory）中被符号化，过去才能存在。这是我们总在"重写历史"的原因。重写历史即把某些因素纳入新的肌理（new texture），进而赋予这些因素以符号性分量（symbolic weight）。正是这样的阐释，回溯性地决定这些因素"将来成为什么"（will have been）。牛津哲学家迈克尔·达米特（Michael Dummett）写过两篇非常有趣的论文，收入他的论文集《真理等难解之谜》（Truth and Other Enigmas）。两篇论文，一篇是《结果能先于其原因吗？》（"Can an Effect Precede its Cause?"），一篇是《造就过去》（"Bringing about the Past"）。拉康对这两个难解之谜会作肯定性的回答，因为作为"被压抑物的回归"，征兆的结果恰恰先于其原因——征兆隐藏的内核，生活的意义。而且，在经历（working through）征兆时，我们恰恰是在"造就过去"——我们恰恰是在制造符号性现实（symbolic reality），即发生于过去的、早已遗忘的创伤性事件（traumatic events）的符号性现实。

因此，我们不禁在科幻小说的"时间悖论"中，看到了符号过程的基本结构（elementary structure of the symbolic process）中出现的幻觉性的"实在界的幽灵"（apparition in the Real），即所谓内在的、在里面翻转过来的8字型：一种循环运动，即一个陷阱，我们在那里只能如此前行——我们在移情中"越过"自己，然后在某个我们早已到过的地方看到了自己。这个悖论之所以是悖论，是因为，这个多余的迂回，这个追加的陷阱（supplementary snare）——"越过"自己（"走进未来"），以及对时间方向的逆转（"走入过去"），不只是对发生在所谓现实中的客观过程的主观幻觉或感觉（现实与这些幻觉无关）。那个追加的陷阱，反而是所谓"客观"过程得以成立的内在条件，是所谓"客观"过程的内在构成因素。只有通过这样的额外的迂回，过去，即事物的"客观"状态，才能回溯性地呈现为它总是呈现出来的样子（what it always was）。

因此，移情是一种幻觉，但关键在于，我们不能绕开它，直奔真理：真理本身是通过移情特有的幻觉构成的——"真理源自误认"（拉康语）。如果这个悖论性结构还不明显，那我们不妨以另一部科幻小说——威廉·泰恩[5]的著名科幻短篇小说《发现莫尔尼尔·马萨维》（"The Discovery of Morniel Mathaway"）——为例。一位著名的艺术史家钻进时间机器，从25世纪回到了我们现在，拜访流芳百世的画家莫尔尼尔·马萨维，对他进行"活体"研究。在我们这个时代，马萨维并不为人赏识，但后来被发现，并荣升为我们时代最伟大的画家。这位艺术史家见到了马萨维，但在他身上没有发现任何天才的痕迹，反而发现他是个假货、夸大狂、骗子，他甚至偷走了艺术史家的时间机器，逃进了未来。这样一来，那个可怜的艺术史家就被困在了我们这个时代。他唯一能做的，就是冒用马萨维的身份，并以马萨维的名义，凭着自己的记忆，画出他的全部杰作——他苦苦寻求的那个真正被误认的天才，竟然是他自己！

这正是我们要把握的基本悖论：主体面对的场景来自过去，他想改变、插手、干预这一场景；他走入过去，对这一场景进行干预；不是说"他什么也改变不了"，恰恰相反，只有通过他的干预，来自过去的场景才成了它呈现出来的样子；他的干预从一开始就已经纳入了那一场景。主体当初的"幻觉"之所以是"幻觉",就在于忘了把自己的行为纳入那个场景,也就是说,忽视了"它计算,它被计算,计算的人也被包含于计算中"[6]。这引入了真理与误认/误会(misrecognition/misapprehension)的关系。据此,真理真的源自误认。毛姆(Somerset Maugham)的戏剧《谢佩》(*Sheppey*)中那个著名的故事"相约萨迈拉"(Appointment in Samarra)就表明了这一点:

> 死神:巴格达有个商人,派仆人去买粮食,时间不长那仆人回来了,脸色苍白,浑身颤抖,说,主人呀,刚才我在市场,被人群中的一个女人推了一把,我回头一看,看见推我的人竟然是死神。她瞪着我,做了一个吓人的姿势。把你的马借给我吧,我要骑着它远走他乡,躲过这场劫难。我要去萨迈拉,那样死神就找不到我了。商人把马借给了他,那仆人骑上去,从马的一翼抽出踢马刺,拼了命一般地疾驰而去。不久商人来到市场,见我站在人群中,就走近我,对我说,你今天早晨看见我的仆人时,为什么要对他做一个吓人的动作?我说,我只是惊得浑身一激灵。在巴格达看见他,我很吃惊,因为我和他今天晚上在萨迈拉有约。

我们在俄狄浦斯神话中发现了同样的结构:俄狄浦斯的父亲得到预言,说他儿子将会弑父娶母,他父亲竭力躲避这一命运,将年幼的儿子遗弃在森林中,以至俄狄浦斯在20年后与他相遇而不相识,杀了他……预言最终实现,"一语成谶",正得益于他父亲对这一命运的逃避。换言之,通过将预言告知预言当事人,通过当事人对预言的竭力逃避,预言成真,"一语成谶"。倘若没有那一预言,小俄狄浦斯会与父母幸福地生活在一起,不会有什么"俄狄浦斯情结"……

2. 历史中的重复

我们这里关切的时间结构是这样的：它通过主体性（subjectivity）做了调停。主体性之"错误"、"失误"、"过失"、误认，悖论性地出现在真理之前；只是与真理相比，我们才把它们称为"错误"。之所以如此，是因为这一"真理"只有通过错误的——用黑格尔的话说——调停，才能成为真理。这正是无意识的"诡计"遵循的逻辑，也是无意识欺骗我们的方式：无意识不是某种超验的、高不可攀的、我们永远都无法知晓的东西，相反，用拉康谈到无意识（*Unbewusste*）时玩耍的文字游戏说，它是"错误"（*une bévue*），是某种忽略：我们忽略了，我们的行为已经成为我们正在注视的那个事物的状态的一部分；我们忽略了，我们的错误也是真理的一部分。这个悖论性的结构（在这个结构中，真理源自误认）还为我们提供了下列问题的答案：为什么移情必不可少？为什么精神分析必须经历移情？移情是一种必不可少的幻觉，只有借助于它，真理（即征兆的意义）才能生成。

我们在罗莎·卢森堡（Rosa Luxemburg）那里，在她对革命进程的辩证关系（dialectics of the revolutionary process）的描述中，发现了同样的错误逻辑（logic of the error）——错误乃真理得以生成的内在条件。我们是以伯恩斯坦（Eduard Bernstein）为背景，以他的修正主义恐惧（revisionist fear）——他害怕在所谓"客观条件"成熟前"过快"、"过早"地夺取政权——为背景，提及卢森堡的观点的。众所周知，伯恩施坦对社会民主党的革命左翼的主要指责是：他们过于急躁，要匆忙超越历史发展的客观逻辑。卢森堡的回答是：第一次夺取政权必定是"过早"的：工人阶级要"成熟"起来，要等待夺取政权的"适当时机"到来，不二法门就是自我组织和自我教育。实现自我教育的唯一可能的方式，就是"过早"地夺取政权……如果一味等待"适当时机"，就不可能在有生之年看到它的到来，因为不满足革命力量走向成熟的主观条件（主体），这一"适当时机"就会遥遥无期。也就是说，只有在一系列"过早"的夺权失败之后，"适当时机"才会到来。由此证明，反对"过早"地夺取政权就是反对一般地夺取政权：借用罗伯斯庇尔（Robespierre）的名言，可以说，修正主义者想要"没有革命的革命"（revolution without revolution）。

仔细审视不难发现，在罗莎·卢森堡的观点中，利害攸关之处恰恰在于，在革命进程中的元语言（metalanguage）是根本不可能的：革命主体（revolutionary subject）在"执行"、"指挥"革命进程时不能与之保持客观距离，革命主体是通过革命进程生成的（constituted）。因为这个缘故，即因为革命的时间性贯穿主体性（the temporality of the revolution passes through subjectivity），所以没有先前"过早"的夺权行动，就不可能"使革命处于正确的时刻"。在伯恩斯坦和卢森堡的对峙中，我们发现了强迫症（男人）和癔症（的女人）的对立：强迫症延宕、推迟行动，等待正确时刻；癔症（姑且这么说）要以自己的行动超越自己，并因此揭穿强迫症立场的虚假性。这也是黑格尔关于历史中的重复（repetition in history）之作用的理论最为紧要之处："政治革命只有在更新以后，才会赢得民意的广泛支持。"也就是说，只有作为第一次失败行动的重复，政治革命才能成功。为什么需要重复呢？

在谈到恺撒之死这一个案时，黑格尔确立了他的重复理论（theory of repetition）：在恺撒巩固个人的权力，强化个人的权力，巩固、强化到了皇帝的地步时，他是依照历史真理、历史必要性，"客观地"（自在地）采取行动的：共和政体正在丧失其有效性，唯一能够维持罗马国家统一的政体是君主政体，即建立在单个人意志上的政体；但形式上获胜的依然是共和政体，即建立在人民意志上的政体。借助弗洛伊德曾经分析过的那个著名的梦，可以说，共和政体之所以"还活着,仅仅是因为她已经忘记,她已经死了"。在那个著名的梦中,做梦者梦见了他父亲,他父亲并不知道自己已经死去:"他父亲再次活了过来,并像平常那样和他聊天,但是(非同凡响之处正在这里),他真的已经死了,只是他对此一无所知。"[7]

"民意"依旧相信共和政体。对于这样的"民意"而言,恺撒个人权力的强化——如此做派当然与共和政体的精神背道而驰——显现为武断的行为,表现为偶然的、个人的一意孤行:结论是,除掉此人(恺撒),共和政体就会恢复荣光。但正是那些反对恺撒的阴谋家们[布鲁图斯(Brutus)、卡修斯(Cassius)等人]——遵循着"理性的诡计"的逻辑——验证了恺撒之真理(即历史的必然性):谋杀恺撒的最终结果和最终产物,是奥古斯都[8]这个第一恺撒(the first caesar)的统治。因此说,真理起自失败:因为失败,因为丧失了公示的目标(express goal),谋杀恺撒这一行为,以马基雅维利[9]的方式,完成了由历史指派给它的使命:通过谴责其自身的非真理性(non-truth)——其武断性和偶然性——展示了历史的必然性。[10]

关于重复,整个问题都在从大写的恺撒(Caesar,某个人的名字)到小写的恺撒(caesar,罗马皇帝的头衔)的转变之中。谋杀恺撒这个历史人物最终引发了恺撒主义(caesarism,即帝政主义)的确立:恺撒这个人,以恺撒这个头衔,重复了自己。这一重复的理由、驱动力何在?猛一看,答案是显而易见的:意识(the consciousness)落后于"客观"历史必然性。用来打破历史必然性的某一行为,则被意识("民意")视为专制的行为,视为本来不能发生的事情。因为有了这样的理解,人们试图去消除这种行为导致的后果,恢复事物原有的状态,但当这种行为重复自己时,它最终还是被视为潜在的历史必然性的表现。换言之,重复是这么回事:历史必然性在"民意"眼中彰显自己。

但是这样的重复观念，是以对客观历史必然性（objective historical necessity）的朴素认识论预设（epistemologically naive presupposition）为基础的，这样的客观历史必然性完全独立于意识（"民意"），最终通过重复彰显自己。这一观念没有顾及的是，所谓的历史必然性是如何通过误认构成的，是如何通过"民意"当初没有认识到历史必然的特性构成的。这就是说，真理源自误认。这里至关重要的，是某个事件已经改变的符号身份（changed symbolic status）：当它第一次发生时，它被体验为偶然性创伤（contingent trauma），体验为某个非符号化实在界（nonsymbolized Real）的入侵；只有通过重复，这一事件的符号必然性（symbolic necessity）才会得到认可，即在符号网络中找到自己的位置；它是在符号秩序中实现自己的。但和弗洛伊德分析过的摩西（Moses）一样，这种"通过重复被认可"（recognition-through-repetition）必定是以犯罪、谋杀行为先决条件的：要在自己的符号必然性中实现自己，即获得权力—头衔，作为肉身之躯的恺撒就必须死去。之所以如此，恰恰是因为，这里所谓的"必然性"是符号性的必然性。

这不仅仅是说，就事件第一个外表形式（form of appearance）而论，事件（如恺撒对个人权力的强化）的创伤性过于强烈，民众无法把握它真正的意涵（signification）。对事件第一次出现的误认，是直接"内在"于其符号必然性的；对事件第一次出现的误认，直接构成了对它的最终认可。第一次谋杀（谋杀恺撒）令人产生了负罪感，正是这样的负罪感，这样的债务，构成这一重复的真正动力。事件重复自身，不是因为存在着与我们的主观倾向无关的、不可抗拒的客观必然性；事件重复自身，是因为我们要偿还自己的符号性债务。

换言之，重复预示着律令的降临，预示着父亲之名（Name-of-the-Father）的出现。父亲之名取代了被刺身亡的父亲。通过重复，重复自身的事件回溯性地获得了自己的律令。因此，我们在把握黑格尔所谓的重复时，可以把它视为从无法律序列（a lawless series）向类法律序列（a lawlike series）的过渡，视为对无法律序列的吸纳，视为卓越的阐释姿势（gesture of interpretation），视为对创伤性、非符号化事件（a traumatic, non-symbolized event）的符号性占有（symbolic appropriation）。依拉康之见，阐释总是在"父亲之名"这一符号下进行的。所以说，黑格尔或许是第一个提出"延迟"（delay）的人，而延迟是构成阐释行为（act of interpretation）的重要因素：阐释总是来得太晚，总是姗姗来迟，总是出现在被阐释的事件重复自己之时。事件第一次出现时不可能合乎律令。黑格尔在《法哲学原理》（Philosophy of the Law）序言中有关密涅瓦的猫头鹰（owl of Minerva）的那个著名段落里，概括了这一延迟。密涅瓦的猫头鹰是对某个时代的哲学领悟，只有在那个时代寿终正寝之后，它才能起飞，即在夜间起飞。[11]

在恺撒的行动中，"民意"看到的是单个偶然性（individual contingency），不是历史必然性。这个事实并非简单的"意识落后于效能（effectivity）"之个案：关键在于，这一必然性〔它第一次显现时被误认为偶然性的任性（contingent self-will）〕是通过误认构成的，是通过误认实现的。在精神分析运动的历史中发现同样的重复逻辑，我们不应感到惊诧：对于拉康而言，重复他与国际精神分析协会（International Psycho-Analytical Association）的分道扬镳，是必要的。第一次分道扬镳（1953年）被体验为创伤性的偶然性（traumatic contingency）。拉康派还试图与国际精神分析协会讲和，以获准再次加入。但是到了1964年，"民意"已经昭然若揭：分裂是必然的。他们因此割断了与国际精神分析协会的联系。拉康因此创立了自己的学派。

3. 黑格尔与奥斯汀并驾齐驱

是奥斯汀（Austen）而非奥斯丁（Austin）[12]。黑格尔在文学领域的配对物，或许是简·奥斯汀。《傲慢与偏见》是文学性的《精神现象学》，《曼斯菲尔德庄园》是文学性的《逻辑学》，而《艾玛》则是文学性的《小逻辑》……难怪我们在《傲慢与偏见》中发现了证明"真理源自误认"这一辩证的完美个案。尽管属于不同的社会阶级——他来自富甲一方的贵族家庭，她来自捉襟见肘的中产阶级——伊丽莎白（Elizabeth）和达西（Darcy）彼此都感受到了来自对方的强烈魅力。因为态度傲慢，在伊丽莎白看来，他的爱一文不值；在向伊丽莎白求婚时，他公开承认，他对她生活的世界不屑一顾，并希望她接受他的求婚，把他的求婚当成旷古未闻的尊敬。因为心怀偏见，伊丽莎白认为他是财大气粗、傲慢自大、空虚自负之人：他居高临下的提议令她蒙羞难当，她拒绝了他的求婚。

这双向的失败，相互的误认，构成了"双向沟通运动"（double movement of communication）这一结构。在那里，每个主体都从对方那里收到了自己的信息，不过这信息是以反向形式（inverse form）呈现出来的：在达西面前，伊丽莎白想把自己打扮成韶颜稚齿、知书达理、才华横溢的女性形象，但她从达西那里得到的信息是："你不过是个可怜兮兮、心灵空虚、手腕拙劣的生灵而已"；在伊丽莎白面前，达西想把自己装成自豪的绅士，但他从她那里得到的信息是："你的自豪不过是令人鄙视的妄自尊大而已。"在中断了彼此间的联系后，他们通过一系列的阴差阳错，都发现了对方的真实品性：她发现达西敏感多情、温柔体贴，他发现伊丽莎白华丽高贵、才智惊人。小说到此恰如其分地以他们喜结良缘收场。

这个故事的理论旨趣（theoretical interest）在于：他们第一次相遇的失败，他们对彼此真实本性的双向误认，正是最终结局得以成立的积极条件。我们不能直奔真理而去，真理也不能唾手可得。我们不能说,"如果一开始她就发现了他的真实本性,他也发现了她的真实本性,他们的故事就会以喜结良缘收场。"让我们把下列情景视作好笑的假想吧:这对尚未坠入情网的恋人首次相遇就大功告成——达西首次求婚即被伊丽莎白接受。然后会怎么样?他们不是柔情蜜意地黏在一起,而是变成俗不可耐的庸常夫妻,变成这样的联姻:男方傲慢自大、腰缠万贯,女方自命不凡、内心空虚。如果我们想省去误认,省去"天下本无事,庸人自扰之"式的无事生非,我们就会失去真理。只有"经历"(working-through)误认,我们才能接受对方的真实品性,同时克服自己的缺陷。对于达西来说,是摆脱虚假的傲慢;对于伊丽莎白来说,是摆脱偏见。

这两种运动是互联的。伊丽莎白以达西的傲慢为镜,从中看到了自己的偏见;达西以伊丽莎白的虚荣为镜,从中看到了自己的虚假傲慢。换言之,达西的傲慢不是事物的单纯的、实证的、与他和伊丽莎白的关系无关的状态,不是他天性的直接属性(immediate property)。只有透过伊丽莎白的偏见这一视角,达西的傲慢自大才会发生,才会显现。反之亦然,只是在达西傲慢自大的眼中,伊丽莎白才是一个自命不凡、内心空虚的女孩。用黑格尔的话说:透过对方身上已被觉察到的缺陷(perceived deficiency)这一视角,每一方都看到了——但不知道自己已经看到——他或她的主体立场的虚假性(the falsity of his/her own subjective position);对方的缺陷只是我们视点扭曲的客体化(an objectification of the distortion of our own point of view)。

4. 两个黑格尔式的笑话

有一个著名的黑格尔式的笑话,完美地展示了真理是如何源自误认的,我们通往真理的道路是如何与真理本身相契合的。在20世纪之初,一个波兰人和一个犹太人坐在同一列火车上,面面相觑。波兰人紧张地晃动着身子,一直盯着犹太人。不知道是什么东西激怒了他,最后,他再也抑制不住地破口而出:"告诉我,你们犹太人是怎样成功地从人们身上榨取了最后一个硬币,使自己腰缠万贯的?"犹太人回答说:"好吧,我告诉你,但不能分文不取,你先付我5个兹罗提(波兰币)。"收到钱后,犹太人开始讲了:"首先,你拿一条死鱼,割下它的头来,将其内脏装在一杯水中。然后,大约午夜时分,月圆之时,你一定要把这个杯子埋进墓地……""那么,"波兰人贪婪地打断了他,"如果照你说的做,我会成为有钱人吗?""不要操之过急,"犹太人回答说,"这不是你要做的全部;如果你想听下去,你必须再付5个兹罗提。"再次收下钱后,犹太人继续讲他的故事。不久,他又伸手要钱,没完没了。最后波兰人怒不可遏了:"你这个肮脏的无赖,你真的认为我没有注意到你想干什么?这没有任何秘密可言,你只是从我身上榨取最后一个硬币!"犹太人平静而温顺地回答他说:"好吧,现在你已经明白,我们这些犹太人是如何……"

　　从波兰人看犹太人的方式——好奇和爱问——开始,这个小故事中的一切,都容易得到阐释。这意味着,从一开始,波兰人就陷入移情关系之中:对他而言,犹太人乃"想必知道的主体"(subject presumed to know)的化身,知道如何从别人那里榨取金钱的秘密。这个故事的要义当然在于,犹太人没有欺骗波兰人:他信守承诺,把如何从别人那里榨取金钱的诀窍和盘托出。这里至关重要的是结局的双向运动(double movement of the outcome)——在波兰人勃然大怒的那一时刻与犹太人最后回答之间,存在着距离。当波兰人脱口而出,"这没有任何秘密可言,你只是从我身上榨取最后一个硬币!"他已道出了实情,但对此一无所知。也就是说,他在犹太人对他的操纵中,看到了简单的欺诈。他没有看到的是,正是通过这一欺诈,犹太人信守了承诺,把他购买的东西(犹太人如何……的秘密)交付于他。波兰人的失误仅仅在于他的视野:他渴望犹太人最后揭示"秘密";他把犹太人的叙事当成了最终揭示"秘密"的通途;但真正的"秘密"在于叙事自身:在于犹太人以他的叙事捕获波兰人的欲望的方式,在于波兰人全神贯注于叙事,并准备为此解囊。

因而,犹太人的秘密在于我们(波兰人)的欲望,在于下列事实:犹太人知道如何摆布我们的欲望。这也是我们可以这样说的原因:故事的最终转折(final turn),以其双向的扭曲(with its double twist),与精神分析治疗的最终时刻——消解移情(dissolution of transference)和"穿越幻象"(going through the fantasy)——一脉相承:波兰人勃然大怒之时,他已经走出移情,但没有穿过自己的幻象(traverse his fantasy)。他只有意识到犹太人如何通过欺诈兑现了承诺,才真正穿越了幻象。那个驱使我们小心翼翼地聆听犹太人叙事的那个醉人的"秘密",就是拉康所谓的小客体,即虚无缥缈的幻象客体(chimerical object of fantasy),我们欲望的客体—成因。与此同时——这是它的悖论之所在——它又是我们的欲望回溯性地提出来的。在"穿越幻象"时,我们体验到,这个幻象—客体(fantasy-object)——"秘密"——只是物化了我们欲望之空隙(materializes the void of our desire)而已。

另一个著名笑话具有与此完全相同的结构,但这一点常为人忽略。当然,我们指的是卡夫卡《审判》第9章中关于"法门"(Door of the Law)的笑话,指的是它最后的逆转。那时,垂死的乡下人问门卫:

"人人都竭尽全力,想得到法律,可是这么多年来,除了我,谁都不能获准进入此门,这究竟是怎么回事?"门卫觉得这人大势已去,听力也下降了,于是对着他的耳朵吼道:"除了你,谁也不能获准进入此门,因为这个门只为你一个人而设。

我现在就把它关上。"[13]

这个最终的充满曲折的结局（final twist），类似于波兰人和犹太人故事的结局：主体意识到，他（他的欲望）从一开始就是这个游戏的一部分，大门只为他设；犹太人叙事的目的只是捕获波兰人的欲望。我们甚至可以为卡夫卡的小说设计另外一种结局，以便使它更接近上面波兰人和犹太人的笑话：经过长久的等待，乡下人勃然大怒，开始对门卫大喊大叫："你这个肮脏的无赖，为什么你要装模作样地守卫着那扇大门，就好像里面藏着多少秘密似的，你很清楚，大门里面没有任何秘密可言，这个大门也仅仅是为我一人建造，意在俘获我的欲望！"那个门卫（如果他是一位精神分析师的话）会平静地答道："你看，现在你发现了真正的秘密：大门里边所有的，只是由你的欲望引入的东西……"

在上述两种情形下，最后充满曲折的结局的性质，遵循的是黑格尔超越、消灭"恶劣无穷大"（bad infinity）的逻辑。也就是说，在上述两种情形下，起点是一样的：主体面对着某个实体性真理（substantial Truth），即把他排除在外、永远躲避他的秘密：隔着无数道门的、难以接近的律令之心（heart of the Law）；有关犹太人如何从我们身上榨取金钱的、我们一直都在犹太人的叙事中等待（这叙述可以永远进行下去）、却又无法获得的最终答案、最后秘密（它可以无限地进行下去）。在这两种情形下，解决问题的方案完全一致：游戏一开始，主体就必须明白，隐藏着秘密的大门只为他一人而设，隐藏在犹太人叙事结局中的真正秘密只是波兰人的欲望。简言之，主体必须明白，他的外在于大对体的位置（external position vis-à-vis the Other）——他觉得自己被排除在大对体的秘密（secret of the Other）之外——是内在于大对体的。我们在此遇到的是某种无法化约为哲学反思（philosophical reflection）的"反射性"（reflexivity）：

似乎要把主体从大对体中排除出去的某个特征（他想洞察大对体的秘密——法律的秘密、犹太人赚钱的秘密等），早已是大对体的"反射性决断"（reflexive determination）；正是作为被排除在大对体之外的人，我们早已是大对体游戏的一部分。

5. 时间陷阱

可以用更为激进的方式设想误认的实证性[14]，即这样的事实——误认充当着"生产性"的实例。误认不仅是保证真理最终降临（final advent of the truth）的内在条件，而且已经拥有实证的本体论之维（positive ontological dimension）：它创立、促成某种实证性实存物（positive entity）。为了说明这一点，且让我们再以科幻小说为例，以罗伯特·海因莱因[15]的一部经典科幻小说《通往盛夏之门》（*The Door into Summer*）为例。

这部创作于 1957 年的小说假定，冬眠术在 1970 年已经司空见惯，由众多机构管理。主人公叫丹尼尔·布恩·戴维斯（Daniel Boone Davis），是位年轻的工程师。作为专业骗局的受害者，他被冬眠了 30 年。2000 年 12 月他复苏了。他经历了多种奇特的事情，其中之一是结识了年迈的特威切尔博士（Dr. Twitchell）。特威切尔博士是发明了时间机器的"疯狂天才"。戴维斯说服了他，让他拿戴维斯做实验，把他送回 1970 年。回到 1970 年后，戴维斯为自己做了精心的安排（投资于他知道 30 年后必定取得巨大成功的公司——他是在 2000 年知道的，甚至还为自己在 2000 年安排了婚礼，为此还为他未来的新娘组织了冬眠）；然后他再次冬眠 30 年；他第二次苏醒的日期，是 2001 年 4 月 27 日。

如此一来，一切都令人心满意足。只有一个小小的细节令这位主人公烦恼：在 2000 年，报纸除了"出生"、"死亡"、"婚姻"专栏，还有"复苏"（awakenings）一栏。"复苏"专栏——列出从冬眠中苏醒过来的人的名字。他在 2000 年和 2001 年的第一次停留是

二 从征兆到征候

从2000年12月至2001年6月。这意味着特威切尔博士在戴维斯于2001年4月第二次复苏后,把他送回了过去。在2001年4月28日星期六出版的《泰晤士报》(*The Times*)列出的4月27日复苏者的名单中,当然有他的名字——"D. B. 戴维斯"。为什么在他2001年的第一次停留期间中,没在"复苏"专栏中发现自己的名字,尽管他始终都在仔细地阅读这个栏目?难道这仅仅是一个意外的疏忽?

> 但是,如果当时我真的看到了自己的名字,又会怎么做?跑到那里,见见我自己,然后彻底疯掉?不,因为如果我真的看到了自己的名字,我就不会去做我后来做过的那些事情——对我来说是"后来"——而只有做了我后来做过的那些事情,我的名字才会登在报上。因此,这种事永远也不会发生。控制是负反馈类型,带嵌入式"自动保护程序",因为只有我看不到那行文字,它才能存在。我可能看到过自己的名字,这种显而易见的可能性,早在基本电路设计中被列为"不可能"而被排除在外。"无论我们怎么折腾,结局终由天定。"自由意志和宿命论写在同一个句子里,它们全都正确。[16]

在此我们得到了"无意识中的字符代理"(agency of the letter in the unconscious)的字面定义(literal definition):"无意识中的字符代理"即"那行文字的存在,依赖于我没有看到它"中的"那行文字"。如果主体在2001年第一次停留期间在报纸上看到了自己的名字,如果主体在第一次停留期间看到了他在2001年第二次停留的踪迹,他就会以另一种方式行事(他就不会回到过去,等等)。也就是说,他会以另外一种会阻止他的名字出现在报纸上的方式行事。可以说,这一疏忽具有否定的本体论之维(negative ontological dimension):它是字符的"可能性之条件"(condition of the possibility),

而这样的字符必须被忽略，我们必须不能注意它的存在，它的存在依赖于它不被主体看到。我们在此得到的，是对传统的存在—感知（esse-percipi）的倒置：非感知（non-percipi）是存在（esse）的先决条件。或许这是设想无意识的"前本体论"身份（the "pre-ontological" status of the unconscious）的正确方式（这么说得益于拉康的讲座之十四：无意识是悖论性的字符（paradoxical letter），它只有在本体论的层面上不存在（does not exist ontologically），才能维持自己的存在。

我们还可以用与此完全相同的方式，确定精神分析中的"知"（knowledge）的身份。这里的"知"涉及主体最隐秘、最具创伤性的存在（most intimate, traumatic being of the subject），涉及主体快感的特定逻辑（particular logic of his enjoyment）。主体以日常的态度指涉他的客观世界（Umwelt）的物体，提及他周围世界的物体，如同指涉某种既定的实证性（given positivity）；精神分析却带来了令人头晕眼花的体验：只有在另一个地方（an einem anderen Schauplatz），只有在某种"根本性的非知"（fundamental non-knowledge）存在的地方，这种既定的实证性才能存在，才能维持其一致性。它带来了令人恐怖的经验：如果知情太多，我们就会丧失我们的存在（lose our very being）。

以拉康的想象界这一概念（the imaginary）为例：自我的生存只能基于对自身条件（its own conditions）的误认；自我就是这种误认的结果。所以拉康的重点没有放在自我在反思、把握自身条件时表现出来的无能为力上，没有放在这样的观念上——自我是高不可攀的无意识力量的玩物。他的要点在于，主体可能要为这样的反思付出代价——丧失他的本体论的一致性（ontological consistency）。正是在这个意义上，我们通过精神分析获得的"知"是不可能的实在界（impossible-real）：我们处于危险之地；如果离它太近，我们就会突然发现，我们的一致性、我们的实证性是如何冰消雪融的。

在精神分析中，"知"有其致命的维度（lethal dimension）：主体必须为接近它付出代价，即丧失自己的存在。换言之，消灭误认意味着消灭、消解假定把自己隐藏在误认的形式—幻觉（form-illusion of misrecognition）之后的"实体"。依拉康之见，这一实体——精神分析唯一认可之物——就是快感。获得知识就要失去快感。快感，就其愚蠢性（stupidity）而言，只能以某种非知、无知为基础。难怪接受精神分析的人对精神分析师的反应常常是妄想狂式的：通过强迫接受精神分析的人了解自己的欲望，精神分析师实际上想从他那里偷走他最隐秘的宝藏，即他的快感内核（kernel of enjoyment）。

（二）作为实在界的征兆

1. 作为征兆的泰坦尼克号

在奔向未来时，我们像超车一样，自己超过了自己，同时又对过去进行回溯性的修正（retroactive modification），这两者构成了辩证关系。正是通过这种辩证关系，错误成了真理的内在要素，误认具有了实证的本体论之维。但这种辩证关系有其局限，它被一块石头绊倒，并停留在这块石头上。这块石头当然就是实在界。实在界抵抗符号化：创伤点（traumatic point）总是被遗漏，但它总要回归，尽管我们使用各种不同的策略抵消它，整合它，使它融入符号秩序，但到头来，一切都是枉然。在拉康讲座的最后阶段，征兆被视为快感的真正内核（a real kernel of enjoyment），征兆作为一种剩余（a surplus）持久存在，并通过各种努力顽强地回归。这些努力包括驯服它，改善它（如果我们可以用这个改编过的术语指称下列策略的话——驯化作为我们城市的"征兆"的贫民窟），通过解释和将其意义纳入语言（putting-into-words its meaning）消解它。

在拉康讲座中，征兆这个概念的重心发生了转移。为了举例证明这一点，且以一个今日再次引起公众注意的个案——泰坦尼克号的失事——为例。当然，把泰坦尼克号解读为"意义纽结"（knot of meanings）意义上的征兆，早已成为陈词滥调：泰克尼克的沉没颇有创伤性效果（traumatic effect），它令人震惊，"不可能发生的事情发生了"，永不沉没的轮船沉没了。但是关键在于，作为令人震惊的事件，泰坦尼克号的沉没适逢其时——"时间对它翘首以待"：即使在它沉没之前，幻象空间（fantasy-space）已经为它开辟、预留了空间。凭借下列事实——人们预料它会沉没——它对"社会想象"（social imaginary）产生了极大的冲击。有人以极其详尽的细节，预言了泰坦尼克号的沉没：

> 1898年，有个为生活苦苦挣扎的作者，名叫摩根·罗伯逊（Morgan Robertson），炮制了一部关于大西洋轮船的小说。该轮船比以前建造的任何轮船都大许多。罗伯逊把许多家境富裕和得意洋洋的人物装在船上，然后让它在一个寒冷的四月之夜撞上冰山。它以某种方式表明，忙来忙去，到头来徒劳无益。事实上，这部小说当年由曼斯菲尔德公司（firm of M. F. Mansfield）出版时，名字就叫《徒劳无益》（Futility）。
>
> 14年之后，一个名叫白星航运公司（White Star Line）的英国航运公司建造了一艘巨轮，它与罗伯逊小说中的那艘轮船惊人地相似。现实中的轮船的排水量是66000吨，罗伯逊小说中的轮船的排水量是70000吨。现实中的轮船身长882.5英尺，小说中的轮船身长800英尺。它们都有3个螺旋桨，航速都是每小时24—25海里，都能容纳3000人，按照这个数目的比值，都有足够的救生艇。但这些救生艇似乎没有用武之地，因为它

二 从征兆到征候

们都打上了"永不沉没"的标记。

1912年4月10日,真轮船离开了南安普敦,驶向纽约,开始了它的处女航。装载的货物包括一个无价之宝——莪默·伽亚谟的《鲁拜集》[17],还有价值2.5亿美元的全体乘客。在航程中,它也撞上了冰山,并在寒冷的四月之夜沉没。

罗伯逊把他的轮船称为泰坦号(Titan),白星航运公司把它的轮船叫做泰坦尼克号。[18]

这种令人难以置信的巧合的原因和背景,是不难猜测的:在世纪的转折点上,某一年代——和平进步的年代,明确而稳定的阶级划分的年代,等等——已经走向终结,总之从1850年到第一次世界大战爆发这一漫长的时期,已经走向终结。这种终结已是时代精神(Zeitgeist)的一部分。新的危险弥漫开来(劳工运动、民族主义、排犹主义、战争危险),它会很快使西方文明的田园牧歌景象黯然失色,同时释放其"野蛮"的潜能。如果说在世纪的转折点上,还有一种现象能够体现这一时代的终结,那就是这艘横穿大西洋的轮船了:它是漂浮的宫殿,技术进步的奇观;它是极其复杂、性能卓越的机器,同时还是社会精英的聚集地;它是展示社会结构的微观世界,是这样的社会景象——不是真实的社会,而是被人看到的社会,是为了显得可爱而希望被人看到的社会,是具有明确的阶级划分的稳定整体。简言之,它是社会的自我理想(ego-ideal)。

换言之,泰坦尼克号的失事之所以造成如此巨大的冲击力,并不是因为这场灾难的直接的物质之维(immediate material dimensions),而是因为它的符号性多重决断(symbolic overdetermination),因为其中被注入的意识形态意义(ideological meaning):它被解读为"符号",被解读为对即将来临的欧洲文明大劫难的简洁的、隐喻性的再现。泰坦尼克号的失事只是一种形式,社会以这种形式亲历了自身的死亡，而且注意到下列一点甚是有趣：无论是传统右翼人士的解读，还是左翼人士的解读，采取的都是这一视角，只是它们强调的重点有所不同。在传统右翼人士看来，泰坦尼克号是飘然而逝的骑士精神时代（bygone era of gallantry）的怀旧纪念碑，骑士精神时代已经让位于鄙俗不堪的当代世界；在左翼人士看来，这个故事揭示了业已僵化的阶级社会的无能为力。

但所有这些都是可在任何有关泰坦尼克号的报告中找到的老生常谈。这样，我们可以轻易解释那个将自己的符号分量（symbolic weight）赋予泰坦尼克号的隐喻性多重决断（metaphorical overdetermination）。问题不止于此。我们可以轻易地说服自己，这不是问题的全部。只要看一眼最近由深海照相机拍摄的有关泰坦尼克号残骸的照片，就明白了。这些照片散发出来的令人恐惧的魅力，究竟来自何处？凭借直感就可发现，这种魅力无法以符号性多重决定来解释，无法以泰坦尼克号的隐喻意义（metaphorical meaning）来解释：它的魅力并不来自再现（representation），而来自某种惰性呈现（inert presence）。泰坦尼克号是拉康意义上的原质（Thing）：令人恐惧的、不可能的原乐（jouissance）的物质残余（material leftover）、物化。通过审视泰坦尼克号的残骸，我们看到了禁区（forbidden domain），看到了本不应该被人看到的一个空间：那些看得见的碎片只是快感流休（liquid flux of jouissance）的凝结了的遗迹（coagulated remnant），只是快感的某种石化森林（petrified forest of enjoyment）。

这一可怕的冲击力与意义毫无关系，或者说得更确切些，它是一种充满快感（enjoyment）——拉康所谓原乐（jouissance）——的意义。因此，泰坦尼克号残骸发挥着崇高客体的作用：一个被提升到不可能的原质（impossible Thing）之高度的、实证性的物质客体。或许所有那些阐释泰坦尼克号的隐喻意义的努力，都在逃避原质的这一可怕的冲击力，都在驯服原质（domesticate the Thing），而驯服原质的方式是把原质的实在界身份降为符号界身份,是赋予原质以意义。我们通常说,原质的诱人出场模糊了它的意义。其实,反过来说才是对的:意义模糊了原质出场带来的可怕的冲击力。

2. 从征兆到征候

这就是征兆。我们必须基于这样的征兆观来确定下列事实:我们在拉康举办讲座的最后几年里发现了征兆的普遍化。在某种程度上,几乎一切都成了征兆,以至于到最后,甚至女人都被视为男人的征兆。我们甚至可以说,"征兆"是拉康对下列永恒哲学问题的终极答案:"为什么总是存在某物而不是空无一物?"[19]——取代了"空无一物"的"某物",就是征兆。

一般人提及哲学讨论,通常提及世界—语言—主体的鼎足而立,即主体通过语言的调停与世界建立起来的关系。拉康通常为他的"能指专制主义"(absolutism of signifier)而备受责备。根据这些责备,他没有顾及客体世界,他使自己的理论局限于主体与语言的互动,仿佛客体世界根本就不存在,仿佛只存在由能指的游戏(signifier's play)导致的想象性效应—幻觉(imaginary effect-illusion)。但拉康对种指责的回应是,不仅世界——即既定的全部物体——不存在,而且语言和主体也不存在。"大对体并不存在(大对体是作为连续一贯、完全封闭的整体的符号秩序)",这已经成为经典的拉康式命题。他用 $\mathcal{S}$ 表示主体,$\mathcal{S}$ 是一个被划了斜线的、被封死的 S,是一个空隙(void),是能指结构中的空位(empty place)。

此时此刻,我们当然必须给自己提出那个虽然天真却又必要的问题:如果世界、语言、主体均不存在,那还存在什么?或者确切些说,是什么把一致性(consistency)赋予了那些存在的现象(existing phenomena)?正如我们已经表明的那样,拉康对这个问题的答案是征兆。我们必须强调,这个答案是彻底地反后结构主义的(anti-post-structuralist):后结构主义的基本姿态是拆解每种实体身份

(substantial identity），揭示隐藏在实体身份的坚实一致性（solid consistency）后面的符号性多重决断（symbolic overdetermination）的相互作用，简言之，把实体身份溶解为非实体性的、差异性的关系网络（a network of non-substantial, differential relations）；征兆概念是它必不可少的对应物，是快感实体（substance of enjoyment）的对应物，是实在界内核（real kernel）的对应物，而符指化互动（signifying interplay）就是围绕着实在界内核建构起来的。

为了把握这一征兆普遍化的逻辑，我们把它与另一种普遍化——排除（foreclosure, *Verwerfung*）的普遍化——联系在一起。在其尚未出版的讲座报告中，雅克-阿兰·米勒（Jacques-Alain Miller）曾经语含讥讽地谈及从狭义排除论（special theory of foreclosure）向广义排除论（general theory of foreclosure）的过渡，当然这里借用的是爱因斯坦（Einstein）的从狭义相对论向广义相对论的过渡。拉康在20世纪50年代引入排除（foreclosure）概念时，用它指称一种特定的现象，即把某个关键能指（key-signifier）——如缝合点和父亲之名——排除在符号秩序之外，因而引发精神病的过程。排除并不是语言所特有的，而是精神病现象的区别性特征。和拉康修订弗洛伊德一样，从符号界中被排除出去的事物，在实在界中回归了，比如，以引起幻觉的现象（hallucinatory phenomena）这种形式回归了。

不过，在开设讲座的最后年代里，拉康把排除的功能置于广泛的领域之中：有一种排除，它是能指秩序（order of signifier）特有的；无论何时，只要我们拥有符号结构（symbolic structure），它就是围绕着某个空隙结构起来的，它就暗示对某个关键能指的排除。对性（sexuality）所作的符号性结构化（symbolic structuring），暗示了性关系这一能指（signifier of the sexual relationship）的匮乏，暗示了"不存在性关系"，暗示了性关系无法符号化——性关系是不可能的、"对抗性的"关系。为了把握两种普遍化之间的相互联系，我们

二 从征兆到征候

必须再次使用下列命题——"从符号界中被排除出去的事物,在征兆这一实在界(the Real of the symptom)中回归了":女人并不存在,她的能指当初被排除在外,这就是她作为男人的征兆回归的原因。

作为实在界的征兆(symptom as real)——这似乎与下列经典的拉康命题背道而驰:无意识是像语言那样结构起来的。征兆不就是符号性的构成(symbolic formation)吗?不就是已经加密、编码的信息吗?因为它已经是能指了,所以可以通过阐释来消解,难道不是这样吗?拉康的全部观点就是,我们必须察觉隐藏在肉体—想象的(corporeal-imaginary mask)面具——如癔症征兆——之下的符号性多重决定,难道不是这样?为了解释这一显而易见的矛盾,我们必须考察拉康学说发展的不同阶段。

我们可以用征兆概念为线索、索引,把拉康理论发展的主要阶段区分开来。起初在20世纪50年代时,征兆被设想为符号性、符指性的构成(a symbolic, signifying formation),被设想为已经加密、编码的信息,这信息是发送给大对体的,大对体理应赋予它真正的意义。征兆起自词语失效之处,起自符号性交流圈(circuit of the symbolic communication)崩溃之处,它是"以其他方式对沟通所作的延伸";失效的、被压抑的词语用已经编码、加密的形式表达自己。此论的蕴涵在于,征兆不仅可以被阐释,而且它在构成时就期待着被阐释:它是发送给大对体的,是假定包含着意义的。换言之,没有征兆的接收者,就没有征兆:在精神分析的治疗中,征兆总是发送给精神分析师的,它请求精神分析师破解它的隐秘意义。我们还可以说,没有移情就没有征兆,没有假定知道其意义的某个主体,就没有征兆。征兆恰如一个谜语,通过阐释来消解自己:精神分析的目的在于,通过帮助患者以语言表达其征兆的意义,重建破碎的沟通网络:通过以语言表达征兆的意义,征兆被自动消解了。因此,基点在于：就其构成而论，征兆暗示大对体场域（the field of the big Other）是连续、完整的领域，因为就其构成而论，它要向大对体求助，而大对体包含着它的意义。

但是问题来了：既然已经对它作了阐释，为什么它依然没有自行消解，而依旧存在？拉康的回答当然是，因快感之故。征兆不仅是已经加密的信息，它同时还是主体组织其快感的方式。这是即使作了完整的阐释，主体并不打算放弃自己征兆的原因；这是"他爱征兆胜于爱他自己"的原因。拉康分别在两个阶段，寻找征兆的快感之维。

首先，他试图把快感之维当成幻象之维，并把它隔离开来，然后通过一整套区别性特征（a whole set of distinctive features），把征兆与幻象对立起来：征兆是意指化构成（signifying formation），可以这么说，它在奔向对自己的阐释的途中（towards its interpretation），像超车那样"超过"自己，这就是说，征兆是可以被分析的；幻象则是无法被分析的惰性建构（inert construction），它抵制阐释。征兆暗示存在也面向某个未被划斜线的、连贯一致的大对体（non-barred, consistent big Other），大对体会回溯性地赋予征兆以意义；幻象暗示存在着被划掉、被封锁、被禁止、不完整、不一致的大对体，也就是说，幻象填补大对体中的空隙。征兆（如口误）一旦出现，就会引起不舒服和不愉快，但我们带着快乐接受对它的阐释；我们欢快地向别人解释我们的口误的意义；"主体间的认可"（intersubjective recognition）通常是知识满足的来源。沉湎于幻象（如做白日做梦）时，我们快乐无比，但要把它告诉别人，我们会感到极度不适和耻辱。

如此一来，我们可以说明精神分析过程的两个阶段：阐释征兆——穿越幻象。当我们面对患者的征兆时，我们必须首先阐释征兆，穿透征兆，直抵作为快感内核的根本幻象（fundamental fantasy），而幻象阻塞了阐释的深入进行；然后，我们必须完成至关重要的一步，即穿越幻象，与幻象保持距离，注意幻象构成（fantasy-formation）是如何遮蔽、填补大对体中的空隙、匮乏和空洞位置的。

但另一个问题又来了。我们如何对这样的患者作出解释：毫无疑问，他们穿越了自己的幻象，也与他们现实的幻象框架（fantasy-framework of their reality）保持着距离，但他们主要的征兆依然存在？我们如何解释这个事实？征兆有其病理性构成（pathological formation），而这样的病理性构成不仅超越对它的阐释，甚至超越了幻象。面对这样的征兆，我们又能做些什么？拉康试图以征候（sinthome）这一概念回应上述挑战。征候是一个新造词，它包含着一整套联想，如人工合成的假人（synthetic-artificial man）、征兆和幻象综合体、圣·托玛斯（Saint Thomas）、圣徒（saint）。[20]作为征候的征兆是某种充满快感的符指化构成（signifying formation）：它是作为快感之载体的能指。

我们必须牢记征兆的激进本体论身份（radical ontological status）：被视为征候的征兆，真正是我们仅有的实体（only substance），是支撑着我们的存在（our being）的仅有之物，是把一致性赋予主体的唯一之处（only point）。换言之，征兆是我们这些主体"逃避疯癫"的一种方式，是我们"选择某物（征兆—构成）而非空无一物（严重的精神孤独症、符号世界的毁灭）"的方式。"选择某物而非空无一物"的途径是把我们的快感与某个符指化、符号性的构成（signifying, symbolic formation）绑在一起。符指化、符号性的构成能够确保我们的"在世中在"[21]具有最低限度的一致性。

如果放弃具有这一激进维度的征兆，那就真的意味着"世界末日"降临，因为征兆的唯一替换物就是"空无一物"：纯粹的孤独症、精神白杀（psychic suicide）、听从死亡驱力的摆布。甚至仟由符号世界彻底毁灭。这是拉康最终把"精神分析过程的结束"定义为认同征兆（identification with the symptom）的原因。当患者能够在自己的征兆的实在界中（in the Real of his symptom）识别出他的存在（his being）的唯一支撑物时，精神分析就达到了目的。我们也必须这样解读弗洛伊德的"本我在哪里，自我就必须去哪里"（*wo es war, soll ich werden*）[22]：征兆早已到了某个地方，你这个主体必须认同这个地方；就其"病理性"的特质而言，你必须把赋予你的存在以一致性（gives consistency to your being）的因素识别出来。

这就是征兆：特定的、"病理性"的符指化构成，对快感的绑定（binding of enjoyment），一个抵抗沟通和抵抗阐释的惰性斑点（inert stain），一个无法纳入话语圈（circuit of discourse）、社会联结网络（social bond network）但同时又是话语圈、社会联结网络的积极条件的斑点。或许现在已经水落石出了：何以在拉康看来，女人是男人的征兆？要回答这个问题，我们只需要记住弗洛伊德那个常常被引用的著名的男子沙文主义名言（male chauvinist wisdom）就够了：女人实在令人难以忍受，是永恒的麻烦之源，但她们依然是我们拥有的最好的东西；有她们固然糟糕，没有她们会更糟糕。[23] 所以说，如果女人不存在，男人或许就是他认为不存在的女人。

3. "在你之内又超乎你"

只要征候是没有陷身于网络而又直接填满、充满了快感的能指，那根据定义，就其身份而论，征候是"心身交加的"（psychosomatic）。它被打上了可怕的身体性标志（bodily mark），而这标志只是证明存在着令人作呕的快感（disgusting enjoyment）的无声证据，而不代表任何事或任何人。卡夫卡的中篇小说《乡村医生》（"A Country Doctor"）不就是一个纯粹的征候故事吗？那个孩子身上迅速恶化的裸露伤口，那个令人作呕、污秽不堪的窟窿，如果不是生命力之化身（embodiment of vitality），不是体现了无意义快感（meaningless enjoyment）的最激进维度的生命实体（life-substance）之化身，又会

二 从征兆到征候

是什么?

> 在他的右侧,靠近臀部的地方,有一个像我的巴掌大的裸露伤口。它是玫瑰红色的,颜色深浅不一,中间底部颜色深,四周颜色较浅,呈微小的颗粒状。伤口有不规则凝块血,俨然露天矿。这是从远处看到的状况。如果走近些看,就会看到另一种并发症。我禁不住惊讶地轻轻吹了声口哨。和我的小手指一样粗细、一样长短的蛆虫,同样是玫瑰红色的,又像血液的斑点,正用白色的头和许多脚蠕动,从伤口的暗处爬向亮处。可怜的年轻人,他已经错失良机。我已经找到了他的伤口;他身体一侧的这朵鲜花正在毁灭他。[24]

"在他的右侧,靠近臀部的地方……"——恰如耶稣基督的伤口,尽管与之更为接近的先驱是瓦格纳的《帕西法尔》中的安佛塔斯(Amfortas)蒙受的痛苦。安佛塔斯的问题是,只要他的伤口流血不止,他就无法死去,无法以死亡求安息。他的侍从坚定地认为,他必须履行自己的义务,主持圣杯仪式,无论遭受多大的痛苦,都不能退缩;而他则绝望地请求他们对他开恩,杀死他,结束他的痛苦。这也正像《乡村医生》中的那个孩子,他向那个叙述者—医生表达了绝望的请求:"医生,让我死吧。"

乍一看,瓦格纳和卡夫卡相去何止百千万里:一者是中世纪传奇的晚期浪漫复活(late-Romantic revival),一者是对当代极权官僚体制下的个人命运的描述。不过,如果仔细审视,就会看到,《帕西法尔》的根本问题显然也是官僚体制问题:它表现了安佛塔斯在履行仪式—官僚体制义务(ritual-bureaucratic duty)时的无能力和不称职。安佛塔斯的父亲蒂图瑞尔(Titurel)发出的可怕声音,即那个活死人(the living dead)发出的超我指令(superego-injunction),在

第一幕就直达他那软弱无力的儿子。他是这样说的："我的儿子安佛塔斯，你在尽你的义务吗？"（Mein Sohn Amfortas, bist du am Amt?）我们不得不把全部官僚体制的分量（bureaucratic weight）都赋予它：你在履行职责吗？你是否作好了履行职责的准备？我们可以用一种多少有些草率的社会学方式说，瓦格纳的《帕西法尔》展示了这样一个历史事实：在极权官僚体制中，古典主人（安佛塔斯）已无力实施统治，他必然为新的领袖人物（帕西法尔）取而代之。

在电影版的《帕西法尔》中，导演汉斯-于尔根·西布伯格[25]对瓦格纳原作作了一系列的改动，以证明他意识到了上述事实。首先是他对性关系的操纵：在第二幕中的一个至关重要的逆转时刻——在经历了女巫昆德丽的亲吻之后——帕西法尔改变了自己的性别：男演员被一个年轻冷酷的女演员所替换，这里的关键倒不是表达雌雄同体的意识形态，而是对极权主义政权的"女性"特性的精确洞视：极权主义的法律是淫秽的法律，充满了快感，丧失了形式的中立性（formal neutrality）。但对我们而言，这里至关重要的是西布伯格版本的另一个特色：他使安佛塔斯的伤口外在化了。它是通过他旁边的枕头那个令人作呕的局部客体（partial object）外在化的。枕头上有个阴唇一般的窟窿，鲜血从那里流出。这很接近卡夫卡：仿佛《乡村医生》中那个孩子的伤口也已经外在化，成为独立的客体，获得了独立的存在（existence）——用拉康的话说，获得了独立的外存在（ex-sistence）。这也是西布伯格在电影结束之前，布置了这样一个场景的原因：在那里，安佛塔斯以一种完全不同于惯常方式的方式，绝望地乞求他的仆从，拿起他们的剑，刺穿他的身体，使他摆脱那再也不堪忍受的痛苦：

我已经感受到将我笼罩的死亡黑暗，
难道我非得再次回到人间？

二　从征兆到征候

> 疯子！谁会强迫我活下去？
> 你能否准许我死去！
> （他撕开衣服）
> 就在这儿——这是我的伤口！
> 流着我的鲜血，在毒害着我。
> 拔出你的武器，把你的剑扎入
> 深深地，深深地，一直没到刀把。

那个伤口就是安佛塔斯的征兆——它体现了他污秽龌龊、令人作呕的快感；正是这个已经稠化、浓缩的生命实体，不允许他痛痛快快地死去。因此，可以从字面上理解他说过的话："就在这儿——这是我的伤口！"他的全部存在都寄托于这个伤口；如果我们消灭了它，他就会失去他的实证的本体论一致性，丢掉性命。这个场景通常按照瓦格纳的指示演出，安佛塔斯撕开衣服，指着流血的伤口；但在西布伯格那里（西布伯格把这个伤口外部化[26]了），安佛塔斯用手指的，是他身外的那个令人作呕的局部客体。也就是说，他没有指自己，而是指着外面，表达了这样的意义："我的全部实体（all my substance），都存在于我的身外，都由那个令人厌恶的实在界碎片（piece of the real）承载。"我们应该如何解读这种外在性（externality）？

第一个（也是最明显的）解读方案是，把这伤口设想为符号性的伤口：伤口被外在化了，以表明它与身体无关，而与符号网络有关，身体就陷入这样的符号网络。简单地说，安佛塔斯的无能为力以及由此引发的王国衰败的真正原因是，符号性关系网络（network of symbolic relations）出现了某种阻塞、障碍。在这个国家，"什么东西已经腐烂了"；在这个国家，统治者违反了根本性的禁令（他允许自己接受昆德丽的引诱）；如此说来，伤口只是道德符号腐烂（moral-symbolic decay）的物化。

不过还有另外一个（或许更为激进的）解读：只要伤口从身体的（符号性和符号化）现实中凸显出来，它就是"一小片实在界"（a little piece of real），一个无法融入"我们身体"之整体的令人讨厌的肿瘤，是"在安佛塔斯之内又超乎安佛塔斯"（in Amfortas more than Amfortas）的某物的物化。因此，根据拉康的经典概括，伤口正在毁灭他。[27]伤口正在毁灭他，但与此同时，伤口又是赋予他一致性的仅有之物。这是精神分析的征兆概念的悖论之所在：征兆是这样一个因素，它就像死死抓住你不放的寄生虫，"正在把事情搞砸"，但是一旦我们把它消灭，情形就会变得更糟：我们会丧失我们已经拥有的一切，甚至丧失已经受到征兆威胁但又未被征兆毁灭的剩余部分。面对征兆，我们总是置身于无法作出选择的境地，一个著名的笑话表明了这一点。这个笑话的主角是赫斯特国际集团麾下的一家报纸主编：尽管赫斯特[28]极力劝说，他就是不肯离去，享受他应得的假期。赫斯特问他，何以不愿意欣然度假，他回答说："我担心，一旦我离开几个星期，报纸的销售量会下降；但让我更担心的是，尽管我离开了，报纸的销售量不下降！"这就是征兆：一个能造成大量麻烦的因素，它的缺席却意味着更多的麻烦，即整体性的灾难。

最后以雷德利·斯科特的电影《异形》为例[29]：从可怜的约翰·赫特（John Hurt）身上一跃而出的令人恶心的寄生虫，不就是这样的征兆吗？这个寄生虫的身份与安佛塔斯的外在化伤口的身份，不是完全一样吗？在一个沙漠化的行星上有一个洞穴，计算机发现那里有生命的迹象，于是太空旅行者进入这个洞穴。在那里，珊瑚虫一般的寄生虫死死粘在赫特的脸上。这个洞穴具有前符号原质（pre-symbolic Thing）的身份。也就是说，这个洞穴具有母性躯体（maternal body）的状况，具有活生生的快感实体（living substance of enjoyment）的身份。由这个洞穴引发的子宫—阴道的联想简直太具有侵略性了。粘在赫特脸上的寄生虫是"快感的萌芽"（sprout of enjoyment），是母性原质（maternal Thing）的残余。它是身陷宇宙飞船的那群人的征兆，即快感这一实在界（the Real of enjoyment）。它威胁着他们的存在，但又构成了他们（constitutes them），使他们结成紧密团结的整体。寄生的客体不断改变其形体，这个事实只是确证了它的变形身份（anamorphic status）：它是一种纯粹的"类像存在"（being of semblance）。那个"异形"，即第八个增补乘客，是一个客体。就其自身而论（in itself），它什么都不是。尽管如此，依旧要把它作为变形的剩余（anamorphic surplus），加进这个团体。它是最纯粹的实在界（the Real at its purest）：它是"类像"（semblance），是这样的事物：在严格的符号层面上，它根本不存在，但同时又是整部电影中仅有的真正存在之物，是全部现实绝对无力抗拒之物。只要回忆一下那个令人毛骨悚然的场景就可以了：医生用手术刀切开了那只珊瑚虫一般的寄生虫，里面流出的液体竟然熔化了宇宙飞船的金属地板……

从征候的这一视角看，真理和快感是绝对水火不容的：真理之维是通过我们对创伤性原质（traumatic Thing）的误认打开的，体现的是不可能的原乐（impossible *jouissance*）。

4. 意识形态原乐

由上可知，社会符号大对体（socio-symbolic Other）具有非一致性，其积极的一面是淫秽的快感（obscene enjoyment）。明白了这一点，难道我们还不赞成"后现代主义"对启蒙运动的怨怼？拉康《著作集》（*Écrits*）的法文版封面上的文字，已经揭示出如此理解的虚假不实：在那里，拉康把自己的理论努力明确设想为古老的启蒙运动斗争的延续。拉康对自治主体（autonomous subject）及其反思力量（power of reflection）的批判，对主体的反思性占用客观条件

（reflexive appropriation of his objective condition）的力量的批判，远未对逃避理性之域（escaping the reach of reason）的非理性根基（irrational ground）作任何肯定。关于资本，马克思有一个著名的概括，即资本的局限就是资本本身。借用这一概括，我们可以说，依拉康之见，启蒙运动的局限就是启蒙运动本身。这是它通常为人遗忘的一面，但在笛卡儿和康德那里已有论述。

启蒙运动的主要母题当然是"独立地使用理性"（reason autonomously）这一指令的变种："运用自己的头脑，使自己摆脱一切偏见，拒绝接受其理性根基（rational foundations）未被质疑的事物，总是保持批判的距离……"但是，康德已在其著名论文《何谓启蒙》中对这些母题作了令人不快和令人不安的补充，把某个裂缝置入启蒙运动事业的核心地带："你想怎么运用理性就怎么运用，想运用多少就运用多少，但要服从！"[30] 也就是说，作为自主的理论反思主体（theoretical reflection），面对着已获启蒙的公众，你可以自由地思想，你可以质疑所有的权威；但是作为社会"机器"的一部分，作为另一种意义上的主体，你必须无条件地服从你上司的命令。这个裂缝是启蒙运动事业所特有的：我们早就在笛卡儿那里，在笛卡儿的《方法论》（Discourse on Method）中发现了这个裂缝。对一切都表示怀疑、对世界的存在（existence of the world）提出质疑的"我思"（cogito）的另一面，是笛卡儿的"临时道德"（provisional morality）。"临时道德"是笛卡儿确立的一套规则。笛卡儿确立这套规则的目的，是帮助自己在其哲学历程的日常生存（everyday existence of his philosophical journey）中求生：它的第一条规则强调，我们诞生在哪个国家，就要接受和服从哪个国家的习俗和法律，不得质疑其权威性。[31]

这里的要义在于理解，对经验性、"病理性"（康德语）的习俗和规则的接受，不是前启蒙运动的残余（pre-Enlightenment remnant）——

二 从征兆到征候

传统独裁主义心态（authoritarian attitude）的残余，而是启蒙运动本身必有的一面：通过接受习俗和社会生活规则的无意义的、既定的特性（nonsensical, given character），通过接受"律令就是律令"这一事实，我们在内心深处摆脱了它们的限制——这种方式适用于所有的自由理论反思（theoretical reflection）。换言之，我们把恺撒的还给了恺撒，这样我们才能平静地反思一切。对习俗和社会规则既有的、无根据的特性的体验，本身会使我们对其敬而远之。在传统的、前启蒙运动的世界中，律令的权威从不被体验为无意义和无根据的存在；相反，律令总是由迷人的神赐魅力来照亮的。只有在那些已被启蒙的人的眼中，社会习俗和社会规则的世界才显现为必须为人接受的、无意义的"机器"。

当然，我们可以说，启蒙运动的主要幻觉在于，它认为，我们可以与社会习俗这部外部"机器"保持适当的距离，并因此使我们的内在反思空间（space of our inner reflection）洁白无瑕，不为习俗之外在性（externality of customs）玷污。但是，只要康德在肯定绝对命令（categorical imperative）时考虑到了内在的道德律令具有的创伤性的、不可靠的、无意义的特征，上述批评就不会伤及他的皮毛。康德的绝对命令正是这样的律令——它具有必不可少的、无条件的权威，同时又无真实性可言。用康德的话说，它是某种"超验的事实"，是既定的事实，它的真实性不能从理论上证明。尽管如此，要使我们的行为有意义，它的无条件的有效性（unconditional validity）就必须提前得到肯定。

我们可以通过一整套区别性特征，使这样的道德律令与"病理性"的、经验上既定的社会律令（empirically given social laws）形成对照：社会律令结构社会现实的领域，道德律令则是无条件的命令这一实在界（the Real of an unconditional imperative），它从不考虑现实强加于我们的种种限制——它是不可能的、无法执行的指令。"你能够，因为你必须！"（*Du kannst , denn du sollst !*）社会律令安抚我们的利己主义，调节社会体内平衡（social homeostasis）；道德律令则引入无条件的强制，在社会体内平衡中制造不平衡。康德的终极悖论是实践理性先于理论理性：我们正是通过屈服于绝对命令的"非理性"强制，才使自己摆脱了外在的社会限制，获得自治启蒙主体（autonomous enlightened subject）特有的成熟。

强调康德的道德命令隐藏着淫荡的超我指令，这已经成了拉康理论的老生常谈。"享受！"这是那个强迫我们为了义务而尽义务（follow our duty for the sake of duty）的大对体发出的声音。这个声音是求助于不可能的原乐（an appeal to impossible *jouissance*）这一行为的创伤性喷发（traumatic irruption）。它打乱了快乐原则及其延伸——现实原则——的体内平衡。这也是拉康把萨德视为康德的真理（Sade as the truth of Kant）的原因："康德与萨德狼狈为奸"[32]。但是，道德律令的这种淫荡性究竟寄身于何处？它并不寄身于粘附在律令的纯粹形式之上并玷污这种形式的经验性、"病理性"内容的残迹、残余，而寄身于这种形式本身。只要具备了下列条件，道德律令就是淫荡的：道德律令是驱使我们服从其命令的驱动力，也就是说，我们服从道德律令，只是因为它是道德律令，而不是因为一套实证的理由。道德律令的淫荡性乃其形式特征的另一种说法。

当然，康德伦理学的基本特性，是把作为我们的道德活动发生地（the locus of our moral activity）的所有经验性、"病理性"内容，即把作为我们的道德活动发生地的所有令人快乐（或不快）的客体，统统排除出去。但在康德那里，依然不为人知的是，这种排除带来了某种剩余快感，即拉康所谓的 *plus-de-jouir*。且以法西斯主义为例。法西斯主义意识形态是以纯粹的形式命令（a purely formal imperative）为根基的：服从，因为你必须服从！换言之，放弃快感，牺牲自己，不要问这样做有什么意义——牺牲的价值就在于，牺牲毫无意义可言；真正的牺牲，是为了牺牲而牺牲，牺牲就是牺牲的目的；你必须在牺牲这种行为中而不是在它的工具价值中，找到积极的满足：正是对快感的放弃，导致了某种剩余快感。

这种通过弃权而制造出来的剩余，正是拉康所谓的小客体，它是剩余快感的体现；在此我们还可以理解，为什么拉康仿效马克思的剩余价值的概念创造了剩余快感这一概念——在马克思那里，剩余价值同样暗示了对"病理性"、经验性的使用价值的某种放弃。法西斯主义是淫秽性的，因为它把意识形态的形式直接当作了它自身的目的，当作了目的本身。想一想墨索里尼（Mussolini）对下列问题是怎么回答的："法西斯主义者如何为他们统治意大利的主张进行辩护？他们的纲领是什么？"他回答说："我们的纲领很简单：我们想统治意大利！"法西斯主义的意识形态力量，恰恰在于被自由派批评家和左翼批评家视为其最大的弱点的这一特性之中：在于其诉求的绝对空无的形式特征之中，在于下列事实之中——它需要为了服从而服从，为了牺牲而牺牲。对于法西斯主义的意识形态而言，关键不在于牺牲的形式价值。正是牺牲这种行为本身，"牺牲的精神"，才是对自由这一颓废疾病的治疗。这同样可以说明，何以精神分析把法西斯主义吓得魂不附体：精神分析使得我们把淫秽性快感定位于形式牺牲的行为。

这就是最终出现在法西斯主义那里的康德道德形式主义（moral formalism）的隐秘的变态、淫荡之维。正是在这里，康德的形式主义与笛卡儿的临时道德第二准则遵循的逻辑不谋而合。或者说得更确切些，康德的形式主义解释了笛卡儿的临时道德第二准则遵循的逻辑：

> 在采取行动时，要尽最大可能，保持坚定和果断。一旦采纳某种意见，即使它至为可疑，也要坚定不移，仿佛它毫无问

题一般。在这方面，要以旅行者为榜样。他们在森林中迷路后，不应该东突西窜、左右游荡，也不要停在一个地方，而应该尽可能朝着一个方向持续直行，不为任何微不足道的理由改变方向，尽管那或许是个独一无二的机会，当初能够决定你作怎样的选择。这样做，即使不能准确地抵达他们希望抵达的地方，至少最终也能抵达某个地方，可能比呆在森林里强。[33]

在这段文字中，笛卡儿已在某种程度上揭了意识形态的底牌：意识形态的真实目标是它要求的态度（the attitude demanded by it），是意识形态形式（ideological form）的一致性，是"向着一个方向，尽可能地沿着一条直线，不停地走下去"这一事实；意识形态在为这一需求——使我们服从意识形态的形式——作辩护时给出的实证理由，都只是用来掩藏这个事实，换言之，掩藏意识形态形式特有的剩余快感。

我们可在这里提到由乔恩·埃尔斯特（Jon Elster）引入的"本质上属于副产品的国家"（states that are essentially by-products）这一概念。也就是说，国家是在不经意间创造出来的，国家是作为我们行为的副产品创造出来的：一旦我们要直接创造国家，一旦我们的行为直接以"创造国家"为动机，我们反而会弄巧成拙。在埃尔斯特援引过的一整套的意识形态例证中，且以托克维尔（Tocqueville）为陪审制度（jury system）所作的辩护为例："我不知道陪审团对诉讼当事人是否有用，但我可以肯定，陪审团对那些必须裁决案件的人非常有益。我认为，在由社会支配的诸种大众教育方式中，陪审团最为行之有效。"埃尔斯特对此的评论是：

> 陪审制度要达到托克维尔推荐的那种效果，即教育陪审员的效果，就离不开这个条件。这条件就是，他们相信，他们正

在做的事情很有价值,也很重要,不仅事关他们个人的发展。[34]

换言之,一旦陪审员意识到,他们所做工作的司法效果微不足道,他们所做工作的要义在于培养他们的公民精神,在于教育价值,那这样的教育效果就会立即土崩瓦解。

这道理同样适用于帕斯卡尔及其对宗教打赌的论证:即使我们下错了赌注,即使根本不存在上帝,但是我对上帝的信仰(我相信上帝存在),我对自己行为的信仰(我相信我的行为行之有效),会为我的尘世生活带来诸多好处。我会过上高贵的、宁静的、合乎道德的、令人满意的生活,摆脱不安和疑虑。但关键还是在于,只有当我真的信仰上帝、信仰宗教的彼岸时,我才能够得到尘世的好处。这大概就是帕斯卡尔论证中隐含的、相当狗智化的逻辑:尽管宗教的真实支柱是由宗教态度带来的尘世利益,这一收益也是"本质上属于副产品的国家",它只能作为我们的信仰——我们相信存在着宗教彼岸——的非意图结果(non-intended result)创造出来。

我们在罗莎·卢森堡对革命进程的描述中,发现了与此完全相同的论证,我们不应为此感到惊讶:起初,第一次工人斗争是注定失败的,他们无法直接达到自己的目标,但是,尽管他们必定以失败告终,他们的整体资产负债表(overall balance sheet)依然是呈现正值的,因为他们的主要收获是受到了教育,也就是说,他们把工人阶级转化成了革命主体。关键还是在于,如果我们(政党)直接告诉正在进行战斗的工人:"你们失败了,这没什么关系,你们斗争的主要目标就是对你们进行教育",那么这样的教育效果就会烟消云散。

好像是笛卡儿在上述引文中首次为我们提供了这个根本性的意识形态悖论(fundamental ideological paradox)的纯粹形式:意识形

态真正重要的，是它的形式，即下列事实：向着一个方向，尽可能地沿着一条直线，不停地走下去；一旦下定了决心，即使最可怀疑的意见也要听从。但是，这样的意识形态的态度，只能作为"本质上属于副产品的国家"才能获得：意识形态的主体，即"迷失在森林之中"的旅行者，必须掩藏下列事实，进行自我欺骗："那可能是一个机会，能够决定他们作出选择后的命运"。他们必须相信，他们的决定理由充足，他们的决定会使他们实现自己的目标。一旦他们认识到，他们真正的目标是意识形态态度的一致性（consistency of the ideological attitude），那效果就会自行消解。我们可以理解，意识形态的运作方式与流行的耶稣会道德观念（Jesuit morals）截然相反：目的在此是用来证明手段的合理性的。[35]

为什么目的与手段的关系的倒置，必须处于隐秘状态？为什么一旦揭示了这种倒置，就无法达到目的？答案是，揭示这种倒置，会使在意识形态、意识形态放弃（ideological renunciation）中发挥作用的快感原形毕露。换言之，揭示这种倒置会表明，意识形态只以自身为目的，只为自身服务。这正是拉康为原乐所下的定义。

注　释

[1] "征候"的原文是"*sinthome*"。拉康最早是在1975—1976年的讲座"*le sinthome*"中引入这个概念的。据拉康讲，*sinthome* 就是法语"symptôme"（征兆）的古体字，意思就是征兆。那他为什么不用"今体字"而用"古体字"？这是因为拉康要把自己的"征兆"观与传统的"征兆"观区分开来。传统的征兆观是语言学上的征兆观，它把征兆视为一种语言现象，它就是现代语言学所谓的"能指"（signifier）。其特征在于，它是加密的，因而需要破解。拉康早年也认可这套理论，也是从这个意

义理解征兆的。在他那里,破解征兆,就是破解无意识,而破解无意识的方式就是破解"像语言那样结构起来的无意识"。但晚年的拉康认为,精神分析所谓的征兆,并非什么加密信息,更不需要破解。它是纯粹的原乐(pure *jouissance*)。齐泽克在这里强调,"'征候'不是征兆(symptom),不是通过阐释予以破解的加密信息,而是毫无意义的字符(meaningless letter)。它使我们获得直接的快感(jouis-sense),即'感官快感'(enjoyment-in-meaning, Enjoy-Meant)。"在此之前,征兆是可以破解的信息;现在,征兆(即征候)则是特定形态的主体快感的踪迹,它超越任何分析。精神治疗的目的就在于认同现在的征兆(即征候),即与现在的征兆(即征候)保持一致。这里把这种征兆译为"征候",以便与传统的语言学意义上的"征兆"、阿尔都塞等人使用的"征兆"区别开来。有时候,拉康和齐泽克把 *sinthome* 与 symptom 严格区分开来,有时混而用之。但无论是严格区分开来,还是混而用之,一般指的都是超越任何分析(包括语言学分析、哲学分析和精神分析)、只能认同的纯粹快感。当然这样的快感纯粹是个人化的。但无论在拉康那里,还是在齐泽克那里(特别是在齐泽克那里),他们口称"征候"(*sinthome*)时肯定是在讲征候;但有时他们口称"征兆"(symptom),要说的还是"征候"。——译者注

[2] 诺贝特·维纳(Norbert Wiener, 1894—1964),美国数学家。1948 年提出"控制论",对早期的人工智能产生了比较大的影响。——译者注

[3] 原注 1。Jacques Lacan, *The Seminar of Jacques Lacan, Book I: Freud's Papers on Techllique*, Cambridge: Cambridge University Press, 1988, p. 159.

[4] 原注 2。Ibid., p. 158.

〔5〕威廉·泰恩（William Tenn，1920—2010），真名菲利普·克拉斯（Philip Klass），美国科幻小说作家。生于英国，不到两岁时随父母移居美国。曾在美军服役，参加过第二次世界大战。科幻作品众多，且想象奇特，惜乎国内几乎不见其踪迹。——译者注

〔6〕原注3。Lacan, *The Four Fundamental Concepts of Psycho-Analysis*, p. 26.

〔7〕原注4。Freud, *The Interpretation of Dreams*, p. 559.

〔8〕奥古斯都（Augustus Ceaser，公元前63—公元14），原名盖乌斯·屋大维·图里努斯（Gaius Octavius Thurinus），奥古斯都是他的称号，罗马帝国的开国君主，统治罗马长达43年。他本是恺撒大帝的甥孙和养子，被正式指定为恺撒的继承人。与马克·安东尼、雷必达结同盟，打败刺杀恺撒的共和派贵族（元老院）。公元前30年被确认为"终身保民官"，公元前29年获得"大元帅"称号，公元前27年获得"奥古斯都"（神圣、至尊的意思）称号，建立起了专制的元首政治，开创了罗马帝国。——译者注

〔9〕马基雅维利（Niccolo Machiavelli，1469—1527），意大利政治思想家和历史学家，1496—1512年任佛罗伦萨共和国要职，主张结束意大利的政治分裂，建立统一而强大的君主国；为了达到此目的，可以不择手段（所谓"马基雅维利主义"）。著有《君主论》、《罗马史论》、《佛罗伦萨史》等。——译者注

〔10〕原注5。G. W. F. Hegel, *Vorlesungen über die Philosophie der Geschichte*, Frankfurt: Surkhamp Verlag, 1969, pp. 111-13.

〔11〕黑格尔是这样说的："关于教导世界应该怎样，也必须略为谈一谈。在这方面，无论如何哲学总是来得太迟。哲学作为有关世界的思想，要直到现实结束其形成过程并完成其自身之后，

才会出现。概念所教导的也必然就是历史所呈示的。这就是说，直到现实成熟了，理想的东西才会对实在的东西显现出来，并在把握了这同一个实在世界的实体之后，才把它建成为一个理智王国的形态。……密纳发［密涅瓦］的猫头鹰要等黄昏到来，才会起飞。"黑格尔：《法哲学原理》，范扬、张企泰译，商务印书馆1961年版，第13—14页。密涅瓦（Minerva）是古罗马神话中的智慧女神，曾把纺织、缝纫、制陶、园艺等技艺传到人间，受雅典人敬重。出于爱屋及乌的心理，栖落在她身上的猫头鹰也成了智慧的象征。黑格尔以之说明哲学问题：智慧女神的猫头鹰总在夜晚起飞，因为阴暗的环境是思想的催化剂。黑格尔所谓的思想主要是反思（reflection），反思是"对思想的思想"、"对认识的认识"。可见，在两个"思想"之间，在两个"认识"之间存在着时间上的距离，即"延迟"。——译者注

[12] 简·奥斯汀（Jane Austen, 1775—1817），英国小说家，世界文学史上最具影响力的女性文学家之一。著有长篇小说《理智与情感》（*Sense and Sensibility*, 1811）、《傲慢与偏见》（*Pride and Prejudice*, 1813）、《曼斯菲尔德庄园》（*Mansfield Park*, 1814）、《爱玛》（*Emma*, 1815年）、《诺桑觉寺》（*Northanger Abbey*, 1818年）、《劝导》（*Persuasion*, 1818年）；约翰·奥斯丁（John. L. Austin, 1911—1960），英国哲学家，日常语言分析哲学牛津学派的代表人物，言语行为理论的创立者，代表性著作是《如何以言行事》（*How to Do Things With Words*）。——译者注

[13] 原注6。Kafka, *The Trial*, p.237.

[14] positivity一词同时具有两种意义：其一为实证性，其二为积极性。前者强调看得见、摸得着的可证实性，后者强调主动性、

创造性。本书作者也常用这个词同时表达两种意义。——译者注

〔15〕罗伯特·海因莱因（Robert A. Heinlein, 1907—1988），美国著名科幻小说作家，当时最具影响力、也最富争议的作家，最早在主流杂志发表小说的作家。出版长篇科幻小说 30 多部、短篇科幻小说集十余部。主要作品有《傀儡主人》(*The Puppet Masters*, 1951)、《双星》(*Double Star*, 1956)、《银河系公民》(*Citizen of the Galaxy*, 1957)、《星船伞兵》(*Starship Troopers*, 1959)、《异乡异客》(*Stranger in a Strange Land*, 1961) 以及《月亮是严厉的女人》(*The Moon Is a Harsh Mistress*, 1966) 等，后四部小说获雨果奖。《通往盛夏之门》(*The Door into Summer*) 创作于 1957 年，是关于时间旅行的。主人公一次又一次地与时间打交道，而每一次使用的方法都有所不同。最后，他终于成功地在历史和未来之间进行旅行。——译者注

〔16〕原注 7。Robert A. Heinlein, *The Door into Summer*, New York: Del Ray, 1986, p. 287. ——作者注。"无论我们怎么折腾，结局终由天定"一语的原文是"There's a divinity that shapes our ends, Rough-hew them how we will"。此语出自莎士比亚《哈姆雷特》第五幕第二场第十行，用了英国农民切割灌木树篱的比喻：你无论如何努力修剪，与天意相比，你的努力都是那样的微不足道。梁实秋将其译为"我们无论怎样大刀阔斧的干去，成败还是在天"。——译者注

〔17〕莪默·伽亚谟（Robajoj Omar Kajjam, 1048—1131），古代波斯诗人、哲学家、数学家和天文学家。《鲁拜集》(*Rubaiyat of Omar Khayyam*) 是他创作的长诗，每节四行。——译者注

〔18〕原注 8。Walter Lord, *A Night to Remember*, New York: Bantam,

1983, pp. xi-xii.

[19] "为什么总是存在某物而不是空无一物？" 的原文是："Why is there something instead of nothing?" 由德国哲学家莱布尼茨（Gottfried Wilhelm Leibniz）提出，译为中文颇不易懂。有人译为："为什么是存有而不是没有呢？" 可参照。——译者注

[20] 原注 9。Jacques Lacan, "Joyce-le-symptôme", in *Joyce avec Lacan*, Paris: Navarin Edicenr, 1987.

[21] 在世中在（In-der-welt-sein, Being-in-the-World），是海德格尔独创的概念，大意谓，存在总是处于一个世界之中的存在，总是为自己的存在开展出一个世界。——译者注

[22] "本我在哪里，自我就必须去哪里"（*wo es war, soll ich werden*），此语出自弗洛伊德的《精神分析新论》（*New Lectures on Psychoanalysis*），是弗洛伊德在谈及本我与自我、无意识与意识的关系问题时提出来的，含意丰富："无论它去何处，我必随之而去"、"它前脚走，我后脚跟"，等等。英文译法不一，也在情理之中："Where It was, there I must come about"、"where It was, I have to become"、"where it has been, I must become"、"Where id was, there ego shall be"。弗洛伊德的意思是，自我将代替本我，意识将取代无意识。显然，弗洛伊德此举意在强调"自我"、意识和理性认同的重要性。——译者注

[23] 从这个意义说，男人也是女人的征兆：有他们固然糟糕，没有他们会更糟糕。有个笑话表明了这一点。一个女人对丈夫不满，对儿子抱怨说："我年轻时可漂亮了，可惜瞎了眼，竟然嫁给了你爸爸，真是一朵鲜花插在了牛粪上。"儿子不解地问："那你干嘛非要一朵鲜花插在牛粪上？"女人悲叹道："唉，牛粪也不好找呀。"——译者注

[24] 原注 10。Franz Kafka, *Wedding Preparations in the Country and*

Other Stories, Harmondsworth: Penguin, 1978, p. 122.

〔25〕汉斯-于尔根·西布伯格（Hans-Jürgen Syberberg, 1935—），德国导演，代表作有《路德维希：处男国王安魂曲》（*Ludwig-Requiem for a Virgin King*, 1972）和《帕西法尔》（*Parsifal*, 1982）。瓦格纳是他多数作品中的灵魂。——译者注

〔26〕齐泽克在这里用的是"永恒化"（eternalized），根据上下文，怀疑乃其笔误或排印错误。——译者注

〔27〕原注11。Lacan, *The Four Fundamental Concepts of Psycho-Analysis*, Chapter 10.

〔28〕这里的赫斯特（Hearst）指威廉·蓝道夫·赫斯特（William Randolph Hearst, 1863—1951）。他是美国报业大王、企业家，赫斯特国际集团（Hearst Corporation）的创始人。他在20世纪初掀起黄色新闻浪潮，对后来新闻传媒产生了深远影响，因为在新闻史上饱受争议，人称"黄色新闻大王"。——译者注

〔29〕雷德利·斯科特（Ridley Scott, 1937—），英国电影导演，风格多变、题材广泛乃其主要特征。2000年曾以《角斗士》（*Gladiator*）获奥斯卡金像奖最佳影片。代表作有《决斗的人》（*The Duellists*, 1977）、《异形》（*Alien*, 1979）、《银翼杀手》（*Blade Runner*, 1982）、《黑雨》（*Black Rain*, 1989）、《末路狂花》（*Thelma & Louise*, 1991）、《1492：征服乐园》（*1492: Conquest of Paradise*, 1992）、《美国黑帮》（*American Gangster*, 2007）等。——译者注

〔30〕康德这话句的德文原文是："räsoniert, soviel ihr wollt und worüber ihr wollt; aber gehorcht!" 玛丽·史密斯（Mary C. Smith）将其译为："Argue as much as you want and about what you want, but obey!"本书作者将其译为："Reason about whatever you want and as much as you want – but obey!"何兆武把它

译为:"可以争辩,随便争多少,随便争什么;但是必须听话。"——译者注

[31] 在《方法论》中,笛卡儿提出的"临时道德"(provisional morality)有四条:(1)遵守当地习俗和法律;(2)根据最好的证据作出决定,然后坚持之,视之为理所必然;(3)改变欲望,而不是改变世界;(4)永远追求真理。中文本把《方法论》译为《谈谈方法》,把"临时道德"译为"临时行为规范"。见笛卡尔〔笛卡儿〕:《谈谈方法》,王太庆译,商务印书馆 2000 年版,第三部分(第 19 页—25 页)。——译者注

[32] 原注 12。Jacques Lacan, *Écrits*, Paris: Seuil, 1966.

[33] 原注 13。René Descartes, *Discourse on Method*, Harmondsworth: Penguin, 1976, p. 64. ——作者注。这段文字的中文版如下:"在行动上尽可能坚定果断,一旦选定某种看法,哪怕它十分可疑,也毫不动摇地坚决遵循,就像它十分可靠一样。这样做是效法森林里迷路的旅客,他们决不能胡乱地东走走西撞撞,也不能停在一个地方不动,必须始终朝着一个方向尽可能笔直地前进,尽管这个方向在开始的时候只是偶然选定的,也不要由于细小的理由改变方向,因为这样做即便不能恰好走到目的地,至少最后可以走到一个地方,总比困在树林里面强。"笛卡尔:《谈谈方法》,王太庆译,商务印书馆 2000 年版,第 20 页。——译者注

[34] 原注 14。Jon Elster, *Sour Grapes*, Cambridge: Cambridge University Press, 1982, p. 96.

[35] "目的在此是用来证明手段的合理性的"(the aim here is to justify the means),意谓:只要目的正当,可以采取所有的手段,无论那手段多么卑鄙无耻,多么下流肮脏。——译者注

第二部分

大对体中的匮乏
DADUITIZHONGDEKUIFA

三 "你想咋的?"

(一) 同 一

1. 意识形态"缝合"

是什么创造了并维持着既定意识形态场域 (a given ideological field) 的同一性,使之不受其实证内容的所有可能变体的影响?对于这个生死攸关的意识形态理论问题,《霸权与社会主义策略》勾勒了或许是最明确的答案:通过某个"纽结点"(nodal point)的干预,众多"漂浮的能指"(floating signifiers)、众多"原意识形态因素"(proto-ideological elements)组成了一个统一的场域 (a unified field)。"纽结点"即拉康所谓的"缝合点"(*point de capiton*),它把众多漂浮的能指、原意识形态因素"缝合"在一起,阻止它们滑动,把它们的意义固定下来。

意识形态空间 (ideological space) 是由未绑定的因素构成的,是由"漂浮的能指"构成的。"漂浮的能指"以"开放"为特点,它完全受制于该能指在它与其他因素结成的链条中所处的位置。也就是说,它的"字面"意涵依赖于它的隐喻性的剩余—意涵 (meta-phorical surplus-signification)。以生态主义 (ecologism) 为例。它与其他意识形态因素的联系并没有被预先决定。某人可以是以国家为本位的生态主义者 (如果他相信只有国家的强势干预能把我们从灾难中解救出来),也可以是社会主义的生态主义者 (如果他把对自然的残酷掠夺归诸资本主义制度），还可以是保守的生态主义者（如果他鼓吹人类必须重新扎根于自己的乡土），等等。女权主义可以是社会主义式的，也可以与政治风马牛不相及。甚至种族主义也是如此，它可以是精英式的，也可以是民粹式的……"缝合"发挥着整合（totalization）的功能。通过整合，意识形态因素的自由漂浮被终止，被固定了。也就是说，通过整合，这些自由漂浮的意识形态因素成了结构化的意义网络（structured network of meaning）的一部分。

如果我们以"共产主义""缝合"漂浮的能指，那"阶级斗争"就会把精确固定的意涵赋予所有其他因素：比如，赋予民主，于是有了与"资产阶级形式民主"（bourgeois formal democracy）针锋相对的所谓"真正民主"（real democracy），而"资产阶级形式民主"不是真正的民主，只是合法的剥削形式；赋予女权主义，于是对于女性的盘剥，是以阶级为标准的劳动分工的必然结果；授予生态主义，于是对自然资源的破坏是以追求利润为本位的资本主义生产的必然结果；如授予和平运动，于是对和平的主要威胁是冒险主义的帝国主义（adventuristic imperialism），等等。

意识形态斗争（ideological struggle）的关键在于，由哪个"纽结点"、"缝合点"把那些自由漂浮的因素整合在一起，把哪个"纽结点"、"缝合点"嵌入它的一系列等价物。例如，在今天，新保守主义（neo-conservatism）和社会民主主义（social democracy）的斗争的焦点是"自由"：新保守主义努力证明，以福利国家为化身的平等主义民主（egalitarian democracy）必定带来新形式的奴役，必定导致个人对极权国家的依赖；社会民主主义则强调，个人自由如果还想具有任何意义，就必须以民主的社会生活为根基，以经济机会平等为根基，云云。

就这样，一个既定意识形态场域的任何一个因素，都是一系列等价物的一部分，都是一系列等价物的隐喻性剩余（metaphorical surplus）的一部分。通过此种隐喻性剩余，这个因素与所有其他因素联系了起来，并回溯性地决定其同一性。比如从共产主义的视角看，为和平而战，意味着反对资本主义秩序，等等。但是，只有在下列条件下，把这个因素与所有其他因素联系起来才是可能的：某个能指——拉康所谓的"太一"（One）——"缝合"整个场域，代表整个场域，而且通过代表这个场域，实现这个场域的同一性。

让我们以拉克劳/穆菲的激进民主方案（project of radical democracy）为例。在这里，我们看到，许多具体的斗争（为了和平、生态、女权、人权等进行的斗争）连为一体，没有任何一项斗争自封为"真理"，即自封为最终的所指（last Signified），自封为所有其他能指的"真正意义"。但是"激进民主"这个称谓表明，把许多具体斗争连为一体的可能性，暗示某项具体的斗争发挥着"纽结性"的、决定性的作用，为所有其他斗争划定视域。当然，这种决定性的作用属于民主，属于"民主的发明"（democratic invention）：依拉克劳和穆菲之见，所有其他的斗争（社会主义、女权主义等），都可以被设想为民主方案的逐渐激进化（gradual radicalization）、扩展和应用，最后形成经济关系的新领域，两性关系的新领域，等等。辩证性的悖论（dialectical paradox）在于，这项发挥着霸权作用（hegemonic role）的具体斗争不会残暴地压制差异，反而为各项具体斗争的相对自治大开方便之门：例如，女权主义斗争只有通过援引民主—平等的政治话语（egalitarian political discourse）才是可能的。

因而意识形态分析的首要使命，是在既定的意识形态场域中，把这样的具体斗争隔离出来：它是具体斗争，但它同时又决定全部斗争的视域；用黑格尔的话说，它本是"种"，现在成了普遍的"属"。但这是一个重要的理论难题：如何把某项具体斗争发挥的决定性、整合性作用，与传统上理解的"霸权"（hegemony）区别开来？通过"霸权"，某项斗争（马克思主义中的工人斗争）成为所有其他斗争的真理（the Truth），如此一来，迫不得已，所有其他斗争都只能是这项斗争的表现形式，这项斗争取得的胜利为我们在其他领域的获胜，提供了钥匙。或者如同寻常的马克思主义所论证的那样：只有在社会主义大功告成之后，才有可能废除对女性的压制，结束对自然的毁灭性掠夺，解除核毁灭的威胁……换言之：我们如何阐明某个特定领域的决定性作用，又不落入本质主义的陷阱？我的看法是，索尔·克里普克[1]的反描述主义（antidescriptivism）为我们解决这个问题提供了概念工具。

2. 描述主义与反描述主义

克里普克的反描述主义是建立在某种基本经验上的。我们可以把这一基本经验称为"人体入侵者"。"人体入侵者"一名取自20世纪50年代著名科幻电影：来自外层空间的人形生物入侵地球，他们长得跟人一样，具有人类的所有特性，但从某种意义上说，这使得他们更加诡秘怪异。[2] 这个问题与排犹主义毫无二致（职是之故，可把《人体入侵者》解读为20世纪50年代麦卡锡分子反对共产主义的隐喻）：犹太人"像我们"；很难把他们识别出来，很难在实证现实（positive reality）的层面上把他们与所有其他人区分开来的剩余（surplus）、规避特性（evasive feature）识别出来。

描述主义和反描述主义之争的关键，是一个最为基本的问题：名字是如何指涉（refer to）它所意指（denote）的客体的？为什么"桌子"一词指涉桌子？描述主义的回答是显而易见的：因为它们的意义；每个单词起初都是某种意义的载体，也就是说，它起初表示（means）一组描述性特征（"桌子"表示某种形态的、用来达到某种目的的物体），后来指涉现实中的物体，只要那物体具有那一组描述（cluster of descriptions）标明的特征。"桌子"表示桌子，因为桌子具有"桌子"一词的意义指定的特性。因此，内涵（intention）对外延（extension）具有逻辑上的优先性：外延（由一个单词指涉

三 "你想咋的?"

的一套客体)取决于内涵,即取决于这个单词的意义表明的特性。与之相反,反描述主义对此问题的答案是,单词是通过"原初命名"(primal baptism)这一行为与物体联系起来的;即使最初决定单词意义的那组描述性特征发生了沧海桑田之变,单词与物体的联系也会始终如一。

我们不妨举一个简单的例子(这例子来自克里普克):如果我们要求普通公众为"库特·哥德尔"[3]提供一个识别描述词(identifying description),回答会是"证明了算术的不完备性(incompleteness of arithmetic)的人";但假定这个证明是由另一个人——比方说哥德尔的朋友施米特——完成的,哥德尔杀害了他,并将"算术的不完备性"证明归诸自己;在这种情形下,"库特·哥德尔"会依然指涉同一个哥德尔,尽管识别描述词不再适用于他。关键在于,"哥德尔"这个名字已经通过"原初命名"与某个物体(人)连在一起,即使原来的识别描述词被证明是虚假不实的,这一连接会保持下去。[4]这是争论的核心之所在:描述主义者强调单词固有的、内在的"意向内容"(intentional content),反描述主义者则认为,真正具有决定性的是外在的因果连接,是单词在传统的链条(chain of tradition)中从主体到主体的传输。

在这里,主要指控不请自来:对这个我们关切的争论的显而易见的回答,不是涉及两种不同类型的名称吗?一种意指(普遍的)种类的概念,一种意指专有名称(proper names)?这个回答是否仅仅意味着,描述主义解释通用概念(generic notions)发挥作用的方式,反描述主义解释专有名称发挥作用的方式?如果我们说某人"胖",很显然,他必定至少具有过分肥大的特性,但是如果我们说某人是"彼得",我们不能由此推断他的任何有效特性——"彼得"这个名字指涉他,仅仅是因为他最初接受洗礼时被命名为"彼得"。但是,这样的解决方案在试图通过分类性区分(classificatory distinc-

127

tion）甩开问题时，完全遗漏了这场论争的症结：无论是描述主义还是反描述主义，都意在确立有关指涉功能（referring functions）的一般理论。对于描述主义来说，专有名称只是经过简化或伪装的明确描述（definite descriptions）；对于反描述主义而言，外在因果链决定了指涉，即使在通用概念那里（至少在那些指称自然现象的通用概念那里），也是如此。

且让我们再举一个多少有些简单化的例子（例子同样来自克里普克）：在史前某一时刻，有一种物体被以"黄金"命名，该名称在那一时刻与一系列的描述性特征（沉甸甸的、亮晶晶的、黄灿灿的金属，可制成各种漂亮的形状，等等）联系在一起；几个世纪后，随着人类知识的发展，这一组描述大量增加并发生变化，所以今天把"黄金"等同于它的特定规格——周期表、质子、中子、电子、光谱，等等；但是我们不妨假定，如今有个科学家发现，关于那个被称作"黄金"的物体的全部属性，全世界的人都错了（它具有亮晶晶的、黄灿灿的颜色，这个印象来自普通的光学幻觉，等等）。在这种情况下，"黄金"一词会像以前那样，一如既往地继续指涉同一物体。也就是说，我们会说"黄金并不具有直到目前为止一直归之于它的那些属性"，不会说"到目前为止，一直被我们当作黄金而拥有的物体，并不真的是黄金"。

这道理还适用于与此相反的违反事实的情形（counterfactual situation）。出现下列情形是完全可能的：

> 可能存在一种实体，它具有所有我们通常归之于黄金，当初也用来识别黄金的全部识别性标志，但它与黄金不是同一种东西，不是同一种实体。我们会说，这样的事物即使具有我们最初用来识别黄金的全部外貌，也不是黄金。[5]

为什么会这样？因为无法通过可以回溯至"原初命名"的因果链把这个实体与"黄金"这个名字联系起来。正是"原初命名"确立了对于"黄金"的指涉。出于同样的原因，我们必须说：

> 即使考古学家或地质学家明天发现了某种化石，这些化石独立表明，过去存在一种动物，它可以满足我们从独角兽神话中了解的独角兽的所有条件，但这依然无法证明，过去曾经存在过独角兽。[6]

换言之，即使那些准独角兽与"独角兽"一词的意义包含的描述性特征完全相符，我们也不能肯定地说，它是"独角兽"这一神话概念的最初指涉，是单词"独角兽"在"原初命名"时与其绑在一起的客体……我们怎能忽略克里普克这些命题的力比多内容呢？这里生死攸关的，正是"满足欲望"（fulfilment of desire）的问题：如果我们在现实中遇到一个物体，该物体具有已被幻象化的欲望客体（fantasized object of desire）的全部特征，我们会多多少少地感到失望；我们体验到了某种"这不是那个"（this is not it）；显而易见的是，后来找到的真实物体不是欲望的指涉（reference of desire），即使这样的真实物体具有一切必不可少的特征，也是如此。克里普克选择具有极端力比多的内涵（extreme libidinal connotation）的物体为例，以普通神话中早已代表欲望的物体——黄金、独角兽——为例，或许不是偶然的。

3. 两个神话

如果记住了描述主义与反描述主义之争的地盘是如何被欲望构造（economy of desire）的潜流所渗透的，我们就不会对下列事实感到吃惊：拉康的理论能够帮助我们澄清在这一争端中所使用的术语。当然不是在"对两种对立的观点进行辩证的'综合'"这一意义上澄清，而是相反，通过指出描述主义和反描述主义都遗漏了同样重要的观点——命名的绝对偶然性——来澄清。这样说的证据是，为了为它们各自的解决方案辩护，描述主义和反描述主义都不得不求助于神话，不得不发明神话：在塞尔那里，是原始部落的神话；在唐纳兰那里，是"无所不知的历史观察者"的神话。[7] 为了反驳反描述主义，塞尔虚构一个有关原始狩猎—采集社会的神话，该社会使用的语言包含专有名称：

> 设想存在这样一个部落，在那里，人们彼此相识，新生成员要在全部落参加的典礼中接受原初命名。可以进一步设想，随着儿童年龄的增长，他们通过明示（by ostension）知道了人们的名字，知道了当地的山岳、湖泊、街道、房屋等等的名称。还假定，这个部落里有严格的禁忌，不许提及去世的人，以至于人一旦去世，他的名字就再也不被提起。这样，作如此设想的目的只是在于：正如我已经描述过的那样，这个部落有一套使用专有名称的制度，这些专有名称用于指涉的方式与我们的名字用于指涉的方式完全一样，但在这个部落中不存在能够满足因果性交流链理论（causal chain of communication theory）的某个名称的单独使用（a single use of a name）。[8]

换言之，在这个部落中，名称的每一次使用都满足了描述主义的主张：指涉只取决于一组描述性的特征。塞尔当然知道，这样的部落从来就没有存在过；他要表明的只是，在这个部落中，从逻辑上讲，命名发挥作用的方式是原初性的；从逻辑上讲，反描述主义者使用的所有反例都是第二性的，都是"寄生性"的，它们暗示出"描述主义"功能的优先性。当我们对某人的了解只是"他叫史密斯"时，当"史密斯"唯一的意向性内容（intentional content）只是

三 "你想咋的?"

"人们把他称作史密斯的那个人"时,我们就在逻辑上预设,至少还有另外一个主体,他对史密斯所知甚多。对这个主体而言,史密斯这个名字与一整套描述性特征联系在一起:一个正在开设色情文学史课的老胖子……换言之,反描述主义作为"常态"提供给我们的案例(指涉通过外在因果链传送),只是对某种"寄生性"——从逻辑上看属于第二性——的功能所作的"外在"描述,如此描述没有顾及意向性内容。

要想驳倒塞尔,我们就必须证明,他设想的原始部落(语言在那里只以描述性的方式运作),不仅在经验上,而且在逻辑上,都是不可能的。当然,德里达式的研究会去证明,语言的"寄生性"应用总是腐蚀(而且从一开始就已经腐蚀了)纯粹的描述性功能:塞尔的原始部落神话,只是展示了完全透明社会的另一个版本。在那样的社会里,指涉不会因为任何缺席(absence)、匮乏(lack)而变得模糊不清。

拉康会强调另一个特性:塞尔在描述他设想的部落时,遗漏了什么东西。如果我们真的关切严格意义上的语言,关切作为社交网络的语言(在社交网络中,意义只有能被主体识别才会存在),关切根据定义不可能是"私人语言"的语言,那它就必须成为每个名称的意义的一部分。每个名称之所以指涉某个物体,是因为这就是那个物体的名称,是因为别人也用这个名称指称同一个物体;每个名称,只要还是普通语言的一部分,就会暗示这种自我指涉的、循环性的运动。当然,不能把这里所谓的"别人"化约为经验上的别人,它指的是拉康所谓的"大对体"(big Other),指的是符号秩序。

在此,我们遇到了能指所特有的"教条式愚笨"(dogmatic stupidity)。这样的"教条式愚笨"采纳了同义反复的形式:某个名称指涉某个物体,是因为该物体被叫作那个名称。这种非人格形式——"它被称作"(it is called)——展示了处于其他主体之外的

"大对体"的维度。与此相反，塞尔用作寄生缩影（epitome of parasitism）的例子——说话者对于他正在谈论的客体一无所知，他"唯一的意向性内容可能是，他正使用名称指涉别人也用这个名称指涉的东西"[9]——暗示出，在作为社会联结（social bond）的语言中，同义反复是名称的"常态"使用必不可少的构成因素。而且这种同义反复性的构成因素（tautological constituent），正是拉康所谓的主人能指，即"没有所指的能指"。

它具有讽刺意味的那一部分是，这种匮乏其实已经以禁令的形式刻进塞尔的描述（"这个部落里有严格的禁忌，不许提及去世的人"）。因此，塞尔虚构的部落是由精神病患者组成的部落。因为存在禁忌——涉及死者名字的禁忌，这个部落阻止父亲之名发挥作用，也就是说，阻止把死去的父亲转化为以父亲名义进行的统治。结果，如果说塞尔的描述主义遗漏了大对体（the big Other）这一维度，那么反描述主义——至少就其主流倾向而言——则遗漏了小他者（small other）这一维度，即拉康意义上的"作为实在界的客体"（object as Real）具有的维度：实在界/现实（Real/reality）之分。它之所以要在现实中寻找那个未知数（that X），寻找即使指涉的描述性特征已经全然改变，依然能够保证指涉具有同一性的那些特征，原因就在这里；它之所以必须发明自己的神话，发明塞尔的原始部落的神话的对应物，即唐纳兰的"无所不知的历史观察者"的神话，原因也在这里。唐纳兰建构了一个精巧的反例：

假设有这么一个说话者（speaker），他对泰勒斯（Thales）的了解，或他认为他对泰勒斯的了解，只限于他是那个曾经说过"万物皆水"的古希腊哲学家。但是假设根本不存在说过那句话的古希腊哲学家。假设亚里士多德和希罗多德提到一个掘井者，那个掘井者说："我希望万物皆水，那样我就不必再挖这

三 "你想咋的？"

些该死的井了。"在这种情形下，当那个说话者使用"泰勒斯"这个名称时，他指的是那个掘井者。此外，假设有个从不与人交往的隐士，实际上是他在坚持认为万物皆水。尽管如此，当我们说"泰勒斯"时，我们显然不指那个隐士。[10]

时至今日，我们对最初的指涉（original reference）一无所知，对因果链的起点（如那个可怜的掘井者）一无所知。但是有个能将因果链追溯至"原初命名"这一行为的"无所不知的历史观察者"，他知道如何恢复把"泰勒斯"一词与其指涉物连接起来的原始链条。为什么这个神话，这个反描述主义版（antidescriptivist version）的"想必知道的主体"，是必不可少的？

反描述主义的基本问题是要搞清楚，究竟是什么构成了被指称物体的同一性，使之不受日益变化的描述性特征的影响？也就是说，究竟是什么使物体与自身保持同一（identical-to-itself），即使它的所有特性都已发生变化？换言之，如何设想"刚性指称词"（rigid designator）的客观对应物（objective correlative）？也就是说，如何设想某个名称的客观对应物，该名称在所有可能的世界里，在所有违反事实的情形（counterfactual situations）下，都指同一客体？被忽略了的事物，至少在反描述主义的标准版中被忽略了的事物是：保证在一切违反事实的情形下客体都具有一致性（尽管它的全部描述性特征都发生了变化），这个行为只是命名的回溯性效果。也就是说，是命名本身，是能指，支撑着客体的同一性。

使物体在所有可能的世界里都保持不变的，是物体中的"剩余"。如此"剩余"是"在它之内又超乎它的东西"（something in it more than itself），即拉康所谓的小客体：我们在实证性的现实（positive reality）中寻找它，却徒劳无功；之所以如此，是因为它并不具有任何实证性的一致性（positive consistency），是因为它只是某个空

133

隙的客体化（objectification of a void），是某种非连续性（discontinuity）的客体化。这样的空隙，这样的非连续性，其实是由能指的出现造成的。这道理同样适用于黄金：我们在其实证性、物理性的特征中寻找那个未知数，寻找那个使它成为财富化身的未知数，结果空手而归；或用来自马克思的一个例证说，这道理同样适用于商品：我们在其实证性的特征中寻找构成其价值（不仅是其使用价值）的特性，结果一无所获。反描述主义认为，存在着一条外在的因果交际链，指涉就是通过这个交际链传送的；反描述主义的这一观念没有看到命名的绝对偶然性（radical contingency of naming），也忽略了下列事实：命名本身回溯性地构成了它的指涉。命名是必然的，但这种必然性是在事后建构起来的，是回溯性地建构起来的，是在我们已经身陷"其中"后建构起来的。

"无所不知的历史观察者"是个神话。它与塞尔关于原始部落的神话发挥着同样的作用：在这两种情形下，神话的作用是限制、约束命名的绝对偶然性，是建构一个能够保证其必然性的代理（agency）。在第一种情形下，指涉是由名称固有的"意向性内容"保证的；在第二种情形下，指涉是由因果链保证的，因果链把我们带到"原初命名"那里，而"原初命名"把词语与物体连接起来。在描述主义与反描述主义的这场论争中，如果说"真理"处于反描述主义一边，那也是因为反描述主义的错误是另一种形态的错误：反描述主义用自己编造的神话，使自己无视自己酿造的苦果，无视自己"在毫不知情的情形下造成"的结果。反描述主义的主要成就在于，它使我们把小客体设想为"刚性指称词"的实在界——不可能的对应物（real-impossible correlative），也就是说，把小客体设想为作为"纯粹"能指的"缝合点"（point de capiton as "pure" signifier）的实在界——不可能的对应物。

4. 刚性指称词与小客体

即使我们相信缝合点是"纽结点",是意义之结,那也并不意味着它是"最丰富"的词语,并不意味着它浓缩了它"缝合"的领域的全部丰富的意义:相反,"缝合点"只是这样的词语,它作为一个单词,在能指的层面上统一既定的领域,构成该领域的同一性。它是这样词语,它所指涉的"事物"会因其具有一致性而识别出自身。且以著名的万宝路香烟广告为例:古铜色的牛仔,辽阔的大草原,等等。当然,所有这些都"暗指"美国形象:那里有健壮诚实的人民,那里有望不到边的土地……但是,只有出现某种倒置,"缝合"才见成效;只有"真正"美国人以自己的意识形态自我体验(ideological self-experience)认同万宝路广告,也就是说,只有美国被体验为"万宝路国家","缝合"才见成效。

所谓传播美国形象的"大众媒介符号"(mass-media symbols)——可口可乐——也是如此。关键并不在于,可口可乐"暗示"了对美国的某种意识形态体验—愿景(ideological experience-vision),如清新的口感,凉爽的味道。关键在于,对美国的想象(vision of America)是通过把美国等同于"可口可乐"这一能指实现的。"美国,这是可口可乐!"(America, this is Coke!)——可能是愚不可及的广告宣传用语。要把握的至关重要的一点是,不能把"美国(即对这块土地的丰富的意识形态愿景),这是可口可乐(这一能指)"——倒置为"可口可乐(这一能指),这是(这意味着)美国!""什么是可口可乐?"这个问题唯一可能的答案,已经在广告中出现:可口可乐是非人格的"它"——"可口可乐,这就是它!"(Coke, this is it!)。可口可乐是"实在界之物"(the real thing),是那个高不可攀的未知数(unattainable X),是欲望的客体成因(object-cause of desire)。

正是因为这个剩余—未知数(surplus-X),"缝合"手术才不是循环—对称的（circular-symmetrical）。我们不能说从它那里我们一无所获，因为可口可乐首先暗示"美国精神"，而这一"美国精神"（假定用来表达这种"美国精神"的一组特征）已经浓缩在可口可乐之中，可口可乐成了"美国精神"的能指，成了"美国精神"的符指化代表（signifying representative）。我们从这个简单倒置那里得到的，正是剩余——未知数、欲望的客体成因、"高不可攀的某物"（unattainable something）——它"在可口可乐之内又超乎可口可乐"（in Coke more than Coke），而且根据拉康的公式，它会突然变成排泄物，变成不可饮用的泥浆。对于可口可乐来说，获取热量和利于排尿，已经足够。

　　颠倒制造了剩余。这一逻辑在排犹主义那里清晰地显现出来。首先，作为能指出现的"犹太人"（Jew）暗示了一组假定"有效"的特征，如诡计多端、见钱眼开等。这还不是排犹主义的全貌。要看到排犹主义的全貌，必须颠倒这个关系，说：他们之所以看上去是那个样子（贪婪、诡秘），是因为他们是犹太人（Jews）。初看上去，这个倒置似乎是纯粹的同义反复。我们可以这样反驳：当然，的确如此，因为"犹太"（Jewish）恰恰意味着贪婪、诡秘、肮脏……但这个同义反复的外表是虚假的："因为他们是犹太人"中"犹太人"并不暗示一系列的有效特征，它再次指涉那个高不可攀的未知数，指涉"在犹太人之内又超乎犹太人"的事物，指涉纳粹主义拼命要把握、估量、将其变成实证性特征（positive property）的东西。如此实证性的特征，能使我们以客观的、科学的方式把犹太人识别出来。

　　"刚性指称词"意在不可能的—实在界的内核（impossible-real kernel），意在"在客体内又超乎客体"的东西，意在由符指化操作（signifying operation）导致的这个剩余。要把握的至关重要的一点，是下列两者的联系：一者是命名的绝对偶然性，一者是"刚性指称词"的出现所遵循的逻辑。正是遵循这一逻辑，既定的客体获得了它的一致性。命名的绝对偶然性暗示我们，在实在界（the Real）与实在界的符号化模式（modes of its symbolization）之间，存在着不可化约的鸿沟：某个历史构象（historical constellation）可以用不同的方式符号化；实在界本身并不包含对它自身进行符号化的必然模式。

且以法国在1940年的战败为例：贝当[11]成功的关键在于，他对战败这一创伤所作的符号化处理相当成功："战败是长期退化的民主传统所致，是犹太人的反社会影响力（antisocial influence）所致；因此战败具有镇静效应，它为法国提供了新机遇，法国可以在崭新的、社团主义的、有机的基础上塑造自己社会躯体……"这样，战败一分钟前被体验为创伤性的、不可思议的损失，一分钟后获得了意义。但是关键在于，这一符号化并没有铭刻在实在界身上：我们从来没有走到那一步，在那里，"环境开始说话"；在那里，语言开始直接发挥"实在界的语言"（language of the Real）的功能——贝当在符号化上取得的优势，只是争夺意识形态霸权的结果。

因为实在界不支持对它自身的直接符号化，因为每次符号化归根结底都是偶然性的，所以，对于既定历史现实的体验要想获得一致性，唯一的方式就是以某个能指为代理（agency），即运用"纯粹"能指。作为基准点（point of reference）来确保某种意识形态体验（ideological experience）具有一致性和同一性的，不是实物，而是"纯粹"能指。"纯粹"能指把一致性和同一性赋予我们对历史现实的体验。历史现实当然总在被符号化；我们对历史现实的体验总是以不同的符号化模式（modes of symbolization）来调停的。拉康只为这个现象学的普通智慧（phenomenological common wisdom）添加了这样一个事实：既定的"意义体验"（experience of meaning）的一致性，意识形态意义领域的视野（horizon of an ideological field of meaning），是由某些"纯粹"的、无意义的"没有所指的能指"支撑着的。

5. 意识形态歪像

克里普克的"刚性指称词"理论是关于纯粹能指的理论，该纯粹能指指称——同时构成——既定客体的同一性，使该客体不受其描述性特征的变化的影响。我们现在知道了，克里普克的"刚性指称词"理论为我们提供了概念工具（conceptual apparatus），而这样的概念工具能使我们精确地理解拉克劳的"反本质主义"（anti-essentialism）之身份。且以"民主"、"社会主义"、"马克思主义"之类的概念为例：本质主义的幻觉之为幻觉，就在于它相信，最低限度地确定明确的特性、实证的特征，完全是可能的。这样的特性、特征能够表明"民主"等概念的永恒本质。任何现象，只要想把自己划入"民主"的范畴，都必须具备一个条件，即拥有民主的那些特性、特征。与这种"本质主义幻觉"形成鲜明对比的是，拉克劳的反本质主义迫使我们得出结论：界定这样的本质、特征，界定在"所有可能的世界"里，在所有可能的反事实的情形下均保持不变的本质、特征，是根本不可能的。

到了最后，界定"民主"的唯一方式是说，"民主"包含所有使自己合法化并以"民主"指称自己的政治运动和政治组织；界定"马克思主义"的唯一方式是说，这个术语指称所有通过引证马克思的著作使自己合法化的运动和理论，等等。换言之，给一个物体下定义（以确定其身份）的唯一可能的方式就是，它就是那个总是被同一个能指指称的物体，这个物体绑在了某个能指上。能指构成了该物体的"同一性"的内核。

让我们再次回到"民主"那里：在实证的描述性特征的层面上，在自由个人主义（liberal-individualist）的民主观与真正社会主义（real-socialist）的理论之间，真的存在任何共同之处吗？根据真正社会主义的理论，"真正民主"的基本特征就是党的领导作用，党代表着人民的真正利益，因而能够保证人民实施有效统治。

三 "你想咋的？"

我们不应被那个明显而虚假的解决方案误导。根据那个解决方案，真正社会主义的民主观是错误、退化的民主观，是对真正民主的变态歪曲。归根结底，"民主"不能根据这一概念的实证性内容——它的所能——来界定，而只能根据其位置—关系的同一性（positional-relational identity）来界定，即根据它与"非民主"的对立和差异关系（differential relation）来界定；"民主"的具体内容是可以发生极端变化的，是可以相互排斥的：真正社会主义的马克思主义者（real socialist Marxists）用"民主"一词指称的现象，在传统的自由主义者的眼中是反民主的极权主义的现象。

这是"缝合点"存在的根本悖论："刚性指称词"通过阻止所指的转喻性滑动（metonymic sliding of its signified）来整合意识形态，但它并不是最高密度的意义（supreme density of Meaning）的集合点，也不是这样的保证（Guarantee）——通过将自身排除在各种因素的不同互动（differential interplay）之外，充当稳固的基准点。相反，缝合点是在所指领域里代表着能指的代理（agency of the signifier）的因素。本质上，它只是"纯粹的差异"：它的作用纯粹是结构性的，其性质纯粹是述行性的（performative）——它的意涵与它自身的阐明行为（act of enunciation）不谋而合；简言之，它是"没有所指的能指"。在对意识形态大厦（ideological edifice）展开分析时，至关重要的一步是在把意识形态大厦凝为一体的那个因素——"上帝"、"国家"、"党"、"阶级"——的光彩炫目的背后，发现这种自我指涉运作、同义反复运作、述行运作（self-referential, tautological, performative operation）。例如，说来说去，"犹太人"是被人用"犹太人"这个能指污辱的人；所有那些假定用来描绘犹太人性情的幻影般的丰富特质（贪得无厌、诡计多端等），要掩藏的不是"犹太人真的不是那个样子"这一事实，不是犹太人的经验性现实

（empirical reality），而是这样的事实：在对"犹太人"进行排犹建构（anti-Semitic construction）时，我们关心的是纯粹的结构性功能（purely structural function）。

因而，恰当的"意识形态"维度是某种"透视失误"（error of perspective）导致的结果。在意义领域里代表着纯粹能指的代理（agency of pure signifier）的因素，即这样的因素——能指的废话（signifier's non-sense）通过它能在意义中爆发，被视为意义的极端饱和点（point of extreme saturation of Meaning），被视为这样的位置——它把意义"赋予"所有其他因素，整合（意识形态的）意义之域。在言辞结构（structure of the utterance）中代表自身阐明过程之内在性（immanence of its own process of enunciation）的因素，被体验为某种超验的保证。仅仅占据某个匮乏（lack）位置的因素，就其躯体的在场（bodily presence）而言，只是某个匮乏的化身的因素，被视为极端充裕点（point of supreme plenitude）。简言之，纯粹差异被视为被排除在关系—差异的互动（relational-differential interplay）之外，并保证其同质性（homogeneity）。

我们可把这种"透视失误"称为意识形态歪像（ideological anamorphosis）。拉康经常援引霍尔拜因[12]的《大使》（*Ambassadors*）：我们注视那个从正面看仿佛是向外延伸的、"勃起"的、无意义的斑点。但从右面看，我们看到的是一个颅骨的轮廓。意识形态批判必须如法炮制：如果我们注视将意识形态大厦凝为一体的因素，注视这个"阳物式"的、勃起的意义保证（Guarantee of Meaning），那么从右面看（或者说得更确切些，说得更"政治"些，是从左面看），我们就能在意识形态大厦中看到匮乏，在意识形态的意义（ideological meaning）中看到无意义的鸿沟。

（二）认 同

（较低层面的欲望曲线图）

1. 意义的回溯性

现在，我们已经明白，"缝合点"是如何充当"刚性指称词"的，是如何充当维持其自身一致性而不受其所能变化影响的能指的。明白这一点后，我们看到了真正的问题：通过"缝合"——"缝合"固定其意义——这一操作对既定意识形态场域进行整合，是否会导致残迹的缺席（absence of remnants）？是否能消灭能指无穷无尽的漂浮而没有任何残留？如果答案是否定的，我们如何设想对这一"整合"维度的逃避？答案是借助于拉康的欲望曲线图（graph of desire）获得的。[13]

拉康以四种依次递进的形式说明这一曲线图；在解释它时，我们不应把自己局限于最后的完整曲线图，因为我们不能把这四种形式的依次递进化约为线性的、渐进的过程；这暗示出对先前形式的回溯性更改。例如，最后的、完整的曲线图包含着对较高层面的曲线图的说明［从 $\mathcal{S}$（Ø）到 S◇D 的矢量[14]］。只有把这个曲线图解读为对"你想咋的？"这一问题——该问题打上了先前形式的标志——的详细说明，才能把握它。忘记下列一点，必定不得要领：这个较高层面只是对一个问题的内部结构所作的说明，这个问题是由大对体向处于符号性认同（symbolic identification）之外的主体提出的。

让我们从第一种形式开始，从"欲望的基本细胞"开始：

我们这里看到的，只是能指和所指之间的关系的图示。众所周知，索绪尔把这种关系直观地表现为两条平行波浪线，或同一曲线

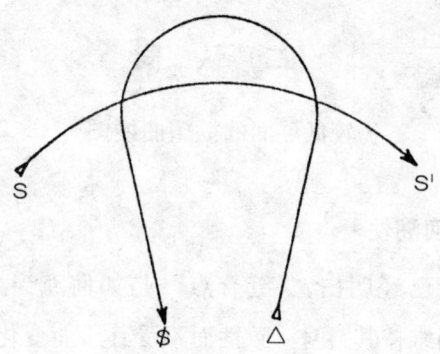

曲线图 1

图的两个曲面：所指的线性行进与能指的线性连接并行不悖。拉康对这双重运动的建构与索绪尔大异其趣：某个虚构的、前符号的意图（标记为 △），"缝合"了能指链，即由矢量 S-S′ 来表示的能指系列。这一缝合的产物 [在虚构的—真实的—意图（mythical-real-intention）穿越能指后在另一侧出现的东西]，就是以数学符号 $ 标记的主体（被切开、撕裂的主体，同时是被抹掉的能指，是能指的匮乏，是空隙，是能指网络中的空洞位置）。这个最低限度的说明已经证明，我们这里所处理的是询唤的过程，即个人通过询唤成为主体的过程。在这里，个人是前符号性的、虚构出来的实存物（mythical entity）。在阿尔都塞那里也是如此，被询唤成主体的个人，无法从概念上加以界定。个人只是一个假想的未知数，但又必须预设他的存在。缝合点是这样一个点，通过它，主体被"缝"在能指上；同时缝合点还是这样一个点，它使个人面对某个主人能指（"共产主义"、"上帝"、"自由"、"美国"）的召唤，因而把他询唤成了主体。一言以蔽之，缝合点是能指链的主体化（subjectivation of the signifier's chain）之点。

在曲线图的这个基本层面上，一个至关重要的特性是：主体意图的矢量（vector of the subjective intention）沿着相反的方向，向后缝合能指链的矢量（vector of the signifier's chain）：它在某一点上步出了能指链，而这一点在它刺穿能指链的另一点之前。拉康强调的重点是，相对于能指而言，意涵效应（effect of signification）具有回溯性；相对于能指链的行进而言，意涵效应处于所指之后。这表明，意义效应（effect of meaning）总是在事后（après coup）逆向产生的。那些依然处于"漂浮"状态的能指，那些意涵尚未得到固定的能指，一个跟着一个，依次行进。在某个点上，更确切些说，在意图刺穿、横越能指链的那个点上，某个能指回溯性地固定了能指链的意义，把意义绑在了能指上，中止了意义的滑动。

想充分把握这一点，只需记住前面提及的意识形态"缝合"的例子：在意识形态的空间中，漂浮着"自由"、"国家"、"正义"、"和平"之类的能指，它们构成的能指链是由某个主人能指（"共产主义"）来补充的，主人能指回溯性地决定这些能指（"共产主义的"）的意义：只有超越资产阶级的形式民主，"自由"才是有效的，资产阶级的形式自由只是奴役制的一种形式；"国家"只是工具，只是统治阶级以之保证自己实施统治的条件；市场交易不可能是"公正和平等"的，因为劳动和资本的等价交换意味着剥削；战争是阶级社会的固有之物；只有社会主义革命能够带来持久的"和平"；等等。当然，自由—民主的"缝合"制造出来的意义肯定大不相同；保守主义的"缝合"制造出来的意义与前面两种意义大相径庭。

在这个基本层面上，我们可以确定移情的逻辑（logic of transference）所处的位置，即制造移情现象特有的幻觉的基本机制：移情是"相对于能指流（stream of the signifiers）而言，意涵停留在所指之后"这一现象；它包含这样一个幻觉：某个因素的意义从一开始就处于该因素之内，是该因素的固有本质（immanent essence），其实呢，该因素的意义是因为主人能指的干预，回溯性地固定下来的。

一旦我们相信,真正自由"就其本质而言"与资产阶级的形式自由针锋相对,国家"就其本质而言"只是阶级统治的工具,等等,那我们就"处于移情"之中。当然,悖论恰恰在于,这种移情性幻觉(transferential illusion)是必不可少的,它是衡量"缝合"这一运作是否成功的标准:只有当它抹除了自己的痕迹,缝合才算大功告成。

2. "后屈效应"[15]

这就是拉康对能指与所指关系的基本看法:我们所拥有的不是线性的、固有的、必然的进程(根据这一进程,意义是从某个初始内核逐渐展开的),而是意义的回溯性生产这个绝对偶然性的过程。也就是说,意义的产生并不是一个线性的、内在的、必然的进程,意义不是自某个初始内核(initial kernel)逐渐展开的;意义是回溯性产生的,其产生的过程具有强烈的偶然性。这样,我们就得到了欲望曲线图的第二种形式,得到了两个点,在这两个点上,意图(△)与符指链相交。这两个点分别是 O 和 s(O),即大对体和作为大对体之功能的所指(the signified as its function):

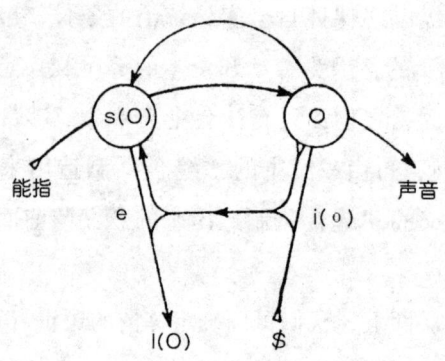

曲线图 2

为什么我们会在缝合点上看到 O,即作为共时性符号代码(synchronous symbolic code)的大对体?缝合点不正是太一(the One),即占据优越位置(exceptional place)的单一能指吗?当然,优越是相对于典范性的代码网络（paradigmatic network of the code）而言的。要理解这个明显的不一致，我们只需记住，缝合点固定了先前因素的意义：这就是说，它回溯性地使先前因素屈从于某个代码，它在调整先前因素之间的相互关系时，依据的就是这个代码（例如，在我们前面提及的情形中，依据的是调整共产主义意义世界的某个代码）。我们可以说，缝合点代表着历时性能指链（diachronous signifier's chain）中作为共时性代码的大对体，占据着历时性能指链中作为共时性代码的大对体的位置：一个特有的尼康式悖论，在这个悖论中，共时性、典范性结构（synchronous, paradigmatic structure）只有再次在太一中现身，在某个优异的单一因素（exceptional singular element）中现身，才能存在。

　　从我们前面刚刚说过的话可以看出，两个矢量的另一个交叉点之所以被标记为 s（O），原因是显而易见的：在这个点上我们发现了所指、意义，这是大对体发挥的功能所致。作为"缝合"产生的回溯性效应（retroactive effect），意义是由这个点向后、逆向产生的。在这个点上，漂浮着的能指与能指之间的关系，是通过参照共时性符号代码固定下来的。

　　那为什么能指 S-S′ 矢量右面最后部分，即缝合点后面的部分，被称为"声音"（voice）？要解开此谜，我们必须以严格的拉康方式设想声音：不能把它设想为内涵充足、自我呈现的意义的载体，而是（像德里达那样）把它设想为无意义的客体，设想为符指化操作（signifying operation）、缝合所导致的客体性残迹（objectal remnant）、残余：声音是在能指与回溯性的"缝合"这一操作——回溯性的"缝合"操作制造意义——之差，是能指减去回溯性的"缝合"这一操作后剩下的东西。声音的这个客体性身份（objectal status）最清晰的具体体现是催眠的声音（objectal status）：当词语无限反复地涌向我们时，我们会不知所措，词语会失去其意义的最后踪迹，剩下的只是它的惰性呈现（inert presence），释放出催眠的力量。这就是声音，它是"客体"，是符指化操作导致的客体性残余（objectal leftover）。

第二种形式的曲线图还有一个特性需要解释，那就是底部的变化。我们在底部右侧得到的不是虚构意图（△）和这种意图在穿越符指链（signifying chain）时导致的主体（$), 而是穿越了符指链的主体。这一运作（即这种意图穿越符指链）导致的结果，现在标记为 I（O）。所以，第一，为什么把主体从左侧（结果）移到了右侧（矢量的起点）？拉康指出，我们在此处理的是"后屈效应"，处理的是移情性幻觉，根据这一幻觉，主体在每一阶段"总是它已经在那里的东西"（what it always already was）：它是一种回溯性效应，被体验为从一开始就已在那里的某物。第二，为什么在底部左侧出现的是主体矢量的结果 I（O）？这里我们终于走到了认同：I（O）代表符号性认同（symbolic identification），代表着主体对大对体中、符号秩序中的某些符指化特征、特性（I）的认同。

根据拉康给"能指"所下的定义，这一特性是"替另一个能指代表主体"[16]；它以主体授予自己或别人授予主体的名义或指令，采取具体的、可识别的形式。要把符号性认同与想象性认同（imaginary identification）区别开来，想象性认同是由插在能指矢量（S-S'）与符号性认同之间的新层面所标记的，即连接想象性自我（imaginary ego）——（e）——与想象性他者（imaginary other）——i（o）——的横轴。主体要获得自我同一性（self-identity），就必须把自己等同于想象性他者，必须异化自己——把自己的同一性置于自己之外，或者说，把自己的同一性置于他的替身的形象（image of his double）之中。

"后屈效应"恰好建立在这个想象性的层面（imaginary level）上。"后屈效应"是由下列幻觉支撑的：自我是自治的能动者（autonomous agent），它作为自己行为起源（as the origin of its acts）从一开始就在那里。这种想象性的自我体验（imaginary self-experience）是供主体来误认的：他本来完全依赖大对体，依赖符号秩序；但他认为他对大对体、符号秩序的依赖并非他行为的主因。我们不必重复"自我在其想象性大对体中的构成性异化"（ego's constitutive alienation in its imaginary Other）这一论点。这一论点就是拉康的镜像阶段理论。它就处于 e-i（o）这一横轴上。我们的精力应该放在想象性认同与符号性认同的生死攸关的差异上。

3. 形象与凝视

想象性认同与符号性认同之间的关系，即理想自我（ideal ego, *Idealich*）与自我理想（ego-ideal, *ich-Ideal*）之间的关系，用雅克-阿兰·米勒所作的区分说（见于其未发现的讲座报告），就是"被构成的"认同（"constituted" identification）与"构成性的"认同（"constitutive" identification）之间的关系。简单地说，想象性认同是对这样一种形象的认同，我们以这种形象显得可爱，这种形象代表着"我们想成为怎样的人"。符号性认同则是对某个位置的认同，别人从那个位置观察我们；我们从那个位置审视自己，以便我们显得可爱，显得更值得别人爱。

我们主要的、自发的认同，是对楷模、理想、形象制造者（image-makers）的认同。有人注意到（通常是从居高临下的"成熟"的视角注意到），青年人如何认同大众英雄、通俗歌星、电影明星、体育明星……这一自发的认同观具有双重的误导性。首先，我们认同某人是以该人的某种特征、品性为根基的，如此特征、品性通常是隐蔽的。这样说，决不意味着如此特征、品性必定是魅力无穷的。

忽视这一悖论，会导致严重的政治失算。我们只提一提 1986 年的奥地利总统选举，以及处于选举中心的瓦尔德海姆[17]这位有争议的人物。左翼人士从一开始就假定，瓦尔德海姆之所以吸引选民，是因为他的大政治家的形象,于是他们把竞选重点置于下列行为之上:向公众证明,瓦尔德海姆不仅有可疑的历史(或许涉及战争罪行),而且不准备面对自己的过去,处处躲避与此有关的问题。简言之,他的基本特征是拒绝"消解"(work through)创伤性的过去。他们所忽略的是,大多数中间派选民认同的,正是他的这一特征。战后奥地利是这样一个国家,它的生存是以拒绝"消解"其创伤性的过去为基石的。这证明,瓦尔德海姆逃避面对过去,强化了多数选民的品性认同。

要从这里汲取的理论教训是,被认同的品性可能是失败、脆弱、对他人的负罪感。所以指出失败,会不经意地强化认同。右翼意识形态特别善于把脆弱感和内疚感当作认同的品性提供给人们,供他们认同。我们甚至在希特勒那里发现了这样的踪迹。在他公开露面时,人们特别认同无力狂怒(impotent rage)的癔症式爆发。也就是说,他们在这癔症式宣泄(acting out)中,"认出"了自己。

第二,更为严重的失误是忽视了下列事实:想象性认同总是对大对体中的某个凝视的认同。所以,说到仿效楷模形象(model-image),说到"演戏",要问的问题是,主体在为谁演戏?主体在迫使自己认同某个形象时,他在乎的是谁的凝视?一者是我看自己,一者是别人从某处看我,这两者间形成的鸿沟,对于把握癔症(及强迫性神经官能症)来说,对于把握所谓的癔症剧场(hysterical theatre)来说,至关重要。如果我们把患上癔症的女性置于癔症发作的那幕情景之中,那很显然,她这样做的目的,是把自己当成大对体的欲望的客体,提交给大对体。但要知道对她而言究竟谁——哪个主体——代表大对体,还要作具体分析。在极端"女性化"的假想形象后面,我们通常发现某种男性认同、父性认同:她在扮演脆弱的女性形象,展现脆弱的女性特质,但在符号的层面上,她认同父性的凝视(paternal gaze),她想讨得他的欢心。

三 "你想咋的？"

在强迫性神经官能症患者（obsessional neurotic）那里，这两者间的鸿沟最大：在"构成性"的、想象性的、现象性的层面上，强迫性神经官能症患者当然陷入了他的强迫行为的受虐狂逻辑（masochistic logic），他羞辱自己，阻止自己成功，促成自己失败，如此等等；但至关重要的问题依然是，如何确定那个恶毒的、超我的凝视的位置？正是为了这个凝视，他才羞辱自己，他才能从强迫性地促成的失败中获得快乐。这一鸿沟还可以用黑格尔的那对范畴——"为他人"（for-the-other）／"为自己"（for-itself）——得到最佳的说明：癔症性神经官能症患者（hysterical neurotic）把自己体验为他人，为他人而演戏。他的想象性认同就是他的"为他人的存在"（being-for-the-other）。精神分析必须实现的一个重要突破，就是引导他意识到，他在为他人演戏时，这个他人正是他自己，他的"为他人的存在"正是他的"为自己的存在"（being-for-himself），因为他已经符号性地认同了那个他为之演戏的凝视。

为了搞清想象性认同与符号性认同的差异，不妨举些非临床性的实例。爱森斯坦（Sergei Eisenstein）曾对卓别林作过极其犀利的分析。在这项分析中，爱森斯坦把以恶毒、施虐、羞辱的态度对待儿童，视为卓别林滑稽戏的一个重要特征。在卓别林的电影中，儿童并不被视为可爱的宝贝：因为失败，他们被戏弄、嘲弄、讥笑，食物是撒向他们的，好像在喂鸡，等等。不过，这里要问的问题是，我们从哪个角度观看这些儿童，他们才成了被戏弄和被嘲弄的对象，而不是需要保护的温和的生灵？答案当然是儿童自己的凝视——只有儿童才会这样对待同伴；以残暴的态度对待儿童，暗示出对儿童自身的凝视的符号性认同。

在与卓别林相对的另一端，我们发现了对"普通好人"的狄更斯式羡慕，这是对"普通好人"生活的世界的想象性认同。他们生活在贫穷但快乐、封闭、清纯、没有残酷的权力斗争和金钱之争的世界里。但是（狄更斯的虚伪也表现在这里），狄更斯式的凝视是从哪里注视那些"普通好人"的，以至于他们显得那么可爱？如果不是从腐败的权力和金钱世界这个角度注视那些"普通好人"，又能从哪里注视呢？我们在布鲁盖尔[18]后期有关农民生活（乡村欢宴、午间休息中的收割者）的田园风景画中，发现了同样的鸿沟：阿诺德·豪塞尔[19]指出，这些画作与真正的平民态度相去甚远，更谈不上与劳动阶级打成一片。相反，这些画作的凝视是贵族对农民田园生活的外在凝视，不是农民对自己生活的凝视。

当然，这道理同样适用于斯大林主义对社会主义的"普通劳动人民"的尊严的赞美：被理想化的工人阶级形象是演给处于统治地位的官僚体制看的，是用来使其统治合法化。这也是米洛什·福尔曼[20]的捷克语电影具有颠覆性的原因：他的电影嘲弄渺小的普通人，展示他们卑微的生活方式，展示他们梦想的了无结果……与嘲笑处于统治地位的官僚体制相比，这一姿态更加危险。福尔曼不想摧毁官僚的想象性认同，他揭去专门演给官僚看的景观的面具，进而机智地推翻了官僚的符号性认同。

4. 从 i (o) 到 I (O)

i (o) 与 I (O) 的差异，即理想自我与自我理想的差异，可以以昵称在美国和苏联文化中发挥作用的方式，再作说明。且以两人为例，他们分别代表着两种文化的最高成就：一个是"幸运儿"查尔斯·卢西亚诺[21]，一个是"斯大林"（Iosif Vissarionovich Dzhugashvili "Stalin"）。在前一种情形下，昵称往往取代名字，通常我们只说"勒基·卢西亚诺"（Lucky Luciano）就可以了；而在第二种情形下，昵称通常取代了姓氏，要说"约瑟夫·维萨里奥诺维奇·斯大林"。在前一种情形下，昵称暗指某个打上了个人印记的非常事件（查尔斯·卢西亚诺非常"幸运"地从匪帮对手的野蛮拷打中死里逃生），也就是说，它暗指某个实证的、描述性的特征，此一特征令我们着迷。它标志着某种诱人之物,标志着某种引人注意之物。它是被看之物,不是凭之观察他物的那个位置。

不过,在约瑟夫·维萨里奥诺维奇的那种情形下,以同样的方式得出下列结论,就会大错特错:"斯大林"——在俄语中是"〔由〕钢铁制成"之意——暗指斯大林本人具有钢铁一般的、不屈不挠的性格:真正具有不屈不挠的、钢铁一般的意志的,是历史进步的规律,是资本主义解体及资本主义走向社会主义的铁定必然性。正是以此为名义,斯大林这个经验性的个人出场了。他正是从这一视角,审视自己和判断自己的行为的。因此,我们可以说,"斯大林"是一个理想点(ideal point),从那里,约瑟夫·维萨里奥诺维奇这个经验性的个人,这一血肉之躯,观察自己,以使自己变得令人喜爱。

我们在卢梭晚年的著述中发现了同样的分裂,那时他陷入了精神错乱状态,写了《卢梭评判让-雅克》(*Jean-Jacques jugé par Rousseau*)这一著作。[22] 把它设想为拉康的姓名理论的草稿,是完全可以的:名指理想自我,是想象性认同点(point of imaginary identification);姓来自父亲,和父亲之名一样,它指符号性认同点(point of symbolic identification),是我们借以进行自我观察和自我判断的代理。在作这种区分时,不应忽视的一个事实是,i(o)总是已经屈从于 I(O)的:决定和支配形象、想象形式(imaginary form)的,正是符号性认同(从那里观察我们的那个位置)。我们以那种形象、想象形式讨人欢心。在形式机能(formal functioning)的层面上,这种屈从已经为下列事实所证实:标记为 i(o)的昵称,总是发挥刚性指称词的作用,而不是简单的描述。

再举一个来自黑帮领域的例子:如果某人的昵称是"疤面",这不仅表示一个简单的事实——他满面疤痕;它同时还暗示出,我们在跟某个被称为"疤面"的人打交道,即便他脸上的伤疤已经通过整形手术而消除，他会依然被称为"疤面"。意识形态指称（ideological designations）就是这样发挥功能的："共产主义"意味着（当然是在共产主义者的视野中）在民主和自由上的进步，即使——在事实的、描述的层面上——作为"共产主义"被合法化的政体导致了极其压抑和残暴的现象，也是如此。不妨再次使用克里普克的术语："共产主义"在所有可能的世界里，在所有违反事实的情形下，指的都是"民主与自由"。这种联系——"共产主义"与"民主与自由"的联系——之所以无法在经验的层面上，无法通过引证事物的实际状态来反驳，原因就在这里。因此，意识形态分析必须将自己的注意力置于这样的位置上，在那里，表面看来表示实证的描述性特征的名称，早已在发挥"刚性指称词"的作用。

但是，一者是我们看自己，一者是我们透过某个位置被人看，为什么这两者间的差异恰好是想象性认同和符号性认同的差异呢？首先，我们可以说，在想象性认同中，我们在"与人相似"的层面上仿效他人——我们使自己认同他人的形象，尽可能地"像他"；而在符号性认同中，我们在某个点上使自己认同他人。在那个点上，他是不可仿效的，他是躲避"与人相似"的。为了解释这一生死攸关的区分，让我们以伍迪·艾伦的电影《呆头鹅》[23]为例。这部电影始于电影《北非谍影》最后那个著名的场景，但过后不久，我们就会注意到，这只是"电影中的电影"，真正的故事是以一个歇斯底里的纽约知识分子为主角的：他的性生活一团混乱，他妻子刚刚弃他而去。作为影子人物的汉弗莱·鲍嘉[24]自始至终都在他眼前晃来晃去，为他提供建议，对他的行为作讽刺性的评述，等等。

电影收尾时解决了他与鲍嘉这个影子人物的关系：在和最好朋友的妻子欢度一夜后，主人公在机场戏剧性地遇到了他这位朋友及其妻子；他与她断绝了关系，让她跟随丈夫远走高飞，因此活生生地重复了《北非谍影》的最后一幕，而开启这部电影的也是《北非

三 "你想咋的?"

谍影》的这一幕。当他的情人说到他的告别语——"它真美"——时,他回答道:"它来自《北非谍影》,我等了整整一生,就是等人来说这句话。"值此落幕之时,影子人物鲍嘉最后一次现身,说,主人公为了友谊放弃女人,终于"有了格调"(got some style),因而再也不需要他了。

我们应该如何解读鲍嘉这一影子人物的退隐?最明显的解读可能是由主人公对鲍嘉这个影子人物所说的最后一句话暗示出来的,他说:"我想秘密并不是我成为你,而是我成为我自己。"换言之,只要主人公是一个软弱无力的癔症患者,他就需要有个理想自我去认同,需要影子人物去指导他;但是,他一旦终于成熟和"有了格调",就不再需要一个外在的认同点了,因为他已经实现了他与自己的同一:他"已经变成了自己",自主之人。但是,上面引用的那句话的后面,还有一句话。这句话立即颠覆了上面的解读:"说实话,你个子不高,还有点丑,不过去他的吧,我又矮又丑,还是靠自己成功了。"

换言之,他还远远没有因为自己已经成为自主之人而不再认同鲍嘉。相反,只是在他变成"自主之人"后,他才千真万确地认同了鲍嘉。更确切些说,通过认同鲍嘉,他变成了"自主之人"。唯一的差异是,此时的认同不再是想象性的(即把鲍嘉当成可以仿效的楷模),而是符号性的(至少就其基本维度而言是符号性的),即结构性的:通过在现实中扮演《北非谍影》的鲍嘉这个人物,通过接受某种"委任",通过在主体间符号网络中占据某个位置(为了友谊牺牲了女人……),主人公实现了这种认同。正是这种符号性认同,瓦解了想象性认同(使得鲍嘉这个影子人物销声匿迹)。说得更确切些,这彻底改变了它的内容。在想象的层面上,主人公现在可以通过鲍嘉身上令人讨厌的特征——他的矮小和丑陋——来认同他了。

（三）超越认同

（较高层面的欲望曲线图）

1. "你想咋的？"

在符号性认同的主宰下，想象性认同与符号性认同的互动构成了某种机制。借助这种机制，主体融入既定的社会符号领域（socio-symbolic field），即主体接受了某种"委任"。拉康对这一点一清二楚：

> 拉康知道如何从弗洛伊德的文本中提取理想自我（拉康标记为i）与自我理想（拉康标记为I）的差异。在I的层面上，你可以轻易引入社会界（the social）。可以用高级、合法的方式，把理想界（the ideal）之I建构成（constructed）一种社会功能和意识形态功能。而且，是拉康在其《著作集》中这样做的。他把政治植入心理学的根基，所以，可以把"所有的心理学都是社会性的"这一观点视为拉康的观点。如果不是在这样的层面上——我们在那个层面上考察i，就是这样的层面上——我们在那个层面上固定I。[25]

唯一的问题是，询唤的这个"循环矩形"（square of the circle），想象性认同与符号性认同的循环运动，到最后绝不会不留任何残余。"缝合"能指链会回溯性地固定能指的意义，但在每次"缝合"后，总是留下某个鸿沟，一个开口；在第三个曲线图中，鸿沟、开口是由著名的"*Che vuoi?*"来描绘的。"*Che vuoi?*"的意思是："你正在告诉我些什么，但你这样做想得到什么，你的目的究竟何在？"[26]

三 "你想咋的?"

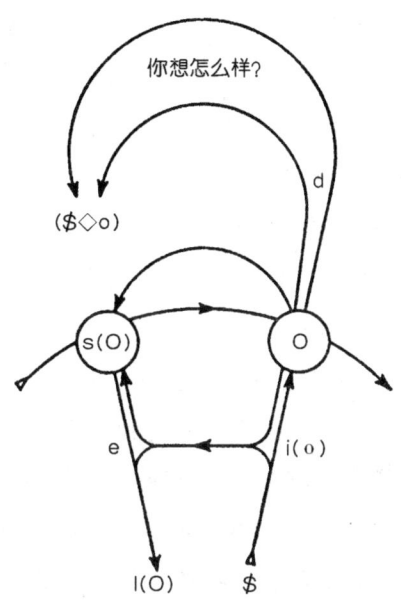

曲线图 3

出现在"缝合"曲线上方的问号,表明言辞(utterance)与其阐明(its enunciation)之间持久地存在裂缝:在言辞的层面上,你正说着什么;但你想用你说过的话,通过你说过的话,告诉我些什么?[借用已有的"言语行为理论"(speech act theory),我们当然可以把这个鸿沟说成是既定言辞的言内行为(locution)与言外之力(illocutionary force)的差异。]我们必须在提出问题的地方(即言辞上方),在"为什么你告诉我这个"的地方,在欲望(desire)与要求(demand)的差异中锁定欲望的位置:你要求我给你些什么,但你真正想要什么,你通过要求我给你些什么,要达到什么目的?要求和欲望的分裂,正是用来界定癔症主体的地方:根据经典的拉康公式,癔症要求(hysterical demand)遵循的逻辑是:"我要求你给我些什么,但我真正要求你的,是驳回我的要求,因为我的要求正是我不想要的。"

隐藏在那个名声不佳的男子沙文主义名言"女人是婊子"之后的，正是这一直觉：女人是婊子，因为我们从来都不真的知道她意图何在。比如，我们向她求婚，她说"不"，但我们从来不敢肯定，这个"不"是不是意味着加倍的"是"——吁求更具侵略性的求婚方式。在这种情形下，她的真实欲望恰恰与她的要求相反。换言之，"女人是婊子"是那个无从回答的弗洛伊德式问题——"女人究竟想要什么？"——的粗俗版。

同样的直觉或许隐藏在另一个名言之后。这个名言告诉我们，政治也是婊子。这样说不仅是因为政治领域充满了腐化堕落、背信弃义等。相反，问题的关键在于，政治要求总是陷入这样的辩证之中，在那里，它意在字面意义之外的东西。例如，它可能发起挑衅，意在被人抵制（在这种情况下，挫败这种行为的最佳方式就是将计就计，无条件地依从它，答应它）。众所周知，这也是拉康对1968年学生运动的指责：那基本上是一场旨在寻找新主人（new Master）的癔症式造反（hysterical rebellion）。

"你想咋的？"或许希区柯克的电影《西北偏北》（*North by Northwest*）的开场，对此作了最佳例示。为了使苏联特工误入歧途，美国中央情报局虚构了一个并不存在的、名为乔治·卡普兰（George Kaplan）的特工。中央情报局在饭店为他预定了房间，还以他的名义打电话，为他订购机票，等等。所有这些都是为了让苏联特工相信，卡普兰真的存在，其实他只是个空白，有其名无其实。电影开始时，主人公［一个名叫罗杰·桑西尔（Roger O. Thornhill）的普通美国人］在饭店的大堂里发现自己受到苏联人的监视。之所以如此，是因为神秘莫测的卡普兰理应住在这里。一个饭店职员走进大厅说："有卡普兰先生的电话，卡普兰先生在吗？"恰恰就在这个时候，出于纯粹的巧合，桑西尔向这个职员做了个手势，他是想给他母亲发一封电报。正在监视这一场景的苏联人错把他当成了卡普兰。在他离开饭店时,他们绑架了他,把他带到了一个偏僻的别墅,让他把他的间谍工作和盘托出。当然,桑西尔对此一无所知,但他有关自己无辜的表白被看成死不承认。

尽管这个情景建立在几乎令人难以置信的巧合之上,它在心理学上令人心服口服的力量来自何处?桑西尔的处境完全符合作为语言之存在(being-of-language)——或用拉康的缩写法表示,作为parlêtre(语言之存在)——的人类面临的基本处境。主体总是被捆绑、钉死在能指上。对于他人而言,能指代表着他。因为被钉死在能指上,他背负了沉重的符号性委任(symbolic mandate),在主体间的符号性关系网络中获得一席之地。关键在于,这一委任归根结底都是任意性的:因为这一委任的性质是述行性的(performative),它无法通过引证主体的"真实"属性和"真实"能力得到说明。就这样,主体背负着这个沉重的委任,自然而然要面对某个"你想咋的?",面对来自大对体的问题。大对体向他发话,好像他已经掌握了下列问题的答案——为什么他得到了这一委任?但这个问题显然是无法回答的。主体并不知道为什么他在符号网络中获得了这样的一席之地。面对大对体提出的"你想咋的?"这一问题,他只能以如下的癔症问题(hysterical question)回应:"为什么我是我想必是的事物?为什么我得到了这一委任?为什么我是老师、主人、国王……或乔治·卡普兰?"一言以蔽之:"为什么我是你(即大对体)说我是的事物?"

对于接受精神分析的人来说,精神分析过程的最后时刻,恰恰就是他摆脱这一问题的时刻,即这样的时刻:他接受了大对体为他提供的、没有道理的存在。这是精神分析始于阐释癔症征兆(hysterical symptoms)的原因,精神分析的"大本营"是女性癔症经验(experience of female hysteria)的原因。说来说去,如果癔症不是询唤失败(failed interpellation)的结果与证明,还会是什么?如果癔症问题（hysterical question）不能证明主体的无能为力（incapacity of the subject），还能证明什么？所谓主体的无能为力，是说主体无法彻底、毫无保留地接受符号性委任。拉康把癔症问题概括为："为什么我是你告诉我我是的事物？"也就是问：我身上的哪个剩余—客体（surplus-object），使大对体把我当成国王、主人、妻子……来询唤，来"呼唤"？[27]癔症问题打开了"处于主体之中而非主体自身"（in subject more than subject）的某物的鸿沟，打开了主体中的客体（object in subject）的鸿沟。主体中的客体抵制询唤，抵制主体的屈从，抵制将主体纳入符号性网络。

对癔症化（hystericization）这一顷刻最有力的艺术性描述，或许是罗塞蒂[28]的著名画作《天使报喜》（"Ecce Ancilla Domini"），它表现的是处于询唤时刻（moment of interpellation）的玛利亚。在那个时刻，大天使加百利（Archangel Gabriel）正向她透露她的使命：纯洁地孕育上帝之子。玛利亚对于这个石破天惊的信息，对于这个最初的"万福玛利亚"[29]，作了怎样的反应？这幅画表现的是她的惊惶失措、惴惴不安，从大天使那里退到了墙角，好像在问："为什么选我承担这个愚蠢的使命？为什么选我？这个可恶的幽灵究竟想让我咋的？"那张筋疲力尽的苍白面孔，以及忧郁的眼神，已经足以表明一切：在我们面前站着一个女人，她极不检点，是淫荡的罪人——一言以蔽之，她是一个夏娃式的人物；这幅画作的主角恰是"被询唤成了玛利亚的夏娃"（Eve interpellated into Mary），以及她对这个过程作出的癔症反应（hysterical reaction）。

马丁·斯科塞斯的电影《基督最后的诱惑》沿着这个方向更进一步[30]：它的主题只是耶稣基督的癔症化（hystericization of Jesus Christ）；它展示给我们的，是一个平凡、好色、激昂的男人，他带着诱惑和恐惧，逐渐发现他是上帝的儿子，承担着可怕而又高尚的使命，即牺牲自己，救赎人类。问题是，他不能甘心忍受这样的询

三 "你想咋的?"

唤:"诱惑"的意义恰恰在于他对"牺牲自己,救赎人类"这一委任作的癔症式抵抗(hysterical resistance),在于他对这一委任的怀疑,在于他竭力逃避这一委任。即使已被钉在十字架上,他依然在逃避。[31]

2. 犹太人与安提戈涅

在政治领域中,我们到处碰到这样的"你想咋的?",包括美国1988年的总统竞选。那时,在杰西·杰克逊[32]首获成功后,新闻界开始问:"杰西·杰克逊真正想咋的?"很容易从这个问题中嗅到种族主义的气息,因为对其他候选人,就没有提出过这样的问题。这个结论——我们面对的是种族主义——进一步为下列事实所证实:"你想咋的?"这个问题在排犹主义中,以极为纯粹的种族主义形式,极其猛烈地爆发出来:从排犹主义者的角度看,犹太人正是这样的人,人们从来都不清楚,"他们真正要咋的?"也就是说,排犹主义者总是怀疑,犹太人的行动为某些隐蔽的动机(犹太人的阴谋、外邦人对世界的统治和道德的败坏等)指引。排犹主义这种情形还可以完美地说明,为什么拉康在标示"你想咋的?"这一问题的曲线的尾部,提出了幻象公式(formula of fantasy)——($\delta \lozenge o$):幻象是对"你想咋的?"的回答;幻象是一种企图——它企图以某个答案填平问题的鸿沟。在排犹主义的情形中,对"犹太人想咋的?"的回答,是"犹太人阴谋"这一幻象:犹太人拥有神秘力量,可以躲在幕后操纵事件。在理论的层面上,必须注意的关键一点是,幻象是建构(construction),是想象性场景(imaginary scenario),主体以之填平大对体欲望(desire of the Other)的空白、缺口。"大对体想要干什么?"对这个问题,幻象为我们提供了明确的答案,因而能使我们躲避不堪忍受的僵局(unbearable deadlock)。在那不堪不忍受的僵局中,大对体想从我们这里得到些什么,但是我们无法把大对体的这个欲望转化为实证的询唤(positive interpellation),转化为可供我们认同的委任。

现在还可以理解，为什么被种族主义选作攻击目标的，一直都是犹太人。犹太人的上帝严格禁止"制造上帝的形象"，禁止以实证性的幻象场景（fantasy-scenario）填补大对体欲望的鸿沟。如此一来，犹太人的上帝不就是这个"你想咋的?"的最纯粹的化身吗? 不就是跌入其可怕深渊的大对体的欲望的最纯粹的化身吗? 即使像在亚伯拉罕（Abraham）的那种情形下，当上帝提出具体要求（命令亚伯拉罕屠宰他的亲生儿子）时，没人知道他真的想干什么: 说亚伯拉罕要以这种恐怖行为证明他对上帝的无限信任和忠诚，就已经是无法接受的简单化（inadmissible simplification）了。因此，犹太信徒的基本立场就是约伯[33]的基本立场: 在用一系列的灾难加害于他时，大对体（即上帝）究竟想咋的? 面对这个问题，约伯更多的是不解、困惑甚至恐惧，而不是悲叹。

这种恐怖化的困惑（horrified perplexity）是当初犹太信徒与上帝的关系的标志，是上帝与犹太人所签合约的标志。犹太人把自己视为"上帝所选的子民"，这个事实绝不意味着他们相信自己高高在上；他们并不具有任何特殊的品质；在与上帝缔结合约之前，他们与其他人毫无二致，一样的腐败堕落，过着庸庸碌碌的生活。突然，仿佛创伤性闪现（traumatic flash），他们（通过摩西……）开始知道，大对体选择了他们。选择没有在最初时出现，没有决定犹太人的"原始性格"。再次以克里普克的话说，这与犹太人的描述性特征无关。为什么选择了他们，为什么他们突然发现自己占据了上帝的债务人的位置? 上帝实际上想让他们咋的? 再次借用乱伦禁令（prohibition of incest）这个悖论性的公式说: 回答这个问题既是不可能的，同时也是被禁止的。

换言之，可以把犹太人所处的位置，视为超越圣灵（the Holy）或先于圣灵的上帝所处的位置。这与异教徒的信仰形成了鲜明的对比，因为异教徒相信圣灵先于诸神（gods）。这个切断了圣灵之维（dimension of the Holy）的怪异上帝，不是"哲人的上帝"，不是宇宙的理性管理者，没有把不可能的神圣狂喜（sacred ecstasy）当成与他交流的手段：它只是令人不堪忍受的大对体的欲望点（point of the desire of the Other），只是大对体中的鸿沟点（point of the gap）、空白点（point of void），而圣灵的迷人出场把它们隐蔽了起来。犹太人固守着大对体欲望的这个谜（enigma of the Other's desire），固守着纯粹的"你想咋的？"的这一创伤性点（traumatic point）。只要无法通过牺牲或爱的奉献得以符号化、"高雅化"（gentrified），"你想咋的？"的这一创伤性点就会引发不堪忍受的焦虑。

我们应该把基督教与犹太教的决裂放在这个层面上，即把下列事实放在这个层面上：犹太教的主题是焦虑，基督教的主题是爱，两者大异其趣。要把"爱"理解为拉康理论解说的"爱"，也就是说，要关注"爱"的根本性欺骗（fundamental deception）之维：我们把自己当成大对体欲求的客体提供给大对体，以此填补"你想咋的？"这个不堪忍受的鸿沟，填补大对体的欲望这个空白（opening of the Other's desire）。正如拉康所言，从这个意义上说，爱是对大对体的欲望所作的阐释：爱的回答是，"我是你身上缺乏的东西，我要以我对你的奉献，以我为你作出的牺牲，把你填平，使你完整。"因此，爱的运作（operation of love）是双重的：主体把自己当作用以填充大对体中的匮乏的客体，提交给大对体，这不仅满足了大对体的欲求，而且消除了主体自己的匮乏。爱的欺骗性表现在，两个匮乏的重叠，通过彼此相互的满足，消除了匮乏。

因此，要把基督教视为这样一种努力：通过爱和牺牲，努力使犹太人的"你想咋的？"得以"高雅化"。最有可能的牺牲，即被钉死在十字架上，即上帝儿子之死，正是证明下列一点的终极证据：上帝—父亲（God-Father）以其无所不包的、宽广的胸怀爱我们，并因此把我们从"你想咋的?"的焦虑中解救出来。只有以大对体（即上帝）那令人不堪忍受的欲望之谜为背景，基督受难图（The Passion of Christ）这个废除了所有形象的迷人形象，这个浓缩了基督教的全部力比多构造（libidinal economy）的幻象—场景（fantasy-scenario），才获得了自身的意义。

当然，我们绝非在暗示，基督教导致了异教徒信奉的人与上帝关系的回归。情形并非如此。这已经由下列事实证明：与表面现象相反，在切断圣灵之维这方面，基督教与犹太教一脉相承。我们在基督教中发现的，是相当不同的另一个序列，即有关圣徒（saint）的观念。在服侍圣灵时，圣徒与祭司（priest）截然相反。祭司是"圣灵的公务员"（functionary of the Holy），没有官员（officials），没有支撑它、为它组织典礼的官僚机构，就没有圣灵。从阿兹特克人[34]的活人献祭官员（official of human sacrifice），到现代神圣的国家典礼或军队典礼，莫不如此。与此相反，圣徒占据的是小客体的位置，纯粹客体（pure object）的位置，正在经历严重主体性贫困（radical subjective destitution）之人的位置。他不制定典礼，他不召唤神灵，他只是固守于自己的惰性呈现（inert presence）。

现在我们能够明白了，为什么拉康在安提戈涅（Antigone）那里看到了基督牺牲的先驱：以其固执而论，安提戈涅是圣徒，绝对不是祭司。这是我们必须反对不择手段教化她、驯服她的原因。教化她、驯服她的手段，是隐藏她的性格特征（包括可怕的怪异、"不近人情"、无动于衷等），是使她成为家人和家庭的温柔保护者，以能诱发我们的同情，使她成为我们的认同点（point of identification）。在索福克勒斯（Sophocles）的《安提戈涅》（Antigone）中，我们能够认同的人物，是她的妹妹伊斯墨涅（Ismene）——善良、体贴、机敏、随时准备让步或妥协、略带感伤、"人道"，这与安提戈涅恰成对照。安提戈涅走极端，"涉及欲望不让步"（拉康语），并以其

三 "你想咋的？"

对"死亡驱力"的固守，以对"奔向死亡"（being-towards-death）的固守，以对令人恐惧的冷酷（frighteningly ruthless）的固守，幸免于日常情感与思虑、激情与恐惧的周而复始。换言之，安提戈涅必定使我们这些可怜、平庸、充满同情心的生灵想到那个问题——"她究竟想咋的？"这个问题排除了我们对她的任何认同。

在欧洲文学中，安提戈涅—伊斯墨涅这对形象在萨德的作品中，以朱丽叶—朱斯蒂娜这对形象（couple Juliette-Justine）的面目再次现身：在萨德那里，朱斯蒂娜同样是一个悲惨的牺牲品，与朱丽叶截然相反，这个不为所动的女子同样也"涉及自己的欲望不让步"。最后，为什么我们不能在玛加丽塔·特罗塔[35]的电影《铅弹时代》（*The Times of Plumb*）中找到安提戈涅—伊斯墨涅这对形象的第三版呢？那里的一对形象，一个是红色旅战士和恐怖主义者，以居德伦·恩斯林（Gudrun Ensslin）为原型；一个是她感伤的、富有同情心的妹妹，她"试图理解她"，故事就是从她的视角讲述的。施隆多夫[36]在电影《德国之秋》（*Germany in Autumn*）中的一个片断，也是以安提戈涅与居德伦·恩斯林的相似性为根基的。

初看上去，三个人物水火不相容：高贵的安提戈涅为了纪念哥哥而牺牲了自己；淫荡不堪的朱丽叶随心所欲地大肆享乐，不受任何限制（这恰恰超越了享乐提供快乐的极限）；狂热的禁欲主义者居德伦要以她的恐怖行动，把世界从庸常快乐与日常事务中惊醒过来。拉康使我们在这三个人物身上看到了同一伦理立场，即"涉及欲望不让步"的立场。这是她们三人全都引发同一个"你想咋的？"的原因，引发同一个"她们究竟想咋的"的原则。安提戈涅以其倔强的坚持，朱丽叶以其快乐至死的淫荡，居德伦以其"无意义"的恐怖主义行为，引发了同样的问题。三个人全都质疑以国家和共同道德（common morals）为化身的至善（Good）。

3. 幻象：用以屏蔽大对体欲望的屏幕

幻象是对"你想咋的？"这一问题的回答，是对大对体的欲望这个不堪忍受之谜的应答，是对大对体中的匮乏的回应；但与此同时，幻象为我们的欲望提供了坐标，即建构了能使我们欲求某物（desire something）的框架。因此，幻象的寻常定义——"代表着欲望实现的假想场景"——多少有些误导性，至少含混不清：在幻象—场景（fantasy-scene）中，不是实现欲望、"满足"欲望，而是建构欲望（为欲望提供客体等）——我们通过幻象学着"如何去欲望"。幻象的悖论（paradox of fantasy）就出现在这一中间地带：它既是协调我们欲望的框架，同时又是对"你想咋的？"的抵御，是用来遮蔽大对体欲望的鸿沟、深渊的屏幕。如果把这种悖论推至极限，推至同义反复的地步，我们会说，欲望就是对欲望的抵御：通过幻象建构起来的欲望就是对大对体欲望的抵御，是对"纯粹"的、超幻影的欲望（trans-phantasmic desire）——纯粹的"死亡驱力"——的抵御。

我们现在明白了，何以由拉康概括的有关精神分析伦理（psychoanalytic ethics）的格言（"涉及欲望不让步"）与精神分析过程的结束时刻——"穿越幻象"（going through the fantasy）——不谋而合：我们绝对不能对之作出让步的欲望，并非由幻象支撑的欲望，而是处于幻象之外的大对体的欲望。"涉及欲望不让步"，意味着彻底放弃建立在幻象—场景基础上的欲望的丰富性。在精神分析过程中，这一大对体的欲望即精神分析师的欲望：接受精神分析的人起先想借助于移情，即把自己作为精神分析师的爱的客体提交给精神分析师，逃避大对体欲望的深渊。一旦接受精神分析的人不再填充大对体的空白、匮乏，移情就会土崩瓦解。我们在拉康的一个观点中发现了类似于"欲望乃是对欲望的防御"的悖论逻辑。根据拉康的这个观点，原因总是某个阴差阳错之物的原因（用法语说是"ça cloche":什么地方不对劲):可以说,因果性,即寻常的、"常态"的线性因果链,是对精神分析中的原因的抵御;精神分析中的原因恰恰出现于"常态"因果性失败、瓦解之时。例如,在我们发生口误时,在我们说了其他的事情而没有说我们想说的事情时,也就是说,在调控我们"常态"言语活动的因果链土崩瓦解时,原因的问题就会不请自至,我们会问:"为什么会发生这种事情?"

可以通过引证康德的《纯粹理性批判》,对幻象发挥作用的方式作出解释:在欲望的构造(economy of desire)中,幻象扮演的角色类似于认知过程中的超验图式(transcendental schematism)。[37]在康德那里,超验图式是下列两者的调停者(mediator)和中介代理(intermediary agency):其一是经验的内容[偶然的、人间的、实验的经验客体(empirical objects of experience)],其二是超验范畴网络(network of transcendental categories)。超验图式就是这样一种机制的名称:通过这种机制,经验客体进入了超验范畴网络,而超验范畴网络决定着我们感知和设想经验客体的方式,比如把经验客体感知和设想为具有某种特征的实体,将其纳入因果链等等。幻象中也存在着类似的机制:既定的经验性、实证性客体是如何成为欲望的客体的?欲望的客体是如何开始包含某个未知数(X),包含某个未知的特质,包含某种"在它之内又超乎它"并使它值得我们欲望的东西的?答案是:通过进入幻象的框架(framework of fantasy),通过进入为主体的欲望赋予一致性的幻象—场景(fantasy-scene)。

且以希区柯克的《后窗》(*Rear Window*)为例:詹姆斯·斯图尔特[38]因为腿部受伤而不得不坐上轮椅,他透过一面窗子频繁地注视着外面;那面窗子显然是"幻象—窗口"(fantasy-window)。他为透过窗子看到的东西所迷,欲望因是而生。不幸的格雷斯·凯丽[39]面临的问题是,通过向他求婚,她成了障碍、斑点,干扰他向外观望,而无法以自己的美丽令他心醉神迷。到最后,她是如何成功地成为他的欲望之物的？是通过真正进入他幻象的框架，是通过穿过院子，出现在"另一面"。在那里，他透过窗子看到了她。看到她出现在凶手的公寓，斯图尔特的凝视立即为之吸引，立即变得贪婪，立即对她充满了欲望：她在他的幻象—空间（fantasy-space）找到了自己的立足之地。这会是拉康的"男子沙文主义"的一大教益：只有当女人进入了男人的幻象框架，他才能够与她联系在一起。

在某个朴素的层面上，精神分析的下列庸见（doxa）颇为人知。根据这种庸见，男人选择女性做自己的性伴侣，但他选择的女人却是他母亲的替身。当女人的某些特性令男人想起自己的母亲时，他会与她坠入情网。拉康对这个传统看法只作了一点补充，那就是强调它通常被人忽视的负面维度（negative dimension）：在幻象中，母亲被化约为一套有限的（符号）特性；如果客体过于接近母亲—原质（Mother-Thing），也就是说，如果客体不是通过被化约的特性与母性原质（maternal Thing）建立联系，而是直接依附于母性原质，那么，一旦如此客体出现在幻象—框架中，欲望就会在乱伦的幽闭恐惧症（incestuous claustrophobia）中因窒息而死。我们在此再次遇到了幻象的悖论性的中介作用（paradoxical intermediate role of fantasy）：它是促使我们寻求母性替身（maternal substitutes）的建构，但同时又是屏障，阻止我们过于接近母性原质，使我们与母性原质保持距离。所以，得出下列结论是错误的：任何既定的经验性、实性证客体都能在幻想—框架中占据一席之地，并因此充当欲望的客体。某些客体，即那些过于接近母性原质的客体，肯定被排除在外；如果它们碰巧进入闯入了幻象—框架，那结果也是令人极端烦恼和厌恶的：幻象会丧失它迷人的力量，变成令人作呕的客体。

再以希区柯克为例。希区柯克这一次在《眩晕》（Vertigo，又译《迷魂计》、《恐高症》）中为我们提供了如此转化的实例。主人公——还是詹姆斯·斯图尔特——热恋着玛德琳（Madeleine），跟随她去了一家博物馆。玛德琳对那里的夏洛特肖像（portrait of Charlotte）羡慕不已，并对画上那个早已去世的女人深深认同。他平时的一位异性朋友，也是一个业余画家，跟他玩一个恶作剧，做了令他大吃一惊的举动：画了一幅与夏洛特一模一样的肖像，为她穿上白色蕾丝裙，还在她膝盖上放了一束红花，等等。但她没画夏洛特那要人命的漂亮脸蛋，而是画了她本人戴着眼镜的面庞……结果令人恐惧：万分沮丧、精神崩溃的斯图尔特拂袖而去。我们在希区柯克的《蝴蝶梦》（*Rebecca*）中，发现了同样的情形。在那里，琼·方达（Joan Fontaine）觉得她丈夫依然深爱已经去世的前妻丽贝卡，于是为了讨他欢心，她穿上丽贝卡在类似场合曾经穿过的礼服，现身于正式招待会。结果同样稀奇古怪，丈夫狂暴地赶走了她……

拉康之所以在谈及莎士比亚的《哈姆雷特》时才建立了欲望曲线图，原因是显而易见的：归根到底，《哈姆雷特》不就是一部有关询唤失败（failed interpellation）的戏剧吗？戏剧刚一开幕，我们就看到了纯粹的询唤：父王的幽灵把哈姆雷特由个人询唤成了主体。也就是说，哈姆雷特把自己视为那个强制委任（imposed mandate）或强制使命——为父报仇——的接受者；但父亲的幽灵又不可思议地以下列请求补充他的命令：无论如何，哈姆雷特都不能伤害他的母亲。阻止哈姆雷特采取行动，阻止他完成那个强加于他的复仇使命的，正是他与大对体欲望的"你想咋的？"的对峙：整部戏剧的关键场景是哈姆雷特与母亲的长时间对话。在那里，他迷惑不解，因为他无法得知母亲的欲望——她究竟想咋的？如果她真的从她和他叔叔的淫荡关系中大获满足呢？因此，哈姆雷特行动受阻，并不因为他不知道自己的欲望，并为此优柔寡断，并不因为"他不知道他真的想咋的"，相反，他对此一清二楚——他要为父报仇。真正妨碍他行动的，是他无法弄清别人的欲望，是因为他面对着某种"你想咋的？"。这个问题呈现出某种可怜的、荒淫的快感深渊。如果父亲之名充当了询唤的代理（agency of interpellation），充当了符号性认同的代理，那么母亲的欲望则以其深不可测的"你想咋的?"，成了某种界限的标志。一旦触及这个界限，任何询唤都必败无疑。

4. 自身不一致的原乐这个大对体

这样，我们就获得了第四种、也是最后一种、完整的欲望曲线图。它追加了一个新的快感矢量，该矢量与符号性地结构起来的欲望（symbolically structured desire）的矢量相交：

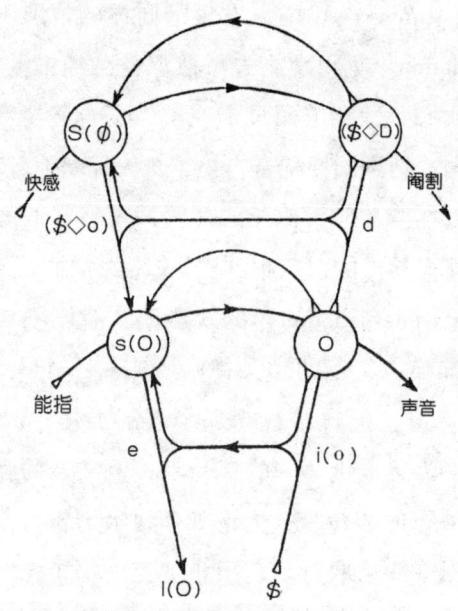

完整曲线图

完整曲线图被区分为两个层面，可以把它们分别称为意义的层面和快感的层面。第一个（较低）层面的问题是，符指链与虚构意图链（△）的交叉，是如何借助于意义的内在表达（internal articulation），导致意义之效果（effect of meaning）的：只要意义是大对体的功能，也就是说，只要意义受制于大对体所处的位置（place of the Other），受制于能指组［signifier's battery, s（O）］，意义就具有回

三 "你想咋的?"

溯性的特征;主体的想象性认同[i(o)]和符号性认同[I(O)]是意义的回溯性生产(retroactive production of meaning)的基础,等等。第二个(较高)层面的问题是,当能指秩序领域(field of the signifier's order)、大对体领域被前符号——实在界——的快感流(stream of enjoyment)贯穿、刺入时,会发生什么。也就是说,当前符号的"实体"、作为物质化快感和肉欲化快感的躯体(materialized, incarnated enjoyment)陷入能指网络(signifier's network)时,会发生什么。

它的一般结果是显而易见的:因为经过了能指之筛(sieve of the signifier)的筛选,躯体被阉割(castration),躯体内的快感被排泄一空,躯体在被肢解和羞辱(mortified)后苟活下来。换言之,能指秩序(即大对体)和快感秩序(以原质为化身)截然不同;它们之间的任何一致,从结构上讲,都是不可能的。我们之所以在较高层面的曲线图的左手方,即在快感与能指的第一个交叉点[S(Ø)]上,看到了大对体中的匮乏之能指(signifier of the lack in the Other),看到了大对体的不一致性(inconsistency of the Other)之能指,原因就在这里:一旦能指领域被快感刺穿,它就会前后矛盾、漏洞百出、千疮百孔——快感是无法被符号化的事物,只有借助于能指领域的漏洞和不一致,才能发现快感在能指领域的出现,所以快感唯一可能的能指就是大对体中的匮乏之能指,就是大对体的不一致性之能指。

拉康的主体已被割裂、划掉,与符指链中的匮乏画上了等号,这种说法今天已经成为老生常谈。不过,拉康理论最激进的维度并不在于它认识到了这一事实,而在于它意识到,大对体——符号秩序——同样被一种根本的不可能性(fundamental impossibility)割裂、划掉,同样围绕着不可能的/创伤性的内容(impossible/traumatic kernel),围绕着核心匮乏(central lack)结构起来。没有大对体中的这一匮乏，大对体就会是一个封闭结构；没有大对体中的这一匮乏，主体要进入大对体，就只有一条路可走，那就是主体在大对体中彻底异化。所以说，正是大对体中的这一匮乏，才使主体得到了某种拉康称之为分裂（separation）的"去异化"（de-alienation）。说主体获得了分裂，不是在这样的意义上说的——主体知道他现在已经通过语言的屏障永远与客体隔离开来，而是在这样的意义上说的——客体已经与大对体分割开来，大对体"没有抓住客体"，没有得到终极答案，也就是说，大对体被阻隔，同时生出了欲望；还存在着大对体的欲望（desire of the Other）。大对体中的这一匮乏为主体提供了喘息的空间，它使主体避免在能指中彻底异化。避免异化的方式不是填补主体的匮乏，而是通过允许主体把他自己、把他的匮乏等同于大对体中的匮乏。

在理解曲线图左方下降矢量的三个层面时，我们可以着眼于调整这三个层面的前后相续所遵循的逻辑。首先，我们得到了 S($\emptyset$)：它标志着大对体的匮乏（lack of the Other），标志着符号秩序的非一致性。一旦符号秩序被原乐刺穿，它就会产生非一致性。其次，我们得到了 S$\lozenge$o，即幻象公式：幻象的功能在于，它当作屏障使用，以隐藏这一非一致性。我们最后得到的是 s(O)，即意涵效应（effect of the signification），它是由幻象支配的：如拉康所言，幻象充当的是"绝对意涵"（absolute signification）；它构成了框架，我们透过这个框架体验世界，并把世界体验为具有一致性和意义的事物。幻象是先验空间（a priori space），特定的意涵效应在那里生成。

需要澄清的最后一点是，为什么我们在快感与能指在另一侧（即右侧）的交叉点上，看到的是驱力公式（$\mathcal{S}\lozenge$D）？我们已经说过，能指肢解了躯体，能指把躯体内的快感排空，但这种"排空"（雅克-阿兰·米勒语）从来都不能充分完成；在符号性大对体（symbolic Other）这个沙漠的周围，总是撒落着快感的某些残余、绿洲，撒落着所谓的"性感带"（erogenous zones），撒落着依然渗透着快感的碎片。弗洛伊德所谓的驱力与这些残迹绑在一起：驱力围绕着这些残迹循环，围绕着它们悸动。之所以用 D（即符号性要求）指称性感带，是因为在性感带中，任何东西都不是"自然的"、"生物的"。正如癔症征兆已经证明的那样，躯体的哪一部分能够逃脱"快感排空"，并不取决于生理学，而是取决于躯体被能指作了怎样的解剖。在癔症征兆中，快感被"正常"排空的身份部位，如脖子、鼻子等，会再次色情化。

或许我们应该冒险，从拉康晚期的理论发展出发，由后向前，把驱力公式（$S \Diamond D$）回溯性地解读为征候（sinthome）的公式。征候是直接渗透着快感的特定的符指化构成（particular signifying formation），也就是说，是快感与能指的不可能的接合（junction）。把驱力公式回溯性地解读为征候公式，为我们理解欲望曲线图的较高层面，即为我们理解欲望曲线图上方的矩形（它与下方的矩形相对），提供了关键：我们在此得到的，不是想象性认同，不是想象性自我（imaginary ego）与其构成性形象（constitutive image）、其理想自我（ideal ego）的关系；我们在此得到的，是幻象（$S \Diamond o$）支撑着的欲望（d）。幻象的功能是填补大对体中的空白，是隐藏大对体的非一致性。比如，令人心醉神迷的性场景（sexual scenario）就是用来充当屏障的，就是用来隐藏性关系的不可能性（impossibility of the sexual relationship）的。幻象隐藏了下列事实：大对体、符号秩序是围绕着某种创伤性的不可能性（traumatic impossibility），围绕无法符号化的事物，即围绕着原乐这一实在界（real of *jouissance*），建构起来的。通过幻象，原乐被驯化、被雅化。那么，在我们"穿越"幻象之后，欲望又有了怎样的变化？对此问题，拉康在讲座之十四的最后一页作了回答。拉康的回答是驱力，最后是死亡驱力："在幻象之外"（beyond fantasy），没有任何值得渴望的东西，没有任何崇高现象;"在幻象之外",我们只发现了驱力,只发现了驱力在征候的四周悸动。"穿越幻象"(going-through-the-fantasy)因此与认同征候(identification with a *sinthome*)密切地关联在一起。

5. "穿越"社会幻象

这样,我们可以把曲线图整个较高的(第二)层面解读为对"在询唤之外"(beyond interpellation)这一维度的指称:符号性认同/想象性认同的不可能的"循环矩形"(square of the circle),从来不会导致任何余数(remainder)的缺席;总是存在着残余(leftover),它为欲望开辟空间,使得大对体(符号秩序)不一致,而幻象则竭力克服、掩饰这种不一致,填补大对体中的鸿沟。现在我们终于可以回到意识形态的问题上来了:自阿尔都塞的询唤理论以来的"(后)结构主义"意识形态理论,有一个致命的弱点,那就是总把自己局限于较低的层面,局限于拉康欲望曲线图的较低矩形,意在仅仅通过想象性认同和符号性认同的机制,把握意识形态的功效(efficiency of an ideology)问题。被忽略的"在询唤之外"这一维度与符指化进程(signifying process)的不可化约的散播和多元(irreducible dispersion and plurality)毫无关系,与下列事实毫无关系:转喻性滑动总是颠覆对意义的固定,总是颠覆对漂浮能指的"缝合"(如同它在"后结构主义"的视野中显现的那样)。"在询唤之外"事关欲望、幻象、大对体中匮乏,事关围绕某种难以忍受的剩余快感颤动的驱力。

对于意识形态理论来说,这意味着什么?初看上去,在意识形态分析中,切题的探讨似乎只有一种:那就是意识形态是如何充当话语的,一系列漂浮的能指是如何通过某种"纽结点"的干预,整合、转化成单一领域的。简言之,切题的探讨似乎只有一种:话语机制(discursive mechanisms)是如何构成意识形态意义领域(field of ideological meaning)的。从这个角度看,能指中的快感(enjoyment-in-signifier）只是前意识形态的，与作为社会联结（social bond）的意识形态不相干。但是所谓的"极权主义"的情形表明，究竟什么东西适用于每一种意识形态，适用于意识形态本身：意识形态效应（ideological effect）的终极支撑物，保证意识形态的符指网络（ideological network of signifiers）能够"控制"我们的最后支撑物，就是无意义的、前意识形态的快感内核（nonsensical, pre-ideological kernel of enjoyment）。在意识形态中，"并非一切都是意识形态（即意识形态意义）"，但正是这种剩余，即意识形态中不属于意识形态的东西，不属于意识形态意义的东西，才是意识形态的终极支撑物。之所以我们可以说存在着两种互补性的"意识形态批判"，原因就在这里：

- "意识形态批判"的一种程序是话语性的，即对意识形态文本所作的"征兆性解读"（symptomatic reading）。它导致了对意识形态文本意义的自发性体验（spontaneous experience）的"解构"。也就是说，对意识形态文本所作的"征兆性解读"表明，既定的意识形态场域是把异质性的"漂浮能指"装配起来的结果，是把异质性的"漂浮能指"进行整合的结果。装配、整合异质性的"漂浮能指"需要借助于某个"纽结点"的干预。
- "意识形态批判"的另一种程序意在提取快感的内核，意在说明，在意义领域之外，同时又在意义领域之内，意识形态是以何种方式暗示、操纵、制造以幻象形式结构起来的（structured in fantasy）的前意识形态快感（pre-ideological enjoyment）的。

以快感逻辑补充话语分析是必要的。要举例证明这种必要性，只需再次审视一个特殊的意识形态个案——排犹主义——就可以了。它或许是意识形态最纯粹的化身。直截了当地说:"社会并不存在",犹太人就是"并不存在的社会"的征兆。

在话语分析的层面上说明置于犹太人形象上的符号性多重决断网络(network of symbolic overdetermination),并不多么困难。首先,存在着置换(displacement):排犹主义的基本诡计,就是把社会对抗(social antagonism)置换为下列两者间的对抗:其一是健全的社会肌理(social texture)、社会躯体;其二是犹太人,他们是腐蚀社会肌质、社会躯体的力量,是破坏性的力量。因此,真正"不可能"的,不是以对抗为根基的社会。败坏的力量来自某个特定的实存物,即犹太人。把犹太人与财政交易联系起来,使这一置换成为可能:剥削、阶级对抗,并不来自工人阶级与统治阶级的基本关系,而来自"生产"力量(工人、生产的组织者等)与盘剥"生产"阶级的商人的社会关系,同时以阶级斗争取代了有机合作。

当然,这一置换是由浓缩(condensation)支撑的:犹太人的形象浓缩了反面特征,即与下流阶级和上流阶级联系在一起的特征:犹太人被假想为既肮脏不堪又聪明绝顶,既骄奢淫逸又软弱无力,如此等等。可以说,给这种置换提供能量的,是这样的犹太人形象——它以某种方式浓缩了一系列异质性的对抗:经济方面,犹太人是投机商;政治方面,犹太人是阴谋家、神秘力量的拥有者;道德—宗教方面,犹太人是堕落的反基督教者;性方面,犹太人诱骗我们纯洁的女儿……一句话,可以轻而易举地表明,犹太人形象如何成了编码信息(coded message)、密码(cypher)意义上的征兆,成了社会对抗的丑陋代表。通过抵消(undoing)置换/浓缩的这一运作,我们可以终止其意义。

但是,这一隐喻性—转喻性置换的逻辑还不足以解释,犹太人形象是如何俘获我们欲望的;要洞察它诱人的力量,我们必须注意,

三 "你想咋的?"

犹太人是如何进入结构着我们的快感（structuring our enjoyment）的幻象框架的。幻象基本上是一个场景，我们以它填补"根本不可能性"（fundamental impossibility）这一真空；幻象基本上是一个屏障，我们用它遮掩空隙（void）。"根本没有性关系"，这种不可能性是由诱人的幻象—场景填补的。幻象之所以最终总是成为性关系的幻象（fantasy of the sexual relationship），成为性关系的展示，原因就在这里。如此说来，幻象不能被阐释，只能被"穿越"：我们必须去做的全部工作，就是去亲身体验，何以在幻象"之后"一无所有，幻象又是如何巧妙掩饰这"一无所有"的。但在征兆之后，隐藏着很多东西，隐藏着一整套符号性多重决定的网络。这是征兆总是涉及阐释的原因。

现在已经清楚了，我们可以把这种幻象概念运用于意识形态领域：这里同样"根本没有阶级关系"，社会总是被对抗性分裂（antagonistic split）刺穿，而对抗性分裂是无法被整合成符号秩序的。社会—意识形态的幻象（social-ideological fantasy）的关键，是建构一个社会愿景（vision of society），但这样的"社会愿景"中的社会根本就不存在；社会—意识形态的幻象的关键，是建构一个没有被对抗性分工（antagonistic division）割裂的社会，在那里，各部分之间的关系是有机、互补的。当然，这方面最明确的个案，是社团主义的社会愿景（corporatist vision of Society）。根据这种社会愿景，社会是一个有机的整体（organic Whole），是一具社会躯体（social Body）。在那里，不同的阶级就像四肢、部件，它们根据各自的功能，对整体作出贡献。我们可以说，"作为社团躯体的社会"（Society as a corporate Body）是彻底的意识形态幻象。那么，一边是这种社团主义愿景，一边被对抗性斗争（antagonistic struggles）割裂的现实社会（factual socicty），我们如何解释它们的对立？答案当然是犹太人：一个外在因素，一个外来之物，将腐化堕落带入了健全的社会构架（social fabric）。简言之，"犹太人"就是一个恋物（fetish），它既否定又体现了"社会"（Society）的结构上的不可能性（structural impossibility）：仿佛借助于犹太人形象，这种不可能性获得了实证的、活生生的生命。它之所以标志着快感在社会领域中的爆发，原因就在这里。

因此，"社会幻象"概念是"对抗"概念的必要对应物：幻象是掩饰对抗性裂缝（antagonistic fissure）的方式。换言之，对于意识形态来说，幻象是意识形态预先应对自身失败的手段。拉克劳和穆菲认为："社会（Society）并不存在"；社会总是不一致之域（inconsistent field），社会总是围绕着某个构成性的不可能性（constitutive impossibility）结构起来的，总是被某个核心"对抗"刺穿。拉克劳和穆菲的这一观点暗示我们，每个授予我们固定的社会—符号身份（socio-symbolic identity）的认同过程，最终必定失败。意识形态幻象（ideological fantasy）的功能就是掩饰这种非一致性，掩饰"社会并不存在"这一事实，然后用失败的认同（failed identification）补偿我们。

在法西斯主义那里，"犹太人"是应对法西斯主义之不可能性的手段，是代表法西斯主义之不可能性的手段：犹太人以其实证性呈现（positive presence），成了极权主义事业（totalitarian project）的终级不可能性（ultimate impossibility）的体现，成了极权主义事业内在限制的体现。这也是这样说的原因：仅仅指出极权主义事业是不可能的，是乌托邦式的，指出它要建立一个完全透明、高度同质的社会，是不够的。问题在于，在某种程度上，极权主义意识形态事先就已经知道了这一点，认识到了这一点：借助于"犹太人"形象，它把这种"知道"纳入自己的大厦。整个法西斯主义意识形态都是作为反对下列因素的斗争建立起来的，该因素占据了法西斯主义事业的内在不可能性（immanent impossibility）的位置：犹太人只是某种根本性阻塞（fundamental blockage）的恋物癖式的化身（fetishistic embodiment）而已。

因此，"意识形态批判"必须把极权主义凝视（totalitarian gaze）所固守的因果链（linking of causality）颠倒过来："犹太人"绝非社会对抗的实证成因（positive cause），它只是某种阻塞的化身（embodiment of a certain blockage），是下列不可能性之化身（embodiment of the impossibility）——这种不可能性阻止社会获得其充分一致性（full identity），阻止社会成为封闭的、同质性的整体。"犹太人"绝非社会否定性（social negativity）的实证成因，而是一个点位（point），在这个点位上，社会否定性采取了实证性存在（positive existence）的形式。我们可以用这种方式对"意识形态批判"的基本程序的另一个公式作出说明，以补充上面提到的那个公式：在既定的意识形态大厦内，发现那个代表该意识形态自身的不可能性的因素。社会被阻止获得其完整身份，不是因为犹太人的缘故：社会被阻止获得其充分一致性的，是社会自身的对抗性（antagonistic nature），是社会自身的内在阻塞（immanent blockage），它把这种内在否定性（internal negativity）"投射"到"犹太人"形象上。换言之，从符号界（the Symbolic）中排除出去的事物，从社团主义的社会—符号秩序（socio-symbolic order）这一框架内排除出去的东西，以对"犹太人"的妄想狂建构（paranoid construction）的形式，在实在界中回归了。[40]

现在我们还可以理解，"穿越"社会幻象与认同征兆同样密切相关。犹太人显然是社会征兆（social symptom）：他们处于特定的点位（point）上，在那里，固有的社会对抗（immanent social antagonism）会以实证的形式（positive form）出现，喷发到社会的表层；在那里，显而易见，社会"无法运转"，社会机制（social mechanism）"老牛破车般地勉强运转"。如果我们透过（社团主义）幻象这一框架审视犹太人,"犹太人"就是入侵者,他从外部带来了社会大厦的失调、解体和腐败;他是外在的实证成因,根除这个成因,我们就能恢复秩序、稳定和一致性。不过,在"穿越幻象"时,我们必须同时认同征兆:我们必须在被归诸"犹太人"的特性中,发现我们社会制度的必然产物;我们必须在被归诸"犹太人"的"过度"(excesses)中,发现有关我们自身的真相。

正是因为社会"过度"(social "excesses")这一概念的缘故,拉康才提出,发明了征兆的是马克思。马克思的伟大成就在于,他要证明,所有那些被日常的资产阶级意识(everyday bourgeois consciousness)视为"正常"社会机能的简单偏差(simple deviations)、偶然变形和蜕化堕落,因而可以通过制度的改善而革除的现象,如经济危机、战争等,全都是制度自身必然的产物。到了既定的时刻,制度的"真理"、固有的对抗性特征就会喷发。"认同征兆"意味着,在"过度"中,在事物的"正常"方式的瓦解中,发现能使我们认识事物的真实机能的关键。这类似于弗洛伊德的观点:人类心灵机能的关键是梦、口误及类似的"反常"现象。

注 释

[1] 索尔·克里普克(Saul Kripke, 1940—),美国哲学家和逻辑学家,普林斯顿大学哲学教授(已退休)。20世纪60年代开始在与数理逻辑、语言哲学、数学哲学、形而上学、认识论、集合论相关的众多领域异军突起,成为核心人物。大部分著作和论文没有出版或发表,只在私人圈里流传。2000年获肖克奖(Schock Prize)。一项问卷调查将他列为过去200年间最重要的十大哲学家之一。他最重要的著作是1980年出版的《命名与必然性》(*Naming and Necessity*)。该书主要处理哲学语言中的专

有名词之争,被视为 20 世纪最重要的哲学著作之一。作者认为,命名与被命名者的经验性、偶然性特征无关,是先验的。传统的哲学智慧告诉我们,先验的都是必然的,后验的都是偶然的;但该书作者却告诉我们,命名是先验的,却不是必然的,因此既存在着先验而非必然的知识,也存在着后验而必然的知识。此论一出,轰动哲学界。该书中文版由上海译文出版社于 2005 年出版,可参照。——译者注

[2] 美国科幻电影《人体入侵者》(*Invasion of the Body Snatchers*)最初由唐·西格尔(Don Siegel)执导,于 1956 年拍摄;后由菲利普·考夫曼(Philip Kaufman)于 1978 年以原名重拍,讲述的是一种豆荚异物(原子辐射造成的畸形生物)侵入美国加州一个小城镇的故事。豆荚趁人睡觉的时候侵入人体,把人变成没有感情的豆荚人。故事结尾时,整个社区的成员都变成了豆荚人,它们排着队,毫无表情地搬运着大豆荚。结果,豆荚异物非但没有被制服,反而把社区中唯一保持清醒的人也变成了豆荚人。——译者注

[3] 哥德尔(Kurt Gödel, 1906—1978)是 20 世纪最伟大的数学家之一,以哥德尔命名的定理是数学理论大厦的重要组成部分,是数理逻辑、人工智能的基石。——译者注

[4] 原注 1。Saul Kripke, *Naming and Necessity*, Cambridge, M. A.: Harvard University Press, 1980, pp. 83-5.

[5] 原注 2。Ibid., p. 119.

[6] 原注 3。Ibid., p. 24.

[7] 约翰·塞尔(John Searle, 1932—),美国哲学家,加州大学伯克利校区教授,在语言哲学、心灵哲学和社会哲学方面,成绩卓著,贡献甚巨。基思·唐纳兰(Keith S. Donnellan, 1931—),美国哲学家,加州大学洛杉矶校区教授(退休),语

言哲学研究精湛。——译者注

〔8〕原注4。John Searle, *Intentionality*, Cambridge: Cambridge University Press, 1984, p. 240.

〔9〕原注5。Ibid., p. 259.

〔10〕原注6。Ibid., p. 252.

〔11〕贝当（Henri Pétain, 1856—1951），法国元帅，1878年毕业于圣西尔军校，第一次世界大战期间战功卓著，1917年任法军总司令。1940年5月德军大举入侵法国后，他先后任副总理和总理，主张对德投降。1945年以通敌罪被法国最高法院判处死刑，后改为无期徒刑。1951年病死于耶岛。——译者注

〔12〕汉斯·霍尔拜因（Hans Holbein D. J., 约1497—1543），德国16世纪出现的三位具有世界声誉的绘画大师之一，创作了大量壁画、肖像画、祭坛画与图书插图。出身绘画世家，其父是奥格斯堡画派的创始人，其兄也是一位画家。由于与父亲同名，世称小汉斯·霍尔拜因。《大使》画于1533年，现由伦敦国立美术馆（National Gallery at London）收藏。——译者注

〔13〕原注7。见Jacques Lacan, "Subversion of the Subject and the Dialectic of Desire", *Écrits: A Selection*, New York: W. W. Norton, 1977。

〔14〕原注8。为了方便介绍，我们在本章使用英文数学符号（是O而非A，等等），而不是拉康使用的法文符号。

〔15〕"后屈效应"的英文是"effect of retroversion"或"retroversion effect"。出自拉康的《主体的颠覆与欲望的辩证》一文。他在那里说："这是一种后屈效应，藉此效应，主体在每个阶段成为他前一个阶段所是之物，并仅以'将来完成时'的形式预示自己——他将会变成什么。"(This is a retroversion effect by which the subject becomes at each stage what he was before and announces himself—he will have been—only in the future perfect tense.）——译者注

[16] "替另一个能指代表主体"（represents the subject for another signifier）一语来自《拉康讲座第十：论焦虑》（*The Seminar Of Jacques Lacan X：Anxiety*）："这也是借助实在界的干预所拆毁的东西。实在界使主体回到踪迹，同时废除了主体：因为除非通过能指，通过这种向能指的过渡，没有主体：能指就是替另一个能指代表主体的东西。"（This is what is demolished with the intervention of the real. The real referring the subject back to the trace, abolishes the subject also at the same time: for there is no subject except through the signifier, through this passage to the signifier: a signifier is that which represents the subject for another signifier.）——译者注

[17] 库尔特·瓦尔德海姆（K. Waldheim, 1918—2007），奥地利外交官和政治家，联合国第四任秘书长（1972—1981），奥地利第九任总统（1986—1992）。1986年，一个国际委员会向奥地利政府报告说，瓦尔德海姆1939年应征加入德军，自愿参加希特勒组织的"褐衫军"，并参加了非法处决受迫害人士的行动。尽管如此，但他还是当选奥地利总统。——译者注

[18] 彼得·布鲁盖尔（Pieter Brueghel, 1525—1569），文艺复兴时期布拉班特公国（当时的国家，越今荷兰西南部、比利时中北部、法国北部）的画家，画作多以田园风光与农民生活为题材，人称"农夫布吕赫尔"（Peasant Bruegel）。他以异常平凡、质朴、粗犷、豪放的笔调，描绘农民的性格——豪爽、乐观、憨厚、天真甚至滑稽。——译者注

[19] 阿诺德·豪塞尔（Arnold Hauser, 1892—1978），匈牙利艺术历史学家，艺术史领域中最著名的马克思主义者，专门研究社

会结构的变化给艺术带来的影响，著有《艺术与文学的社会史》（*Sozialgeschichte der Kunst und Literatur*）、《艺术史哲学》（*hilosophie der Kunstgeschichte*）和《艺术社会学》（*Soziologie der Kunst*）等。——译者注

〔20〕米洛什·福尔曼（Milos Forman，1932—），捷克裔美籍导演、剧作家和教授，1968年前主要在捷克斯洛伐克生活和工作，是捷克斯洛伐克新浪潮最重要的导演，代表作有《飞越疯人院》（*One Flew Over the Cuckoo's Nest*）、《莫扎特传》（*Amadeus*）、《沉默的羔羊》（*The Silence of the Lambs*）、《月亮上的人》（*Man on the Moon*）。——译者注

〔21〕"幸运儿"查尔斯·卢西亚诺（Charles "Lucky" Luciano，1897—1962），可直译为查尔斯·"勒基"·卢西亚诺，意大利裔美国人，因为彻底改变了美国集团犯罪的面貌，被称为美国现代集团犯罪之父。他生于意大利，10岁时随家人移居美国纽约，14岁弃学开始黑帮生涯，以每人每周10美分的收费，为犹太儿童提供人身保护。1916—1936年间，被捕25次，但从未坐牢。后被判长期监禁，但第二次世界大战爆发后重获自由，据说1945年盟军的西西里登陆得益于他的情报。没人清楚他外号的来源，有人说他在帮派屠杀中屡次逢凶化吉，死里逃生，故而"幸运"；有人说"幸运"（Lucky）是对他名字卢西亚诺（Luciano）前两个音节的误读。但无论如何，他的一生是"幸运"、"侥幸"的一生：被捕25次而不需要坐一天牢，你说幸运不幸运？——译者注

〔22〕卢梭的姓名是让-雅克·卢梭（Jean-Jacques Rousseau），"卢梭"是姓，"让-雅克"是名，"卢梭评判让-雅克"，是把姓与名割裂开来，由姓判名，很是有趣。——译者注

〔23〕《呆头鹅》（*Play it Again, Sam*），又译《北非幻影》，是由伍

三 "你想咋的？"

迪·艾伦自编自演的影片（导演是赫伯特·罗斯）。伍迪·艾伦（Woody Allen, 1935—），美国电影导演、编剧、演员。电影作品众多，风格极为独特。《呆头鹅》讲的是，阿伦·菲利克斯是汉弗莱·鲍嘉的影迷，他最喜欢的影片就是《北非谍影》（*Casablanca*，又译《卡萨布兰卡》）。他与朋友的妻子琳达搅到一起，但最后一刻决定成全好友的婚姻。影子人物鲍嘉以自己的方式赞扬了阿伦，但阿伦此时已经不需要鲍嘉的安慰了，他找到了自己，摆脱了依赖，结束了盲目的崇拜和迷失的认同。——译者注

〔24〕汉弗莱·鲍嘉（Humphrey Bogart, 1899—1957），具有传奇色彩的美国演员，许多美国人的偶像，美国电影学院1999年把他评为电影诞生100年以来最伟大的男演员。1942年在《北非谍影》的表演使他名满天下。——译者注

〔25〕原注9。Jacques Alain Miller, "Les Réponses du réel", in *Aspects du malaise dans la civilisation*, Paris：Navarin, 1987, p. 21.

〔26〕"*Che vuoi?*"为意大利语，意为"你想要什么？""你想干什么？""你想怎么样？""你想要我怎么样？"类似于汉语的"你想咋的？"拉康是在《主体之颠覆与欲望之辩证》（"The Subversion of the Subject and the Dialectic of Desire"）中提出这个问题的。英文译法甚多，主要有："What do you really want？""what is your desire？""what do you want from me？""what does the Other want of me？"拉康曾经说过："这是大对体的提问采取下列形式的原因：'你想咋的？'大对体的提问是从下列位置返回到主体那里的：主体期待着在那个位置上获得神谕。'你想咋的？'，这一提问把主体完美地引上探究自身欲望的坎坷之途。它的假定是，多亏那个被人称为精神分析师的伙计拥有的专业知识，主体开始以下列形式研究下列问题，尽管他对

183

自己的这种做法一无所知：'他想从我这里得到什么？'"（"This is why the Other's question (*la question de l'Autre*) -that comes back to the subject from the place from which he expects an oracular reply -which takes some such form as '*Che vuoi?*' 'What do you want?' is the question that best leads the subject to the path of his own desire, assuming that, thanks to the know-how of a partner known as a psychoanalyst he takes up that question, even without knowing it, in the following form: 'What does he want from me?'"）见 J. Lacan, *Écrits: A Selection*, trans. by Bruce Fink, New York & London: W. W. Norton & Company, 2002, p. 300。它表达的并非一般的疑问，还包含着这样的意思："是什么令你烦躁不安？在你内心深处有一种东西，它不仅使我们不堪承受，也使你寝食难安，而你对它又完全无能为力，这东西究竟是什么？"国人最精于此道，多提出此类癔症式问题，常在辩论或批评他人时厉声喝问对方"意欲何为"（文雅）或"想干什么"（粗俗）。——译者注

〔27〕原注 10。Jacques Lacan, *Le Séminaire III Les psychoses*, Paris: Seuil, 1981, p. 315。

〔28〕罗塞蒂（Dante Gabriel Rossetti, 1828—1882），拉斐尔前派中最具特色的画家，杰出的诗人。诗人气质使他的画作充满动人的梦幻情调。《天使报喜》（1850）把宗教情绪与对性爱的迷恋融为一体。"天使"指加百利，《圣经》中的七大天使之一，专把天堂的好消息传达给人间。他告诉圣母玛利亚，她将生育耶稣："蒙大恩的女子，我问你安，主和你同在了！"（《路加福音》第 1 章第 29 节）天使和玛利亚在画面中身着白衣，天使手持百合花，窗外飞来白鸽，圣母神情寂寥，一副落落寡合的样子。一种与众不同的感伤主义扑面而来。——译者注

〔29〕"万福玛利亚"（Hail Mary）中的"万福"（hail）本是类似于"你好"之类的普通招呼语，阿尔都塞后具有了"询唤"（interpellation）之意。如此一来，打招呼也成了询唤的一种方式。所以，这里的"万福玛利亚"有询唤玛利亚之意。——译者注

〔30〕马丁·斯科塞斯（Martin Scorsese, 1942—），美国著名导演，曾获第79届奥斯卡金像奖最佳导演，有"电影社会学家"美称。代表作众多，其中之一为《基督最后的诱惑》（The Last Temptation of Christ, 1988）。这部电影讲述的故事是，耶稣是个木匠，为罗马人造十字架，罗马人则用十字架处死谋反的犹太人。一方面身负拯救人类的使命，一方面又不得不助纣为虐，他深感矛盾。依照上帝的召唤，耶稣开始了寻道之旅，途中结识了起义者犹大，两人一起传道，并得到许多人的追随。在约旦河畔，施洗约翰认出了耶稣救世主的身份，并告诉他，上帝也主张仇恨。迷惑不解的耶稣终于摆脱诱惑，得到了神谕，带领信徒向圣地耶路撒冷进发。不幸的是，许多信徒为罗马士兵杀害。于是耶稣指使犹大向当局告发自己，实现自己为世人赎罪的使命。——译者注

〔31〕原注11。这部电影的另一项成就，是最终把犹大还原为这个故事的真正悲剧英雄：他是最爱基督的人，正是因为这个缘故，基督才认为他非常强大，可以完成背叛基督的使命，以保证实现基督的命运（被钉死在十字架上）。犹大的悲剧在于，以为事业献身（dedication to the Cause）的名义，他已经作好冒险的准备——不仅拿自己的生命冒险，甚至要拿自己的"第二生命"，拿自己的身后美名冒险。他很清楚，他将作为背叛我们的救世主的人载入史册，但为了完成上帝的使命，他准备承受这一切。耶稣把犹大当成了达到自己目的的手段，他

185

很清楚，他的受难将使他成为千百万人仿效的楷模——效法基督（*imitatio Christi*），而犹大的牺牲则是纯粹的亏损，他无法从中获得私利。或许有点像斯大林主义野蛮审判中的那些忠诚的受害者，他们坦白罪行，宣称自己是卑鄙的人渣，知道自己这样做，就会对革命事业作出最后和最高的贡献。

〔32〕杰西·杰克逊（Rev. Jesse Jackson），美国著名黑人政治活动家，1988年民主党总统竞选候选人。——译者注

〔33〕约伯是《圣经》"约伯记"（the Book of Job）中的人物。他为人正直，"敬畏上帝，远离恶事"。他家道殷实，生活幸福，生有七子三女，但并不崇尚物质，而是乐善好施，慷慨济贫，得到世人的敬重。但灾难突然降临，他相继失去了财产和子女，患上严重的皮肤病。约伯的朋友们认为上帝赏善罚恶，约伯遭受灾难，肯定是因为他罪孽在身。对此解释，约伯拒不接受，相信自己是善良正直之人，但他不明白，何以上帝让他遭受如此苦难。对他的问题，上帝没有回答。最后约伯承认上帝的智慧和能力。——译者注

〔34〕阿兹特克人（Aztec）是墨西哥中部民族的一支，其文明在16世纪初西班牙占领时期达至顶峰。——译者注

〔35〕玛加丽塔·特罗塔（Margarathe von Trotta, 1942—），德国女导演，新浪潮电影的领军人物，执导的《德国姊妹》（*Die Bleierne Zeit*）获1981年（第38届）金狮奖的最佳影片奖。——译者注

〔36〕沃克·施隆多夫（Volker Schlöndorff, 1939—），德国导演，代表作有《铁皮鼓》（*The Tin Drum*）、《丽塔传奇》（*The Legend of Rita*）、《一弹解千愁》（*Der Fangschuss*）等。玛加丽塔·特罗塔的丈夫。——译者注

〔37〕原注12。Bernard Baas, "Les désir pur", *Ornicar*? 43, 1987.

〔38〕詹姆斯·斯图尔特（James Stewart，1908—1997），著名性格演员，美国空军准将。参演影片众多，多次获奖。希区柯克许多电影中的男主角都由他来扮演。——译者注

〔39〕格蕾丝·凯丽（Grace Kelly，1929—1982），美国女演员，演艺生涯只有短短的六年，仍被视为电影史上最伟大的女演员之一。1956年嫁给摩纳哥亲王。——译者注

〔40〕原注13。科威尔（Kovel）曾在《白人种族主义》（*White Racism*, London: Free Association Books, 1988）中把两种种族主义区分开来：一种是统治性的种族主义（dominative racism），一种是令人嫌恶的种族主义（aversive racism）。我们在此可以运用这种区分。在纳粹的意识形态中，全体人类种族组成了一个等级分明的和谐整体（处于顶端的雅利安人的"命运"统治，黑种人、中国人等其他人种则为之服务）——所有种族应有尽有，唯独没有犹太人：他们在这个和谐整体中没有适当的位置，他们的"身份"是赝品，他们擅自跨越边界，他们引发动荡、对抗，他们动摇社会构架（social fabric）。同样，犹太人与其他种族密谋，阻止其他种族屈从于他们在社会整体中的地位——犹太人就是幕后的主人，意在统治世界。他们是雅利安人的反形象（counter-image），是雅利安人否定的、变态的二重身（perverted double）。他们之所以必须被灭绝，而其他人种只需被迫接受自己的地位，原因就在这里。

四　你只能死两次

1. 两种死亡之间

拉康一直关注死亡驱力与符号秩序之间的联系，但他对死亡驱力与能指之间的说明，却有着不同的模式。根据这不同的模式，我们可以将他教学的不同阶段区分开来：

- 在第一阶段［讲座报告之一，《言语与语言……的功能与范围》(*The Function and the Field of Speech and Language . . .*)］[1]，拉康的观念是黑格尔的现象学观念——单词是死神，它谋杀事物：一旦现实被符号化，陷入符号网络，事物就会以单词、概念的形式呈现，而不是以直接的物质现实（physical reality）呈现。更确切些说，我们再也无法重返直接的现实：即便我们从单词重返事物，例如从"桌子"一词重返以其物质现实呈现出来的桌子，以其物质现实呈现出来的桌子已经打上了某种匮乏（a certain lack）的烙印。也就是说，这时，要想知道什么是真正的桌子，桌子意味着什么，我们就必须求助于单词，而单词则暗示了事物的缺席。
- 在第二个阶段（即拉康解读爱伦·坡的《失窃的信》的时期[2]），重点已从单词、言语转向作为共时结构（synchronic structure）的语言，转向作为麻木不仁的自治机制（senseless autonomous mechanism）的语言。麻木不仁的自治机制派生意义，制造意义效应。如果说在第一个阶段，拉康的语言概念基本上还是现象学的概念［拉康反复强调，精神分析的领域是意义的领域，是意涵（la signification）的领域］，那么现在我们看到的是"结构主义"语言观——语言即差异性的因素系统（differential system of elements）。现在，死亡驱力被等同于符号秩序：用拉康自己的话说，它"不过是符号秩序的面具而已"。这里主要的问题是下列两者间的对立：一者是想象性层面的意义体验（imaginary level of the experience of meaning），一者是派生想象性层面的意义体验的无意义的能指／符指化机制（signifier/signifying mechanism）。想象层面受制于快乐原则，它力争实现体内平衡（homeostatic balance），而具有盲目自治性（blind automatism）的符号秩序总是干扰这种体内平衡：它就是"超越快乐原则"。人一旦陷入能指网络，这一网络就会对他产生羞辱效应（mortifying effect）；他成了陌生的自治秩序（automatic order）的一部分，而这样的自治秩序干扰其自然体内的平衡［如通过强迫性重复动作（compulsive repetition）］。

- 在第三个阶段，拉康讲座的主要重点放在了"作为不可能的实在界"（the Real as impossible）上。在这个阶段，死亡驱力的含义再次发生天翻地覆之变。可以通过快乐原则与符号秩序之间的关系，极为容易地发现这一变化。

直到 20 世纪 50 年代末，快乐原则一直被等同于想象性层面；符号秩序被视为"超越快乐原则"之域。但是相形之下，从 50 年代后期开始（有关《精神分析的伦理》的讲座），被等同于快乐原则的倒是符号秩序了："像语言一样结构起来"的无意识，其转喻—隐喻置换（metonymic-metaphoric displacement）的"原初过程"（primary process），是

189

由快乐原则支配的；超越快乐原则的，不是符号秩序，而是实在界内核（real kernel）、创伤性之核（traumatic core）。拉康用弗洛伊德的一个术语指称它：原质（*das Ding*），即作为"不可能的原乐"（impossible *jouissance*）之化身的原质。原质在恐怖科幻小说（horror science fiction）领域中内涵极其丰富，理解原质，要顾及其全部内涵。来自电影《异形》中的"异形"就是典型的前符号的、母性的原质（pre-symbolic, maternal Thing）。

符号秩序拼命争取体内平衡，但在它的内核，在它的正中心，存在着某个怪异的、创伤性的因素，这个因素无法符号化，无法融入符号秩序。它就是原质。拉康为它发明了一个新词：外隐（*L'extimité*），即外在的隐私（external intimacy），它曾经作为雅克-阿兰·米勒讲座报告的一个题目。在这个层面上，死亡驱力又为何物？它处于符号秩序的对立面：它是"第二次死亡"之可能性，是对符号性肌理（symbolic texture）的彻底根除，所谓的现实就是通过符号性肌理建构起来的。符号秩序的存在暗示了将其彻底抹除的可能性，暗示了"符号性死亡"（symbolic death）的可能性——不是指所谓代表"真实客体"的符号的死亡，而是符指化网络的消除。

对拉康讲座的不同阶段作出区分，并不出于纯粹的理论兴趣；对于确定精神分析治疗最后时刻的到来，它会产生十分明确的影响：

- 在第一个阶段，重点放在了单词上，单词是主体间欲望识别（intersubjective recognition of desire）的中介。在第一阶段，征兆被视为白斑（white spots），被视为有关主体历史的非符号化的、想象性的因素（non-symbolized imaginary elements of the history of the subject），精神分析的过程就是把这一因素符号化的过程，就是使这一因素融入主体的符号世界（symbolic universe）的过程：精神分析回溯性地把意义赋予开始时被视为无意义的踪迹的事物。所以，一旦主体能够向大对体连续地叙述自己的历史，一旦主体的欲望融入了"完整的言语"（parole pleine），也能在"完整言语"中被识别出来，精神分析的最终时刻就到来了。

- 在第二个阶段，拉康认为符号秩序对主体具有羞辱效应（mortifying effect），并把创伤性损失（traumatic loss）强加于主体。这一损失、这一匮乏的名称当然是符号性阉割（symbolic castration）。在第二个阶段，一旦主体准备接受这一根本性损失（fundamental loss），准备把符号性阉割当成接近自己的欲望付出的代价而认可，精神分析的最终时刻就到来了。

- 在第三个阶段，我们看到了大对体，看到了符号秩序，在大对体、符号秩序的核心地带，存在着创伤性因素；在拉康的理论中，幻象被视为一个建构，它允许主体甘心忍受这个创伤性内核。在这个层面上，精神分析的最终时刻被界定为"穿越幻象"（la traversée de fantasme）：不是对创伤性内核作符号性阐释，而是体验下列事实——幻象—客体（fantasy-object）虽有诱人的外表，却只能填补大对体中的匮乏、空隙。幻象"之后"一无所有；幻象是一个建构，它的功能就是隐藏这一空白、这一"一无所有"，即隐藏大对体中的匮乏。

因此，在拉康开办讲座的第三阶段，至关重要的因素是把重点从符号界转向实在界。为了证明这一点，让我们以"实在界中的知晓"（knowledge in the Real）这一概念为例。"实在界中的知晓"是这样一种观念：大自然知道自己的规律，并据此行事。我们都看过那个经典性、原型性的卡通场景：猫走到了悬崖的边缘，但它并不止步，而是镇静地前行，尽管已经悬挂于空中，双脚高高离地，却并不跌落。什么时候跌落？在它低头一看，并意识到它悬于空中的那一顷刻。这个异想天开的意外事件的要义在于，在猫漫步于空中之时，好像实在界暂时忘记了它的"知晓"：猫最后向下看时，才猛然想起，它必须遵循自然的规律，跌落下去。基本上，这里的逻辑与前面提到的那个梦的逻辑如出一辙。那个梦是由弗洛伊德在《释梦》中提出的。在那个梦中，父亲并不知道他已经死去：关键还在于，因为他并不知道自己已经死去，他才继续活着——他必须由人提醒，告诉他他已经死去，或者给这种情形提供一个充满曲折的结局。他之所以还活着，是因为他忘了他已经死去！应该这样解读那个短语 *memento mori*：别忘了去死！

这使我们想到了对两种死亡所作的区分：因为不知道自己已经死去，弗洛伊德梦中的父亲依然活着，尽管他已经死去。在某种意义上说，每个人必定死两次。这就是黑格尔的"历史中的重复"（repetition in history）的理论：拿破仑第一次失败并被流放厄尔巴岛（Elba）时，并不知道自己已经死去，不知道他的历史角色已经终结，他不得不通过他在滑铁卢（Waterloo）的第二次失败，想到这一点。[3]到了这个时候，在他第二次死去后，他才真的寿终正寝。

刺激我们得到"第二次死亡"这一观念的是萨德。萨德认为存在着一种根本的、绝对的罪恶，它释放了大自然的创造力量。萨德的这种看法是蒲柏（Pope）就萨德的《朱丽叶》[4]的第五卷发表长篇大论时阐述的。萨德的罪恶观暗示了两种死亡的区分：一种是自然死亡，它是生生死死的自然循环的一部分，是自然持续转化的一部分；一种是绝对死亡（absolute death），它是自然循环自身的毁灭和根除，因而把自然从其自身的规律中解放出来，使自然不再受自然规律的束缚，为无中生有地（ex nihilo）创造新生命铺平道路。可以把在两种死亡之间所作的区分，与由下列事实揭示出来的萨德式幻象（Sadeian fantasy）联系起来：在他的作品中，受难者在某种意义上是坚不可摧的：她可以被无休止地蹂躏，但最后总能死里逃生；她可以忍受任何酷刑，并保持美丽端庄。仿佛在她的自然躯体（生死循环的一部分）之上或之外，在她的自然死亡之上或之外，她还拥有另外一个躯体，一个由其他实体铸成的躯体，一个被排除在生命循环之外的躯体。一言以蔽之，一个崇高的躯体（sublime body）。[5]

我们今天可在五花八门的"大众文化"产品（如动画片）中发现同样的逻辑。且以《汤姆与杰瑞》（Tom and Jerry），又译《猫和老鼠》为例。每一方都遭受过可怕的灾难：猫被刺伤，炸药在它口袋里爆炸，它被压路机碾过，它的躯体被碾成缎带，诸如此类；但在下一个场景中，它又以其正常的躯体出现了，争斗再次开始——仿佛它拥有另一个固若金汤之躯。或以视频游戏为例，在视频游戏中，我们真正与两种死亡的差异打交道：这种游戏的通常规则是，玩家（或者说得更确切些，在游戏中代表他的那个形象）拥有数条生命，一般是三条；他受到了某种危险的威胁，比如遇到了要吃掉他的怪物，而且如果怪物追上了他，他就会失去一条命，如果飞快地达到了目的地，他就会额外获得一条或几条生命。因此，这样的游戏的整个逻辑是以两种死亡的差异为根基的：一般的死亡，让我丢一条命；最终的死亡，让我输掉游戏。

拉康把这两种死亡的差异视为下列两者间的差异：一者是真实（生物）的死亡；一者是真实（生物）死亡的符号化、"清账"、符号性命运（symbolic destiny）的终结（如天主教的临终自白）。两者间的鸿沟可以用不同方式填充：或是崇高美（sublime beauty），或是可怕的怪物。在安提戈涅那种情形下，她的符号性死亡，她被排除在城邦符号共同体（symbolic community of the city）之外，先于她的实际死亡，并以崇高美浇铸了她的性格；哈姆雷特父亲的鬼魂则代表着与此完全相反的情形：只有实际的死亡，没有符号性死亡，没有"清账"。这是他作为可怕的幽灵归来，直到他的债权得以偿还才肯离去的原因。

　　这个处在"两种死亡之间"的位置，即崇高美或者可怕的怪物所处的位置，正是原质的场所（site），是处于符号秩序中间的实在界—创伤性内核（real-traumatic kernel）的立足之地。这个位置是由符号化/历史化（symbolization/historicization）开辟的：历史化的过程暗示了空位（empty place）的存在，暗示了非历史的内核（non-historical kernel）的存在，而符号网络就是围绕着非历史的内核编织出来的。换言之，把人类历史与动物进化区分开来的，正是这个非历史的位置（non-historical place），正是这个无法符号化的位置，尽管这个位置又是由符号化回溯性地创造出来的：一旦"残忍"的、前符号性现实（pre-symbolic reality）被符号化/历史化，它就会"隐匿"、隔离原质所处的这个空洞的、"无法消化"的位置。

　　正是对原质所处的空位（empty place）的这种参照，使我们能够设想能指网络的整体性、全球性灭绝的可能性：只有自然的循环运动已被符号化/历史化，自然的循环运动已被刻入、落入符号网络，才能设想"第二次死亡"，设想自然循环运动的彻底灭绝。"绝对的死亡"、"对世界的破坏"，总是对符号世界的破坏。弗洛伊德的"死亡驱力"只是对萨德的"第二次死亡"观准确的理论概括：全盘"擦除"历史传统，这种可能性正是由符号化/历史化的过程开辟的。符号化/历史化把全盘"擦除"历史传统的可能性视为它彻底的、自我毁灭的极限。

在整个马克思主义历史中,或许只有一个这样的时刻,在那时,历史的非历史性"外隐"内核(non-historical "ex-timate" kernel of history)被触及。在那时,对历史的反思被带到了"死亡驱力"那里,并把"死亡驱力"作为历史反思的零度:那便是法兰克福学派的"同路人"瓦尔特·本雅明(Walter Benjamin)的最后文本《历史哲学论纲》(Theses on the Philosophy of History)。情形之所以如此,当然还是因为本雅明——马克思主义中的独特个案——把历史设想为文本,设想为"将在未来实现"(will have been)的事件系列。事件的意义及事件的历史维度,都是通过把它们刻入符号网络(their inscription in the symbolic network),在事后被决定的。

2. 作为重复的革命

《历史哲学论纲》本身就占据了"外隐"的位置;它就像一具陌生的躯体,不仅抵抗将自己嵌入法兰克福学派的框架,而且抵抗将自己嵌入本雅明思想的连续体。这就是说,人们通常把本雅明的发展,视为对马克思主义的逐渐接近。《历史哲学论纲》给这个连续体切了一个口子。在那里,在他的理论(与物质)活动终结之时,神学问题突然出现。只有"借助于神学之力",历史唯物主义才能大获全胜——这是它的第一个著名论题:

> 故事讲的是一个机器人。它会下棋,而且出手必赢,对手每走一步,它就应对一步。一个身着土耳其服装、嘴叼水烟袋的木偶,端坐在棋盘前,棋盘放在一张大桌子上。一组镜子制造了这样的幻觉——无论从哪个角度看,桌子都是透明的。其实呢,一个驼背侏儒坐在里面。他是棋艺高手,用线牵动着木偶下棋。我们可以想象这个装置的哲学对应物。被称为"历史唯物主义"的木偶始终会赢。如有神学之助,它会轻易战胜任何对手。而神学,大家知道,现在已经形容枯槁,必须袖手

旁观了。[6]

在这个段落中，最引人注目的是下列两者的矛盾：一者是寓言，它构成了论题的第一部分；一者是对这个寓言的阐释，它构成了论题的第二部分。在阐释这个寓言时，寻求"神学之助"的是历史唯物主义；但在寓言中，神学（"驼背侏儒"）在以线牵动木偶，指导木偶，这木偶即"历史唯物主义"。这一矛盾当然是寓言与寓言意义的矛盾。最终是能指和所指的矛盾，所指假装寻求能指的"神学之助"，假装要以能指为手段，但很快发现，自己已经卷入能指的网络。因此，两个不同的层面彼此相互横穿：本雅明寓言的形式结构发挥的作用，与其"内容"发挥的作用毫无二致。历史唯物主义发挥的作用与神学发挥的作用毫无二致。唯物主义只是假装寻求神学之助，但越来越多地与指挥木偶的线缠在一起，因为——如果我们允许自己享受这种前奏快感（*Vorlust*, forepleasure）——"神学"在这里指的就是能指的代理（agency of the signifier）。

但是，且让我们循序渐进：我们应该如何设想本雅明提到的神学之维？"神学"展示了一种独特的体验，这种体验在本雅明去世后发表的下列片段中，间接地提到过："在 *Eingedenken*（追忆）时，我们获得了一种体验，这种体验禁止我们以基本上是非神学的方式设想历史。"我们不能把 *Eingedenken* 简单地翻译成"回忆"、"怀旧"，更加字面化的翻译——"把自己置于思绪内/把自己变成某物"——也是不恰当的。

尽管这是在冒险地"占有过去"（appropriation of the past），但只要我们还停留在阐释学领域（the field of hermeneutics），我们就无法恰如其分地设想 *Eingedenken*。本雅明的目标与阐释学理解（hermeneutical understanding）之基本导引——"把阐释文本置于其时代的整体之中"——完全相反。本雅明要说的，是把一片过去（a piece of the past）从历史的连续体中隔离出来，"……把特定的生命从时代中剥离出来，或把特定的著作从毕生的著作中剥离出来"（第十七论）。这种阐释程序与阐释学的对立，立即令人想起弗洛伊德所谓的细节阐释（interpretation en détail）与整体阐释（interpretation en masse）的对立："我们必须注意的对象不是整体的梦，而是梦的'内容'的单独部分。"[7]

对阐释学方法的拒绝与向前阐释学的朴素状态（pre-hermeneutical naïveté）的"倒退"，没有任何关系：对于我们来说，关键并不在于通过提取我们实际的历史位置（我们站在这个位置上说话），"使我们习惯于过去"。Eingedenken 肯定是对过去的占有，它偏向被压迫的阶级："历史地阐明过去，并不意味着'按其本来的模样'去认识它"（第六论）……"历史知识的保管人不是某个人或某些人，而是正在抗争的被统治阶级"（第十三论[8]）。

我们依然会伪造这些文字的意义。伪造这些文字的意义的方式，是在尼采式史学（Nietzschean historiography）的意义上，即在"强力意志即阐释"（will to power as interpretation）的意义上，把那些文字解读为胜利者有"撰写自己的历史"的权利，有把自己的"视野"强加于人的权利；伪造这些文字的意义的方式，是在这些文字中看到两个阶级——统治阶级和被压迫阶级——在为"谁将撰写历史"而斗争。或许对于统治阶级来说，的确如此，但对于被压迫阶级来说，绝对不是这样的。在两个阶级之间，总是存在根本性的不对称（fundamental asymmetry），本雅明借助于两种不同的时间模式（modes of temporality）指称这种根本性的不对称：一种是空洞的、同质的连续时间（time of continuity），为处于统治地位的官方史学所有；一种是"被填充"的非连续时间（time of discontinuity），历史唯物主义就是由这种时间来界定的。

通过把自己限制在"本来的模样"上，通过把历史视为封闭的、同质性的、直线运动的、连绵不断的事件进程（course of events），传统史学（historiographic gaze）的凝视先验地、正式地成为"获胜者"的凝视：它把历史视为封闭的"发展"连续体，一直通向今天的统治者正在实施的统治。它无视历史上的失败之物，无视历史上必须被拒绝的事物。只有这样，才能确立由"实际发生过的事件"组成的连续性。处于主导地位的史学撰写有关伟大成就和文化宝藏的、"实证"的历史，而历史唯物主义者"则以谨慎、超然的态度审视它。因为无一例外，他调查的文化宝藏全都有一个源头，他不得不心怀恐惧地注视这一源头。这些宝藏把自己的存在不仅归功于那些创造了它们的伟大心灵和伟大天才，还归功于它们同时代人的默默无闻的劳作。任何一部文明的文献（document of civilization），同时也是野蛮的文献（document of barbarism）"。（第七论）

官方史学展览的是胜利者得意洋洋的高歌猛进。与此形成鲜明对比的是，被压迫阶级把过去归诸自己。只要过去是"开放"的，只要过去包含着"对拯救的渴望"，被压迫阶级就把过去归诸自己。也就是说，只要过去以失败之物（what failed）的形式、以已被灭绝之物（what was extirpated）的形式包含着未来之维（dimension of the future），它就把过去归诸自己。"过去随身携带着时间的索引（temporal index），它凭之获得救赎。"（第二论）

只要历史已经包含着未来，只要历史已经包含着我们自己的革命行动的未来，我们就要把这个已被窒息的过去之维（dimension of the past）归诸自己。革命行动通过重复，回溯性地拯救过去："过去的人和今天的人有一个秘密协议。我们来到尘世，这早就被预料到了。"（第二论）为了把那个过去之维归诸自己，我们必须割断历史发展的连续流动，必须做一次"虎跃"（tiger's leap），一头"扎入过去"（leap into the past）（第十四论）。只有这样，我们才能获得下列两者间的根本不对称：一者是描绘历史的连续运动的史学进化论（historiographic evolutionism），一者是历史唯物主义：

> 历史唯物主义者少不了"当下"概念。这个"当下"不是过渡。但在这个"当下"，时间保持静止并趋于停止。因为这一概念界定了另一个"当下"，即历史唯物主义在撰写历史时置身其间的那个"当下"。（第十六论）

> 思维不仅涉及意念的流动，而且涉及意念的停止。一旦思维在充满张力的构型（configuration）中突然停止，它就会冲击那个构型，并因此结晶为单子（monad）。历史唯物主义者只有在遇到作为单子的历史主体时，才会研究历史主体。在这一结构中，他看到了对意外事件的救世主式中止（Messianic cessation of happening）的标志，或者换言之，他在为受压迫的过去开展的战斗中，看到了革命的机遇。（第十七论）

我们在此看到了第一个惊喜：历史唯物主义的本质在于，它有能力阻止、固定历史的移动（historical movement），有能力把细节从历史整体（historical totality）中隔离出来。这与马克思主义庸见（doxa）截然相反，根据这一庸见，我们必须在事件与事件的相互联系中，在事件的辩证运动中把握事件。

单子中的运动的这一结晶化、"凝结"，预示了占有过去（appropriation of the past）这一时刻的到来：单子是一个现实时刻（actual moment），过去（the past）绕过连续、直线的进化（continuous line of evolution）直接依附于这一现实时刻：当前革命形势把自己视为对过去失败了的形势（past failed situations）的重复，视为通过对其自身的成功开发而获得的回溯性"救赎"。过去是"用当下（the present）填补过"的过去，革命机遇（revolutionary chance）的时机不仅决定着现实革命的命运，而且决定着过去失败了的革命企图的命运：

> 历史唯物主义希望保持过去的形象。这种过去的形象总是出现在由历史在危险时刻挑选出来的人的面前。上述危险既影响传统的内容，也影响传统的接收者。（第六论）

现实革命的失败还会危及过去，因为现实革命还发挥着把过去错失的革命机遇（past missed revolutionary chances）浓缩起来的功能。过去错失的革命机遇在现实革命中重复自身：

> 历史是一个关于结构的学科（subject of a structure），结构并不寄身于同质的、空洞的时间，而是寄身于由当下（Jetztzeit）存在填充的时间。对于罗伯斯庇尔来说，古罗马就是由现在的时间（the time of the now）填满了的过去，他把古罗马从历史的连续体（continuum of history）中剥离出来。法国大革命把自身视为罗马再世。它令人想到古罗马，一如今天的时装令人想到过去的戏服。（第十四论）

对于那些熟悉弗洛伊德的命题"无意识处于时间之外"的人来说，弗洛伊德说过的一切这里都说过了：革命的当下充斥着的"填补时间"（filled-out time）、一头"扎入过去"的"虎跃"，都预示了强迫性的重复（compulsion to repeat）。本雅明提到的历史运动的停止，时间连续性的悬置，完美对应着当下言语（present speech）和过去言语（past speech）的"短路"，而当下言语与过去言语的"短路"正是移情情景（transferential situation）的特征：

当移情情景通过唤起旧的情景被分析时,当主体以完全不同的客体,以无法转化为当下客体的客体找到自己时,精神分析就完成了转型。何以如此?因为当下言语和旧言语(old speech)一样,被置于时间的括号之内,被置于时间的形式(form of time)之内——如果我可以这样说的话。因为时间的调制(modulation of time)是一样的,精神分析师的言语[用本雅明的话说,历史唯物主义者的言语]碰巧和旧言语具有完全相同的价值。[9]

在单子中,只要现实的构象(actual constellation)直接装满了过去的构象(past constellation),换言之,只要我们要和纯粹的重复(pure repetition)打交道,"时间就停止了"。重复"处于时间之外",这话不是在某种前逻辑古语(pre-logical archaism)的意义上说的,而是在纯粹的能指共时性(pure signifier's synchrony)的意义上说的。我们不必在历时性的光阴箭(diachronous time arrow)中,寻找过去的构象(past constellations)与当下的构象(present constellations)的联系;这一联系会以直接的范式短路(paradigmatic short-circuit)的形式复原。

因此,单子是不连续的时刻,是断裂的时刻。在单子中,线性的"时间河流"被悬置、被遏止、"被凝固",因为里面回响着过去的声音。也就是说,绕过连续时间的线性的前后相续(linear succession of continuous time),直接回响起过去的声音。这里所谓的过去,是被压抑的过去,是被挤出连续性(continuity)的过去,而连续性是由获胜的历史建立起来的。它真的就是"被中止的辩证"(suspended dialectics)之所在,是纯粹的重复之所在。在那里,历史运动被置身于括号之内。只有一个这样的领域,在那里,我们可以谈论占有过去,谈论当下回溯性地"救赎"自己;在那里,过去被囊括于当下。这唯一的领域就是能指的领域：只有作为能指的共时性（signifier's synchrony），只有作为过去与当下的共时化，运动的悬置才是可能的。

我们现在可以看到，在把单子从历史连续体（historical continuity）中孤立出来时，我们正在处理什么样的问题：我们通过将意涵整体（totality of signfication）置于括号之内，把能指分离出来。将意涵置于括号之中，是当下与过去形成短路的必要条件：它们的共时化就出现在能指自治（autonomy of the signifier）这一层面上——被共时化的，被叠加在一起的，是两个能指网络，而不是两种意义。结果，看到下列一点，我们不应该感到惊讶："把某种过去嵌入（Einschluss）当下的肌质"，这种做法是由文本的隐喻支撑的，是由作为文本即历史（history as text）的隐喻支撑的：

> 如果我们准备把历史当成文本，那么我们对历史就可以说某个现代作家对文学文本说过的话：在历史中，过去已经废黜了一些形象，可以把这些形象比作保留在摄影底片上的形象。"未来只有使用更强劲的显影剂，照片才能纤毫毕现。事实证明，马里沃[10]或卢梭的很多文字都有他们那代读者无法完全破解的意义"。[11]

我们必须在此再次引用拉康的话。拉康为了解释被压抑物的回归，使用了诺贝特·维纳有关倒转时间之维（inverted temporal dimension）的隐喻：我们先看到了正方形的消失，然后才看到了这个正方形：

> 我们在被压抑物的回归中看到的，是某物已被抹除的信号（effaced signal of something），该物只能通过其符号性的实现

（symbolic realization），通过使自己融入主体的历史，才能在未来实现自身的价值。确切说来，只有在它出现之时它就必定在将来成为某物的情况下，它才是那个事物。[12]

所以，与误导性的第一印象相反，现实的革命形势并非某种"被压抑物的回归"。相反，被压抑物的回归、"征兆"是过去失败了的革命努力，它被遗忘，被排除在处于统治地位的历史传统框架，而现实的革命形势表现出一种企图，它要"暴露"征兆，"拯救"——在符号界中实现——这些过去失败了的努力。这些努力只有通过自身的重复，才能成为"将要成为的那个事物"。到那时，这些失败了的努力就会回溯性地成为它们已经成为的事物。说到本雅明的《历史哲学论纲》，我们可以重复拉康的公式：革命实现了一头"扎入过去"的"虎跃"，这倒不是因为它在过去、传统中寻求某种支撑，而是因为这种过去，这种在"来自未来"（comes from the future）的革命中重复自身的过去，已经身怀未来的开放之维（open dimension of the future）。

3. "末日审判这一视角"

正是在这里，我们看到了本雅明的历史观和斯大林主义历史观的惊人一致：一旦我们把历史视为文本，视为"它自身的历史"（its own history），视为它自身的叙事（its own narration），也就是说，视为回溯性地获得其含义的东西，在那里，这种延迟、这种事后效应（effect of après coup）已经刻入现实事件（actual event），而现实事件又"不"是现在之物，而是"将要成为的那个事物"……只要我们这样做，我们就有义务（至少在暗中）从"世界末日大审判"（Last Judgement）的视角，审视历史的过程，即从最终清账的视角，从已经完成的符号化/历史化（symbolization/historicization）的视角，从"历史的终结"（end of history）的视角审视历史的过程。到了那时，每个事件都将回溯性地获得其最后的意义，都将在总叙事（total narration）中得到最终的位置。因此，现实的历史（Actual history）可以说是赊账（on credit），只有随后的发展才能回溯性地决定，当前的革命暴力将来能否得到宽恕，能否合法化，或能否作为当代人的罪责、未清债务，继续对当代人施加压力。

不妨回忆一下梅洛-庞蒂（Maurice Merleau-Ponty）在《人道主义与恐怖》（Humanism and Terror）中为斯大林的政治审判所作的辩解。他为之辩解的理由是，尽管政治审判的牺牲品毫无疑问是无辜的，但后来的社会进步会证明这些审判的正当性，后来的社会进步也只能通过这些审判才能取得。我们在此得到了"末日审判视角"的根本观念（"末日审判视角"这一表述是拉康在《精神分析的伦理》中提出的）：任何行动，任何事件，都不会竹篮打水一场空；在他的讲述中，历史中没有只出不入的纯开支，没有只赔不赚的纯亏损；我们做过的每件事都在某个地方被记录、登记，成为踪迹，这个踪迹虽然眼下没有意义，但在最后清账时将获得适当的位置。

这就是隐藏在斯大林主义逻辑（Stalinist logic）后面的观念论。这种逻辑尽管拒绝人格化的上帝，但依然暗示了以大对体形式现身的柏拉图式天国（Platonic heaven）的存在，强化了经验的、现实的历史，维持了其会计学，即决定每个事件和每次行动的"客观意涵"（objective signification）。如果没有这样的会计学，没有事件与行动在大对体账目（account of the Other）中的登记，就无法设想，斯大林主义话语中的某些关键概念，诸如"客观罪责"（objective guilt），是如何发挥作用的。"客观罪责"正是历史这个大对体眼中的罪责。

初看起来，在"末日审判视角"的问题上，本雅明与斯大林真可谓英雄所见略同；但我们应该听从人们给"一见钟情"提出的建议：一见之后，要再看一眼。如果我们这样做了，一切就会昭然若揭：本雅明与斯大林表面上的相似只能证明，本雅明已经触及斯大林主义符号大厦的敏感神经。本雅明是唯一彻底质疑由历史这个大对体的会计学暗示的"进步"观念的人。在这方面，他是拉康下列著名公式的先驱：发展"只是统治的假说（hypothesis of domination）"[13]。本雅明还是唯一证明进步与统治具有不间断联系的人："不能把人类的历史进步（historical progress of mankind）这个概念，与人类通过同质的、空洞的时间行进（progression）这一概念截然分开"（第十三论）。也就是说，不能把人类的历史进步这个概念与统治阶级的时间（temporality）概念截然分开。

斯大林主义的视野是胜利者的视野。胜利者最终的胜利是由"历史的客观必然性"提前保证的。这是尽管强调断裂、跳跃、革命，胜利者对过去历史（past history）的看法始终都是进化论式的原因。历史被视为以新主人取代旧主人的连续过程：每个胜利者在自己的时代都扮演着"进步的角色"，然后因为不可避免的发展而丧失目标：昨天，是资本家按进步的必然性行事；今天，轮到我们大显身手了……在斯大林主义的会计学中，"客观罪责"（或客观贡献）是由历史发展的规律来衡量的，是用走向至善（共产主义）的持续进化的规律来衡量的。与此相反，在本雅明那里，"末日审判视角"是这样一些人的视角：他们为一系列伟大历史胜利付出了代价；他们必须失败，必须达不到自己的目的，以便一系列伟大历史行动得以完成。"末日审判视角"是被背叛了的希望（hopes deceived）的视角，是在历史的文本中只留下零星的、匿名的、无意义的边缘行为的踪迹的视角。这些边缘行为的"历史伟大性"（historical greatness）是由官方史学的"客观"凝视来证明的。

之所以在本雅明看来，革命不是持续历史进化的一部分，而是"郁滞"（stasis）之时，原因就在这里。到了那时，持续性被打断；先前历史的肌理（texture of previous history），胜利者的肌理，被废止；通过革命的成功，每个流产的行动，每次失足，每个过去失败了的努力（这些努力在处于统治地位的文本中充当着空洞、无意义的踪迹），都会回溯性地得到"补偿"，都会获得自己的意涵。从这个意义上说，革命完全是创世论者的行动（creationist act），是"死亡驱力"的大举入侵：它抹除了处于统治地位的文本，无中生有地创造了新的文本；借助于新的文本，被窒息了的过去终将实现自己。

且用拉康对《安提戈涅》的解读说明问题：如果说斯大林主义的视野是克瑞翁的视野，是以国家共同善（Common Good of the State）的形式出现的至善的视野，那么本雅明的视野则是安提戈涅的视野。在本雅明看来，革命事关生死存亡；说得更确切些，革命事关第二次死亡，即符号性的死亡。革命提供的选择，要在下列两者间作出：其一为救赎，它会回溯性地把意义赋予——用斯大林主义的话说——"历史的渣滓"（scum of history），把意义赋予被排除在进步连续性（continuity of Progress）之外的东西；其二为天启（apocalypse）及其失败，在那里，即使死人也要再次死去，忍受第二次死亡："如果敌人获胜，即使死者也无法摆脱敌人的威胁"（第六论）。

因此，我们可以把斯大林主义与本雅明的对立，视为进化唯心主义（evolutionary idealism）与创化唯物主义（creationist materialism）的对立。拉康曾在关于《精神分析的伦理》的讲座上指出，进化主义这种意识形态总是暗示了对至善的信仰，对终极进化目标的信仰。这样的终极进化目标从一开始就指引着进化的进程。换言之，它总是暗示隐蔽的、极力否认的目的论，而唯物主义总是创化性的，它总是包含着回溯性运动：最终目标并不铭刻在开端身上；事物总是事后才获得意义。秩序（Order）的突然创造（sudden creation）会回过头来将意涵赋予先前的混沌状态（Chaos）。

初看上去，本雅明的立场是彻底的反黑格尔式的立场：辩证法不就是最为精致、最不忠诚的进化主义吗？在那里，每次断裂不都囊括于进步的连续体（continuity of Progress），囊括于它不可避免的逻辑吗？本雅明或许就是这样设想自己的地位的：他把切入历史连续体的断裂点，称为"被悬置的辩证法"（suspended dialectics）之点，称为纯粹重复的入侵。纯粹的重复把扬弃这一进步运动（progressive movement of *Aufhebung*）置入了括号之中。但正是在这个接合点（juncture）上，我们必须强调黑格尔彻底的反进化主义："启动"了辩证运动的绝对否定性（absolute negativity），不过是"死亡驱力"的干预而已；"死亡驱力"是绝对非历史性的，是历史的"零度"——历史运动把"绝对否定性"的非历史维度置于自己的核心地带。换言之，运动的悬置是辩证过程的关键时刻：所谓的"辩证发展"之为"辩证发展"，就在于对起始的不断重复，在于预设内容（presupposed contents）的灭绝和对预设内容的回溯性重构（retroactive restructuring）。这样的庸俗观念（"辩证发展"是持续的转化进程，在这个进程中，旧的死去，新的诞生，全都在不停的运动中召唤），这样的自然观，即把自然视为转化、生死的动态过程的自然观，从萨德到斯大林，遍地都是。这样的庸俗观念和自然观，无论如何都与黑格尔式的"辩证过程"风马牛不相及。

这种伪"辩证"的自然观，即把自然视为永恒的转化循环的观念，并不是斯大林主义的全部内容：逃掉的正是共产主义者所处的主体位置（subjective position）。说得简明些，斯大林主义共产主义者所处的位置恰恰介于两种死亡之间。要就其字面意义理解我们在斯大林的著作中发现的对共产主义形象所作的颇有诗意的界定。例如，在列宁的葬礼上发表演说时，斯大林宣称："我们共产党人是具有特种性格的人。我们是由特殊材料制成的。"很容易见出对这种特殊材料的命名：小客体，即处在两种死亡的夹缝中的崇高客体。

在斯大林主义的愿景中，共产主义者是"有着钢铁一般意志的人",他们莫名其妙地被排除在普通人类热情与弱点的庸常循环之外。仿佛在某种程度上,他们都是"活死人":虽然他们还活着,却已被排除在平凡的自然力量循环之外。也就是说,仿佛他们拥有另外一个躯体,一个在他们平凡肉体之外的崇高躯体(sublime body)。在鲁比什[14]的《尼诺契卡》中,贝拉·洛克斯(Bela Lugosi)扮演的党的高级政工被视为另一个"活死人"德库拉[15]。这个事实究竟表达了对前面所述事物状态的预感,还是只是一种好玩的巧合?用来支撑斯大林主义的共产主义形象的幻象与卡通片《汤姆和杰瑞》中的幻象如出一辙:共产主义者是不可摧毁和不可战胜的,他们可以忍受最残酷的折磨,还能毫发无损地死里逃生,并以新的力量强化自己。在这样的共产主义者形象后面隐藏着的幻象—逻辑(fantasy-logic),与猫的幻象—逻辑毫无二致,在那里,猫的脑袋被炸药炸掉,但在下一幕中,它又毫发无损地继续追击它的阶级敌人——老鼠。

4. 从主人到领袖

问题是,我们已经在古典的、前资产阶级的主人(pre-bourgeois Master)身上,见到过介于两种死亡之间的崇高躯体这一概念。例如,在国王身上就看到过崇高躯体的概念:好像在寻常的躯体之外,国王还拥有一个崇高的、缥缈的、神秘的、使国家人格化的躯体。[16]那么,古典的主人与极权主义的领袖的差异究竟何在呢?古典主人的变形躯体,是述行机制(performative mechanism)的结果,这一述行机制在鲍埃西[17]、帕斯卡尔、马克思那里都作过描述:我们这些臣民,觉得要把国王当国王对待,因为他是真命天子;但实际上,国王之所以是国王,是因为我们像对待国王那样对待他。这一事实——国王的神赐力量只是其臣民践行的符号仪式的结果——必须处于隐蔽状态:作为臣民,我们必定是"国王乃真命天子"这一幻觉的牺牲品。这是古典的主人必须通过引证某种非社会的、外在的权威（如上帝、自然、过去发生的某个神秘事件）使自己的统治合法化的原因。一旦那个赋予他神赐权威的述行机制被揭穿，主人就会丧失力量。

但是极权主义领袖的问题是，他不再需要这个外在基准点（point of reference）使自己的统治合法化。他不会对臣民说："你们必须追随我，因为我是你们的领袖。"相反，他会说："就我本人而言，我什么都不是，我之所以干了现在这个差事，只是因为我是你们意志的表达、化身和执行者，我的力量就是你的力量……"一言以蔽之，仿佛极权主义领袖正是通过引证前面提及的帕斯卡尔—马克思的观点，面对他的臣民，使自己的权力合法化的。也就是说，领袖向臣民展示古典主人之为古典主人的秘密。基本上，他会这样向他们说："我之所以是你们的主人，是因为你们对待我就像对待你们的主人一样；是你，以你的行为，让我成了你的主人！"

如果经典的帕斯卡尔—马克思的观点已经宣告失效，那我们怎样才能颠覆极权主义领袖的立场？这里的基本骗术在于，领袖的基准点，他为了使自己的统治合法化而援引的实例（人民、阶级、民族）并不存在。或者说得更确切些，只有通过恋物癖的代表（fetishistic representative），作为恋物癖的代表，党和领袖才能存在。对述行之维（performative dimension）的误认，沿着完全相反的方向运行：古典主人之所以是主人，只是因为他的臣民像对待主人那样对待他；但在这里，人民之所以是"真正的人民"，是因为他们以自己的代表——党和领袖——为化身。

关于极权主义对述行维度的误认，有一个公式，该公式可以表述如下：党认为，它就是党，因为它代表了人民的真正利益，因为它根植于人民，表达人民的意志；但实际上，人民之所以是人民，是因为他们以党为化身；或者说得更确切些，只有以党为化身，人民才是人民。说作为党的支撑物的人民并不存在，并不是说绝大多数的人不真正支持党的统治。内部机制更为复杂一些。在极权世界里，通过分析诸如"全体人民支持党"之类的短语，可以极为轻易地发现"人民"发挥的悖论性功能。这一命题无法证伪，因为在对事实进行观察之后，我们看到了人民的循环性定义：在斯大林主义的世界里，"支持党的统治"是由"人民"一词"严格指定"的——归根结底，在所有的世界里，这是在所有的世界里用来界定人民的唯一特征。这是人民的真正成员只是那些支持党的统治的人的原因：那些不利于党的统治的人，会被自动排除在人民之外；他们会成为"人民之敌"。我们在此得到的，比那个著名的笑话更残酷："我跟未婚妻约会，她从来不失约，因为一旦失约，她就不再是我的未婚妻了。"人民总在支持党，因为党的成员一旦反对党的统治，他就会自动把自己从人民中排除出去。

　　拉康式的民主定义会是这样的：民主是一种社会政治秩序（sociopolitical order），在那里，人民并不存在——作为单一整体、以其唯一代表为化身的人民，并不存在。这是我们这样说的原因：民主秩序的基本特征在于，出于结构上的必要性，权力之位（place of Power）是空位（empty place）。[18] 在民主秩序中，主权在于人民，但是，如果人民不是权力主体（subjects of power）的集合，又会是什么呢？我们在这里得到的悖论，和有关自然语言的那个悖论如出一辙：自然语言同时又是最终的、最高级的元语言。因为人民无法直接统治自己，权力的位置就必须永远是空位；任何人占据这个位置，都只能是暂时的占据，都只是作为代理来占据，作为对实在界——不可能的君主（real-impossible sovereign）的替代者来占据。正如圣茹斯特[19]所言，"谁都不能干干净净地实施统治"。在极权主义中，党再次成为主体，因为是人民的直接化身，它能干干净净地实施统治。真正社会主义国家都自称"人民民主国家"——"人民"终于在这里再次现出了真身。这不是偶然的。

正是在这种腾空权力位置的背景上,我们可以评估把勒福尔[20]所谓的"民主的虚构"(democratic invention)引入制度史(history of institutions)带来的突破:可以确定,"民主社会"是这样的社会,它的制度性结构(institutional structure)把社会符号联结(socio-symbolic bond)的解体时刻,把实在界突然闯入的时刻——即选举之时——当成"正常"的、"常规"的再生产的一部分来接纳。勒福尔把选举——即"资产阶级""形式"民主实施的选举——视为社会大厦的符号性解体之行为:选举的这个至关重要的特征在于,它通常是马克思主义在批判"形式民主"时针对的目标;选举的这个至关重要的特征在于,我们是作为抽象的市民、原子化的个人参加选举的,我们被化约成了纯粹的"太一"(One),而没有进一步的限定性说明。

选举时,整个等级化的社会关系网络在一定程度上被终止,被置于括号之中:作为有机统一体(organic unity)的"社会"不再存在,社会变成了原子化个人、抽象单元(abstract units)的偶然性集合,而结果依赖于纯粹量化的计数机制,最终依赖于一个随机过程:某些完全无法预见(或操纵)的事件——例如选举前几天突然爆出的丑闻——在决定国家未来几年间政治的总体走向方面,无论如何都会产生一定的影响……掩藏我们称之为"形式民主"的彻头彻尾的"非理性"的特征,是徒劳的:选举时,社会转入了随机过程。只有接受这样的风险,只有准备把自己的命运移交给"非理性"的运气,"民主"才是可能的:我们也正应该在这个意义上解读我前面提到过的丘吉尔名言:"民主政治在所有可能的政治制度中是最坏的;唯一的问题是,再也没有比它更好的政治制度了。"

民主使一切种类的操纵、腐败、蛊惑人心的统治(the rule of demagogy)等成为可能,这倒是真的。但是一旦我们除去了诸如此类的畸变的可能,我们就会失去民主本身。这是黑格尔式普遍

(Universal)的一个完美范例:只有采取肮脏、丑陋、腐烂的形式,它才能够实现自身;如果我们要除去这些变形,把握一尘不染的普遍,那么我们得到的就会与此截然相反。所谓的"真正的民主",只是不民主的别称而已:如果我们想排除操纵的可能性,那我们就必须预先"查证"候选人,我们就必须引入下列两者间的差异:一者是"人民的真正利益";一者是人民随机发出、摇摆不定的意见,这样的意见屈从于各种煽动和混乱等等。如此一来,我们最终得到的,只是通常所谓的"有组织的民主"(organized democracy)。在这种民主中,真正的选举在选举之前即已完成,投票仅仅具有公投价值(plebiscitary value)。一言以蔽之,"有组织的民主"只是拒绝实在界入侵的一种方式,而实在界的入侵却是"形式"民主的特征:它是社会大厦分解为原子化个人的纯数值集合(purely numerical collection)的那一时刻。

所以,尽管"事实上"只存在"例外"和"畸变",普遍的"民主"概念却依然是"必不可少的虚构",依然是符号性事实,没有它,形式上五花八门的有效民主(effective democracy)就无法再生产自己。具有讽刺意味的是,在这方面,黑格尔接近于边沁(Jeremy Bentham),接近于他的《虚构理论》(Theory of Fictions),拉康也常常引用此书:黑格尔的普遍就是这样的"虚构",它"在现实中根本就不存在",我们在那里只有例外,但它作为基准点,依然由"现实"暗示出来。这样的基准点赋予现实以符号一致性(symbolic consistency)。

注 释

[1] 该文全名为《言语与语言在精神分析中的功能与范围》,1956 年首次以法文发表,1968 年译成英文,影响巨大。中文版参见

拉康:《精神分析学中言语和语言的作用和领域》,见《拉康选集》,褚孝泉译,上海三联书店2001年版。——译者注

〔2〕埃德加·爱伦·坡(Edgar Allan Poe,1809—1849),美国诗人、小说家和批评家。爱伦·坡的创作总是独具一格,内容新颖,形式多样,敢于实验,被誉为侦探小说的鼻祖、科幻小说的先锋、恐怖小说的大师、哥特小说的巅峰、象征主义的前驱。柯南·道尔、波德莱尔和希区柯克等人均受其影响,他也是拉康的至爱。拉康之后,《失窃的信》(*The Purloined Letter*)已成精神分析的经典文本。欲了解拉康的精神分析,《失窃的信》不可不读。它讲述了这样一个故事:王室的贵妇收到一封信,此信涉及重大隐私,自然是天机不可泄露。她读信时,一位部长突然光顾。贵妇不想让他看到此信,又怕慌忙藏起令他疑心,于是信手把信放在桌上。这位贵族心明眼亮,瞅了一眼,立即认出了那是谁人的笔迹;再看贵妇惊惶失措的样子,心想此中必有玄机。他离开时,用一封无关紧要的信件取而代之。当时还有人在场,王室贵妇只能眼巴巴地看着("无力地凝视")他"狸猫换太子",然后目送他扬长而去。贵妇为此感到焦虑,请巴黎警察局的局长找回信件。警察局长绞尽脑汁,仔细搜过贵族的房间,已经到了掘地三尺的地步,还是一无所获,无奈只好向业余侦探奥古斯都·杜邦求助。杜邦要了一笔酬金,然后直奔部长官邸。果然不出杜邦所料,那信经过一番伪装,就放在部长的写字台上。第二天,杜邦略施小计,又一次"狸猫换太子",把那封信弄到了手。故事很简单,却是对人类心机重重的讽刺,就像作者所言,"精明过头,乃智者大忌。"部长先生如此,警察局长亦然。当然,拉康的解读与此大异其趣。——译者注

〔3〕拿破仑1814年被第六次反法联军挫败于莱比锡,4月退位后被

放逐至厄尔巴岛（Elba）。1815年重返巴黎，恢复短期统治，史称"百日王朝"。同年6月滑铁卢会战失败后再次退位，1821年病逝于流放地圣赫勒拿岛（St. Helena）。——译者注

［4］《朱丽叶》的全称是"朱丽叶，或被重赏的罪孽"（*Histoire de Juliette ou les Prospérités du vice*, *Juliette, or Vice Amply Rewarded*），是萨德创作的长篇小说，于1797—1801年出版；同时出版的还有他创作的中篇小说《朱斯蒂娜，或被严惩的美德》（*Justine, or Good Conduct Well-Chastised*）。朱丽叶性情极为放荡，却恶有善报，终得幸福和美满；朱斯蒂娜为人忠贞，却善有恶报，处处被虐，时时绝望。萨德为两书的出版被捕和坐牢。——译者注

［5］原注1。Miran Božovic, "Immer Ärger mir dem Körper", in *Wo es war* 5-6, Ljubljana Vienna, 1988.

［6］原注2。Walter Benjamin, *Illuminations*, New York: Schocken, 1969, p. 253.

［7］原注3。Freud, *The Interpretation of Dreams*, p. 178.

［8］经核过原文，发现原文有误：这句话出自《历史哲学论纲》的第十二论，不是第十三论。——译者注

［9］原注4。Jacques Lacan, *The Seminar of Jacques Lacan, Book I: Freuds Papers on Technique*, Cambridge: Cambridge University Press, 1988, p. 243. ——作者注。"用本雅明的话说，历史唯物主义者的言语"一语，是作者插入的，非拉康所言。——译者注

［10］皮耶·德·马里沃（Pierre de Marivaux, 1688—1763），法国剧作家，法兰西学院院士，一生写过30多个剧本。——译者注

［11］原注5。Walter Benjamin, *Gesammelte Schriften*, Volume I, Frankfurr: Suhrkamp Verlag, 1955, p. 1238.

〔12〕原注6。Lacan, *The Seminar of Jacques Lacan*, Book I, p. 159. ——作者注。因为语法的缘故，这段文字殊难翻译和理解，现将原文附上，供识者参考："[W] hat we see in the return of the repressed is the effaced signal of something which only takes on its value in the future, through its symbolic realization, its integration into the history of the subject. Literally, it will only ever be a thing which, at the given moment of its occurrence, will have been."——译者注

〔13〕原注7。Jacques Lacan, *Le Séminaire XX – Encore*, Paris: Seuil, 1975, p. 52.

〔14〕厄内斯特·鲁比什（Ernst Lubitsch, 1892—1947），又译刘别谦，德国电影导演，擅长执导风俗喜剧，形成了独特的电影风格，即"刘别谦式的格调"（Lubitsch touch）。《尼诺契卡》（*Ninotchka*），又译"俄宫艳史"、"异国鸳鸯"，是一部喜剧，尼诺契卡是来自苏联的共产党特使，但是不久就被巴黎的花花伯爵"腐化"了：伯爵吻了她一下，问她感觉怎样，她说："不错，很安神，再来一个。"自此，她看穿时装的女人也顺眼了。——译者注

〔15〕德库拉是电影《德库拉》（*Dracula*，又译"惊情四百年"）中的主角，是一位吸血魔王。根据罗马尼亚文的意思，"德库拉"就是恶魔之子。——译者注

〔16〕原注8。Ernst Kantorowicz, *The King's Two Bodies*, Princeton, N. J.: Princeton University Press, 1959; Rado Riha, "Das Ding-hafte der Geldware", in *Wo es war* 1, Ljubljana Vienna, 1986.

〔17〕鲍埃西，即艾提安·德·拉·鲍埃西（Étienne de la Boétie, 1530—1563），法官、无政府主义者、法国现代政治哲学奠基人，与散文作家蒙田的真挚友谊为世人称道。他的思想主要体

现在《论甘愿被奴役，或反对独裁者》（"Discours de la servitude volontaire ou le Contr'un"）一文中。他认为，暴君之所以执掌生杀大权，是因为人民把这样的权力交给了他。他号召人民不再支持暴君，强调公民有不服从（civil disobedience）、非暴力抵抗（nonviolent resistance）的权利。总之，他把服从与统治联系起来，对后来的无政府主义者影响甚巨。——译者注

[18] 原注 9。Claude Lefort, *L'Invention démocratique*, Paris: Fayard, 1981.

[19] 路易·德·圣茹斯特（Louis de Saint-Just, 1767—1794），法国资产阶级革命时期雅各宾派领袖之一。——译者注

[20] 克洛德·勒福尔（Claude Lefort, 1924—2010），法国政治理论家、哲学家、社会活动家。他的"极权主义"理论最为著名。在他看来，极权主义彻底废除了国家与社会的区分，政治权力支配所有的人类关系，并创造了权力的等级制：一部分人发号施令，一部分人俯首听命。极权主义统治关闭了所有的公共空间和私人空间。极权主义否定社会内部分工原则，肯定整体性的优先性，使每个社会组织臣服国家。斯大林主义之为斯大林主义，就在于它把人民等同于无产阶级，把无产阶级等同于党，把党等同于党的领袖，把党的领袖等同于自我意志（Egocrate）。极权主义国家总是要进行社会动员，与真正的或假想的敌人斗争。——译者注

第三部分

主 体
ZHUTI

五 哪一种实在界之主体

1. "根本没有元语言"

在把拉康理解成"后结构主义者"时,人们通常忽略了把他与"后结构主义"领域分隔开来的根本性突破:即便这两个领域共有同一个命题,还是在不同的领域获得了完全不同的维度。例如,"根本没有元语言",不仅在拉康的精神分析和后结构主义(德里达)中,而且在当代阐释学(伽达默尔)中,都是老生常谈。但我们通常失察的是,拉康的理论对待这一命题的方式与后结构主义及阐释学对待这一命题的方式,是格格不入的。

后结构主义声称,文本总是由其注释来"框定"的:一边是对文学文本的阐释,一边是文学文本这个"客体",两者一个半斤,一个八两。因此,阐释也被纳入文学作品之内:不包含阐释因素的"纯"文学客体,与其直接意义保持距离的"纯"文学客体,根本就不存在。在后结构主义中,一边是客体—文本,一边是对客体—文本所作的外在的阐释性解读,两者间的古典对立,被无限的文学文本(infinite literary text)之连续体取而代之。这样的文学文本总是、也已经是对自身的解读。也就是说,这样的文学文本总是与自身保持距离。后结构主义的程序不仅在纯文学文本中寻找这样的命题——该命题包含着有关纯文学文本的功能理论,还要把理论文本当作"文学"来解读。说得更确切些,文学文本声称自身包含着真理,但后结构主义把文学文本的这一"声称"置于括号之内,以揭露制造"真理效应"(truth effect)的文本机制(textual mechanisms)。正如哈贝马斯已经指出的那样,在后结构主义中,我们拥有某种已经普遍化的美学化(universalized aestheticization)。凭借着这个普遍化的美学化,"真理"最终被化约为话语表述的一种风格效应(one of the style effects of the discursive articulation)。[1]

后结构主义经常提到尼采。与此形成对比的是,拉康的著作几乎从来不提尼采。拉康总是认为,精神分析是一种真理—体验(truth-experience):他的观点——真理是像虚构(fiction)那样结构起来的——与后结构主义把真理—维度(truth-dimension)化约为文本性的"真理—效果"(truth-effect)绝对风马牛不相及。事实上,把对神话的理论阐释(theoretical interpretations)解读为该神话的新版本,进而为"解构主义"的诗性主义(poeticism)大行其道铺平道路的,是列维-斯特劳斯,尽管他对"后结构主义时尚"作过猛烈的批判。例如,他把弗洛伊德的俄狄浦斯情结的理论视为俄狄浦斯神话的新变体。

在"后结构主义"中,相对于隐喻,转喻获得了明显的逻辑优势(logical predominance)。隐喻性的"切割"(metaphorical "cut")被视为注定失败的努力,被视为要去固定、胁迫或统治文本流的转喻性耗散(metonymical dissipation of the textual stream)的、注定失败的一种努力。在这方面,拉康坚持认为隐喻对转喻具有优先性,相信转喻性滑动(metonymical sliding)必须总是得到隐喻性切割的支撑。这在后结构主义者看来只能表明,他的理论依然打有"在场的形而上学"(metaphysics of presence)的标志。后结构主义者把拉康的缝合点理论、阳物能指(phallic signifier)即匮乏能指(signifier of lack)的理论,视为控制和约束文本进程(textual process)的"撒播"的努力。他们说,拉康的理论不就是在单一能指(single signifier)即太一(the One)中确定匮乏的方位的一种努力吗?尽管单一能指或太一就是匮乏能指。德里达一再因为拉康的悖论性姿态——通过确认匮乏来化约匮乏——而对他大加讨伐。匮乏被定位于确保所有其他因素具有一致性的例外点（point of exception）。如此"定位"是通过下列简单事实完成的：匮乏被确定为"符号性阉割"，阳物被确定为它自身的能指！[2]

即使在朴素的"直接"解读的层面上，也很难避免这样的感觉：这一后结构主义立场（post-structuralist position）肯定有其不妥之处，或者说得更确切些，对拉康的批判有点失之轻浮了。后结构主义立场不断重复一句话，任何文本都不可能是全然非形而上学的（totally non-metaphysical）。一方面，我们不可能通过保持距离、置身事外这个简单姿态摆脱形而上学的传统，因为我们不得不使用的语言已经饱含形而上学；不过，另一方面，任何文本，不论有多么形而上学，总是在形而上学的循环（metaphysical circle）中制造鸿沟，即制造这样一个位置，在那里，文本进程会颠覆文本"作者"意在表达之物。如此立场是不是有点过于简单了呢？站在这个立场上，解构主义者总能确保下列事实："根本没有元语言"，任何言辞都无法精确表达它意在表达之物，阐明的过程（process of enunciation）总在颠覆言辞。说得坦率些，这一立场是最纯粹、最彻底的形而上学立场。

以充满激情的热诚，后结构主义者坚持认为，每个文本，包括他自己的文本，都陷入了根本性的含混（fundamental ambiguity），都淹没在文本间过程（inter-textual process）的"撒播"之中。在这种充满激情的热诚中，我们怎么可能看不到倔强否认——即弗洛伊德意义上的 *Verneinung*（否认即肯定）——的标记？怎么可能看不到对下列事实几乎不加掩饰的认可：我们总是站在安全的立场上说话，站在不受去中心化的文本进程（decentred textual process）威胁的立场上说话？之所以说后结构主义的诗性主义（post-structuralist poeticism）归根结底是在装模作样，原因就在这里。努力"诗意地"（poetically）写作，努力使我们觉得我们自己的文本已经陷入去中心化的多重进程网络（decentred network of plural processes），使我们觉得这个文本进程总在颠覆我们"意在表达之物"；努力避免以纯粹理论的形式表达我们的观念，努力采取通常只为文学保留的修辞手法（rhetorical devices）。所有这些努力都在掩饰那个烦人的事实：究其实质，后结构主义者要说的是，经过明确界定的立场还是存在的，我们可用纯正的元语言，毫不费力地说明这一立场。

后结构主义有一个宏伟的假定：像古人那样把修辞技巧化约为与所指内容（signified contents）无关的外部手段，是十足的幻觉；所谓文体手段（stylistic devices）已经决定了"内在"的概念内容（notional contents）。但情形似乎是这样的：后结构主义的诗性语体（poetic style）——连绵不绝的反讽性的自我注释（self-commentary）和自我距离（self-distance），持续不断地在字面上颠覆自己被期望表达的东西——只是用来美化某些理论命题的。后结构主义的注释之所以常常制造黑格尔所谓"恶劣无穷大"（bad infinity）的效果，原因就在这里。它是基于上述理论假设的漫无边际的准诗性变体（quasi-poetical variation），是不产生任何新意的准诗性变体。因此，解构的问题并不在于，它宣布放弃严格的理论概括，屈从于优柔寡断的诗性主义。相反，解构的问题在于，它的立场过于"理论"了。这里所谓"理论"是在下列意义上说的——它排除了真理一维度。也就是说，这里所谓"理论"并不影响我们在说话时占据的位置。

2. 阳物能指

那么，我们应该如何避免这一僵局？正是在这里，拉康与后结构主义者彻底分道扬镳。拉康在"讲座报告之十一"中开门见山地说道："但是，这正是我想说的和我正在说的——因为我想说的就是我正在说的……"在后结构主义的解读中，如此用语证明，拉康仍

五 哪一种实在界之主体

然想保留主人的立场。"说我想说的",就是主张使下列两者完全重合:一者是我打算说的,一者是我实际上在说的。这种重合不正是对主人幻觉(illusion of the Master)的界定吗?拉康不就是这样做的吗?仿佛他自己的文本可以免于下列两者的分裂:一者是他说过的,一者是他打算说的。这岂不等于宣称,他能支配这一文本的符指化效应(signifying effects)?其实相反,在拉康的视野中,正是这样的"不可能"的言辞——遵循"我正在撒谎"这一悖论的逻辑的言辞——保持着符指化过程的根本性分裂,并以此阻止我们采取元语言的立场。

拉康接近于布莱希特。只要记得布莱希特在20世纪30年代初提出的"学戏剧"(learning plays)的基本程序就可以了。在那里,剧中人要对自己的表演作出"不可能"的评论。演员走上舞台,说道:"我是个资本家,资本家的目标就是剥削工人。现在我要试着使我的工人相信,为剥削行为辩护的资产阶级意识形态是真理……"于是他走近工人,做他宣称要做的事情,一丝不苟。这样的程序——演员站在纯粹元语言这个"客观"的立场上评论自己的行为——岂不是以一种极其明显的方式,使占据这一立场的全然不可能性(utter impossibility)昭然若揭了吗?它是如此的荒诞不经,岂不比诗性主义更具颠覆性?诗性主义禁止使用直接、简单的言词,总是觉得必须添加新的评论、躲避、离题、括弧、问号等——如此之多的保证——以确保我们正在说的话不被人直接理解或照字面来理解,不被人视为单一的意义整体。

元语言不只是想象界实存物(Imaginary entity)。它是严格的拉康意义上的实在界。也就是说,占据它的位置是不可能的。不过拉康又补充道,简单地避开它,更不容易。我们得不到它,但我们也避不开它。之所以说避开实在界的唯一方式就是制造纯粹元语言(pure metalanguage)的言辞,原因就在这里。纯粹元语言的言辞以其公然的荒诞性，物化了元语言的不可能性。也就是说，纯粹元语言的言辞是一个悖论性因素，它以自身的一致性，成为绝对的异己性（absolute otherness）的化身，成为不可弥补的裂缝的化身。正是那个不可弥补的鸿沟，使得占据元语言的立场变得不可能。

在德里达看来，对匮乏的定位，理应是对书写过程（process of writing）的"撒播"的驯服。在拉康看来，这样悖论性的"起码一个"（at least one）的出场，维系着鸿沟的激进维度。拉康为这个悖论性因素提供的名称，当然是"作为能指的阳物"（phallus as signifier），它是"真理即自身的索引"（truth as the index of itself）的否定版。可以这么说，阳物能指（phallic signifier）乃其自身之不可能性的索引（index of its own impossibility）。就其实证性而言，阳物能指就是"阉割"之能指，也就是说，是自身的匮乏（its own lack）之能指。所谓的"前阳物客体"（pre-phallic objects）——乳房、排泄物——是丧失了的客体，而阳物不仅已经丧失，还是这样的客体，它以其自身的出现，代表某个根本性的丧失（fundamental loss）。借助于阳物，如此丧失获得了实证性存在（positive existence）。在这里，拉康显然与荣格不同。人们常常把下列著名的语句归到荣格的名下（这样做即使不对，也挺有趣）："除了阳物符号（phallic symbol），阴茎（penis）还能是什么？"

我们不妨再回忆一下奥托·弗尼希尔[3]对一个猥亵手势的阐释。这个姿势在德语中被称作"长鼻子"（die lange Nase）。在面部前面伸出五指，然后把拇指按在鼻子上，据推测，这样做意谓勃起的阳物。这一姿势传达的信息，似乎只是在对手面前炫耀：看看我的有多大，我的比你的大。弗尼希尔没有直接反驳这个过分简单化的阐释，而是作了个小小的替换：侮辱对手时遵循的逻辑，总是牵涉到对他/她的某个姿势的摹仿。如果这是真的，指出别人拥有硕大有力的阳物，这样的摹仿又有什么侮辱性可言？弗尼希尔的答案是，我们要把这个姿势解读为一个语句的第一部分，它的第二部分被省略了。完整的语句是："你的家伙是如此硕大有力，但尽管如此，你照样性无能。你无法用它伤害我。"[4]

如此一来，对手必须作出被迫的选择。在拉康看来，被迫选择是对阉割经验（experience of castration）的界定：如果他不能，那他就不能；但即使他能，任何对于"他能"的证明，注定要发挥否认的功能，也就是说，都成了对他的绝对无能（fundamental impotence）的遮掩，都成了单纯的卖弄，而这样的卖弄只能以消极的方式证明，他怎么做都无济于事。[5] 他越是反应强烈，越是展示力量，就越证明他性无能。

正是从这个意义上说，阳物是阉割的能指。这是阳物倒置（phallic inversion）遵循的逻辑。一旦力量的展示开始变成对绝对无能的证明，阳物倒置的逻辑就已开启。这也是对极权主义权力结构发起的所谓政治挑衅所遵循的逻辑。不能把阿飞（punk）对"施虐受虐狂"的力量仪式（power ritual）的摹仿，视为受害人对攻击者的认同，就像人们通常阐释的那样。相反，对权力结构传达的信息是否定，而否定又是积极的摹仿动作暗示出来的：你非常强大，但是尽管这样，你照样无能。你不能真正伤害我！就这样，权力陷入了同样的陷阱。它的反应越激烈，就越能证明，它绝对无能。

3. 作为客体的"列宁在华沙"

为了更准确地说明拉康所谓的阳物能指是如何需要元语言之不可能性（impossibility of metalanguage）的，且让我们回到后结构主义者对"根本没有元语言"这一观念的理解上来。这种观念的出发点是，所有元语言的零层面（zero level）——自然的、普通的语言——同时又是所有元语言的最终的阐释框架，它是终极的元语言。普通语言是它自己的元语言。它是自我指涉性的（self-referential），它是永不停息的自动反射运动（auto-reflexive movement）的发生地。

在这一概念化的过程中,人们没有过多地提及客体。人们通常指出"现实"是如何通过语言这一中介结构起来的,进而摆脱客体。就这样,后结构主义者可以平静地纵情于语言的无穷无尽的自我阐释的游戏。"根本没有元语言"是用来表达与此相反的观点的:根本没有纯粹的客体—语言(object-language),没有这样的语言——为指称既定现实而充当透明中介的语言。对事物的任何"客观"陈述都包含着某种自我距离(self-distance),包含着能指始于"字面意义"的回弹。一言以蔽之,语言实际表达的东西总是与它打算表达的东西存在差异。

不过在拉康的教学中,"根本没有元语言"这一命题是要从字面上来理解的。它意味着,在某种程度上,所有的语言都是客体—语言:没有客体,就没有语言。即使语言显然陷入了自我指涉运动网络(web of self-referential movement),即使语言显然只说到了自己,也存在着对这一运动所作的客观的、非符指化的"指涉"。当然,这里的指涉物,就是拉康所谓的小客体。能指的自我指涉运动不是封闭圈(closed circle)的运动,而是围绕某一空隙(void)进行的椭圆运动(elliptical movement)。作为原初丧失客体(original lost object)——它的出现和丧失是同时发生的——的小客体,正是这个空隙的化身。

这是从内部把客体排除在符号网络这个大对体之外。这一"内在排除"还允许我们揭发一种混淆。德里达有关"邮件的标题—地址"(*le titre de la lettre*)的假定就停留在这一混淆之上。这一假定是对拉康理论的批判。依德里达之见,邮件总是有标题—地址的,总是能抵达目的地的。这应该是用来证明拉康的符号界概念的"封闭构造"(closed economy)的。核心基准点——匮乏之能指——据说排除了这种可能性:邮件误入歧途,失去其循环—目的论的路径(circular-teleological path),无法抵达其地址。[6]

五　哪一种实在界之主体

　　这一批评的误解在哪里？诚然，在拉康的理论中，"每个邮件都有标题"，但这标题绝对不是其轨道的终端（telos of its trajectory）。拉康所谓的"邮件标题"更接近于绘画的标题，例如，接近于著名笑话"列宁在华沙"中的那幅绘画的标题。在莫斯科艺术展上，有一幅画展示的是列宁的妻子娜捷日达·克鲁普斯卡娅（Nadezhda Krupskaya）与一个年轻的共青团员同床共卧。画的标题是"列宁在华沙"。一个一脸困惑的参观者问导游："但是列宁在哪儿？"导游平静而高贵地回答说："列宁在华沙"。

　　如果撇开列宁作为不在场的第三方（absent Third）、性关系禁令（prohibition of the sexual relationship）的载体不谈，我们可以说，在严格的拉康意义上，身在华沙的列宁就是这幅画的客体。标题列举了某个客体，但该客体在它被描绘的领域中又没有出现。也就是说，在这个笑话中，那个参观者落入的陷阱，可以严格界定为元语言的陷阱（metalanguage trap）。这个参观者的错误在于，他把标题与绘画的距离当成了记号（sign）与记号指称的客体的距离，仿佛标题在谈论这幅画时，与之保持着"客观距离"，然后在绘画中寻找实证性的对应。于是，参观者提出了问题："这个标题指称的客体在哪里？"重点当然在于，在这一个案中，标题与绘画的关系异乎寻常。在寻常情形下，标题与被描绘之物简单地对应着（"风景画"、"自画像"），标题与被描绘之物处于同一面。标题是画面连续性的一部分。它与绘画的距离严格说来是内在的，它切入了绘画。这是这幅画必须脱落某种东西的原因：脱落的不是标题，而是被标题取而代之的客体。

　　换言之，这幅画的标题发挥的功能与弗洛伊德所谓的"概念再现"（*Vorstellungsrepräsentanz*）发挥的功能无异：它是某个再现物（representation）的代表、替代者，是用来填补消失的再现物留下的空位（即被描绘物——列宁——留下的空位）的符指化因素。再现

227

物（Vorstellung）的领域就是被实证性地描绘之物的领域，但问题在于，不是什么都能描绘的。某些东西必定脱落，"列宁必定在华沙"，标题占据了这个空隙占据的位置，占据了这个已经丧失的、"原初就被压抑"的再现物的位置。被描绘之物被排除在外，正是它得以现身的积极条件（坦率地说，如果列宁不在华沙，娜捷日达·克鲁普斯卡娅就无法……）。如果我们在"内容"（content）的意义上理解"题材"（subject）一词，那可以说，这里看到的正是题材/客体（subject/object）之别。"娜捷日达·克鲁普斯卡娅与一个年轻的共青团员躺在床上"是这幅画的题材，"列宁在华沙"是这幅画的客体。

我们把这个笑话，看成有关"概念再现"的笑话，而且现在我们还能理解，何以能指在拉康那里具有了"概念再现"的身份。它不是简单的索绪尔式的"所指的物质代表"（material representative of the signified），不是心理性的再现—理念（mental representation-idea）的物质代表，而是用来填补原初丧失的再现物（originally missing representation）所留空白的替代物：它并不使人想起再现物，它只代表再现物的匮乏。后结构主义者在批评拉康时出现的误解，归根结底是对"概念再现"的误解。后结构主义者对拉康的批评遗漏了下列事实——"概念再现"（代表着匮乏的、纯粹反射性的能指）填补了丧失客体所留的空隙。一旦"概念再现"不再与大对体中的这个洞穴保持联系，不再与客体的脱落保持联系，它就开始充当"标题"：充当元语言指称（metalanguage designation），充当切口（incision），限制、整合、胁迫符指化肌理（signifying texture）……一句话，我们会发现自己陷入了"后结构主义"的一团混乱而无力自拔。

如果说"列宁在华沙"的笑话例示了主人能指的逻辑（logic of master-signifier），那么还有一个笑话例示了客体的逻辑（logic of the object）。这个笑话是上述笑话的对称性倒置。这是关于新兵的笑话。

他想逃避兵役，于是就假装疯了。他的征兆是这样的：他难以自制地检查他所能找到的所有纸片，口中念念有词："这个不是！"他被送到军队中的精神病医师那里就医。在医师的办公室里，他照样检查四周的纸片，包括那些废纸篓中的纸片，始终嘟嘟囔囔："这个不是！"精神病医师最后相信他确实疯了，于是给他开具一纸证明，要解除他的军役。新兵瞥了一眼证明，兴高采烈地说道："这个才是！"

我们可以说，这个最终找到的小纸片——退役证明——具有了拉康意义上的客体身份。为什么这样说？因为它是一个由符指化肌理（signifying texture）创造出来的客体。它是这样一种客体：它是作为因它而烦恼的结果存在的。"疯子"新兵假装寻找某物，而且通过搜寻，通过反复的失败（"这个不是！"），创造了他正在寻找的事物。因此，这里的悖论在于，寻找过程创造了引发寻找的客体：它与拉康所谓的欲望——即创造了自身的客体—成因（object-cause）的欲望——完全相同。新兵周围的人们（包括那个精神病医师）的过失在于，他们参与了那个"疯子"士兵玩耍的游戏，却对此一无所知。他们认为，他们在对他进行审察时，与他保持了客观的、元语言的距离。他们就像那位观赏《列宁在华沙》的大惑不解的参观者，错把绘画的标题当成了对绘画内容的元语言描述（metalanguage description）。

因此，他们的过失是对称性的。在"列宁在华沙"那种情形下，绘画的标题与绘画描绘的内容处于同一层面，绘画的标题不是对其内容所作的元语言指称。在第二种情形下，作为客体的纸片是实际符指化过程的一部分，是它的产物而不是它的外部指涉（external reference）。我们先是拥有了有关能指的悖论，它是现实再现（representation of reality）的一部分（填补空白和填补现实身上的洞穴）。然后我们拥有了有关客体的倒置悖论（inverse paradox），这样的客体必定包括在符指化肌理之内。或许这个双重悖论为我们理解拉康的下列命题提供了最终线索:"根本没有元语言"。

4. 作为实在界的对抗

要把握包含在符指化肌理中的客体所遵循的逻辑,我们必须牢记拉康的实在界具有的悖论性特征。实在界通常被视为硬核(hard kernel),它抵抗符号化、辩证化(dialecticization),固守自己的位置,总是回到那里。弗雷德里克·布朗[7]的著名科幻小说《实验》("Experiment")可以完美地展示这一点:约翰逊教授创立了一个小规模实验模型,是有关时间机器的。放在它上面的小东西,可被送回过去或送进未来。他先向两个同事展示走进未来的五分钟之旅。他设置好"未来刻度盘"(future dial),把一块黄铜放在机器的平台上。黄铜立即消失了,五分钟后重新出现。下一个实验是走入过去的五分钟,这个实验相当诡异。约翰逊解释说,他已经设置好"过去刻度盘"(past dial),设在五分钟的位置上。他将在整三点时把黄铜放在平台上。但是,因为现在时间是向后跑的,黄铜应该从他手上消失,并在差五分三点时——也就是在他放置黄铜的五分钟之前——出现在平台上。他的一位同事提出了一个浅显的问题:"那你怎么把它放在那里呢?"约翰逊解释说,到了三点整,黄铜将从平台上消失,并出现在他的手上,这样他就能把它放在机器上。发生的一切与此完全吻合。第二个同事想知道,如果黄铜在平台上出现后(即他放置黄铜的五分钟之前),约翰逊改变了主意,在整三点时不把它放在那里,情形会怎样。这不是制造了一个悖论吗?

> "一个有意思的想法,"约翰逊教授说道,"我还没有想到这一点,试一试会很好的。很好,我不会……"
>
> 可是根本没有悖论。黄铜纹丝不动。
>
> 可宇宙中其他的一切,包括教授和其他人,全都消失得一干二净。

五 哪一种实在界之主体

即使所有的符号性现实（symbolic reality）全都自行消解、化为乌有，实在界——那个黄铜——也会回到它的位置。当拉康说伦理命令（ethical imperative）乃实在界在符号界现身的模式（mode of the presence of the Real in the Symbolic）时，他表达的就是这个意思：纵使毁灭世界，也要实现正义！（*Fiat justitia, pereat mundus*！）即使使整个世界毁灭，使全部符号性现实毁灭，黄铜也要回到自己的位置。

但这只是拉康的实在界的一面。这一方面在20世纪50年代时处于支配地位。那时，我们首先得到的是实在界，即粗鲁的、前符号性的现实，它总要返回自己所处的位置。其次我们得到的是符号秩序（symbolic order），它结构我们对现实的感知（our perception of reality）。最后我们得到的是想象界，即幻觉性现实那一层面，它的一致性是某种镜像游戏（mirror-play）的功效。也就是说，想象界并不真的存在，它是纯粹的结构性效应（structural effect）。随着拉康讲座在20世纪60和70年代的发展，被他称作"实在界"的东西，越来越接近于他在50年代称作想象界的东西。且以创伤（trauma）为例：在50年代，在他的第一个讲座上，创伤性事件（traumatic event）被界定为尚未被充分符号化，尚未在主体的符号世界（symbolic universe of the subject）中立足的想象性实存物（imaginary entity）；[8]但在20世纪70年代，创伤是实在界，是抵抗符号化的硬核。但关键在于，它是否占有某个位置，它是否在所谓的现实中"真正发生过"，这并不重要。关键只在于，它创造了一系列的结构性效果，如置换、重复等。实在界必须是在事后建构的实存物。只有在事后重建，我们才能对符号结构的扭曲作出解释。

关于这样的实在界实存物（real entity），最著名的弗洛伊德式的范例，当然非"原始叛逆"（primal parricide）莫属：在史前现实中搜寻原始叛逆的踪迹是毫无意义的，但是，如果我们要对现在的事态（present state of things）作出解释，就必须预设"原始叛逆"的存在。这道理同样适用于黑格尔《精神现象学》中描述的（未来）主人与仆人的"原始的殊死之战"（primal fight to death）：试图确定这个事件是何时发生过的，毫无意义。关键只在于，必须预设它的存在。关键只在于，它构成了由下列事实暗示的幻象—图景——人们在劳作。它是主体间的条件（intersubjective condition），是所谓"与客体世界的工具性关系"的条件。

因此，拉康的实在界的悖论在于，它是某个实存物，尽管这样的实存物并不存在（这是在一般的"真正存在"、真正发生的意义上说的），但它具有一系列的特性——它能展示某种结构因果性（structural causality），它能在主体的符号性现实（symbolic reality of subjects）中创造一系列的效应。之所以它可以用大量基于同一母体（matrix）的著名笑话来说明，原因就在这里。"这是威灵顿公爵说出那些警句的地方吗？""是的，正是那个地方，但他从来没有说过那些警句。"——那些从来没有说过的警句，就是拉康的实在界。我们可以无休止地引用这样的例子："史密斯不仅不相信鬼魂的存在，他甚至不害怕鬼魂！"……在拉康看来，甚至上帝本人也属于实在界的范畴："上帝至为完美，只有一项例外——他不存在。"从这个意义上说，拉康所谓的 *subjet supposé savoir*（想必知道的主体）也是这样的实在界实存物：它并不存在，但在精神分析治疗史上，它导致了决定性的变化。

举最后一个例子，即著名的麦格芬（MacGuffin）的例子。它是希区柯克的客体，是纯粹的借口（pure pretext），它唯一的作用就是启动故事，它本身什么都不是。麦格芬唯一的意义在于，它对人物还有些意义：对于那些人物而言，它必须看上去具有生死攸关的重要性。最初的轶闻是众所周知的：两个人坐在同一辆火车上，其中一个问道："行李架上的包裹里装的是什么东西？""啊，装的是麦格芬。""什么是麦格芬?""啊,是在苏格兰高地逮狮子的器具。""但苏格兰高地没有狮子呀。""啊,所以那也不是麦格芬。"还有一个版本,更加接近题旨:其他部分都一样,只是最后的回答不同:"啊,你看它的功效有多高!"——那就是麦格芬,一个纯粹的空无(pure nothing),却有极高的功效。不用说,麦格芬是拉康所谓小客体的最纯粹的例证:一个纯粹的空隙,却充当着欲望的客体—成因。

这会是实在界客体(real object)的精确定义:一个自身并不存在的原因,只能以一系列结果(a series of effects)的形式显现自身,但又只能以某种被扭曲、被置换的方式显现自身。如果说实在界是不可能的,那么,要通过其结果把握的,正是这种不可能性。拉克劳和穆菲在研究实在界与社会—意识形态领域(social-ideological field)的关系时,以他们提出的对抗(antagonism)概念,首先确立了实在界的这一逻辑。对抗正是这样的不可能的内核(mpossible kernel),是某种本身什么也不是的限制(limit);只能从一系列的结果出发,回溯性地把它建构为逃避那些结果的创伤点(traumatic point);它阻止社会场域走向闭合。如此一来,我们可以重新解读经典的"阶级斗争"概念:"阶级斗争"不是把意义赋予一切社会现象的终极能指("全部社会进程归根结底都是阶级斗争的表现"),相反,它是某种限制(limit),某种纯粹的否定性(pure negativity),某个创伤性限制(traumatic limit),阻止社会意识形态场域的最后整合(final totalization)。"阶级斗争"只呈现于它导致的结果,呈现于下列事实:努力整合社会场域,努力为社会现象在社会结构中分配位置,但这样的努力总是以失败告终。

如果我们把实在界界定为尽管自身不存在,但拥有一系列特性并能导致一系列结果的悖论性、虚幻性实存物,那么一切都变得一目了然了:实在界就是原乐,原乐是不存在的,是不可能的,但导致了一系列的创伤性结果。原乐的这一悖论性的性质,还为我们解释下列根本性悖论（fundamental paradox）提供了线索，这个根本性悖论千真万确地证明了实在界的现身（presence of the Real）。这个根本性悖论要禁止某种事物，但这种事物本身早已是不可能的。其基本模型当然是对乱伦的禁止。但还有许多其他的例子。只以我们通常对儿童之性（child sexuality）采取的保守态度为例：儿童之性并不存在，儿童是纯洁的存在（innocent beings），这正是我们必须严格控制他们、打击儿童之性的原因。更不必提下列明显的事实：全部分析哲学中最著名的语句，即维特根斯坦《逻辑哲学论》（*Tractatus*）的最后一个命题，暗示了同样的悖论："对于那些不能言说之事，必须保持沉默。"愚蠢的问题立即出现了：如果已经表明，对于不可言说之物，我们不可能说些什么，为什么还要追加一句，必须保持沉默？我们在康德那里发现了同样的悖论：谈到合法的国家权力的起源时，他直截了当地说道，我们无法洞察权力的朦胧起源，因为我们不该这样做（因为如果这样做，我们就会把自己置于它的领域之外，就会自动颠覆其合法性）。这是基于他的基本伦理命令的一个变体。他的基本伦理命令是：*Du kannst, denn du sollst!* ——你能够，因为你必须！

它们本身早已是不可能的，为什么还要禁止它们？问题的答案在于：不可能性与存在有关（它是不可能的；就是说，它不存在）；禁令与禁令断定的特性有关（原乐被禁止，是因为原乐本身具有的特性）。

5. 被迫作出的自由选择

在这个意义上，我们可以说，就其身份而论，自由（freedom）属于实在界。寻常的"（后）结构主义"抨击"自由"，把它视为基于误认的想象性经验，基于无视结构因果性（structural causality）的想象性经验，而结构因果性决定着主体的活动。以拉康在20世纪70年代的教学为基础，我们可以从另一个视角研究自由：自由，即

五 哪一种实在界之主体

"自由选择"是实在界的——不可能的（real-impossible）。

几个月前，一个南斯拉夫学生应征入伍。在南斯拉夫，在服兵役之初，有一个仪式：每个新兵都必须庄严宣誓，他自愿效忠和保卫国家，即使牺牲生命也在所不惜，云云，通常都是些爱国的套话。在公共典礼之后，人人都要签署一个庄严的文件。那个年轻士兵直接拒绝签字，说什么誓言取决于自由选择，这是自由决定之事，而他根据自己的自由选择，不想签署那个誓言。但他很快补充说，如果在场的任何一位长官准备给他下达一个正式命令，要他签署那个誓言，他当然也会奉命行事。大惑不解的军官向他解释，因为誓言取决于他的自由决定（通过武力获得的誓言一钱不值），他们不能下达这样的命令，但是另一方面，如果他继续拒绝签字，他将因为拒绝履行自己的义务而被起诉，并投入监狱。毋庸说，后来发生的一切与此完全吻合。但在被投入监狱之前，这位学生成功地在军事法庭得到了那个悖论性的判决，一份正式文件，命令他签署自由的誓言……

在某个主体与他从属的共同体的关系中，总是存在着这样的悖论性的被迫选择点（point of *choix forcé*）。在这个点上，共同体对主体说：你有选择的自由，但有个前提条件，那就是，你必须作出正确的选择；比方说，你有选择签署或不签署誓言的自由，但前提条件是，你必须作出正确的选择，也就是说，签署誓言。如果作了错误的选择，你将失去选择的自由。悖论出现于主体与主体所从属的共同体的关系上，这绝非偶然：被迫的选择之所以是被迫的选择，在于主体必须自由地选择他已经从属的、不为他的选择约束的共同体。也就是说，他必须选择早已赋予他的东西。

关键在于，他从来都不能作出选择。仿佛他总是已经作出了选择。此外，我们的第一印象是，被迫作出的选择是陷阱，极权主义政权以之捕获其臣民。其实并非如此。我们必须强调，这事与"极权主义"并不相干。认为自己能够避开这样的悖论并真的能够作出自由选择的主体,是精神病主体(psychotic subject)。精神病主体与符号秩序保持着距离,也就是说,他并没有真的陷入符指化网络。"极权主义"主体的立场更接近于这一精神病主体的立场(psychotic position):证据会是极权主义话语中的"敌人"的身份(法西斯主义话语中的犹太人,斯大林主义话语中的卖国贼)。"敌人"是这样的主体,据说他们已经作出了自由的选择,而且自由地选择了错误一方。

这也是爱的基本悖论。"爱"不仅指对国家的爱,而且指男女之爱。如果有人直接命令我爱一个女人,显然会无功而返:在某种程度上,爱必须是自由的。但是另一方面,如果我真的可作自由的选择,如果我开始东张西望,并念念有词地说什么,"从那些女人中选一个,然后与她共坠爱河",显然这同样会竹篮打水,显然这不是"真正的爱"。爱的悖论就在于,它是自由的选择,却从来没有实现过:它总是已经作出的选择。到了某个时刻,我只能回溯性地说,我已经作出了选择。

在哲学传统中,我们去哪里寻找对这个悖论的首次概括?康德在生命的晚年曾把对恶的选择(choice of Evil)视为先验、超验的行为(priori, transcendental act)。他要以此解释我们在与恶人面对面时通常产生的那种情感:我们的印象是,他的邪恶不只是环境造成的(如果是环境造成的,他的邪恶当然就是情有可原的),他的邪恶是他永恒天性的组成部分。换言之,仿佛"邪恶"是早就赋予且无法撤销的:恶人无法通过最终的道德发展改变自己的天性,由恶人变好人。

不过另一方面,我们还有一种自相矛盾的情感。依据这一情感,恶人要为自己的邪恶承担全部罪责,尽管邪恶是他天性的组成部分,也就是说,尽管"他天生如此"。但是,"作恶"总与生性愚钝、性情暴躁以及其他类似的、与我们的精神天性（psychic nature）有关的性情，并不相同。恶总是被体验为与自由选择有关的事物，与决策有关的事物，而主体必须对自己的选择、决策承担全部责任。人类之恶一边是"天生"的、天赋的特性，一边是与自由选择相关的特性，我们如何解决这一矛盾？康德的解决之道是，把恶的选择（choice of Evil）、恶的决策（decision of Evil）视为非时间的、先验的、超验的行为，视为这样一种行为，它从不发生于时间性现实（temporal reality）之中，但依然构成了主体发展的框架（frame of the subject's development），构成了主体实践活动的框架（frame of his practical activity）。

拉康锁定了"观念运动"（movement of ideas）的起点，他的这种做法是很有道理的。"观念运动"在康德哲学的弗洛伊德式发现中，说得更明确些，在他的《实践理性批判》的弗洛伊德式发现中，达到了顶峰。[9]"实用理性"领域中康德式革命的一个通常为人不屑一顾的结果是，在康德那里，恶首次获得了恰如其分的伦理身份（ethical status）。也就是说，借助于他的下列观念——"原恶"（original Evil）已经刻入人的非时间性格（atemporal character），恶开始事关原则，事关伦理态度。这里的"伦理"是在超越快乐原则及其延伸——现实原则——的意志冲力（impetus of the will）的意义上说的。恶不再是仅仅顾及"病态"动机（快乐、赢利、效用等）的、简单的机会主义活动（opportunist activity），相反，它事关人的永恒的、自主的性格，事关人的原初的、非时间的选择。这再次确证了拉康那个悖论性的接合——"康德同萨德"（Kant avec Sade），确证了下列事实：在康德的时代，我们目睹了一系列音乐形象和文学形象的复活，这些形象是作为伦理态度的恶（Evil qua ethical attitude）的化身复活的。从莫扎特的唐璜到拜伦式的浪漫英雄，莫不如此。

在《人类自由论》(*Treatise on Human Freedom*, 1809) 中，谢林这个"德国唯心主义的顶峰"（海德格尔语）通过引入自由（自由选择）与意识的区分，使康德的理论激进化了。主体依靠非时间选择（atemporal choice）决定是做"好人"还是"恶人"，这样的非时间选择是无意识选择（unconscious choice）。谈到谢林的这一区分，我们怎能不想到弗洛伊德关于无意识的非时间特征的观点？让我们采纳谢林的推理路线。自由被设置为恶之原因（cause of Evil），也就是说，恶来自主体的自由选择，来自主体的决定——他决定作恶。不过，如果自由是恶之原因，那么我们如何解释这样的现象：无数的恶，包括道德上的恶和物质上的恶，似乎并不取决于我们有意识的意志（conscious will）？唯一可能的解决方案是，预先假定存在着某种根本性选择（fundamental choice），它先于我们有意识的选择和有意识的决定。换言之，预先假定存在着某种无意识选择。

谢林的解决方案首先针对的是费希特的主观唯心主义，费希特把全部自由活动化约为意识的自我反思（self-reflection of consciousness）。谢林对费希特的反驳表现在一个微妙的心理观测上：我们有时觉得要为某事负责，而这事又与我们有意识的决定无关；我们有时觉得自己罪孽深重，而又没有任何过错；我们有时深感内疚，而又没有做过什么。这种情感当然就是所谓"非理性"的情感、无来由的内疚，它在精神分析中名头甚响：它是"过度"的、"莫名其妙"的内疚，是专门用来掩饰无意识欲望这一精神现实（psychic reality of an unconscious desire）的。

谢林以同样的方式阐释说：这种"非理性"的内疚见证了对恶的无意识选择，见证了"要作恶"的无意识决定。仿佛在我们唤醒自己的意识之前，游戏已经宣告结束。每个人的基本品性——无论好坏——都是原初的、永恒的、永远已经过去的、先验的、超验的选择的结果。也就是说，是这样选择的结果：它总是已经作出的选择，尽管在时间性的、日常的现实（temporal, everyday reality）中从来没有作出过这样的选择。必须预先假设存在着自由无意识选择（free unconscious choice），只有这样才能解释，何以我们对某事深感内疚，尽管那件事情的发生并不取决于我们有意识的决定：

> 每个人都有一种感觉，甫一落地，自己就木已成舟，也就是说，不会随着时间的推移而变化。尽管所有的行为都有其不可否认的必然性，尽管每个人在观察自己时都必须承认，他不是偶然地或自愿地成了好人或坏人，作恶者并不觉得他是被迫采取那些行动的［……］，而是在借助自己的意志，而非抗拒自己的意志的情形下完成那些行为的。犹大或其他人都不会改变下列事实：他背叛了基督，而且他不是被迫背叛基督的，而是完全自由地、心甘情愿地背叛基督的……

> 仿佛要为不公正的行为进行辩解，要为自己开脱，他说：我生来如此。尽管这样，他还是意识到，即使他生来如此，那也是他的缺点所致，尽管这样说也是合情合理的——他不可能以任何其他方式行事。这样的事情，在他童年时常常发生。那时，从经验的角度看，我们几乎不能把他的行为归之于他的自由和判断力。一个被证明具有作恶倾向（disposition to Evil）的人，使我们有可能十拿九稳地预测，他不会接受任何纪律和教诲。也就是说，待他长大成人，这种倾向会结出我们在看到种子时即已想到的恶的果实。尽管如此，没人怀疑他要为此承担责任，人人相信他确有过错，仿佛他的全部具体行为都尽在他的掌控之中。对这种无意识的、甚至不可抗拒的作恶倾向的普遍判断，把作恶倾向转化为自由行动的判断，瞄准的先是行为，后是这一［地球］生命之前的生命。[10]

还有必要指出，谢林对原初的、非时间性的选择（original, atemporal choice）的判定，与拉康的实在界概念何其相似乃尔？在拉康那里，实在界是这样一种行为，它在现实中从来没有发生过，但又必须在事后被预设、建构，以便对眼前的事态（present state of things）作出解释。我们现在可以回到那个不幸的学生那里，面临的僵局正是谢林所谓的自由行为面临的僵局。尽管就其生命的时间性现实（temporal reality of his life）而论，他从未选择过自己的国家，但从人们对待他的方式看，仿佛他已经选择了自己的国家——仿佛就其非时间的、永恒的过去行为（atemporal, eternally past act）而论，他选择了从一开始就强加于他的东西，即对其国家的效忠。

6. 对立项的契合[11]

因此，实在界是异常坚硬的、无法穿越的、抵抗符号化的内核，同时又是纯粹虚无缥缈的、本身并不具有本体论一致性（ontological consistency）的实存物。用克里普克的话说，实在界是石头，每次符号化的努力都被它绊倒；实在界是硬核，它在所有可能的世界（符号世界）中都保持不变。但与此同时，它的身份是极不稳定的；它是持久的存在，但只是作为失败了的、丧失了的、处于阴影中的某物而存在，而且一旦我们试图把握它的实证性质（positive nature），它会立即烟消云散。正如我们已经看到的那样，我们正是以此界定创伤性事件（traumatic event）这一概念的：它是符号化的故障点（point of failure of symbolization），但同时又从不展示其实证性，只能依据它的结构性效应，回过头来对它进行重建。它的全部功效（effectivity）在于，它在主体的符号世界里造成了扭曲：创伤性事件归根结底只是用来填补符号结构（symbolic structure）中某个空隙的幻象—建构（fantasy-construct），因此又是这一结构的回溯性效应（retroactive effect）。

用以界定拉康的实在界概念的，还有一系列其他的对立：

- 首先，实在界是符号化过程的始点、基础（basis）和根基（foundation），这是拉康谈论"实在界的符号化"的原因。也就是说，在某种意义上，实在界先于符号秩序，实在界是在自身陷入符号秩序网络时，由符号秩序在事后结构起来的。这是拉康的宏大母题：符号化是一个过程，它羞辱、排出、腾空、剥离活的躯体这一实在界的丰富性（fullness of the Real of the living body）。但与此同时，实在界又是这个符号化过程的产品（product）、剩余（remainder）、残余（leftover）和残渣（scraps），是逃避符号化过程的残迹（remnant）、过度（excess），因而它也是由符号过程制造出来的。用黑格尔的话说，实在界是由符号界预设的，同时又是被符号界造成的。只要实在界的内核是原乐，这种二元性就会呈现出下列两者的差异：一者是原乐（*jouissance*），是快感；一者为快感之剩余（*plus-de-jouir*，surplus-of-enjoying）。原乐是符号化得以进行的根基，是由符号化腾空内容、剥离肉体和结构起来的基础，但这个过程同时又制造了残留（residue）、残余（leftover），这残留、残余就是剩余快感（surplus-enjoyment）。

- 实在界是惰性在场、实证性之丰富性（fullness of the inert presence, positivity）；实在界中无匮乏。也就是说，匮乏仅仅是由符号化引入的；把空隙（void）、缺席（absence）引入实在界的，是能指。但是与此同时，实在界本身又是符号秩序中的洞穴（hole）、鸿沟（gap）和开口（opening），也就是说，实在界是匮乏，符号秩序正是围绕这一匮乏结构起来的。作为始点、基础的实在界，是没有匮乏的、实证性的丰满性（positive fullness without lack）；作为符号化的产物和残余，实在界是由符号结构创造、环绕的空隙（void）、空无（emptiness）。我们还可以从否定性（negativity）的角度罗列同样的"成对的对立"（pair of opposites）：实在界是无法被否定的事物，是对否定感觉迟钝的（insensitive to negation）实证性的惰性基准点（positive inert datum），它是不会陷入否定性之辩证（dialectics of negativity）的。但我们必须立即补充说，之所以如此，是因为就其实证性而言，实在界只是某种空隙、匮乏、彻底否定性（radical negativity）之化身。它无法被否定，因为就其实证性而论，它本身已经是纯粹否定性（pure negativity）、空无之化身。这是实在界客体（real object）乃严格的拉康意义上的崇高客体（sublime object）的原因。崇高客体只是大对体中匮乏之化身，只是符号秩序中的匮乏之化身。崇高客体是无法过于接近的客体，如果过于接近，它就会丧失它的崇高特性，成为庸常的鄙俗客体（vulgar object）。它只存身于间隙（interspace），处于中间状态（in an intermediate state），从某个角度看，它若隐若现。如果我们要公然看它，它就会变成日常客体，就会烟消云散。之所以如此，是因为它本身什么也不是。且以费里尼[12]的电影《罗马风情画》（Roma）中的一个著名场景为例：为了修建地铁而挖掘隧道的工人们发现了某个古罗马建筑物的残迹；他们给考古学家打电话，然后一起进入了那个建筑物，这时，一个奇妙的场景正在等待他们：满满一墙的漂亮壁画，画的都是静谧而忧郁的人物，但壁画脆弱不堪，它们无法抵御露天空气的侵蚀，立即开始消失，只留下那些观赏者，呆若木鸡般地面对着空空如也的墙壁……

- 正如雅克-阿兰·米勒（在他尚未出版的讲座报告中）所言，就其身份而论，实在界同时又是肉体偶然性（corporeal contingency）和逻辑的一致性（logical consistency）。首先，实在界是偶然遭遇（contingent encounter）造成的震惊，它瓦解了符号机制的自主循环；实在界是一粒沙子，它阻止符号机制的自主循环的平稳运行；实在界是创伤性遭遇（traumatic encounter），它破坏了主体的符号世界的平衡。但正如我们在有关创伤的讨论中看到的那样，作为全然偶然性（total contingency）的侵入，创伤性事件的实证性无法显现，只能在事后，把它合乎逻辑地建构为逃避符号化的点位（point）。

- 可以把本质（quid）与存在（quod）区分开来，把归诸某个客体的符号—普遍性质（symbolic-universal nature）的特性与以其既定形式呈现出来的客体本身（object itself in its givenness）区分开来。如果透过这个视角把握实在界，实在界就是以其自身的实证性逃避普遍—符号决断网络（network of universal-symbolic determinations）的未知数之剩余（surplus of an X）。也就是说，如果我们通过由克里普克对描述理论的批判所开辟的领域接近实在界，那我们应该首先说，实在界是存在（quod）对本质（quid）的剩余，是超越若干系列特性、超越一套描述的纯粹实证性（pure positivity）；但与此同时，创伤这个实例证明，实在界却是并不存在的但依然具有一系列特性的实存物。

- 最后，如果我们根据实在界与书写功能的关系来界定实在界，那我们必须说，实在界是无法被铭刻的，它逃避任何铭刻，性关系的实在界（the Real of the sexual relation）就是如此；但与此同时，实在界又是与能指截然相对的书写本身（writing itself）。拉康所谓的书写（écrit）的身份是客体，而不是能指。这里说的是书写（écrit），不是后结构主义的字迹（écriture）。

这种直接的对立重合（coincidence of opposite）或矛盾决断（contradictory determinations），正是对拉康的实在界的界定。因此，我们可以把"成对的对立"具有的想象界身份、符号界身份和实在界身份区别开来。在想象性的关系中，对立的两极是互补的，它们共同构成了一个和谐的整体，每一方都向另一方提供它所匮乏的东西，每一方都填补对方的匮乏。"完全实现了的性关系"（fully realized sexual relationship）这一幻象就是如此，在那里，一对男女构成了和谐的整体。符号性关系则与此大不相同：每个时刻的同一性（identity of each of the moments）都取决于它与对立因素的差异。一个既定的因素并不填补对方的空白，并不与对方构成互补关系，相反却占据对方中的匮乏所处的位置，成为对方中的匮乏的化身，它的实证性在场（positive presence）只是对立因素中的匮乏的客体化。符号性关系的每个对立因素和每一极，在某种程度上都以自己的匮乏回报对方，它们在其共同匮乏的基础上联合在一起。

　　这也是符号交流（symbolic communication）的定义：在主体之间流通的首先是某种空隙，主体彼此间传递着共同的匮乏。从这个视角看，女人不是对男人的补充，而是他的匮乏的化身。这也是拉康说漂亮女人是男人之阉割（man's castration）的完美化身的原因。最后，实在界被界定为对立两极的直接重合点：每一极都直接变成与之对立的一极，每一极都已经成为自己的对立面。唯一的哲学对应物是黑格尔的辩证法：在《逻辑学》（Logic）的开篇，存在（Being）和空无（Nothingness）就不是互补性的，黑格尔也不认为，每一方通过它与对方的差异获得自身的一致性。黑格尔的看法是，当我们试图"按其本来的样子"把握存在（Being）时，只就其纯粹的抽象和不确定性（pure abstraction and indeterminacy）而言而不作进一步的说明，存在（Being）就会把自身显现为空无（Nothingness）。

　　另一个或许更接近拉康实在界的例子，是黑格尔对康德的自在之物（das Ding-an-sich）的批判。黑格尔要表明，这个著名的自在之物，这个无法通过思想把握的纯粹客体性之剩余（pure surplus of objectivity），这个超验性实存物（transcending entity），其实是"思想的原质"（Thing-of-Thought, Gedankending），是纯粹的思想形式（pure form of Thought）：自在之物的超验性（transcendence of the Thing-in-itself）与思维的纯粹内在性（pure immanence of Thought）是直接一致的。也就是说，我们是怎样想到，又是怎样建造自在之物这一观念的？是通过制造抽象（making an abstraction），通过减去所有理应依赖于我们的主体性的、特定的、具体的客体性决断（determinations of the objectivity），想到和建造自在之物这一概念的。在对所有特定的、确定的内容进行抽象之后，剩下的正是纯粹的、空洞的思想形式。

拉康在题为"再来一次"（Encore）的讲座中，为我们理解悖论性的对立项契合提供了线索。他说："只有通过形式化这一僵局（deadlock of formalization），实在界才能被铭刻下来（peut s'inscrire）。"[13]首先，实在界当然是无法铭刻之物，当然"不会不去铭刻自己"（ne cesse pas de ne pas s'écrire）——它是石头，每次形式化都被它绊倒。不过，正是通过这个失败，我们才能在某种程度上环绕实在界的空位而行，并最终锁定它。换言之，实在界是无法铭刻的，但我们可以铭刻这种铭刻之不可能性，我们可以锁定它所处的位置，即引发了一系列失败的创伤性位置（traumatic place）。拉康的全部观点是，实在界只是对其铭刻的不可能性：实在界不是超验的实证性实存物（transcendent positive entity），它像那个无法接近它的硬核，固守于符号秩序之外的某个地方，它像拉康的"自在之物"，它本身什么也不是，只是符号结构中的空隙、空无（emptiness），标志着核心不可能性（central impossibility）。要在这个意义上理解拉康那个用以界定主体的谜一般短语——主体是"对实在界的应答":我们可以通过主体的符号化的失败,铭刻、环绕主体的空位(void place of the subject),因为主体只是他的符号化再现(symbolic representation)过程的故障点(symbolic representation)。

从拉康的视角看,作为实在界的客体(object as real)归根结底只是某种限制:我们可以超越它,甩开它,但我们无法追上它。这就是拉康对阿基里斯和乌龟赛跑这一经典悖论的解读:阿基里斯当然可以超过乌龟,但无法追上它,赶上它。这就类似于布莱希特《三便士歌剧》中那个古老的幸福悖论:你千万不要那么拼命地追赶幸福,因为如果你这样做,你会超过幸福,幸福会被你甩在身后……这就是拉康的实在界:一种总被错过的限制,我们总是来得过早或过迟。正如已故的米歇尔·西尔韦斯特(Michel Silvestre)所言,这道理同样适用于精神分析中所谓的"自由联想":一方面,追上它是不可能的,我们真的无法自然而然地得到它,我们总是操纵它,我们总是心怀某种意图,等等;但是另一方面,我们无法避开它,在接受精神分析的过程中,无论我们说过什么,它们总是已经具有了自由联想的身份。[14] 例如,在接受精神分析时,我不能转过头去,对精神分析师说:"请稍候,我想跟你说点真事,私人的……"即使我这样做了,它的述行力量(performative force)也已经被悬置起来。也就是说,它已经具有了"自由联想"的身份,具有了如此事物的身份——我们要对它进行阐释,不能你说什么就信什么。

7. 另一个黑格尔式的笑话

何种主体观与实在界的这种悖论性特征一拍即合?当然,拉康式主体的基本特征是它在能指中的异化(alienation in the signifier):一旦陷入绝对外在的符指化网络,主体就会被羞辱、被肢解和被分裂。要想知道拉康所谓的"主体分裂"是什么意思,我们只需要回忆一下刘易斯·卡罗尔[15]的那个著名悖论就可以了:"我不喜欢吃芦笋，这事让我很开心，"一个小女孩对一个颇有同情心的朋友说道，"因为如果喜欢吃的话，我就不得不吃了——我真受不了它！"我们在这里得到的，是拉康的整个"欲望反射性"（reflexivity of desire）问题：欲望总是对欲望的欲望（desire is always a desire of a desire）。不能直截了当地问："我应该欲望什么？"而要问："我欲望的东西很多很多，我也有很多很多的欲望，但这些东西中的哪一个值得成为我欲望的客体？我应该欲望哪一个欲望？"

这个悖论全盘复制在经典的斯大林政治进程（classic Stalinist political processes）的基本情形中。在那里，被指控的受难者在被指控的同时，还要承认他喜欢芦笋（资产阶级、反革命），还要表达对自己行为的厌恶，以至于要求判处自己死刑。这是斯大林主义受害者是下列两者间差异的完美范例的原因：一者是陈述主体，一者是阐明主体。[16]党向他提出的要求是："党现在需要一个巩固革命果实的过程，所以你要做一个优秀的共产党员，要为党做出最后的贡献，忏悔吧。"我们在这里看到了最为纯粹的主体分裂（division of the subject）：被告人若想在阐明的层面上（at the level of the subjet d'énonciation）证明自己是一位优秀共产党员，唯一的出路是在陈述的层面上（at the level of the sujet d'énoncé）忏悔，把自己说成叛徒。拉克劳曾在一次私人谈话中谈到，不仅斯大林主义是一种语言现象（linguistic phenomenon），而且语言也是斯大林主义现象（Stalinist phenomenon）。拉克劳这么说，或许是对的。

不过，我们必须小心翼翼地把下列两者区分开来：一者是拉康的主体观——主体即分裂的主体，一种是"后结构主义"的主体观——主体即主体所处的位置（subject-positions）。在"后结构主义"中，主体通常被化约为所谓的主体化（subjectivation），主体被视为彻底的非主体性过程导致的效应（effect of a fundamentally non-subjective process）：主体总是被（"书写"、"欲望"的……）前主体过程捕获和穿越，强调的重点放在了每个人不同的"体验"、"生存"模式上。言下之意，每个人都以不同的模式"体验"、"经历"自己作为历史过程的"主体"、"行动者"、"代理"所处的位置。历史，只有在欧洲历史上的某个时刻，艺术品的作者、画家或作家才开始把自己视为在自己的作品中表达了内在主体丰富性（interior subjective richness）的、具有创造性的个人。这方面的分析大师当然是福柯：我们可以说，他的晚年著作的主要内容就是说明，主体依据不同的模式采纳了自己的主体—位置（subject-positions）。

但在拉康那里，我们得到的是完全不同的主体观。简单地说，如果我们使之抽象化，如果我们扣除不同主体化模式（different modes of subjectivation）的全部丰富性，扣除个人在"经历"其主体—位置时显现出来的经验的全部丰富性，那么，剩下的就是要以这种丰富性填补的空位；这个原初空隙（original void），这个符号结构的匮乏（lack of symbolic structure），就是主体，就是能指的主体（subject of the signifier）。因此，要把主体与主体化效应（effect of subjectivation）严格对立起来：主体化所掩饰的，不是前主体的（pre-subjective）或超主体的（trans-subjective）书写过程，而是结构中的匮乏，这种匮乏就是主体。

用拉康的话说，根据流行的主体观，主体是"所指的主体"（subject of the signified），是活跃的代理（active agent），是某种意涵的载体（bearer of some signification），该载体试图把语言作为自己的表现形式。拉康的出发点当然是，符号再现（symbolic representation）总是扭曲主体，符号再现总是位移（displacement）、失败，也就是说，主体无法找到属于"他自己"的能指，他总是言之过少或言之过多，一句话，他说出的东西与他想说或要说的东西总是相去甚远。

通常由此得出的结论是，主体是意义的内在丰富性（interior

richness of meaning），而意义总是多于它的符号性说明（symbolic articulation）："语言无法充分表达我想说的东西……"拉康的论点与此大相径庭：这种意涵剩余（surplus of signification）掩饰了根本性的匮乏。能指的主体（subject of the signifier）正是这一匮乏和这一不可能性——它无法找到属于"它自己"的能指：它要再现自己，但失败了，这种失败正是证明它存在的积极条件。主体试图以符指化再现（signifying representation）的形式展示自己；再现失败了；我们得到的不是丰富性而是匮乏，由失败打开的这个空隙，就是能指的主体。让我们以悖论的形式说吧，能指的主体是它自身再现失败所导致的回溯性效应；之所以说再现失败（failure of representation）是再现它（represent it）的唯一方式，原因就在这里。

我们在此得到了某种对话构造（dialogic economy）：我们提出一个命题，以之界定主体，但我们的努力以失败告终，我们体验到主语与谓语的绝对矛盾，体验到了主语和谓语的极端否定关系（extreme negative relationship），这种绝对的不协调（absolute discordance）就是作为绝对的否定性的主体（subject as absolute negativity）。它就像那个有关拉比诺维奇（Rabinovitch）的著名苏联笑话。拉比诺维奇是个犹太人，想移民。移民局的官员问他为什么移民，他回答说："理由有两个。第一，我担心，一旦共产主义者在苏联丧失政权，就会出现反革命高潮，新政权会把对所有的罪恶强加在我们这些犹太人身上，那样必定再次出现反犹太人的方案……""不过，"移民局的官员打断了他，"这纯粹是瞎说，苏联不会有任何变化，我们的政权会永远保持下去！""但是，"拉比诺维奇打断了移民局官员，"这正是我的第二个理由。"[17]这个逻辑与黑格尔"精神是根骨头"（spirit is a bone）这一命题包含的逻辑毫无二致：第一次解读的失败，为我们提供了真正的意义。[18]

拉比诺维奇的笑话同样例证了名声欠佳的黑格尔三段式（Hegelian triad）遵循的逻辑：如果申请移民的第一个理由是"正题"，官员反对移民是"反题"，那么"综合"绝对不是回归"正题"，绝对不是治疗反题造成的创伤。"综合"与反题完全一致，唯一的差异是视角的某种变化，唯一的差异是转折，借助这一转折，片刻之前被体验为障碍和妨碍的事物，片刻之后被证明是积极的条件：苏联政权固若金汤，这本是作为反对移民的论据提出来的，现在却成了赞成移民的真实原因。

总而言之，这也是"否定之否定"的逻辑：这个双重的、自我指涉的否定，并不意味着对实证同一性（positive identity）的回归，并不意味着废除、取消否定性具有的破坏性力量（disruptive force of negativity），把否定性具有的破坏性力量化约为同一性的自我调停过程（self-mediating process of identity）中的匆匆一瞬；在"否定之否定"中，否定性（negativity）保存了它所有的破坏性力量；重点在于，我们开始体验，这种否定性、破坏性力量，这种威胁我们的同一性（menacing our identity）的力量，同时又是确保我们的同一性的积极条件。"否定之否定"无论如何都不会废除对抗，它只寄身于对下列事实的体验：这个阻止我获得充分的同一性、确保我与自己保持同一的固有限制，同时又使我获得了最低限度的实证一致性（positive consistency），无论这种一致性被破坏得多么严重。且举一个最基本的例子：在排犹主义者的愿景中，犹太人被体验为否定性之化身（embodiment of negativity），被体验为破坏稳定的社会同一性（stable social identity）的力量，但排犹主义的"真相"当然是，我们的立场具有的同一性（identity of our position）正是通过与犹太人这个创伤性形象结成的否定性关系（negative relationship）结构起来的。不借助于腐蚀社会构架（social fabric）的犹太人，社会构架本身就会土崩瓦解。换言之，我的全部实证一致性都是应对某种创伤性、对抗性内核（traumatic, antagonistic kernel）的"反应—构型"

(reaction-formation):如果我丧失了这个"不可能"的基准点,我的同一性就会土崩瓦解。

因此,这就是"否定之否定"。它不是对否定性的替代,而是对下列事实的体验:否定性具有实证性功能(positive function),推进并结构我们的实证一致性(positive consistency)。在简单的否定(simple negation)中,尚且存在先在的(pre-given)、正在被否定的实证一致性,否定性之时刻(movement of negativity)尚且被视为对某种先在实证性(pre-given positivity)的限制;在"否定之否定"中,否定性在某种程度上先于即将被否定之物(what is being negated),否定性运动(negative movement)开辟了场地,供每个实证一致性(positive identity)栖身。

如果对抗总是某种开口,总是符号性大对体中的洞穴,总是尚未回答、解决的问题这一空白,那么,"否定之否定"没有给我们带来填补所有问题之空隙(void of all questions)的最终答案:要把"否定之否定"设想得更像是悖论性的扭曲(paradoxical twist),凭借这一扭曲,问题开始充当它自身的答案。被我们错误地当作问题的,其实已经是问题的答案。为了解释这一点,且以阿多诺所谓的社会的对抗性特征(antagonistic character of society)为例。[19]阿多诺的论述始于下列事实:如今已经不可能给社会归纳一个恰如其分的定义,一旦我们着手于此,大量截然相反、相互排斥的决断(determinations)就会不请自至:一方面,有人强调社会是涵摄个人的有机整体;另一方面,有人把社会视为一种联结(bond),视为原子化个人之间签订的一纸契约。简言之,我们发现自己已经身陷"有机主义"(organicism)和"个人主义"(individualism)的对立。

首先,这一对立显现为认识论障碍(epistemological obstacle),显示为阻止我们按照社会(Society)本来的样子把握社会的阻碍。也就是说,它阻止我们把社会理解为康德式的自在之物(Thing-in-itself），如此自在之物只有通过局部的、扭曲了的洞察力才能接近：它的真实本性永远逃避我们。但从辩证的角度看，这个最初显现为尚未解决的问题的矛盾，其实已是这个问题的答案："有机主义"和"个人主义"的对立远远没有阻拦我们接近社会的真实本质，它不仅具有认识论的性质，而且已在"自在之物"之内开始运转。换言之，一边是超越其成员的社团整体（corporate Whole）的社会，一边是把原子化个人联系起来的、外在的、"机械"的网络，这两者间的对抗是当代社会的根本性对抗。在某种程度上，这就是社会的定义。

在黑格尔的策略中，这才是利害攸关之处：[截然相反的社会决断（opposing determinations of Society）的] 不和谐和不相容使得秘密不复存在。开始显现为认识论障碍（epistemological obstacle）的事物，事后证明却是下列事实的索引：正是借助于当初那个似乎阻拦我们"触及真相"和进入"自在之物"的品质，我们"触及了真相"，我们进入了"自在之物"的心脏。这里包含的意义当然是，"自在之物"已被切断、撕裂，已被打上根本匮乏（radical lack）的标记，并围绕着一个对抗性内核（antagonistic kernel）被结构起来。

这就是黑格尔的策略：把认识论上的无能（epistemological impotence）转化为本体论上的不可能（ontological impossibility）。一旦试图界定社会，我们就必定卷入矛盾，而这凸显了认识论上的无能；把认识论上的无能转化为本体论上的不可能，就是转化为用以界定客体的对抗（antagonism defining the object）。黑格尔的这个策略暗示了与拉比诺维奇的笑话完全一样的曲折结局：最初显现为障碍的事物，最后竟然是解决问题的方案——就在真相竭力逃避我们之时，我们已经跻身于真相之中："真相在错误中（in the mistake）抓住了失误（error）的脖子。"[20] 在这样的悖论空间（paradoxical space）中，某个领域的核心直接触及它的外部。这样的悖论空间可以用一个著名的黑格尔式格言来例证。根据这一格言，古埃及人的秘密对于埃及人来说也是秘密:谜语的答案就是使它谜上加谜。

当主体面对着一个谜一般的、无法穿越的大对体(impenetrable Other)时,他必须把握的事物就是,他对大对体提出的问题已经是大对体自身的问题。实体性大对体(substantial Other)的不可穿越性(impenetrability),阻挠主体穿越大对体核心的障碍,已是下列事实的索引:这个大对体本身已被阻碍,已经围绕某个"难以消化"的、抵抗符号化、抵抗符号整合(symbolic integration)的石头被结构起来。主体不能把握作为封闭整体的社会(Society as a close Whole),但这种无能为力具有直接的本体论身份(immediate ontological status):它见证了下列事实——社会本身并不存在,社会已被打上严重匮乏的标志。它不可能获得与自身的充分一致性(full identity with itself),也正是因为这种不可能性,作为实体的大对体,社会已经成了主体。

8. 作为"实在界的应答"的主体

那么,主体化之前的主体的身份是什么?粗略地说,拉康式的答案会是,在作为认同的主体化(subjectivation as identification)之前,在意识形态询唤(ideological interpellation)之前,在采纳某种主体—位置(subject-position)之前,主体只是问题主体(subject of a question)。乍一看,好像我们再次置身于传统哲学的问题框架之内:主体是否定性之力量(force of negativity),他可以质疑事物的既定的、客观的身份,把质疑的开放性(openness of the questioning)引入实证性(positivity)……一句话,主体就是一个问题。但拉康的立场与此截然相反:主体不是问题,而是回答,是实在界对大对体、符号秩序提出的问题的回答。[21] 提出问题的不是主体。他不可能回答大对体的问题。主体是这种不可能性之空隙(void of the impossibility)。

为了解释这一点,且看一部有趣的著作。它就是阿隆·博登海默（Aron Bodenheimer）的《为什么？论提问的淫荡性》(*Why? On the Obscenity of Questioning*)。它的基本观点是，在每个提出问题的行为中，都存在着某种淫荡性的事情，这与所提问题的内容无关，而与提问题这种行为有关。提出问题就是公开、暴露、剥光被提问者，侵犯被提问者的隐秘领域；之所以在肉体的层面上，对所提问题的基本的、初步的反应是感到耻辱、面红耳赤、低眉顺目，原因就在这里。被提问者俨然一个孩子，面对着我们提出的问题："你干什么呢？"显而易见，在我们的日常经验中，对孩子如此提出问题，无疑是先验的指控（a priori incriminating），它能激发起罪恶感：你都干了些什么？你都去哪儿了？这个白斑是怎么回事？"即便我能提供一个客观上真实可信，同时又能把我从罪恶中解脱出来的答案（例如"我在和朋友一起学习"），依然在欲望的层面上承认了自己的罪行；每个回答都是借口。作出像"我在和朋友一起学习"之类的敏捷回答，也只能证明，我并不真的想和朋友一起学习，我的欲望是游玩，或诸如此类的事情……

提问是极权主义主体间关系（totalitarian intersubjective relationship）的基本程序：我们不需要引证诸如警察讯问或宗教忏悔之类的范例，只要回想一下真正社会主义的新闻中对"敌人"的寻常滥用，就足够了。"谁隐藏在幕后……（要求新闻自由、民主）？谁在幕后操纵着所谓的新社会运动？谁在借助它们说话？"这些问题的恐吓性远远大于通俗的、直率的正面肯定："那些要求新闻自由的人真正要做的，是为反社会主义政权的活动开辟空间，并以此削弱工人阶级的领导权……"极权主义的政权并不是拥有所有答案的教条主义；与此相反，它拥有的只是问题。

提问的基本猥亵性在于，它有一种驱力，驱使着它说出本不该说的话。下面这个著名对话表明了这一点："你刚才在干什么？""你知道！""是的，我是知道，但我想让你告诉我！"这个提问以其他人、被提问者的哪种情形为攻击目标？它以他们的哪个点位（point）为攻击目标？在那个"点位"上，回答问题是根本不可能的，词语是匮乏的，主体暴露出自己的无能。我们可以通过颠倒提问的形态来说明这一点：不让权威质问它的臣民，而让臣民—儿童（subject-children）质问他的父亲，如此一来，提问的重要性在于，它总是捕获那些代表权威的人，暴露他的无能为力、束手无策、匮乏。

在谈到向父亲提出问题的儿童时，博登海默说明了提问的这个维度。儿童问父亲："父亲，为什么天是蓝的？"这时，儿童对天空的颜色并无兴趣，他提出问题的真正目的，是揭露他父亲在面对"天是蓝的"这一铁定事实时的无能为力和无济于事，揭露他父亲在具体论证这一事实、展示通向这一事实的整个推理链时的束手无策。这样，天空的蓝色不仅成了父亲的难题，而且在某种程度上成了他的过错："天是蓝的，可你只能白痴一般地瞪着它，无计可施！"一个问题，即使仅仅涉及事物的既定状态，也总是使主体正式为之承担责任，尽管只能以否定的方式承担责任，也就是说，为他在面对这一事实时的无能为力承担责任。

显然，在他人的某个点位（point）上，词语失灵了。那么，这个点位是什么？提问针对的那个"无能点"（point of impotence）是什么？提问之所以令人感到耻辱，是因为它针对着我内心深处的、极其隐秘的内核。这个内核，弗洛伊德称为"我们的存在之核"（*Kern unseres Wesens*），拉康称之为"原质"（*das Ding*）。提问针对的是我内部的陌生躯体（strange body），它"在我之内又超乎我"（in me more than me），它是极端内在的，同时是外在的，拉康为它专门发明了一个新词——外隐（*extime*）。提问针对的实在界客体（real object），就是柏拉图在《会饮篇》（*Symposium*）中借亚尔西巴德（Alcibiades）之口说出来的 *agalma*，即秘密宝藏（hidden treasure），即我内部的、无法客体化和被支配的本质客体（essential object）。拉康在其尚未出版的讲座报告之八《论移情》中，提出了这一概念。拉康对这一客体的概括当然就是小客体了。小客体是处于主体核心的实在界点位（point of Real），它无法符号化，它是作为每次符指化运作（signifying operation）的残留、残迹、残余产生出来的，它是体现了骇人的原乐、快感的硬核，因而又是既吸引我们又排斥我们的客体——它把我们的欲望一分为二，并因此令我们感到耻辱。

我们的观点是，只要它针对的目标是外隐内核（ex-timate kernel），是在"主体之内又超乎主体"之物，是主体中的客体（正是主体中的客体使主体成了主体），那它就是提问的淫荡之维。换言之，不存在没有内疚感的主体，主体只有因他自身之内的客体（object in himself）而感到耻辱，才会存在。这正是拉康下列命题的意义：主体最初是被撕裂、被分割的：他被客体、原质所撕裂和分割，而客体、原质既吸引他又排斥他：$S \Diamond a$。

让我们重申：主体是（客体、创伤性内核这类）实在界对大对体所提问题的回答。如此说来，提问在被提问者那里导致了使其感到耻辱和内疚的效应，提问割裂被提问者，并使他癔症化（hystericizes him），而且这一癔症化（hystericization）构成了主体，使主体成了主体，因此主体的身份即癔症性的身份。主体是通过将其自身割裂、撕裂而构成的。他自身之内的客体、创伤性内核，就是我们已经称为"死亡驱力"之维、创伤性失衡（traumatic imbalance）之维、铲除（rooting out）之维的那个维度。人是"病入膏肓的自然"（nature sick unto death），他因痴迷致命的原质（lethal Thing）而脱轨，而越轨。

询唤—主体化（interpellation-subjectivation）的过程，正是通过认同而躲避、逃避这一创伤性内核的过程：接受符号性委任（symbolic mandate），在询唤中识别自己，主体以此规避原质的维度（dimension of the Thing）。当然，逃避这个癔症僵局（hysterical deadlock）的其他可能性，还是存在的：如变态的位置（perverse position），站在变态的位置上，主体使自己直接认同客体，进而解除自己被提问的重负。精神分析使主体去癔症化（de-hystericizes），不过它采取其他的方式：在精神分析结束之时，问题又回到大对体那里，主体的无能为力被转换成大对体特有的不可能性（impossibility proper to the Other）：主体把大对体体验为被封锁的、不成功的、被打上了核心不可能性（central impossibility）之标志的大对体，一句话，体验为"对抗性"的大对体。

因而作为不可能的回答（as an impossible answer），主体与某种内疚感是两位一体的：涌入我们脑海的第一个文学联想，当然是卡夫卡的作品。诚然，我们可以说，卡夫卡的成就，就是说明了主体化之前的主体（subject before subjectivation）这一悖论性身份。我们正在谈论的是耻辱，而《审判》的最后一句话是："……仿佛他想把这份耻辱留下来，虽然他死了。"[22]

之所以我们在卡夫卡的作品中发现了询唤的滑稽方面（comical aspect of the interpellation）的变态的、令人不安的一面，原因就在这里：询唤所特有的幻觉，即"已经在那儿"（already-there）的幻觉，展示了询唤的否定性面孔（negative face）。控告的程序（procedure of incrimination）要把主体置于这样一个人的位置上——他已经被假定知晓一切（这是在另一种语境中使用拉康的术语）。例如，在《审判》中，法院传唤约瑟夫·K，要他在星期日上午来法院出庭：没有指定讯问的准确时间。当他最终找到法庭后，法官责备他道："你在一个小时零五分前就该来到这里了。"[23] 我们中的某些人大概还会记得在服军役时遇到的同样的情形：我们刚一入伍，班长就连喊带叫地大声指责我们："你像个白痴似的在看什么？你不知道要干什么吗？真的需要我一遍遍地向你解释吗？"——然后他就开始指导我们，仿佛这些指导都是多余的，仿佛我们本来就该对这些指导了如指掌。因此，这是意识形态的"已经在那儿"幻觉的变态的一面：主体遭到指控，遭到指控的方式是突然把他抛入一种情形，在那种情形下，他想必知道别人期待他知道的一切。

9. S (A̷), a, Φ

我们如何详细说明导致了知晓之假定（presumption of knowledge）的"主体中的客体"（object in subject）的维度？也就是说，存在着许多客体。在拉康的教学中，我们必须至少区分三种形态的客体。为了说明这些区分，不妨再次回到麦格芬那里。我们切不可忘记，在希区柯克的电影中，麦格芬也只是三种形态的客体中的一种：

- 首先，麦格芬"什么也不是"，只是一个空位，一个用以启动剧情的纯粹借口：它在《三十九级台阶》（*Thirty-Nine Steps*）中表现为有关飞机引擎的公式，在《海外特派员》（*Foreign Correspondent*，又译《外国记者》）中表现为海军条约的秘密条款，在《失踪的女人》（*The Lady Vanishes*，又译《贵妇失踪案》、《女士失踪记》）中表现为加了密码的乐曲，在《美人计》（*Notorious*，又译《声名狼藉》、《污名》）中表现为铀瓶，等等。它是纯粹的伪装：就其自身而言，它完全无关紧要，出于结构上的必要性，它必须不在场；其意涵是纯粹的自动反射性的（auto-reflexive），它的存在依赖于下列事实——对于其他人而言，对于故事的主要人物而言，它还是有些意涵的。

- 但在一系列的希区柯克的电影中，我们发现了另一种形态的客体，它绝不是无关紧要的，绝对不是纯粹的缺席：这里至关重要的正是它的在场,即现实碎片的物质性在场(material presence)。它是残余,是残迹,无法把它化约为符号结构所特有的形式关系网络(network of formal relations)。不过有点自相矛盾的是,它同时还是使形式结构生效的积极条件。我们可以把这种客体定义为在主体之间流通的交换客体。基于主体间的符号性关系,这种客体发挥着某种抵押品、抵押物的作用。在《美人计》和《电话谋杀案》(*Dial M for Murder*,又译《电话情杀案》、《完美的罪行》)中,它扮演的角色是钥匙;在《疑影》(*Shadow of a Doubt*,又译《心声疑影》、《辣手摧花》)和《后窗》中,它扮演的角色是结婚戒指;在《火车怪客》(*Strangers on a Train*,又译《列车上的陌生人》)中,它扮演的角色是打火机;在《知情太多的人》(*The Man Who Knew Too Much*,又译《擒凶记》)中,它扮演的角色甚至是在两对夫妻中流动的孩子。它是独一无二的,非反射性的;它没有二重身,它逃避二元镜像关系(dual mirror-relation)。这是它在上述每一部电影中都发挥重要作用的原因。这些电影就是建立在一系列二元关系(dual relations)上的,每个因素都具有其镜像配对物(mirror-counterpart)。在《火车怪客》和《疑影》中,甚至核心人物的名字都双重化了——叔叔叫查理,侄女也叫查理。它没有对应物,这也是它必须在对立因素(opposite elements)之间流通的原因。它扮演的角色的悖论在于,尽管它是实在界的残余,是"排泄物",却充当着符号结构得以复原(restoration of a symbolic structure)的积极条件:只有在它化身为这种纯粹的物质因素,而纯粹的物质因素又充当着它的担保时,主体与主体的符号交换的结构才能形成。例如在《火车怪客》中,只有当客体(打火机)在布鲁诺(Bruno)和盖伊（Guy）之间流通时，他们签订的杀人合约才能有效。

这是完整系列的希区柯克电影中存在的基本情形：开始时，我们看到的是事物尚未结构化的、前符号性的、想象性的自我平衡状态，是一种不冷不热的平衡。在那里，主体之间的关系尚未在严格的意义上结构起来，也就是说，尚未通过主体之间流通的匮乏把主体之间的关系结构起来。悖论在于，只有在它化身为一个完全偶然的物质因素，化身为一小片实在界（a little-bit-of-Real）时，这一符号性的合约（symbolic pact），这一结构性的关系网络，才能建立起来。完全偶然的物质因素、一小片实在界的突然闯入，破坏了主体与主体之间关系的自我平衡的冷漠（homeostatic indifference）。通过实在界的冲击（shock of the Real），想象性的平衡（imaginary balance）变成了符号性地结构起来的网络（symbolically structured network）。[24]这是希区柯克（还有拉康）不再是"结构主义者"的原因：结构主义的基本姿态是把想象的丰富性（imaginary richness）化约为符号性关系的形式网络：结构主义视野所忽略的是，这个形式结构本身被脐带绑在了某个绝对偶然的物质因素上，而这个绝对偶然的物质因素，就其纯粹的特殊性而言，"就是"结构，体现了结构。何以如此？因为大对体，即符号秩序，总是失效的、被划掉的、被切断的障碍（barré），而偶然性的物质因素体现符号结构的这一内在的封锁、限制。

符号结构必须包括这样一个因素，该因素体现了符号结构的"斑点"，体现了符号结构"不可能性之点位"（point of impossibility），而正是围绕着"不可能性之点位"，符号结构才成为结构的：在某种程度上，它结构其自身的不可能性（structuring of its own impossibility）。这一逻辑的唯一的哲学配对物还是黑格尔的辩证法：辩证运动的最大思辨秘密（greatest speculative mystery），并不是现实的丰富性和多样性如何能够化约为辩证性的概念调停（dialectical conceptual mediation），而是下列事实：为了得以形成，这一辩证性的结构化（dialectical structuring）必须以某个完全偶然性的因素为化身。例如，这个完全偶然性的因素就是这样一个点位，黑格尔对国王这一角色的推论就是从这个点位开始的：只有当国家化身为国王躯体的惰性在场（inert presence of the King's body）时，作为理性的整体（rational totality）的国家才能有效地存在。国王以他非理性、受生物本能支配的出场（biologically determined presence），"就是"国家。正是借助于他的躯体，国家获得了它的有效性。

我们在此可以运用拉克劳和穆菲对意外（the accidental）和偶然（the contingent）所作的区分：形式结构的普通因素（ordinary element of a formal structure）属于意外，它无关紧要，这就是说，它是可以互换的；但总是存在着这样的因素，有点自相矛盾的是，它是这一形式结构的化身，它并非必不可少的，但正是因其偶然性，它是结构必要性得以复原（restoration of the structural necessity）的积极条件：这一必要性依赖于它，紧紧抓住它不放。

- 最后，我们得到了第三种客体：例如，《群鸟》（*The Birds*，又译《鸟》、《鸟祸》）中的群鸟。还可以加上《玛尔妮》（*Marnie*，又译《神秘的贼美人》、《艳贼》）中的大船壳，它停在玛尔妮的妈妈居住的那条街的尽头。这一客体具有庞大、沉重的物质存在，它既不是麦格芬那样无关紧要的空隙，也不在主体间流通。它不是用以交换的客体，而只是一个不可能的原乐的沉默化身（mute embodiment of an impossible *jouissance*）。

我们如何解释这三种客体的逻辑、一致性呢？在其讲座报告

《再来一次》（*Encore*）中，拉康为此画了一个图表。[25]

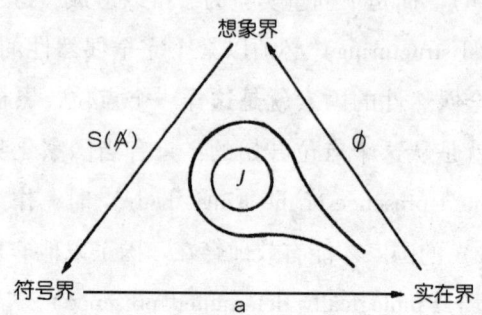

这里，我们不要把矢量理解为，它暗示了决断关系（relation of determination），如"想象界决定了符号界"，等等。要在这样的意义上理解矢量，"想象物的符号化"。所以：

- 麦格芬显然是小客体，是匮乏，是实在界的残余，它启动了符号性的阐释运动（symbolic movement of interpretation），是处于符号秩序中心的空隙，它伪装成了等待解释和阐释的"秘密"；
- 群鸟是 Φ，即实在界的无情感、想象性的客体化（impassive, imaginary objectification of the Real），是原乐的化身；
- 最后，处于流通状态的交换客体是 S(A̸)，即符号客体，无法把它化约为想象性的镜像游戏（imaginary mirror-play），同时它又是大对体中的匮乏之化身，是不可能性，符号秩序就是围绕着这种不可能性建构起来的。它是绝对偶然性的因素，符号必要性（symbolic necessity）因它而生。这就是符号秩序最大的秘密：它的必要性来自于实在界的全然偶然性遭遇（totally contingent encounter of the Real）造成的冲击力，就像《天方夜谭》中的那个著名意外事件：在沙漠中走失的主人公非常偶然地走进一个洞穴；在那里，他见到三个年迈的智者，他的到来惊醒了他们，他们对他说："你总算来了！我们一直在等你到来，已经等了三百年了！"

10. 想必××的主体[26]

归根结底，这一秘密是有关移情的秘密：要产生新意义，有必要预设在别人那里存在着移情现象。这就是"想必知道的主体"（subject presumed to know）遵循的逻辑，拉康把"想必知道的主体"视为移情现象的中轴、铁锚，将其隔离开来：精神分析师想必提前知道——知道什么？——接受精神分析者的征兆的意义。这种"知道"当然只是幻觉，但它是必不可少的幻觉：到最后，只有通过假定知道（supposition of knowledge），某种真正的"知道"才能创造出来。在上面的图表中，围绕着在中央隆起的令人反胃的原乐，围绕着不可触及的原质，我们得到了三个版本的客体；我们禁不住以同一母体（same matrix）为根基，围绕着"想必知道的主体"，建构另外三个概念。

- 让我们着手于"想必相信的主体"（subject presumed to believe）。[27]因为来自南斯拉夫，也就是说，来自真正的社会主义国家（real-socialist country），本书作者禁不住列举只有"真正存在的社会主义"（really existing socialism）才有的例证。众所周知，在那里，商店总是存在缺货现象。我们假想出来的起点是，市场上有充足的手纸。但是突然间，一个谣言出人意料地开始传播——手纸短缺。因为这一谣言的缘故，人们开始疯狂抢购，最终结果当然是，真的出现了手纸短缺。初看上去，似乎这是一个简单机制，即所谓"预言自我实现"的机制，但它运作的有效方式有些复杂。每个参与者都是这样推理的:"我不天真,也不愚蠢,我心里一清二楚,商店里的手纸绰绰有余;但或许有些人,他们既天真,又愚蠢,对这些谣言信以为真,并据之行事,于是他们开始疯狂抢购,到最后,必定真的造成短缺;所以,即使我一清二楚,手纸充裕,但快去商店,多买一些,总不失为明智之举!"至关重要的是,这个我们假定天真地相信谣言的人,不必真的存在:要在现实中产生这样的结果,只要假定他存在就足够了。在一个明确的、封闭的主体群体中,相对于他人而言,每个人都可以扮演这个人的角色;无论是谁来扮演,结果都如出一辙,那就是手纸真的出现短缺。那个到最后两手空空的,正是坚持真理的人。他自言自语道,"我知道这只是谣言,我知道手纸充裕",并据此行事……

"想必相信的主体"这一概念还有临床性用途。它可以用来标记下列两者间的差异:一者是真正的弗洛伊德式的精神分析(real Freudian analysis),一者是修正主义的治疗(revisionist cure)。在弗洛伊德式的精神分析中,分析师扮演的角色就是想必知道的主体;在修正主义传统中,分析师扮演的角色更接近想必相信的主体。这就是说,在这种情形下,患者是这样推理的:"我有精神问题,我神经过敏,所以我需要精神分析师为我治疗。问题是,我不相信什么母性阳物(maternal phallus)、符号阉割之类的狗屁玩意——在我看来,这全是信口胡诌。但令我高兴的是,有个分析师,他相信这套玩意,那为什么不找他试试,说不定他能用他相信的那套玩意为我治疗!"难怪五花八门的新弗洛伊德学派都要吸纳萨满教[28]的某些因素!

- 这一系列中的第二个概念是"想必享受的主体"(subject presumed to enjoy）。[29] 在强迫性神经官能症中，这种主体的作用是根本性的：对于强迫性神经官能症患者（obsessional neurotic）而言，创伤点（traumatic point）是假定性存在（supposed existence）——它假定，在他人那里，存在着无法承受、永无休止、令人恐惧的原乐；他为自己全部的疯狂行为所下的赌注，就是把大对体从原乐中抢救出来，即使以毁灭他或她为代价，也在所不惜。例如，拯救一个女人，使其免于堕落。再说一遍，这样的主体不必真的存在：要产生这个主体真的存在时产生的结果，只要假定他存在就足够了。这个假定存在的原乐（supposed *jouissance*）是种族主义的关键构件（key components）之一：总是假定大对体（犹太人、阿拉伯人、黑人）已在享受某种特定的快感，而且这事真的令我们忧心忡忡。

- 最后一个概念当然是"想必欲望的主体"（*subject presumed to desire*）。如果说想必享受的主体在强迫性神经官能症中发挥着核心作用，那么想必欲望的主体则在癔症中发挥着同样的作用。我们只需想起弗洛伊德对杜拉（Dora）所作的精神分析[30] 就可以了：很显然，对杜拉而言，K 夫人（Frau K）扮演的角色，并非像弗洛伊德错误地假定的那样，是她欲望的客体，而是想必欲望的主体。这样的主体想必知道如何组织她的欲望，如何避免步入僵局。这也可以说明，为什么在我们面对癔症患者时，要问的问题不是"他的欲望客体是什么？"而是"他是从哪里欲望的？他是通过谁人组织自己的欲望的？"癔症主体（hysterical subject）面对的问题是，他总是需要求助其他主体来组织他自己的欲望。这是拉康下列理论概括的意义——癔症性的欲望（hysterical desire）是他人的欲望。

11. 想必知道

在分析意识形态的机制（ideological mechanisms）时，这样的概念四重奏（conceptual quartet）是有用的：在东方暴君主义（oriental despotism）中，整个制度都围绕着中心点——"想必享受的暴君"（despot presumed to enjoy）这一形象——运转；在经典的斯大林主义中，领袖是"想必知道的主体"；等等。但要记住的是，四种"想必××的主体"并不处于同一个层面：想必知道的主体是它们的基础、母体，其他三种主体的作用，则是隐瞒它那烦人的悖论。

希区柯克的《海外特派员》中的一个小小场景，极佳地例证了"想必知道"（presumed knowledge）与无意识的这种联系。在那里，主人公［由乔尔·麦克雷（Joel McCrea）扮演］和他的朋友精心策划，逼迫冒充"和平主义者"的纳粹特工［由赫伯特·马歇尔（Herbert Marshall）扮演］承认他的叛国行为。主人公爱上了叛国者的漂亮女儿，怂恿她去作乡间一日游；与此同时，他的朋友前往叛国者的家中拜访他，告诉他，他和他的朋友已经掳走了他的女儿。他们已经作了释放她的准备，但交换条件是他以书面形式承认自己是纳粹间谍。父亲同意了这个要求，在纸片上写了些什么——显然是要求他写的坦白——然后把纸片递给勒索者。但是勒索者看了一眼纸片时，他看到上面写的是："抱歉，我刚刚听到了我女儿的汽车进入车库的声音。"父亲的勇敢（尽管犯了叛国罪，他依然保持着老派绅士的风度），使他在听到他女儿的汽车声时没有暴跳如雷，而是揭穿了勒索者的虚张声势：他继续平静地忙碌着，让勒索者知道，他以坦白这种形式，看穿了他的底牌。

这一姿态的力比多负荷（libidinal charge）为何？《海外特派员》中的背信弃义的父亲，是希区柯克创造的一系列坏人中的一个，他们饱受折磨，因为他们知道自己已经堕落：在无意识的层面上，他们盼望被揭穿，盼望自取灭亡；这一真相是以坦白的形式浮现、表明的，即使为之辩护的理由被证明无效时，它依然坚持着。这就是拉康意义上的"无意识"：无意识是这样一种欲望，它是在把形式与内容割裂开来的鸿沟中，在形式的自治（autonomy of the form）中阐明自身的。那位父亲面对勒索者，作出了一个既反讽又勇敢的姿势（ironic-gallant gesture），表达了这样的意思："这就是你要的坦白！我把你的底牌还给你！"在这个姿态的后面，是这样一种欲望的绝望爆发——他要自我洗除罪责（self-purification）。电影快要结束时，这个欲望终于实现了：那位父亲自杀身亡。

"勇敢"一词不是漫不经心地随便乱用的：要在确切的"浪漫之前的洛可可的"（Rococo-pre-Romantic）、莫扎特的意义上理解它。这就是说，莫扎特歌剧最具颠覆性的一个特征，正在于他对内容与形式之间的鸿沟的熟练操纵。在那里，形式阐明了"被压抑"的内容之真相（truth of the content）。《唐璜》在整体上体现了这一鸿沟。在"内容"的层面上，唐璜从惨败走向惨败，而音乐形式却越来越强调他的必胜信念，强调他具有的神话般的力量。撇开《唐璜》不谈，只要回想一下《费加罗的婚礼》[31]尾声中的一个小小细节就足够了。在费加罗与苏珊娜和解之后（"一步，一步……"），出现了一个咏叹调。起先，内容与形式彼此和谐：误解的消除（费加罗知道了他正在征服的女人不是伯爵夫人，而是扮成了伯爵夫人的、他的心上人苏珊娜），为他们两人和谐的二重唱所证实，二重唱见证了他们的和解；然后二重唱变成了三重唱：从幕后插入了伯爵愤怒的声音，他正在公园里寻找苏珊娜（为了使他落入圈套，她答应与他在公园约会）。

随着第三个声音的出现，内容和形式被撕裂，它们各行其是。在内容的层面上，与前面的和解精神截然相反，我们得到的是张力、失调（伯爵愤怒地质问苏珊娜在做什么），但这里至关重要的是下列事实：伯爵在表达自己的愤怒时使用的乐曲，正是费加罗和苏珊娜达成和解时使用的乐曲。在形式的层面上，没有中断，没有断裂，同样的乐曲一直延续下去……以这种方式，要表达的一切都表达了出来：和解已经到来，伯爵的愤怒已经平息，他不再茫然如失，他只是对此一无所知，或者说得更确切些——这是至关重要之处——他还不知道他已经知道了这一切，因为在无意识的层面上，他已经知道了这一切，他已经平息下来，接受了他已经失去苏珊娜这个事实。他的无意识之知（unconscious knowledge）再次在把形式与内容割裂开来的鸿沟中涌出，以这样的形式涌出：就在公爵依然暴跳如雷之时，和解的迹象已经出现。

正是因为存在这样的鸿沟，莫扎特还不是浪漫派作曲家：根据"浪漫派"的定义，如此鸿沟已被排除。从浪漫派的视角看，莫扎特的程序是"机械的"，心理上也是难以服人的，它只是同一首乐曲的自动重复，与已经变化的心理构象（psychological constellation）无关：仿佛莫扎特"忘了改变曲调"，只是机械地延续同一首乐曲，尽管这种情形的心理真实（psychological truth of the situation）需要一个清晰的突变［不和谐的喷发（eruption of disharmony）］。同一个乐曲一再重复，丝毫不顾"心理真实"，难免给人"自动重复"（automatism to repeat）的印象。这种印象远非简单的错误，我们要基于拉康的下列论点对它作出阐释：就身份而论，无意识的"强迫重复"（compulsion to repeat）不是心理性的。伯爵所唱乐曲的外在形式，这种外在形式与它本身的内容（歌词）的不协调表明，无意识之真（unconscious truth）是他无法触及的，是他的心理经验（psychological experience）无法触及的。

在莫扎特的作品中，我们还拥有作为外在的、"非心理"的符号性关系网络（network of external, "non-psychological" symbolic relations）的"无意识"。这种"无意识"决定陷入这一符号性关系网络的主体的"真相"：正是在遏制、退缩之时，在阻止主观—心理的内容（subjective-psychological content）过于强烈地在形式中"表现"出来时，在阻止主观—心理的内容（subjective-psychological content）过于直接地渗透形式时，即在促使内容与形式保持距离时，"被压抑的"内容之真相找到了展示自己的空间。只有在外在的、"机械"的形式被体验为"纯粹形式"时，被体验为无内容的形式时，我们才能进入"浪漫"模式。所以，真相是专由心理主体性（psychological subjectivity）在形式中的表现来衡量的。在贝多芬的作品中，我们发现了作为内在内容的无穷财富（infinite wealth of inner content）的主体，他奋力在形式中表现自己：对于由"天才"、"巨型"人格（"titanic" personality）组成的浪漫派狂热信徒（Romantic cult）来说，道路已经畅通，所有令人作呕的幻影都由此而生。

12. "怕犯错误……本身就是错误"

一边是康德—莫扎特，一边是黑格尔—贝多芬，它们通常构成了平行线；与这个平行线相反，我们应该强调，黑格尔是莫扎特派（Mozartian）。也就是说，莫扎特式实践——通过使形式与其内容保持距离来揭示真相——在黑格尔的概念"形式方面"（*das Formelle*）中找到了精确的配对物。黑格尔的"形式方面"揭示了既定现象的真相（truth of a given phenomenon）。这当然引入了真相（Truth）与表象（appearance）的辩证关系："真相"肯定不是某种再三躲避我们的剩余（surplus）；相反，它以创伤性遭遇（traumatic encounters）这种形式显现出来。也就是说，在我们假定是"纯粹表象"（mere appearance）现身的地方，我们偶然遇见了它："真相的冲击力"在于，它突然出现在让人放心的现象领域（realm of reassuring phenomena）之中。

对于康德而言，"不可思议"的正是这样的遭遇，这样的悖论点（paradoxical point），在那里，"表象"不知不觉地触及了真相：在康德的"强迫症"构造中，至关重要之处在于，避免与真理的创伤性遭遇（traumatic encounter of the Truth）。这就是说，他的"超验"程序把我们可能的经验局限于现象世界（world of phenomena），把自在之物排除在现象世界之外。康德的"超验"程序显然表达了对真相的渴望——害怕不合理地把现象当成自在之物，进而误入歧途。不过，正如黑格尔所言，怕犯错误，害怕把现象与自在之物混为一谈，此举隐藏了它的对立面，即害怕真相。这表明了一种欲望：不惜一切代价，躲避与真相的相遇。

> 如果怕犯错误导致了对科学的不信任，而科学又要在没有这种顾虑的情形下继续自己的研究，而且事实上又有所发现，那就很难理解，为什么我们不能回过头来不信任这种不信任呢？难道我们不应该想一想，怕犯错误本身是否就是错误呢？[32]

因此，应该以辩证性反思的方式（in a dialectically reflexive way）设想表象与真相的关系：最彻底的幻觉（most radical illusion）之为最彻底的幻觉，并不在于把其实是纯粹的欺骗性幻觉之类的事物当作真相来接受，当作"自在之物"来接受，而在于拒绝承认真相的存在，也就是说，即使真理已经现身，还在假装我们依然面对虚构的表象（fictitious appearance）。

西德尼·波拉克[33]的电影《秃鹰三日》（Three Days of the Condor，又译《英雄不流泪》）完美地例证了幻觉的这种悖论性的、自我反射的特性（self-reflexive character）。中央情报局（CIA）的一个小部门忙着阅读所有的间谍与侦探小说，试图从中发现或许能够用于现实间谍工作的各种想法。突然，一个特殊清算小组杀掉了这个部门的所有成员。为什么？因为他们中的一人在阅读一部没什么名气的小说时注意到一个想法，并向上级作了汇报：有一个秘密的"组织内的组织"，它的存在尚不为人所知，但它已经控制了合法组织。实际上，这样的组织已经在中央情报局内部存在。换言之，他上报的只是虚构，却不知道自己已经触及真相。我们现在可能明白了，当拉康说"真理具有虚构的结构（structure of a fiction）"时，他究竟是针对什么而言的。这显然来自拉康的四种话语的母体（matrix）："真相"是个空位（empty place），当［符号性地结构起来的知晓（symbolically structured knowledge）的］某个"虚构"片断相当偶然地占据了这个空位时，"真理的效果"（effect of Truth）就会形成，如同在波拉克的电影中那样。在那里，不幸的低级职员不知不觉地制造了爆炸性的"真理的效应"。

害怕错误，这种行为掩藏了它的对立面，即害怕真相。这是黑格尔的概括。黑格尔的这一概括完美地描述了强迫性神经官能症患者（obsessional neurotic）占据的主体位置：不停地拖延，无尽地防范，是强迫性神经官能症患者的特征。与此同时，提到强迫性神经官能症［这里的强迫性神经官能症当然不是临床性实存物（clinical entity），而是主体的位置（subjective position），是黑格尔所谓的"走向客体性的思想的位置"（the position of thought towards objectivity）］，能使我们正确地理解拉康的下列观察：黑格尔"是所有癔症患者中最崇高的癔症患者"（the most sublime of all hysterics）。通过把从康德向黑格尔的过渡判定为强迫症患者的位置的癔症化（hystericization of the obsessional's position），我们就已经处于黑格尔所谓的种（genus）与其属（species）的关系中了：癔症和强迫性神经官能症不是作为中立—普遍的种（neutral-universal genus）的神经症（neurosis）的两个属；癔症和强迫性神经官能症的关系是辩证的关系。注意到强迫性神经官能症是某种"癔症的辩证"（dialect of hysteria）的，是弗洛伊德：癔症作为神经症位置的根本决断（fundamental determination of a neurotic position）包含了两个属（species），一个是强迫性神经官能症，一个是作为它自己的属的强迫性神经官能症。

当然，存在着一整套区别性特征（differential features），这些特征促使我们把癔症与强迫性神经官能症的关系，视为对称性对立的关系：

- 癔症征兆（hysterical symptom）表达、演示被压抑的欲望，而强迫性征兆（hysterical symptom）则演示惩罚，即对实现欲望的惩罚。
- 癔症神经症患者（hysterical neurotic）不能忍受等待，他加速通过，他"超过"自己，因而错过了欲望的客体。之所以如此，是因为他缺乏耐心，因为他想过快地得到欲望的客体。强迫性神经官能症患者建立了一个完整系统，这样能够使他无限期地推迟他与客体相遇。对他而言，为时永远过早，时机永远不会到来。
- 对癔症神经症患者而言，客体提供了太少的快感：说到每个客体，他的经验是"这不是那个"，这是他加速追击并最终捕获正确客体的原因。强迫性神经官能症患者的问题在于，客体为他提供了太多的快感。与客体直接相遇是无法忍受的，因为客体具有过度的丰富性，这是他推迟与客体相遇的原因。
- 当癔症神经症患者觉得他"并不知道他真的想要什么"时，他会把有关他对他人的欲望（concerning his desire to the other）的问题，告诉在他看来代表着"想必知道的主体"的那个人。强迫性神经官能症患者则忍受怀疑带来的折磨，他犹豫不决。也就是说，他只把问题留给自己。等等。

不过，更仔细的审视很快表明，这种对称性对立的印象是虚假的：对立两极中的一极（癔症）总是"无记号的"，也就是说，它总是同时充当着对立之中性的、普遍的中介（neutral, universal medium of the opposition）；另一极（强迫症）则是"有记号的"，而且引入了一个特定的差异（specific difference）。因此，不难证明：强迫性地演示惩罚，演示因为实现了欲望而遭受的惩罚，不过是反向地、"经过调停"地演示欲望的实现而已；主体给自己提出的强迫性问题（obsessional question）——著名的"强迫性怀疑"（obsessional doubt）——不过是以隐蔽的形式向他人提出的要求而已；因为害怕我们无法忍受如此过度的快感而拖延与客体相遇，这样的强迫性延迟不过是以精致的方式逃避对客体的失望而已。也就是说，强迫性延迟掩藏了不祥之兆——客体"不是那个"。

回到从康德到黑格尔的过渡上来，这道理同样适用于康德的下列做法：推迟与原质（the Thing）相遇，使原质永远处于现象世界之外。这样做掩藏了不详之感：或许这个原质只是匮乏、空位；超出了现象性表象（phenomenal appearance），就只有某种否定性的自我关系（negative self-relationship）了，因为存在着这种否定性的自我关系，实证性的既存的现象世界（positively given phenomenal world）被理解成了"纯粹的表象"（mere appearance）。换言之，"超感性之物（the supersensible）是作为表象的表象（appearance *qua* appearance）"。

13. "超感性之物是作为表象的表象"

《精神现象学》有一章专论"力和知性"（Force and Understanding）。这一章实现了从意识（consciousness）向自我意识（self-consciousness）的过渡。黑格尔在这一章提出了上述公式——"超感性之物是作为表象的表象"。这一公式放大了康德的整个强迫症构造（obsessional economy）："超感性之物是感觉之物和知觉之物，却被视为千真万确之物；但感觉之物和知觉之物的真理，却是表象。因此,超感性之物是作为表象的表象。"[34] 称之为表象,这暗示我们,表象之后还有某物,某物通过表象显现出来;表象隐藏了真相,并以同样的姿态提供了不祥之兆;它同时既隐藏又揭示了表象幕后的本质。但在现象性表象之后,究竟隐藏着什么?隐藏的正是下列事实:根本没有可藏之物。被掩藏的是下列事实——掩藏这个行为本身什么也没有掩藏。

但是,难道超感性之物只是意识的纯粹幻觉,只是错视画派的视觉圈套(trompe l'œil)?难道是"我们"知道幕后什么也没有隐藏,但"朴素"的意识落入了骗人的圈套(web of deception)?我们应该向黑格尔学习,永远不要把下列两者直接对立起来:一者是"我们""正确"地看到的事物的状态,一者是错误意识(erroneous consciousness)的观点。即使存在欺骗,我们也无法把欺骗从原质中扣除;欺骗构成了原质的核心。如果在现象的面纱(phenomenal veil)后面一无所有,那么也正是通过这种"一无所有"的调停,主体以自己的误认行为(in the very act of his misrecognition)构成了自己。因此,这样的幻觉——幕后隐藏着什么东西——是反射性的幻觉:隐藏在表象之后的,正是产生这种幻觉的可能性(possibility of this very illusion)。也就是说,隐藏在幕后的是下列事实:主体觉得幕后必定隐藏着某物。这幻觉虽然"虚假不实",却被有效地置于幕后的空位(empty place behind the curtain)之中。也就是说,这个幻觉开辟了位置,在那里,幻觉是可能的;这个幻觉开辟了空位,而这空位是由幻觉来填补的。在那里,重复外在的、实际的现实(factual reality)的"幻觉现实"(illusory reality),可以找到自己的适当位置:

  为了使某物存在,必须存在这样的空隙:尽管它早已排空客观的原质(objective Things),但作为自在的空无(empty in itself），它还必须排空所有的精神关系（spiritual relationships）和作为意识的意识所具有的特性（distinctions of consciousness *qua* consciousness）。也就是说，为了使某物在这个甚至被称为圣中之圣（holy of holies）的彻底空隙中存在，我们必须用意识本身制造出来的遐想、表象填充它。虽然受到了这么恶劣的对待，它必须心满意足，因为它不配得到更好的待遇，因为即使遐想也好于它的空无。[35]

超感性之物的神圣（supersensible Holy）因而首先是一个空位，一个排空了所有实证内容的位置。只有在排空了所有实证内容之后，这一空无（emptiness）才能用某些内容填充。这内容当然来自超感性理应否定并将其甩到身后的感官世界（sensuous world）。超感性之物与感性世界各自的内容是完全一样的；通过改变位置，即占据、填充神圣的空位（empty place of the Holy），某个客体就会成为"神圣"客体。

这也是拉康式客体所遵循的逻辑的一个基本特征：位置在逻辑上领先于占据这一位置的客体：客体以其既定的实证性（in their given positivity）所掩饰的，不是某种其他的、更具实体性的客体秩序（order of objects），而只是它试图填补的空无和空隙。我们必须记住，崇高客体本身没有任何崇高可言。依拉康之见，崇高客体本是平凡的、日常的客体，但它相当偶然地占据了拉康所谓"原质"的位置，占据了"欲望的不可能—实在界的客体"（impossible-real object of desire）的位置，这才成了崇高客体。崇高客体只是"被提升到了原质层面的客体"（an object elevated to the level of *das Ding*）。把崇高性（sublimity）赋予客体的从而使客体成为崇高客体的，是客体所处的结构性位置（structural place），是这样的事实——它占据了原乐占据的神圣/禁用的位置（sacred/forbidden place），而不是内在的素质（intrinsic qualities）。

　　布努埃尔[36]的一系列电影完美地例证了这一点。这些电影总是围绕着同一个核心母题制作的。用布努埃尔自己的话说，这个核心母题就是："满足一个简单欲望是根本不可能的，而且这种不可能性是无法解释的。"在《黄金时代》（L'Age d'or）中，一对夫妇想享受鱼水之欢，但他们再三被某些愚蠢的意外打断；在《克鲁斯的阿希巴尔多的犯罪生涯》（The Criminal Life of Archibaldo de la Cruz，又译《犯罪生涯》）中，主人公想完成一次简单的谋杀，但他的全部努力均以失败告终；在《泯灭天使》（Exterminating Angel）中，一群阔人参加聚会后，竟然无法跨越门槛，离开房间；在《资产阶级的审慎魅力》（The Discreet Charm of the Bourgeoisie）中，两对夫妻想聚餐，但各种出人意料的曲曲折折总是阻止他们实现这个小小的愿望；最后，在《那个朦胧的欲望客体》（That Obscure Object of Desire，又译《朦胧的欲望》）中，我们看到了一个悖论，在那里，一个女人玩了一系列花招，再三推迟与老情人重逢。

　　这些电影的共同特征是什么？一旦占据了原本由原质占据的不可能的位置（impossible place of das Ding）并开始成为欲望的崇高客体的化身，平凡的、日常的行为也变得无法实现了。就其自身而言，这一客体或行为可能是极其平庸的客体或行为（普通晚餐，聚会后跨过门槛）。只要占据了大对体中神圣/禁用的空位（empty place in the Other），一个完整系列的难以逾越的障碍就会围绕着这个位置建立起来；客体或行为，尽管极其平凡，还是无法获得或实现。

　　客体以其庞大而迷人的在场所遮蔽、隐藏的，不是另一种实证性，而是它自己所处的位置、空白，是它以自己的出场填充的匮乏，即大对体中的匮乏。拉康所谓的"穿越幻象"（going-through the fantasy）就在于体验幻象—客体的这种倒置。主体必须获得这样的体验：就其本身而论，永远处于匮乏状态的欲望的客体—成因（everlacking object-cause of desire），只是某个匮乏的客体化和化身而已；在这里，它的迷人出场只是掩饰它所占据的位置的空无（emptiness of the place it occupies）而已。这样的空无正是大对体中的匮乏。大对体中的匮乏使大对体（即符号秩序）千疮百孔、前后矛盾。

所以"我们"这些已经"穿越幻象"的人可以理解，在意识（consciousness）认为它看到了某种东西的地方，其实一无所有。但只要我们的知晓（our knowledge）针对的是使幻觉成为可能的那个空位，我们的知晓就已经被这种"幻觉"调停过了。换言之，如果我们把幻觉（它的实证性内容）从幻觉中扣除，那剩下的就不仅是一无所有（nothing），而且是确定的一无所有（determinate nothing），即结构中的空隙（void in the structure）。结构中的空隙为"幻觉"提供了位置。"揭露幻觉"（unmask the illusion）并不意味着"在它后面没有什么东西可看"：我们必定能够看到的，正是这种一无所有。超出了现象，就只剩下了这种一无所有了，而这种一无所有就是主体。要把"表象"视为"纯粹表象"，主体必须超出表象，"越过"表象，但在超出表象、"越过"表象之后，他在那里找到的，只是他自己的行为，即超出、越过这种行为。

黑格尔的这些命题通常被化约为简单的本体论提升（ontological elevation），即把主体提升为"存在之整体的实体性本质"（substantial Essence of the totality of being）。首先，意识认为，在现象的面纱（phenomenal veil）之后隐藏着另一个超验的本质（transcendent Essence）；然后，借助于从意识到自我意识的过渡，它体验到，隐藏在现象之后的这一本质，这一赋予现象以生命的力量，就是主体。不过，对黑格尔做这样的解读，即把主体直接等同于隐藏在幕后的本质，错过了下列至关重要的事实：黑格尔的从意识向自我意识的过渡，暗示出对某个彻底失败（radical failure）的体验：主体（意识）想看破隐藏在幕后的秘密；他的努力以失败告终，因为幕后一无所有,而一无所有"就是"主体。正是在这个意义上,(能指的)主体与(幻象的)客体关联在一起,甚至完全同一:主体是空隙,是大对体中的洞穴,而客体则是填充这一空隙的惰性内容(inert content);因此主体的整个"存在"就在于填补这一空隙的幻象—客体。这些黑格尔式的公式之所以令我们想到拉康在"讲座报告之十一"中引用的那个神话故事,原因就在这里:

> 在以古希腊画家宙克西斯(Zeuxis)和巴哈修斯(Parrahasios)为主角的经典故事中,宙克西斯擅长画葡萄,而且他画的葡萄能把鸟招来。这里要强调的不是这些葡萄无论如何都是完美的葡萄。这里要强调的是,即便鸟的眼睛也受这些葡萄的蒙蔽。这可由下列事实证实:他的朋友巴哈修斯战胜了他,因为他在墙上画了一个幕布,这个幕布是如此的酷肖逼真,以至于宙克西斯转过身来对巴哈修斯说,好吧,现在让我们看看,你在它的后面都画了些什么。他要以此表明,问题在于欺骗眼睛(trompe l'œil)。凝视战胜了眼睛(eye)。[37]

我们可以通过以表象为现实,来欺骗动物。这时,表象就是现实的替代物。但人骗人的正确方式,则是以现实为表象。正是通过假装隐藏什么,隐藏这一行为(act of concealing)欺骗了我们。换言之,幕后除了钻到幕后的主体,一无所有:

> 很显然,在理应隐藏着内在世界(inner world)的所谓幕布之后的,没有任何东西可看,除非我们走到它的后面,除非为了让我们有东西可看,在那幕布之后真有什么东西可被看见。[38]

五　哪一种实在界之主体

我们就应该这样解读黑格尔对实体与主体所作的根本性区分：实体是实证的、超验的本质（positive, transcendent Essence），它理应隐藏在现象的幕后；"把实体当主体来体验"（experience the substance as subject）意味着，要理解下列一点：现象之幕（curtain of phenomena）首先隐藏的是下列事实——它没有隐藏任何东西，幕后一无所有，而这幕后的"一无所有"就是主体。换言之，在实体的层面（level of the substance）上，表象只是用来骗人的，它提供给我们的，是本质的虚假形象（false image of the Essence）；在主体的层面上，表象正是通过装作欺骗实施欺骗的，即通过假装有什么东西藏在幕后来实施欺骗的。它隐藏的是下列事实——它没有任何东西需要隐藏：它不是在撒谎时假装说实话，而是在说实话时假装撒谎，也就是说，它是通过假装欺骗来实施欺骗的。

正是通过把自己装扮成谎言，现象（phenomenon）可以说实话，就像弗洛伊德讲过而拉康常常引用的那个笑话一样。在那个笑话中，一位犹太人责备他的朋友："为什么你告诉我说，你要去克拉科夫（Cracow），不去伦贝格（Lemberg），却真的去了克拉科夫？"[39]说实话代表着对骗人的潜规则（implicit code of deception）的违背，而左右他们关系的正是骗人的潜规则：当他们其中的一人要去科拉克夫时，他理应撒谎说，他要去伦贝格，反之亦然。拉康在评论宙克西斯和巴哈修斯的故事时，提到了柏拉图对于绘画幻觉（illusion of painting）的抗议：

> 正是在这里，这个小故事变得有用了。这表现在，它向我们表明，何以柏拉图反对绘画幻觉。关键并不在于，绘画提供了客体的幻觉等价物，尽管柏拉图似乎要这么说。关键在于，绘画的视觉圈套（trompe l'œil）假装是别的什么，而不是它自己……绘画并不与表象一争短长，而与柏拉图所谓处于表象之

外的理念一决雌雄。正是因为绘画是表象，才会说，正是这种提供表象之物，才引起了柏拉图对绘画的攻击，好像绘画是正在与他本人从事的活动相竞争的一种活动。[40]

在柏拉图看来，真正的危险是这样的表象：声称要成为表象，但为了这个缘故，却是不折不扣的理念。黑格尔对此心知肚明："超感性之物（理念）是作为表象的表象。"这是秘密，哲学要想保持其一致性，就必须保守这个秘密。这个秘密是黑格尔在形而上学传统登峰造极之时使我们看到的。这是不借助于对大对体的假定（hypothesis of the big Other），不借助于对自治符号秩序（autonomous symbolic order）的假定，就无从把握黑格尔的基础性母题——"表象同样是本质性的"（appearance as such is essential）——的原因。以其恰当的人类维度（properly human dimension），大对体、自主的符号秩序使欺骗成为可能。

为了例证这种联系，不妨提一提斯大林主义，说得更确切些，提一提斯大林主义的强迫性坚持（obsessive insistence）——无论付出多么高昂的代价，我们都要维持表象：我们全都知道，幕后进行着你死我活的派系斗争；尽管如此，我们必须不惜任何代价保持党高度统一的表象；无人真正相信主导意识形态，人人都与它保持着狗智式的距离，人人也都知道无人相信那套意识形态；但这样的表象还是要不惜血本地维持——人民怀着满腔的热忱建设社会主义，支持党，等等。

这一表象是本质性的：如果摧毁了表象，如果有人胆敢公开"皇帝陛下一丝不挂"这个显而易见的事实（谁都不再严肃看待主导意识形态……），在某种意义上，这个制度将分崩离析。何以如此？换言之，如果人人都知道"皇帝陛下一丝不挂"，如果人人都知道别人也知道这一点，那么，不惜一切代价地保持表象又是为了蒙

五　哪一种实在界之主体

蔽哪个代理（agency）？合乎逻辑的答案当然只有一个，那就是大对体：理应处于无知无觉状态的，正是大对体。这还为研究意识形态中的欺诈之身份（status of deception in ideology）开辟了新途径：理应被意识形态"幻觉"欺骗的那些人，首先不是有血有肉的个人，而是大对体；因此我们可以说，作为证明大对体存在的本体论证据（ontological proof），斯大林主义是有价值的。

另一方面，直至南斯拉夫实现自治，斯大林主义才以其严格的人类维度（in its strictly human dimension）上升到欺骗的层面。在斯大林主义中，欺骗基本上还是简单欺骗：政权——党国官僚机构（Party-and-State bureaucracy）——假装以人民的名义实施统治，而人人都知道它是为了自身的利益实施统治，即为了维系其权力的再生产实施统治。然而，在南斯拉夫实施自治时，同样是党国官僚机构君临天下，但它是以意识形态的名义实施统治的。该意识形态的基本论点是，使自治获得充分发展的最大障碍是"已被异化"的党国官僚机构。

使党的统治合法化的基本语义轴（semantic axis）是下列两者间的对立：一者是自治社会主义（self-managing socialism），一者是"官僚主义"的党国官僚机构。换句话说，党国官僚机构以意识形态使其统治合法化，这种意识形态把自身视为主要敌人。这样，一个普通的南斯拉夫国民会向处于统治地位的官僚机构提出前面提到的那个笑话中一个犹太人向另一个犹太人提出的问题："为什么你告诉我说，工人自治的最大敌人是党国官僚机构，而最大的敌人真的就是党国官僚机构？"

我们现在终于明白，何以下列观点并非纯粹的宣传伎俩，何以我们必须按字面意义来理解它：与我们习以为常的"真正社会主义"不同，南斯拉夫的自治代表着"人性社会主义"（socialism with a human face）。和在所有的"真正社会主义"国家一样，在南斯拉夫，人民当然也是被欺骗的，不过他们至少是在特定的人的层面（specifically human level）上被欺骗的。前面说过，黑格尔把实体与主体区分开来。说过这番话后，发现了下列情形，我们不应为此大惊小怪：我们习以为常的"真正社会主义"与南斯拉夫自治的差异，和主体与实体的差异不调而合。有个著名的南斯拉夫政治笑话一语中的："在斯大林统治下的苏联，人民代表驾驶奔驰汽车；在南斯拉夫，人民通过自己的代理人，通过自己的代表，亲自驾驶奔驰汽车。"这就是说，南斯拉夫自治是这样的，在那里，主体不仅要在代表"异化"权力的人物（驾驶奔驰汽车的官僚）身上识别出与主体作对的外部力量，即识别出主体的异己（his other），而且还要在主体的异己中识别出主体自己，并使自己与异己"和解"。

注　释

[1] 原注1。Jürgen Habermas, *The Philosophical Discourse of Modernity*, Cambridge: Cambridge University Press, 1988.

[2] 原注2。Jacques Derrida, *The Post Card: From Socrates to Freud and Beyond*, Chicago: Chicago University Press, 1987.

[3] 奥托·弗尼希尔（Otto Fenichel, 1897—1946），"第二代"精神分析学家。1915年学医，受弗洛伊德影响，1920年加入维也纳精神分析学会，不久加入社会主义和马克思主义精神分析团体，1938年移居美国洛杉矶。代表作是《作为未来辩证——唯物心理学核心的精神分析》（*Psychoanalysis as the Nucleus of a Future Dialectical-Materialistic Psychology*, 1934）。——译者注

[4] 原注3。Otto Fenichel, "Die 'lange Nase'", *Imago* 14, Vienna, 1928.

[5] 原注4。Jacques Lacan, *The Four Fundamental Concepts of Psycho-*

Analysis, Harmondsworth: Penguinb, 1979, Chapter 16.

〔6〕原注5。Jean Luc Nancy & Philippe Lacoue Labarthe, *Le Titre de la lettre*, Paris: Galilée, 1973.

〔7〕弗雷德里克·布朗（Fredric Brown, 1906—1972），美国科幻小说家，代表性的作品包括《疯狂的世界》（*What Mad Universe*, 1949）、《火星人，回家吧》（*Martians, Go Home*, 1955）等。作品幽默风趣，技巧高超，并以对现实作后现代展望（post-modern outlook）为世人称道。——译者注

〔8〕原注6。Jacques Lacan, *The Seminar of Jacques Lacan*, Book I, Cambridge: Cambridge University Press, 1988, Chapter 22.

〔9〕原注7。Lacan, Écrits, pp. 765-6.

〔10〕原注8。F. W. J. Schelling, *Über das Wesen der menschlichen Freiheit*, Frankfurt: Suhrkamp Verlag, 1978, pp. 78-9.

〔11〕原文为"*Coincidentia Oppositorum*"，意为"对立中的一致"、"对立中的统一"、"对立中的融合"、"对立中的和解"、"对立中的联合"等。——译者注

〔12〕费德里柯·费里尼（Federico Fellini, 1920—1993），意大利著名导演，五次摘取奥斯卡金像奖，以独特的风格闻名于世，被认为是20世纪影响最广泛的导演之一。——译者注

〔13〕原注9。Lacan, *Le Séminaire XX Encore*, p. 85.

〔14〕原注10。Michel Silvestre, *Demain la psychanalyse*, Paris: Navarin, 1988.

〔15〕刘易斯·卡罗尔（Lewis Carroll, 1832—1898），真名查尔斯·路德维希·道奇森（Charles Ludwig Dodson），英国作家、数学家、逻辑学家、圣公会执事，最著名的作品是《爱丽丝漫游奇境》（*Alice's advebtures in wonderland*）和《爱丽丝镜中游》（*Through the looking glass*），擅长文字游戏，作品影响深

远。——译者注

[16] "陈述主体"的法文是"le sujet de l'énonciation",英文一般译为"subject of the statement";"阐明主体"的法文是"le sujet de l'énoncé",英文一般译为"subject of the enunciation"。英译远不如法语精致,汉译当然更是相去甚远。陈述主体在日常意义上是第一人称的"我",在精神分析中是处于意识层面的"自我"(ego)。拉康认为陈述主体是能指,能指必须纳入陈述才有意义。只说"我",没有知道"我"是怎样的人,要做怎样的事,故尚未成为"陈述主体";但说"我是做好事的好人","我"这个能指就已经进入陈述,成了"陈述主体"。阐明主体在日常意义上通常不以第一人称的形式出现,在精神分析中是处于无意识层面的"自我",因此是无意识主体。它也来自陈述,但其意义并不直接来自陈述,需要阐明,故称之为"阐明主体"。它不是陈述的创造者,相反它是陈述的创造物;它不是言说者,它是被言说者;陈述的意义永远大于陈述主体的意图,两者之差即为"阐明",代表此一"阐明"的,即为"阐明主体"。把语言分为陈述与阐明这两个层面,意味着语言的传情达意的过程相当复杂,意味着使用语言传情达意的主体至少有两个,而不是一个,意味着语言中包含着无意识。——译者注

[17] 这是一个流传甚广的笑话。1989年苏联解体之后,这个笑话还出现了一个新版本,在那里,拉比诺维奇以相反的顺序回答官员提出的问题:"第一,我知道一切都永远结束了,但这里的一切都不会有任何改变,这种前景实在令人不堪忍受……""不过,"移民局官员打断了他,"这纯粹是瞎说,所有罪人终将受到严厉惩罚。""但是,"拉比诺维奇打断了移民局官员,"这正是我的第二个理由。"——译者注

五 哪一种实在界之主体

〔18〕黑格尔的原话是:"至于自我意识的个体性的另一方面,即它的特定存在的那方面,则是独立着的存在和主体,换句话说,是一种事物,更确切地说,就是一块骨骼。人的现实和特定存在就是人的头盖骨。"见黑格尔:《精神现象学》上卷,贺麟、王玖兴译,商务印书馆1979年版,第220—221页。详见"头盖骨的形状与个体性的关系"部分。——译者注

〔19〕原注11。Theodor W. Adorno, "Society", *Salmagundi* 10-11, 1970.

〔20〕原注12。Lacan, *The Seminar of Jacques Lacan*, Book 1, p. 265.

〔21〕原注13。Jacques Alain Miller, "Les Réponses du réel", in *Aspects du malaise dans la civilisadon*, Paris: Navarin, 1987.

〔22〕原注14。Franz Kafka, *The Trial*, Harmondsworth: Penguin, 1985, p. 251.

〔23〕原注15。Ibid., p. 47.

〔24〕原注16。Mladen Dolar, "Hitchcock's Objekt", in *Wo es war*, Ljubljana-Vienna, 1986.

〔25〕原注17。Lacan, Le Séminaire XX – Encore, p. 83.

〔26〕这里的"××"或者代表"知道",或者代表"相信",或者代表"享受",或者代表"欲望"。——译者注

〔27〕原注18。Rastko Mocnik, "Ueber die Bedeutung der Chimären fur die *conditio humana*", *Wo es war* 1, Ljubjana Vienna, 1986.

〔28〕萨满教(Shamanism),又称萨蛮教、黄教、巫教、降神术、精灵魔法。"萨满"为通古斯语,意为"巫",指有能力进入入神状态并能与神沟通之人。因此萨满教是以信仰灵魂以及与灵魂有交接的可能性为基础的一种宗教,是从原始的自发的多神教向人为的一神教过渡的宗教。——译者注

〔29〕原注19。Mladen Dolar, "Die Einführung in das SeraiI", *Wo er war 3-4, Ljubljana-Vienna, 1987.

〔30〕参见弗洛伊德《少女杜拉的故事》。它是弗洛伊德众多精神分析实例报告中最具代表性的一例，记叙了弗洛伊德对杜拉神经症的治疗过程。18 岁的女孩杜拉由于反复咳嗽、声嘶、呼吸困难前来就诊，弗洛伊德在治疗中运用了自由联想、梦的分析等技术，建构了杜拉神经症发生、发展的过程，但治疗最后以杜拉的放弃而告终。在这个过程中，弗洛伊德发现了杜拉的情欲的各个层面：她爱她的父亲 K 先生，以及她父亲的女友——K 夫人。太白文艺出版社、九州出版社、陕西师范大学出版社、中国文史出版社、中国民间文艺出版社、北方文艺出版社均出版过此书的中文版。——译者注

〔31〕《费加罗的婚礼》(*Le nozze di Figaro*) 是莫扎特的三大歌剧中的第一部（另两部是《唐璜》和《魔笛》），是他的作品中公认的杰作。——译者注

〔32〕原注 20。Hegel, *Phenomenology of Spirit*, p.47. ——作者注。原文是："[I]f the fear of falling into error sets up a mistrust of Science, which in the absence of such scruples gets on with the work itself, and actually cognizes something, it is hard to see why we should not turn round and mistrust this very mistrust. Should we not be concerned as to whether this fear of error is not just the error itself?" 另参见中文版："如果说这种害怕犯错误的顾虑，是对那种完全无此顾虑而直接开始工作并实际进行认识的科学所采取的一种不信任，那么我们就不理解，为什么不应该反过来对这种不信任采取不信任，也就是说为什么这种害怕犯错误的顾虑本身不已经就是一种错误？"见黑格尔：《精神现象学》上卷，贺麟、王玖兴译，商务印书馆 1979 年版，第 52 页。——译者注

〔33〕 西德尼·波拉克（Sydney Pollack, 1934—2008），美国导演，一生执导过 21 部电影和 10 部电视剧，参演过 30 多部电影。代表作是《走出非洲》（*Out of Africa*）。——译者注

〔34〕 原注 21。Hegel, *Phenomenology of Spirit*, p. 89. ——作者注。原文是："The supersensible is the sensuous and the perceived posited as it is in truth; but the truth of the sensuous and the perceived is to be appearance. The supersensible is therefore appearance *qua* appearance." 中文本为："超感官界是被设置为感官事物和知觉对象的真理，但是感官事物和知觉对象的真理却是现象。那超感官界因此乃是作为现象的现象。"见黑格尔：《精神现象学》上卷，贺麟、王玖兴译，商务印书馆 1979 年版，第 98 页。——译者注

〔35〕 原注 22。Hegel, *Phenomenology of Spirit*, pp. 88-9. ——作者注。原文为："... in order that there may yet be something the void-which, though it first came about as devoid of objective Things must, however, as empty in itself, be taken as also void of all spiritual relationships and distinctions of consciousness *qua* consciousness-in order, then, that in this complete void, which is even called the holy of holies, there may yet be something, we must fill it up with reveries, appearances, produced by consciousness itself. It would have to be content with being treated so badly for it would not deserve anything better, since even reveries are better than its own emptiness." 另参见中文版："……换句话说——由于这样意识仍然陷入空虚，当然这空虚首先是被看成空无客观事物的空虚性，但是由于它是自在的空虚性，所以它就被认作空无一切精神的关系的意识本身的种种差别的空虚性，然后在这种完全空虚并被称为圣洁的世界里，却又不能不有某种东

西，——于是意识就用它自身所制造出来的种种梦想、幻象去充满它；这个超现象的空虚世界不得不满意于它所受到的这样恶劣的待遇，既然梦幻都比它这个空虚世界要更好一些，那末它还配享什么更好的待遇呢！"见黑格尔：《精神现象学》上卷，贺麟、王玖兴译，商务印书馆1979年版，第98页。——译者注

[36] 路易·布努埃尔（Luis Bunuel, l900—1983），出生于西班牙，工作于西班牙、墨西哥和法国的墨西哥电影制作人。年轻时是超现实主义先锋派的领袖，后来成为国际著名电影导演。拍摄的第一部影片（默片）是世界上最著名的短片，近半个世纪后拍摄的最后一部影片多次获奖。所拍电影把电影形象与诗意形象融为一体，创造了全新现实，并具有强烈的颠覆性。电影风格独特，英格玛·伯格曼（Ingmar Bergman）说"布努埃尔几乎只制作布努埃尔式的电影"。——译者注

[37] 原注23。Jacques Lacan, *The Four Fundamental Concepts of Psycho-Analysis*, Harmondsworth: Penguin, 1979, p. 103.

[38] 原注24。Hegel, *Phenomenology of Spirit*, p. 103. ——作者注。见黑格尔：《精神现象学》上卷，贺麟、王玖兴译，商务印书馆1979年版，第114页。——译者注

[39] 这是一个著名的弗洛伊德笑话，出自《笑话及其与无意识的关系》[James Strachey (ed. and trans.), *Jokes and Their Relation to the Unconscious*, 1905, New York: Norton, 1989, p. 138]。拉康曾在《关于〈被窃的信〉的研讨会》中引用，参见拉康：《拉康选集》，褚孝泉译，上海三联书店2001年版，第11页。——译者注

[40] 原注25。Lacan, *The Four Fundamerltal Concepts of Psycho-Analysis*, p. 112.

六　不仅作为实体，而且作为主体

1. 崇高之逻辑

在题为《崇高宗教》（"The Religion of Sublimity"）的论文中，耶米亚胡·约维尔（Yirmiahu Yovel）指出，在黑格尔对宗教进行的分类中，有一定的不一致性。不一致性并不直接来自黑格尔的哲学原理，它只是表达了黑格尔作为个人拥有的随意性、经验性的偏见。这种偏见可在事后以黑格尔的辩证程序来矫正。[1]这种不一致性涉及犹太宗教和古希腊宗教各自占据的位置。在黑格尔的《宗教哲学讲演录》（*Lessons on the Philosophy of Religion*）中，基督教紧跟在三种形式的"精神个性之宗教"（religion of spiritual individuality）的后面。这三种形式的"精神个性之宗教"分别是：犹太人的崇高宗教（Jewish religion of Sublimity）、希腊人的优美宗教（Greek religion of Beauty）和罗马人的知性宗教（Roman religion of Understanding）。在这种前后相续中，时间最早、地位最低的是犹太人的宗教。也就是说，与犹太人的宗教相比，希腊人的宗教被视为精神发展的高级阶段。依约维尔之见，黑格尔已经屈从于他个人的排犹偏见，因为要与辩证过程的逻辑保持一致，犹太人的宗教无疑处于希腊人的宗教之后。

尽管人们对约维尔观点的细节还有诸多保留意见，他的基本看法似乎击中了要害：希腊人的宗教、犹太人的宗教、基督教确实构成了三足鼎立之势，完美地对应着反思的三足鼎立（triad of reflection），对应着辩证过程的基本母体。反思的三足鼎立是由设置的反思（positing reflection）、外在的反思（external reflection）和确定的反思（determinate reflection）组成的。希腊人的宗教体现的是"设置的反思"之时：在那里，精神个人（诸神）的多元性直接被"设置"为世界的既定的精神本质（spiritual essence）。犹太人的宗教引入了"外在的反思"之时：以难以企及的、先验的上帝这个绝对的主人（absolute Master）、绝对否定性的太一（One of absolute negativity）为参照，所有的实证性皆被废除。基督教没有把人的个性（individuality of man）视为上帝的身外之物，而是把它视为上帝本人的"反射性决断"（reflective determination）。也就是说，在基督教那里，上帝借助于基督的形象"变成了人"。

何以约维尔闭口不提于他有利的一个重要观点，即"优美"与"崇高"这两个概念的相互联系，这还真是有些不可思议。如果希腊人的宗教真像黑格尔说的那样，是崇尚优美的宗教，而犹太人的宗教是崇尚崇高的宗教，那么显而易见，辩证过程的逻辑会强迫我们得出下列结论：崇高应该出现在优美之后，因为对于优美而言，崇高是崩溃点（point of breakdown），是调停点（point of mediation），是自我指涉的否定性之点（point of self-referential negativity）。在使用优美/崇高这对范畴时，黑格尔当然依赖的是康德的《判断力批判》。在康德那里，沿着质量—数量、有形—无形、有限—无限的语义轴，优美与崇高被置于对立状态：优美令人平静和舒适，崇高令人激越和骚动。在超感性的理念（suprasensible Idea）通过物质的、感性的中介显现时，以其和谐的构型（harmonious formation）显现时，优美这种感觉就会被唤起。一者是理念，一者是用以表达理念的感性材料，二者的直接和谐（immediate harmony）会唤起优美这种感觉。崇高这种感觉则与混乱无序、令人恐惧的无限现象（limitless phenomena），如狂风巨浪、莽莽群山等，联系在一起。

六 不仅作为实体，而且作为主体

不过，首先，优美与崇高是沿着快乐—不快乐的轴线相对而立的：优美的风景为我们提供快乐，而"客体要被视为提供快乐的崇高客体，只有以不快乐为调停（through the mediation of displeasure）才是可能的"。[2] 简言之，崇高"超越了快乐原则"，它是通过不快乐获得的悖论性的快乐。（这正是快感/原乐的确切定义，是拉康众多定义中的一个）。这同时意味着，一者是优美与崇高的关系，一者是直接（immediacy）与调停（mediation）的关系，两者完全一致。这再次证明，作为其直接性已被调停的形式（form of mediation of its immediacy），崇高必定尾随着优美。再仔细些看，崇高所特有的这种调停寄身于何处？不妨引用康德给崇高所下的定义：

> 可以用这种方式描述崇高：它是（自然）客体，对该客体的再现决定了这样的心态，即把将自然提至我们难以企及的高度，等同于理念的呈现。[3]

可以说，这个定义抢在拉康前面，为崇高客体提供了定义。拉康的崇高客体的定义出现于《精神分析的伦理》：崇高客体是"被抬到（不可能的—实在界的）原质层面的客体"。这就是说，在康德那里，崇高指入世的（inner-worldly）、经验的、感性的客体与自在之物的关系，指入世的、经验的、感性的客体与超经验的、超现象的（trans-phenomenal）、难以企及的自在之物的关系。崇高的悖论如下：把现象性的、经验性的体验客体（objects of experience）与自在之物分割开来的鸿沟，是不可逾越的。任何经验客体，任何经验客体之再现（*Vorstellung*），都无法充分呈现（*darstellen*）原质这个超感性的理念（suprasensible Idea）。但是崇高是一个客体，我们借助这个客体体验这种不可能性，体验再现在竭力追赶原质时遭遇的永久失败。因此，借助于再现的失败，我们对原质的真实维度有了

291

预感。这也是激发我们崇高感的客体同时为我们提供了快乐和不快乐的原因：因为它不足以与原质—理念（Thing-Idea）相提并论，所以它给我们提供了不快乐，但正是通过这种"不足"，它又给我们提供了快乐，因为它表明了原质的真正的、无可匹敌的巨大性——它超越了每个可能的现象性、经验性的体验（phenomenal, empirical experience）：

> 因而崇高感既是不快乐感，同时又是被唤醒的快乐。它的不快乐感源于，在对数量的大小进行审美估计时，通过想象得到的小于通过理性得到的。它的快乐感源于，对最大感官机能（faculty of sense）的不足所作的判断与理性之观念（ideas of reason）相符。只要致力于对数量的大小进行审美评估对我们是规律，情形就是如此。[4]

我们现在能够理解，何以这种性质，以其最混乱、最无限、最恐怖之维，最有资格在我们身上唤醒崇高感：在这里，当审美想象努力达到它的最大限度时，当全部有限决断（finite determinations）自行消解时，最纯粹的失败出现了。

因此，崇高是这样的客体遭遇的悖论，它在再现的领域（field of representation）里，以消极的方式，使我们看到了不可再现之物的维度（dimension of what is unrepresentable）。这是康德哲学体系的独特点（unique point）。在这个"点"上，把现象与自在之物分割开来的缝隙和鸿沟，被以消极的方式消除，因为以这种方式，充分再现原质时表现出来的无能为力，已经铭刻在这种现象和自在之物身上。或者，正如康德所言，"即使理性之理念（Ideas of reason）绝对无法在感性—现象世界（sensuous-phenomenal world）中充分再现，它们依然能够依靠这种不足在心中复活和苏醒，这种不足是可以用感性的方式呈现的。"正是以这种无能为力为中介,正是借助失败、不足实现的成功呈现,把崇高诱发的热情(enthusiasm)与想入非非的狂热(Schwärmerei)区分开来:狂热是这样一种疯狂的、幻影般的错觉,仿佛我们能够直接看见或把握处于感性边界之外(beyond all bounds of sensibility)的事物,而崇高诱发的热情则排除了一切实证性的呈现(positive presentation)。激情是纯粹否定性的呈现(purely negative presentation)之例证。也就是说,崇高客体以纯粹否定性的方式诱发快乐:原质所处的位置是通过再现原质的失败表明的。康德指出了这样的崇高概念与犹太人的宗教的联系:

> 我们没有理由害怕崇高感将遭受这样的抽象呈现模式(abstract mode of presentation)之苦,这样的抽象呈现模式是对感官之物(what is sensuous)的彻底否定。尽管想象在它紧紧依赖的感性世界之外无疑一无所获,但这种用力推开感性障碍(sensible barriers)的做法,还是为它提供了不受限制之感;因此,感性障碍的排除就是无限之呈现(presentation of the infinite)。它永远都只能是否定性的呈现(negative presentation)。但尽管如此,它还是充实了心灵。或许在犹太律法中,没有什么比下列戒律更崇高的了:不可为自己雕刻偶像,也不可为天上、地上或地下的任何事物雕刻形象。这一戒律足以对热情(enthusiasm)作出解释。热情是处于道德时期(moral period)的犹太人在把自己与其他民族作比较时从自己的宗教中感受到的。[5]

那么,黑格尔对康德的崇高概念的批判表现在哪里?从康德的视角看,黑格尔的辩证法当然显现为反复的堕落(repeated fall),显现为对传统的形而上学之狂热(Schwärmerei)的回归。传统的形而上学没有注意到把现象与理念分割开来的深渊,并假装着要用现象调停理念。犹太人的宗教也是这样,在它看来,基督教显现为对异教多神教(pagan polytheism)的回归,它让上帝以众多的人一样的形象现身。

在为黑格尔辩解时,仅仅指出下列一点是不够的:在黑格尔的辩证法中,任何确定的、具体的现象都不能充分地再现超感觉的理念,也就是说,理念是对所有具体决断的扬弃运动(movement of sublation),是对所有具体决断的"液化"(*Flüssigwerden*, liquidizing)。黑格尔的批判远比这个激进:与康德相反,黑格尔的批判没有确认在理念与现象之间进行某种"和解"——"调停"的可能性,没有确认跨越把理念与现象分割开来的鸿沟的可能性,没有确认消除激进的"异己性"(otherness)的可能性,没有确认消除理念—原质与现象的激进的否定性关系(radical negative relationship)的可能性。相反,黑格尔对康德的责备(同时也是对犹太人的宗教的责备)是,被囚在再现领域(field of representation)里的囚徒,正是康德。就在我们把原质视为超出了可以再现之物(beyond what can be represented)的超验剩余(transcendent surplus)时,我们已经在再现领域的基础上,从再现领域出发,在再现领域的视域之内,把原质确定为它的否定性限制(negative limit):犹太人的上帝观——上帝即彻底的异己性(radical Otherness),上帝是不可再现的——依然停留在再现逻辑(logic of representation)的极端上。

但在这里,如果我们把黑格尔这一方法解读为下列断言,就会导致误解:在辩证思辨中,我们必须把握原质"本身",必须从原质本身出发把握原质,仿佛原质处于它纯粹的彼岸(pure Beyond),我们甚至不会以否定的方式提及它与再现领域的关系。黑格尔与康德截然相反,康德试图通过现象领域的崩溃(breakdown of the field of phenomena)抵达原质,通过把再现逻辑(logic of representation)推向极致抵达原质。这不是黑格尔的立场:康德的批判已经完成使命,如果这是黑格尔的立场,那么黑格尔的辩证法会行之有效地重新回到力求直接接近原质的传统形而上学那里。事实上,黑格尔的立场"比康德还康德"。它没有为康德的崇高概念补充任何东西;只是与康德相比,它更注重准确地对待崇高概念。

当然,黑格尔保留了崇高的基本辩证时刻(dialectical moment),保留了这样的想法——理念是通过纯粹的否定性呈现(negative presentation)抵达的,即现象性(phenomenality)不足以呈现原质,但这又是呈现原质的唯一适当的方式。真正的难题在别处:康德仍然预设,自在之物是作为实证性的既定之物(something positively given)存在的,它处于再现领域(field of representation)、现象性领域(field of phenomenality)之外。对他而言,现象性之崩溃(breakdown of phenomenality),对现象的体验(experience of phenomena),只是"外在的反思",只是站在现象性领域内指明原质坚持处于现象性之外的这一超验维度(transcendent dimension)。

与康德相反,黑格尔的立场是,在现象性之外,在再现领域之外,一无所有。对于彻底否定性的体验,对于"全部现象绝对不足以呈现理念"这一事实的体验,对于现象与理念的彻底分裂的体验,已经就是作为"纯粹的"、彻底的否定性的理念本身(Idea itself as "pure", radical negativity)。就在康德认为他仍然在处理原质的否定性呈现(negative presentation)之时,我们已经身处自在之物之中,因为自在之物只是这种彻底否定性。换言之,用被过度使用的黑格尔的思辨术语说,对原质的否定性体验(negative experience)必须变成对作为彻底否定性(radical negativity)的自在之物的体验。因此对崇高的体验也是如此。我们要做的全部工作,就是剔除其超验的预设(transcendent presupposition),即这样的预设:对崇高的体验以否定性方式(in a negative way)向我们表明,存在着某种超验的自在之物,如此自在之物的实证性处于它之外。一言以蔽之,我们必须把自己严格限制在这种体验之内，限制在纯然的否定性（pure negativity）之内，限制在再现的否定性的自我关系（negative self-relationship of the representation）之内。

黑格尔曾把异教神（pagan god）之死与基督之死区分开来：异教神之死只是上帝的世间化身（terrestrial embodiment）之死，是上帝的世间再现（terrestrial representation）、世间形象（terrestrial figure）之死；在"基督之死"中，死去的则是彼岸的上帝（God of beyond），是作为实证性、超验性、难以企及的实存物（unattainable entity）的上帝。与这种区分相对应，我们可以说，康德没有想到的是，对无效的体验（experience of the nullity），对现象性的再现世界（phenomenal world of representation）之不足的体验——正是这种体验赋予我们崇高之感——同时意味着无效，意味着作为实证性实存物的、超验的自在之物根本不存在。

这就是说，再现逻辑（logic of representation）的局限，不是"把全部内容化约为再现"，把全部内容化约成能够再现之物。相反，再现逻辑的局限在于预设，在现象性再现（phenomenal representation）之外存在某种实证性实存物，即自在之物。我们不是通过超越现象性（phenomenality）克服现象性的，我们是通过下列体验克服现象性的：在现象性之外一无所有，也就是说，在现象性之外只有绝对的否定性（absolute negativity）这种一无所有，只有表象（appearance）对其概念（notion）的极度不足。超感性之物的本质是"作为表象的表象"。这也就是说，仅仅这么说是不够的：表象与表象的本质相比，永远都是不足的。我们必须补充一句：与其自身相比，与其概念相比，表象是不足的，而本质正是这种不足。也正是这种不足，使表象"成了表象"。

因而，崇高客体的身份被几乎难以觉察地置换了，但也是被决定性地转换了：崇高不再是这样的（经验性）客体，它以自身的不足,指明超验的自在之物(理念)的维度;而是这样的客体,它占据了原质的位置,替代、填补了原质的空位,而原质则是空隙,是绝对否定性这种一无所有。也就是说,崇高是这样的客体,它的实证性躯体(positive body)只是一无所有之化身(embodiment of Nothing)。依据客体的这一逻辑,客体以它自己的不足,为理念的绝对否定性(absolute negativity of the Idea)"赋形"。在黑格尔那里,客体的这一逻辑是以所谓的"无限判断"(infinite judgement)的形式说明的。在"无限判断"中,主语和谓语是水火不相容和无法比较的:"精神是根骨头"、财富即自我、"国家即君主"、"上帝即基督"。

在康德那里,崇高感是由某种无限的、恐怖的壮观现象(imposing phenomenon)——汹涌的自然等——诱发的;在黑格尔那里,我们面对的是"一小片实在界"(little piece of the Real)。精神就是呆滞的、无生命的脑壳;主体的自我(subject's Self)就是握在我手中的这一小片金属;作为社会生活的合理组织的国家,就是君主的白痴之躯;创造了世界的上帝就是耶稣,这个可怜的人和两个劫匪一起钉死在十字架上……辩证思辨的"最后的秘密"就在这里:"最后的秘密"不在于对偶然性、经验性现实进行辩证的调停—升华(dialectical mediation-sublimation),不在于从绝对否定性之调停运动(mediating movement of absolute negativity)推论全部现实,而在于下列事实:这种否定性要想获得它的"自为的存在"(being-for-itself),就必须再次以某种可怜的、绝对偶然的肉体残余(corporeal leftover)为自己的化身。

2. "精神是根骨头"

在直接的层面上,在"知性"的层面上,在"再现"的层面上,"精神是根骨头"这一命题当然是庸俗唯物主义的极端变异。它把精神、主体、纯粹的否定性,把最易变和最微妙的因素,把总是逃脱的"狐狸",化约为死板的、固定的、无生命的客体,化约为完全的惰性(total inertia),化约为绝对非辩证的存在。结果,我们对这个命题的反应,与拉比诺维奇笑话中那个大吃一惊的苏联官员无异:我们吓了一跳,它是荒诞的,是没有意义的。"精神是根骨头"这一命题在我们身上激起极端的、难以忍受的矛盾感。它给我们提供了怪异混乱的形象,提供了极端否定性关系的形象。

不过,和拉比诺维奇的那种情形一样,提出"精神是根骨头"这一命题,我们创造了思辨性的真理。我们创造了思辨性真理,是因为这一否定性,这一难以忍受的不和谐,与主体性如出一辙。这是使最大的——即自我指涉的(self-referential)——否定性显现出来和"易于觉察"的唯一方式,而否定性则是精神主体性(spiritual subjectivity)的特征。借助失败,通过彻底的不充分(radical insufficiency),通过谓语与主语的绝对失调,我们成功地传播了主体性之维(dimension of subjectivity)。之所以说"精神是根骨头"是黑格尔所谓的"思辨性命题"(speculative proposition)的完美例证,原因就在这里。"思辨性命题"是这样的命题,它的术语是不相容的,是没有公约数的。正如黑格尔在《精神现象学》序言中所言,要把握如此命题的真正意义,我们必须回过头来再次解读,因为如此命题的真正意义来自首次解读、"直接"解读的失败。

"精神是根骨头"这一命题使两个绝不相容的术语相等同,使下列两者相等同:一者是主体的纯粹否定性的运动,一者是死板客体的完全的惰性。难道这个命题没有为我们提供拉康幻象公式 $S \lozenge a$ 的黑格尔版吗?要使我们确信这个命题提供了拉康幻象公式的黑格尔版,只要把这个命题置于正确的语境就可以了。这语境便是《精神现象学》中从面相学(physiognomy)向颅相学(phrenology)的过渡。

面相学是身体的语言,它以主体的自发姿势和面相表达主体的内心。因此，面相学属于语言的层面，属于符指化再现（signifying representation）的层面：它以肉体性因素（corporeal element），如一个姿势，一个面相，代表、指示主体的非肉体的内心（non-corporeal interior）。面相学的最终结局是它的彻底失败：每个符指化再现都"背叛"了主体，它败坏、扭曲了它本来要揭示的东西；主体没有"恰当"的能指。从面相学到颅相学的过渡，充当着从再现层面向呈现层面的转变：与姿势和面相相反，脑壳不是表达内心的记号；它什么也不再现；就其惰性而言，它是精神的直接呈现：

> 在面相学中，我们理应从精神的外在方面认识精神，如同在下列存在（being）中那样：这种存在是精神的言辞（utterance of Spirit），是精神的本质的看得见的不可见性（visible invisibility）。……然而，在有待考虑的决断中，外在方面最终是完全不变的现实（wholly immobile reality），这样的现实不是表情达意的记号。但是，因为已经与自我意识的运动（self-conscious movement）分离，这样的现实独自呈现自身，是纯粹的原质。[6]

因此，骨头、脑壳是这样的客体，它以其自身的呈现，填补了主体的符指化再现之空隙、不可能性。用拉康的话说，它是某个匮乏的客体化：原质占据了本应由能指占据的位置，也就是说，因为能指匮乏，原质占据了它的位置；幻象—客体（fantasy-object）填补了大对体——能指秩序——中的匮乏。颅相学的惰性客体——脑壳—骨头——只是某种失败的实证形式：它体现着主体的符指化再现的终极失败，它为主体的符指化再现的终极失败"赋形"。用拉康的话说，只要主体只是它自身的符指化再现之不可能性，是这种再现的失败在大对体身上开辟的空位，颅相学的惰性客体——脑壳—

骨头——就与主体密切相关。我们现在能够理解，下列司空见惯的指责是没有意义的：黑格尔的辩证法"扬弃"了全部惰性的客体残余（objective leftover），把它纳入了辩证调停的循环（circle of the dialectical mediation）。与此相反，辩证法的运动暗示我们，总是存在着某种残迹、残余，它们逃避主体化的循环（circle of subjectivation），逃避主体性的占用—调停（subjective appropriation-mediation）的循环，而主体正与这种残余密切相关：$S \Diamond a$。残余抵抗"主体化"，体现了本身"就是"主体的不可能性。换言之，主体与它自身的不可能性密切相关；它的局限就是它得以存在的实证性条件。

黑格尔的"唯心主义赌博"（idealist wager）在于，它把能指的匮乏（lack of the signifier）转换成匮乏的能指（signifier of the lack）；由拉康的理论可知，这种能指就是阳物（phallus）。借助于这样的能指，匮乏被符号化了。而且——在此我们在黑格尔的文本中感到了最后的惊喜——在颅相学部分的最后，黑格尔以阳物隐喻称呼对"精神是根骨头"这一命题所作的两个层面的解读之间的关系：一个层面的解读是寻常的解读，即"再现/知性"（representation/understanding）的解读；一个层面的解读是思辨性的解读：

> 一者是精神从自己内部显现出来的深度——精神只把这种深度显现到图像思维意识（picture-thinking consciousness），然后让它停留在那里；一者是意识对它真正说过的话的一无所知。上述两者的结合同样是高级与低级的结合。在生物身上，大自然天真地展示了这样的结合，因为它把代表它最高成就的器官——创生的器官——与排尿的器官结合在一起。作为无限的有限判断（infinite judgement qua infinite）会是生命的成就，而这样的生命又理解了自己；对依然停留在图像思维的有限判断的意识，则与排尿无异。[7]

3. "财富就是自己"

当我们在《精神现象学》中遇到某个"意识的形象"时，要问的问题总是：这一形象在何处重复自己？也就是问：我们在何处发现稍后的、更丰富的、更"具体的"形象，这种形象通过重复当初的形象，或许为我们提供理解它的真实意义的关键？关于从面相学向颅相学的过渡，我们不必高瞻远瞩：在论述"自我异化的精神"（Self-alienated Spirit）那一章，从面相学向颅相学的过渡以从"奉承语言"（language of flattery）到财富的过渡的形式，重新开始了。

在高贵意识（Noble-minded consciousness）—奉承语言—财富（Wealth）这个三足鼎立中，"奉承语言"居其中。高贵意识占据的是极端异化之位（position of extreme alienation）：它把自己的全部内容设置在以国家为化身的共同善（common good）之中，也就是说，高贵意识以其全部真挚的忠诚为国家服务，这已由它的行为证明。它没有说：它的语言仅限于在共同善问题上提供"忠告"。这种善在这里充当的是纯然实体性的实存物（entirely substantial entity），但随着向辩证运动下一个阶段过渡，高贵意识重新采取了主体性之形式（form of subjectivity）：我们得到的不是实体性国家（substantial State），而是有能力说"朕即国家"的君主。国家的这一主体化，导致了为国服务模式的剧变："默默服务的英雄主义变成了阿谀奉承的英雄主义。"[8]意识的活动的中介不再是行动，而是语言，是对代表国家的君主这个人的阿谀奉承。

不难发现这一过渡的历史背景：中世纪的封建主义，以及它的尊贵服务观（notions of honourable service），转化成了绝对君主制。但在这里，我们面对的远远不是沉默的服务和忠诚的服务的单纯腐化，不是沉默的服务和忠诚的服务向虚伪的奉承的退化。不要把"阿谀奉承的英雄主义"这个悖论性短语理解为两个对立概念的讽刺性结合。"阿谀奉承的英雄主义"是这样一个概念，它值得我们在

"甘受奴役"（voluntary servitude）的层面上对它进行阐释；它预示了同样的理论僵局（theoretical deadlock）："阿谀奉承"通常被视为地地道道的非伦理行为（non-ethical activity），被视为对伦理立场（ethical stance）的放弃，它一味追求"病态"的利益和快乐，这样的"阿谀奉承"怎么能够获得恰当的伦理身份（ethical status），获得这样的义务身份（status of an obligation）——履行这样的义务会吸引我们"超越快乐原则"？

依黑格尔之见，破解此谜的关键，是语言在"阿谀奉承的英雄主义"中发挥的作用。语言当然是《精神现象学》中的"意识之旅"（journey of consciousness）的媒介。语言的作用是如此重要，以至于以语言的特定模态（specific modality of language）界定"意识之旅"的每个阶段，界定每个"意识的形象"，是完全可能的。即使从一开始，在"感知—确定性"[9]中，辩证运动已被下列两者的不一致所激活：一者是意识"想说"的东西，一者是意识实际上说过的东西。在这个序列中，"阿谀奉承的语言"依然展现出例外：只有在这里，语言才没有被化约为辩证过程的媒介，而是以其自身的形式变成了斗争中利害攸关之物。它"以这种形式为自己的内容，语言（language）就是这种形式，这种形式像语言那样有权威。它是言语（speech）的力量，一如那些必须发挥力量的言语"。[10]

之所以不能在心理学的层面上设想"阿谀奉承"，不能在虚伪的、贪财的谄媚的意义上理解"阿谀奉承"，原因就在这里。这里展示出来的，是语言特有的异化之维，也就是说，正是语言把彻底异化（radical alienation）引了进来；一旦高贵意识开口说话，它就会背叛自己的内在信念的真挚性。也就是说，一旦我们开始说话，真理就会处于普遍性（the Universal）那一面，处于我们"实际上正在说"（effectively saying）的东西那一面，我们内心深处的情感具有的"真挚性"就会变成"病态"之物——"病态"一词是在康德的意义上说的：就会变成彻底的非伦理性的某物，变成属于快乐原则领域的某物。

主体可以声称，他的阿谀奉承只是装模作样，以适应外部礼仪，无论如何与他内心深处的真挚信念风马牛不相及。但问题在于，一旦他声称他在装模作样，他就已经成了他的装模作样的牺牲品：他的位置就摆在那里，就摆在空洞的外部礼仪中，被他当成内心信念的东西，不过是他的虚假主体性（null subjectivity）的孤芳自赏而已。或者用现代的说法，我们正在说的话是否"真实"，取决于我们的言语以何种方式构成社会联结（social bond），取决于我们的言语的述行功能（performative function），而不取决于我们的意图在心理学上"真挚"与否。"阿谀奉承的英雄主义"把这种悖论推向了极致。它传达的信息是："尽管我现在正在说的话完全否认了我内心深处的信念，但我知道，这种腾空了全部真挚性的形式比我的信念更真实。从这个意义上说，我在渴望放弃我的信念时，我是真挚的。"

就这样，"违心地阿谀奉承君主"变成了伦理行为：通过说出否定我们内心信念的空洞词句，我们自愿屈从于对我们的自恋性体内平衡（narcissistic homeostasis）所作的强制性破坏，我们完全"外化"（externalize）了自己，也就是说，我们勇敢地放弃了我们内心最珍贵的东西，放弃了我们的"荣誉感"、我们的道德一致性（moral consistency）、我们的自尊。阿谀奉承彻底排空了我们的"人格"（personality）；剩下的只是主体的空洞形式，而主体就是这种空洞形式。

我们在从革命的列宁主义意识（revolutionary Leninist consciousness）向后革命的斯大林主义意识（post-revolutionary Stalinist one）的过渡中遇到了相同的逻辑：在这里，革命之后，对革命事业的忠诚服务和英勇献身，必然变成对领袖的"阿谀奉承的英雄主义"，必然变成对假定成为革命政权之化身和人格的主体的"阿谀奉承的英雄主义"。在这里,阿谀奉承所特有的英雄维度（properly heroic dimension）表现在：以忠诚事业的名义,我们已经准备牺牲自己基本的真挚、诚实和正直,也就说,借助于补充性的"压力",我们准备对这种非真挚性（insincerity）供认不讳,并宣布自己是"叛徒"。

拉克劳曾经说过,在前所未闻的意义上,"斯大林主义现象"是语言现象,这是相当正确的。把共同体"凝聚"起来的斯大林主义仪式、空洞的阿谀奉承,完全摆脱了所有的"心理"残迹的、在表演性政治进程中宣布"忏悔"的中性语音（neutral voice）,所有这些,都以迄今为止最为纯粹的形式,实现了或许是语言最为本质的那个维度。如果我们想"洞察语言的起源",不必回到前苏格拉底时代；只要有《联共（布）党史》,就足够了。

那些被"掏空"的主体,能从哪里找到他的客观对应物？黑格尔的回答是：从财富（Wealth）中,从金钱中,而这些都是用阿谀奉承换来的。"财富就是自己"的命题在这个层面上重复了"精神是根骨头"的命题：在这两种情形下,我们都面对着把两个不相容的术语相等同,因而初看上去荒诞无稽的命题；在这两种情形下,我们遇到了有关过渡的同一逻辑结构：完全迷失在语言（姿势和面相的语言、阿谀奉承的语言）媒介中的主体,最后在非语言客体（脑壳、金钱）的惰性中找到了自己的客观对应物。

金钱这个我们可以拿在手中并任意操纵的、惰性的、外在的、被动的客体,竟然可以成为自我的直接化身,这是悖论和废话。接受这个悖论和废话,并不比接受下列命题困难——脑壳是精神的直接有效性（immediate effectivity）之化身。这两个命题的差异,仅仅取决于它们各自辩证运动在起点上的差异：如果我们从被化约成"肉体的姿势和面相"的语言出发,那么主体的客观对应物就是在这个层面上呈现为完全惰性之物——脑壳；但是如果我们把语言视为社会统治关系（social relations of domination）的中介,它的客观对应物当然就是作为社会权力的化身、作为社会权力的物质化的财富。

4. 设置的反思、外在的反思、确定的反思[11]

这个"无限判断"的悖论避开了康德。为什么？用黑格尔的话说，这是因为康德的哲学是"外在的反思"的哲学，因为康德还无法完成从"外在的反思"向"确定的反思"的过渡。在康德看来，激发崇高感的整个运动仅涉及处于原质之外的我们的主体反思，不涉及自在之物。这就是说，这一运动仅仅表示，作为受限于现象经验（phenomenal experience）的有限主体，我们能以否定的模式（negative mode）给超现象的原质之维（dimension of the trans-phenomenal Thing）打上标记。但在黑格尔那里，这一运动是对自在之物的内在反射性决断（immanent reflexive determination）。也就是说，原质只是这一反思运动而已。

为了实例说明这一反思运动（movement of reflection）——即设置的反思、外在的反思、确定的反思这个三足鼎立[12]，且以如何解读文本这个永恒的阐释学问题为例。"设置的反思"与声称可以直接把握文本真正意义的朴素解读完全一致：我们知道，我们假装要直接把握文本说了些什么。当然，一旦出现相互排斥的解读，而且这些解读全都声称把握了文本的真正意义，问题就来了：我们应该选择哪一种解读，我们如何判断它们是否把握了文本的真正意义？"外在的反思"提供了打破这一僵局的方式，它把文本的"本质"、"真正意义"转换成了不可企及的彼岸，使它成为超验的"自在之物"。我们这些有限主体所能得到的，都是被我们的主体视野扭曲的反思，都是被我们的主体视野扭曲的局部方面；自在的真理（Truth-in-itself）、文本的真正意义已经一去不返。

要从"外在的反思"转向"确定的反思"，我们需要做的全部事情就是意识到：对"本质"的外在反射性决断——对文本的真正意义所作的诸多扭曲反思、局部反思——的外在性，已经处于"本质"之内;内在"本质"已被"去中心化";这一本质的"本质"来自外在的决断。

为了使这个颇有几分思辨色彩的表述更为清晰,且看对某个伟大的经典文本所作的相互冲突的阐释,并以此为例。比如就说《安提戈涅》吧。"设置的反思"声称可以直接得到《安提戈涅》的真正意义:"《安提戈涅》其实是关于……的戏剧。""外在的反思"为我们提供了全方位的历史阐释,这些历史阐释是以社会环境和其他环境为条件的:"我们不知道索福克勒斯究竟想表达什么意思,因为历史距离的影响,《安提戈涅》的直接真相(immediate truth)是难以企及的,我们力所能及的,就是注意文本的历史影响的前后相续:《安提戈涅》在文艺复兴时期表达了什么意思,在荷尔德林和歌德看来表达了什么意思,在19世纪表达了什么意思,在海德格尔看来表达了什么意思,在拉康看来表达了什么意思……"要实现"确定的反思",我们只需体验:《安提戈涅》的"真相"、"原初"意义问题,即与一连串的历史功效(historical efficacy)无关的、"自在"之《安提戈涅》(*Antigone*-in-itself)的身份问题,终究是个伪问题:依据伽达默尔的阐释学的基本原理,与文本所谓的"原初"意义相比,文本在后来的功效(later efficacy),即后来对文本作的一系列解读,包含着更多的真相。

《安提戈涅》的"真正"意义,不能在"索福克勒斯真正想说什么"的朦胧起源中寻找。《安提戈涅》的"真正"意义是由后来对它作的一系列解读构成的。也就是说,它是通过某种在结构上必不可少的延迟(structurally necessary delay),在事后构成的。当我们意识到这一延迟是"自在之物"所固有的、内在的因素时,我们就实现了"确定的反思":自在之物是通过丧失其直接性(through the loss of its immediacy),在有关自己的真相中(in its Truth)被发现的。换言之,在"外在的反思"面前显现为妨碍我们获悉真相的事物，其实正是我们获悉真相的积极条件：某物的真相之所以浮出水面，是因为我们无法接近该物直接的自我同一性（immediate self-identity）。

不过，我们刚才说得不够充分，为某种误解留下了余地：如果我们把握了多数现象性决断（phenomenal determinations），而现象性决定乍看之下阻碍我们接近"本质"，就像这一"本质"众多的自我决断（self-determinations）一样，那么，表象最终会被化约成本质的自我决断（self-determination），表象在自我运动（self-movement）中被"扬弃"，被内在化，被视为本质的自我调停的屈从时刻（subordinate moment of self-mediation of the essence）。也就是说，如果我们把将表象（appearance）与本质（essence）分割开来的裂缝转换成本质的内部裂缝，那么，表象最终会被化约成本质的自我决断，表象在自我运动中被"扬弃"，被内在化，被视为本质的自我调停的屈从时刻。还可以这样说，通过"确定的反思"，表象最终被化约成了本质的自我决断，表象在自我运动中被"扬弃"，被内在化，被视为本质的自我调停的屈从时刻。我们还必须追加一个坚定的强调：不仅表象，不仅表象与本质的分裂是本质固有的内在分裂，而且至关重要的是，反过来说，本质不过是现象的自我破裂（self-rupture）、自我分裂（self-fissure）而已。

换言之，表象与本质的分裂是表象的内在因素；必须在表象的领域中反思表象。这就是黑格尔所谓的"确定的反思"。黑格尔式反思的基本特征就是强调，在结构和概念上都有必要使表象加倍（redoubling）。不仅本质必须以众多的决断（multiplicity of determinations）显现、阐释它内在的真相（这是下列黑格尔式解说的一个老生常谈——"本质有多宽，就有多深"）；重点在于，为了表象，本质必须显现为不同于表象的本质，显现为现象形态（form of a phenomenon）的本质，这种现象形态又颇具讽刺意味地实现了现象的无效性（nullity of phenomena）。这种加倍（redoubling）就是反思运动（movement of reflection）的特征；我们在精神（Spirit）的所有层面，从国家到宗教，都碰到了它。世界、宇宙当然是神的显现（manifestation of divinity），是上帝的无限创意的映像（reflection of God's infinite creativity）；但是，上帝如果要变得有效，他就必须再次向他的创造物显示自己，以某个具体的人（基督）为化身。当然，国家是理性的整体（rational totality），但它只有通过再次以君主这个凡夫俗子为化身，把自己确立为对所有具体内容的有效的扬弃——调停（sublation-mediation）。这种加倍运动（redoubling movement）就是用来界定"确定的反思"之物，就是再次成为某物之化身的因素，就是为扬弃所有实证性的扬弃运动（movement of sublation of all positivity）提供实证形式的因素，就是黑格尔所谓的"反射性决断"（reflexive determination）。

我们必须要把握的，是反思（设置的反思、外在的反思、确定的反思）的逻辑与黑格尔的"绝对"主体这一概念间的密切关系，甚至一致关系。黑格尔的"绝对"主体不再依附于某些预设的实体性内容（presupposed substantial contents），而是设置它自己的实体性预设（substantial presuppositions）。大概说来，我们的论点是这样的，构成了黑格尔的主体的，正是这一反思的加倍（redoubling of the reflection），是这样的姿势，借助于它，主体设置了以外在的反思预设的（presupposed in the external reflection）、实体性的"本质"。

5. 设置预设

为了举例说明"设置预设"（positing the presuppositions）的这一逻辑，且以黑格尔《精神现象学》中一个最著名的"意识的形象"——"美丽灵魂"（beautiful soul）——为例。黑格尔是如何颠覆"美丽灵魂"——文雅的、脆弱的、感性的主体性形式（form of subjectivity）——的位置的？"美丽灵魂"作为纯真的观察者，站在

六 不仅作为实体,而且作为主体

安全的位置上,哀叹世风日下。"美丽灵魂"的虚假不实并不在于它只说不做,并不在于它只是一味抱怨世界的堕落并隔岸观火。相反,"美丽灵魂"的虚假不实在于由这个只说不做的位置暗示出来的活动模式(mode of activity),在于"美丽灵魂"预先结构"客观"社会世界的方式。它这样结构世界,为的是能够在这个世界上采纳、扮演脆弱、纯真、被动的受害者的角色。因此,这是黑格尔为我们提供的基本教益:在我们主动时,在我们通过具体行为干预世界时,真正的行为不是这个具体的、经验的、实际的干预(或不干预);真正的行为具有严格符号的性质,真正的行为在于下列模式:我们以这种模式预先结构世界,预先结构我们对世界的感知,以便使我们的干预成为可能,以便在世界上为我们的活动(或不活动)开辟空间。因此,真正的行为(real act)领先于具体的、实际的活动(activity);真正的行为在于,提前重构我们的符号世界,而我们具体的、实际的行为将铭刻于这一符号世界。

为了弄清这一点,且以作为"家庭栋梁"的苦难母亲的焦虑为例:家庭的全部其他成员——她的丈夫、孩子——都在残酷地利用她;她承担了全部家务劳动,她当然要不停地叹息,抱怨她一生都在默默忍受苦难,都在默默地作着牺牲,而没有任何回报。不过,要点在于,"默默地作着牺牲"只是她的想象性认同(imaginary identification):"默默地作着牺牲"为她的自我同一性(self-identity)提供一致性(consistency),如果我们不再让她不停地作出牺牲,她就会一无所有;那样,她就会真的"大厦将倾"。

这是拉康式交流(Lacanian communication)的一个完美个案。拉康式交流说的是,每个说话者都从听话者那里,以反向的形式收回自己的信息。母亲不停地抱怨,其意义就是发出这样的要求:"继续利用我吧!能赋予我的生命以意义的,就是我的牺牲!"所以通过残酷地利用她,家庭其他成员把她发出的信息的真正意义返回给她。

换言之，母亲的抱怨具有的真正意义是："我准备放弃一切，牺牲一切……但就是不放弃牺牲，不牺牲牺牲！"如果可怜的母亲真想把自己有效地从家务奴役中解放出来，她必须做的就是牺牲牺牲——停止接受（家庭的）社会网络，更要停止维持（家庭的）社会网络，正是这样的（家庭的）社会网络才将惨遭利用的受难者角色授予她。

因此，母亲的毛病不止在于她的"不活动"（inactivity），不止在于她扮演的角色——默默忍受被利用的受难者，而且在于她主动维持社会—符号网络（social-symbolic network）。在这样的网络中，她只能扮演这一角色。我们还可在此提到"构成性的认同"（constituting identification）与"被构成的认同"（constituted identification）的区分，即理想自我与自我理想的区分。在理想—想象性自我（ideal-imaginary ego）的层面上，"美丽灵魂"将自己视为脆弱的、被动的受难者；她认同这一角色；她"喜欢"自己扮演这个角色，她把自己装扮成讨人喜爱的样子；这一角色为她提供了自恋的快乐（narcissistic pleasure）；但她真正认同的，是主体间场域（intersubjective field）的形式结构（formal structure），正是这样的主体间场域使她接受了这一角色。换言之，主体间空间（家庭网络）的这一构造化（structuring），是她的符号性认同点（point of symbolic identification）。她从那里观察自己，以便使她在扮演她的想象性角色时讨人喜爱。

我们还可以按照黑格尔的内容与形式的辩证来概括这一切。在内容与形式的辩证中，真相当然在形式中：借助于纯粹的形式行为（formal act），"美丽灵魂"预先结构自己的社会现实，这样它就能够承担被动的受难者角色；由于受到迷人的内容（"痛苦的受难者"角色之美）的蒙蔽，主体忽视了他或她对既定的事物状态承担的形式责任（formal responsibility）。为了解释形式这一概念，且看历史上的一个例证：第二次世界大战刚一结束，萨特与法国共产党发了争执，即所谓的"存在主义之争"。法国共产党对萨特的主要指责是：

六 不仅作为实体,而且作为主体

萨特把主体视为腾空了全部实证的实体性内容(positive substantial contents)的纯粹否定性、空白,认为主体是不受某种先在的"本质"(pre-given "essence")决定的纯粹否定性、空白,进而拒绝了一切资产阶级内容。不过,剩下的是资产阶级主体性(bourgeois subjectivity)的纯粹形式。所以萨特还必须完成最后的和最困难的使命:拒绝资产阶级的个人主义主体性(bourgeois individualistic subjectivity),置身于工人阶级行列……这种看法尽管非常简单,还是包含着一丝真理:所谓"资产阶级的自由主义激进主义"(bourgeois libertarian radicalism)的盲点不就表现在,对全部资产阶级内容的悲惨牺牲肯定了资产阶级主体性?不就表现在忽略了下列事实:真正的"邪恶之源"(source of evil)不是实证的内容,而是这种形式本身?内容与形式的这一辩证是我们理解黑格尔《精神现象学》中下列谜一般的过渡的背景:

> 作为化为行动的行动(Action qua actualization)因而是意志的纯粹形式,是把单纯存在的现实(reality that merely is)转换为由行动导致的现实(reality that results from action),是把客观知识的赤裸模式转换为认知现实(knowing reality)的赤裸模式。认知现实是由意识制造出来的事物。[13]

在通过具体行为干预现实之前,我们必须完成这样的纯粹形式的行为,即把作为客观上给予的某物的现实(reality as something which is objectively given)转换成作为"有效性"的现实(reality as "effectivity"),转换成作为由主体制造的、"设定"的某物(something produced, "posited" by the subject)的现实。在这里,"美丽灵魂"的兴趣在于,使我们看到这两种行为之间的鸿沟,或使我们看到同一行为的两个方面:在实证内容的层面上,她是不活动的受害者（inactive victim），但她的不活动已经处于有效性的场域（field of effectivity），已经处于"由行动导致"的社会现实的场域，即已经处于由下列"转换"构成的场域——把"客观"现实转换为有效性（effectivity）。如果现实要对我们显现为我们自身的活动（或不活动）的场域，那我们就必须事先把它视为"被转换过"的现实，也就是说，我们就必须把自己视作为它在形式上承担责任、负有罪责（responsible-guilty）的人。

我们在此终于遇到了被设置的预设（posited presuppositions）这一问题：在采取具体—经验的行为（particular-empirical activity）时，主体当然把"世界"、客观性（objectivity）——他就是在"世界"、客观性上采取行动的——预设为事先给定之物（something given in advance），预设为他的行为的积极条件；但是，只有他事先结构他对世界的感知，以此为他的干预开辟空间，换言之，只有他回溯性地设置他的行为的预设（retroactively posits the very presuppositions of his activity），回溯性地设置他的"设置"的预设（retroactively posits the very presuppositions of his "positing"），他的实证—经验的行为（positive-empirical activity）才是可能的。主体依靠这种"行为前的行为"（act before act）设置他自己行为的预设。这种"行为前的行为"是严格的形式性质的；它是纯粹的形式转换，它把现实转化成这样的事物——我们把这种事物感知、假定为我们的行为导致的结果。

这种形式转换行为先于实证性—事实性的干预（positive-factual interventions）。至关重要的就是这种形式转换的超前性（previousness）。可以借此把黑格尔与马克思的辩证法彻底区别开来。在马克思那里，（集体性）主体首先依靠有效—物质的生产过程（effective-material process of production）转化既定的客观性（given objectivity）；他先赋予客观性以"人形"（human form），然后通过反思他自己的

六 不仅作为实体，而且作为主体

行为导致的结果，在形式上把自己视为"客观性世界的作者"。在黑格尔那里，次序是颠倒的：在主体"实际"干预世界之前，他必须在形式上抓住自己，让自己为对世界的干预负责。

用日常语言说，主体"实际上没有做任何事情"，他只是对事物的既定状态承担罪责——责任（guilt-responsibility），也就是说，他通过纯粹的形式行为（formal act）把事物的既定状态当成"他自己的产品"来接受：一瞬间之前还被视为实体实证性（substantial positivity）的事情，即"单纯存在的现实"（reality that merely is），突然被当成由他的行为导致的结果，即"由意识制造出来的事物"。因而"起初"（in the beginning）不是积极的干预，而是"摹仿"、"假装"这一悖论性行为：主体假装，以其实证性（in its posivisity）出现在他面前的现实，以其事实实体性（factual substantiality）与他相遇的现实，是他自己的产品。这种类型的第一个"行为"，即用来界定人的出现的行为（act defining the very emergence of man），是葬礼；黑格尔在谈及《安提戈涅》中的波吕尼刻斯（Polynices）的葬礼时，以正式、明确的方式确立了这一概念：

> 个人获得的这种普遍性就是纯粹的存在，是纯粹的死亡；普遍性是在大自然的进程中已经直接实现的状态，不是有意识地采取某个行动的结果。有鉴于此，家庭成员的义务要加上这个方面，以便个人的终极存在不单纯从属于大自然，不充当非理性之物，而是成为被完成之物，意识的权利（right of consciousness）以这种形式得以维护。……因此，血亲关系（blood-relationship）补充了抽象的自然进程。它补充抽象的自然进程的方式，是为它添加意识的运动（movement of consciousness），打破大自然的运作，拯救血亲关系，使其免于毁灭；或者更好，因为毁灭是必然的，从血亲关系转向纯粹存在（mere being）是

必然的，它采取了毁灭的行为（act of destruction）。[14]

葬礼至关重要的维度，已在最后一句引文中表明：转入纯粹的存在、死亡、天然衰变（natural disintegration），这是无论如何都要发生的事情，具有无可避免的天然必然性（natural necessity）；借助于葬礼，主体承担了这一天然衰变的过程，符号性地重复了天然衰变的过程，他假装天然衰变的过程是由他的自由决定导致的结果。

当然，从海德格尔的视角看，我们可以在此责备黑格尔，因为他把主体主义（subjectivism）推向了极致：主体甚至要自由地处置死亡，自由地处置人类生存的极限条件（limiting condition of human existence）；他要把死亡转化为他自己的行为。不过，拉康的责备开辟了这样的可能性——对葬礼作与此相反的另一种解读：葬礼展示了地地道道的符号化行为（act of symbolization）；借助于被迫的选择，主体把无论如何都会发生的事情当作自己行为的结果来接纳、重复。在葬礼中，主体将自由行为（free act）这种形式，赋予"非理性"的、偶然性的自然过程。

在《宗教哲学演讲录》（Lectures on the Philosophy for Religion）中，黑格尔以更为常规的形式阐明了这一思路。他是在讨论基督教中人之堕落这一身份（status of the Fall of man）时，或者更确切些说，他是在讨论恶（Evil）与人性的关系问题时，阐明这一思路的。他的起点当然是，就其本身而言，人性是清白无辜的，处于"堕落前"（Before Fall）的状态。也就是说，只有当我们拥有了自由、自由选择、主体时，罪责（guilt）与邪恶才会存在。但是——这是至关重要之处——从人性原初的清白无辜中推导出下列结论，会错得一塌糊涂：我们可以轻易把人的天性部分（part of nature）和他的自由精神部分（part of free spirit）区分开来。人的天性为上苍所赐，因此他不必为之负责；人的自由精神是他自由选择的结果，是他行为的产物。人性"就其自身而论",也就是说,如果把人性从文化中提取出来,那它的确是"清白无辜"的。但是,一旦精神形式(form of spirit)开始占据统治地位,一旦我们进入了文化,人就要回溯性地为他的天性负责,为他最"天然"的激情和本能负责。"文化"之为"文化"不仅在于它转化自然,它把精神形式(spirit form)赋予自然。人性一旦被迫与文化相关联,就会变成自己的对立物:一瞬间之前还是自发的清白无辜(spontaneous innocence),一瞬间之后回溯性地变成了纯粹之恶(pure Evil)。换言之,一旦精神的普遍形式包含了天然的内容(natural contents),主体就要正式为它负责,即使它实际上只是他看到的事物,也是如此。从主体被对待的方式看,借助于永恒往昔的、原始的行为(eternally past, primordial act),他自由地选择了他的天然—实体性的根基(natural-substantial base)。正是这种正式的责任(formal responsibility),正是精神形式与既定内容(given content)的分裂,驱动着主体不断地活动。[15]

因此,认识到下列两者的联系并不困难:一者是"选择上天所赐"(choosing what is given)这种姿势,是这样一种形式转换(formal conversion)行为,借助于这种形式转换,主体接受了既定客观性(given objectivity),并把既有的客观性视为自己的产品;一者是从外在的反思向确定的反思过渡,它完成于设置—制造的主体(positing-producing subject)为自己的行为、为自己的"设置"(positing)设置预设之时。如果"预设的设置"(positing of presuppositions)不是这种形式转换之姿势(gesture of formal conversion),我们依靠这种姿势将上天所赐"设置"为我们自己的作品,又会是什么呢?

同样,不难发现所有这些与黑格尔的下列基本论题的联系:要把实体(substance)视为主体(subject)。如果不想错过黑格尔的

"实体即主体"观念的关键之处，我们必须看到把下列两者分割开来的突破：一者是黑格尔的"绝对"主体，一者是康德—费希特的"有限"主体。后者是实践活动的主体（subject of practical activity），是"设置"的主体，是积极干预世界的主体，是转化—调停既定客观现实的主体；他因此受这种预设现实（presupposed reality）的束缚。换言之，康德—费希特的主体是劳作过程（work-process）的主体，是与现实结成生产关系的主体。正是因为这个缘故，他从来都不能完全"调停"既定的客观性，他总是受某个他据之采取行动的超验预设（transcendent presupposition）——自在之物——的束缚，即使这个预设被化约成了纯粹的"鼓动"（anstoß），也是如此。

黑格尔的主体则是"绝对"主体：他不再是"有限"主体，不再受某种既定的预设（given presuppositions）的束缚、限制和制约；他亲自设置那些预设。如何设置？通过"选择上天已经赐予之物"（choosing what is already given）这一行为，也就是说，通过前面提及的纯粹形式转化（purely formal conversion）这一符号性行为，设置那些预设；通过假装既定的现实早已是他的产品，设置那些预设；通过为之承担责任，设置那些基本假定。

有一种通行的看法。根据这种看法，黑格尔的主体甚至比费希特的主体"还要主动"，以至于在费希特的主体一败涂地之处，黑格尔的主体大功告成。也就是说，黑格尔的主体"吞没"—调停—内化（"devouring"-mediating-internalizing）了全部的有效性（whole effectivity），而没有产生任何残余。这种看法是大错特错的。要使费希特的"有限"主体与黑格尔的"绝对"主体等量齐观，我们只需给费希特的主体追加某种纯粹形式的、空洞的姿势，说得通俗些，追加纯粹的假装（pure feigning），依靠这一种假装，主体佯装为无论如何都要发生的事情承担责任，同时又不参与那些事情。这就是"实体变成主体"的方式：依靠某个空洞姿势，主体接纳了那些躲避他的积极干预的残余。这样的"空洞姿势"在拉康那里得到了专有名称——能指；基本的、构成性的符号化行为（act of symbolization）依赖的也是这样的"空洞姿势"。

以这种方式，我们还能知道如何把黑格尔的"实体即主体"的观念与辩证过程的基本特征联系起来：在辩证过程中，我们可以说，在某种意义上，一切均已发生；所有那些实际上正在发生的事情，都是纯粹的形式变化，通过这样的变化，我们注意到下列事实：我们刚刚获得的，总是早已出现的。例如，在辩证过程中，裂缝并没有通过被积极地克服（by being actively overcome）而得以"扬弃"：我们要做的全部事情，就是正式宣布，那个裂缝从来都不存在。这在拉比诺维奇的笑话中出现过。在那里，拉比诺维奇没有以更为精确的论据，积极反驳苏联官员的反论（counter-argument）；拉比诺维奇要做的全部事情，就是通过下列简单的陈述——官员的反论其实正是支持他的论点的论据——完成纯粹形式的转换行为。

下列两者并无矛盾可言：一者是黑格尔辩证法的这个"宿命论"方面，即这样的观念——我们仅仅顾及已经发生的一切；一者是他把实体视为主体的主张。两者都要建立同样的连接（same conjunction），因为主体正是"空洞姿势"之名，"空洞姿势"在实证内容的层面上（在这个层面上一切均已发生）毫无变化，但还是要追加"内容"，如果"内容"要实现其全部功效的话。

这个悖论与下列悖论如出一辙——只有加上最后一粒沙子，我们才能得到一个沙丘：我们从来无法确定，究竟哪粒沙子才是最后一粒沙子；沙丘唯一可能的定义就是，即使我们取走一粒沙子，它依然是沙丘。所以根据定义，这"最后一粒沙子"是多余的沙子，同时又是必不可少的沙子——它以自己的多余性（superfluity）构成了沙丘。这个悖论性的沙粒物化了能指的代理（agency of the signifier）。改写一下拉康的能指定义——能指即"替另一个能指代表主体"（represents the subject for another signifier）的东西，我们不禁要说，这最后一粒多余的沙子为沙丘中所有其余的沙粒代表主体。在这方面，黑格尔的君主体现了最纯粹的悖论功能。没有君主的国家依然是实体性秩序（substantial order）——君主代表着国家的主体化之点（point of its subjectivation）——但君主的确切功能是什么？君主的确切功能只是以强加于他的形式姿势（formal gesture）在大臣和顾问提交给他的法令上"御笔一点"而已，只是使得法令成为他个人意志的表达而已，只是为法令和法律的客观内容添加主体性的纯粹形式（pure form of subjectivity），添加"这是我们的意志……"而已。[16] 君主因此是一个地地道道的主体，但这只是因为他把自己限制在主体决策（subjective decision）的纯粹形式的行为之内：一旦他贪图更多的东西，一旦他操心实证内容的问题，他就逾越了把他与其顾问分割开来的界线，国家就会退化到实体性之层面（level of Substantiality）。

我们现在可以回到阳物能指（phallic signifier）的悖论上来了：依拉康之见，只要阳物是"纯粹的能指"（pure signifier），那它就是这个形式转换行为（act of formal conversion）的能指，凭着这样的形式转换行为，主体把既定的、实体性的现实（given, substantial reality）当成他自己的产品来接受。我们之所以能够确定，基本的"阳物经验"（phallic experience）是某种"一切都取决于我，我却无能为力"的体验，原因就在这里。且以两个我们应该放在一起解读的个案为例：其一是在圣奥古斯丁（St. Augustine）那里发现的阳物理论（theory of the phallus），其二是一个著名的低俗笑话。

圣奥古斯丁是在一个微不足道却又至关重要的文本——《论婚姻与肉欲》（*De Nuptiis et Concupiscentia*）——中确立他的性理论（theory of sexuality）的。他的推论极其有趣，因为从一开始，它就与通常被视为基督教性欲观念的基本前提的事物大异其趣：性不是诱人堕落的罪孽,相反,它是对罪孽的惩罚和忏悔。原罪表现为人类的自大和傲慢;就在亚当偷吃智慧树上的果实,想把自己提升到神的高度,成为所有创造物的主人时,人类就已经犯下自大和傲慢之罪。于是上帝惩罚人类,即惩罚亚当。上帝惩罚亚当的方式,是给他注入了某种驱力——性驱力。性驱力立即胜出,其他驱力(饥渴、口渴等)均无法与之相提并论;性驱力彻底超越了它的器官功能(人种的繁殖),也正是因为这种非功能性的特性(non-functional character),性驱力无法被征服和被驯服。换言之,如果亚当和夏娃仍然住在伊甸园里,他们会交媾,但他们完成性行为的方式,与完成其他工具行为(耕田、播种……)的方式毫无二致。人类之性(human sexuality)这种过度的、非机能性的、构成性变态的性格(constitutively perverse character),代表着上帝对人类的傲慢和权欲的惩罚。

我们如何觉察,又去哪里觉察性具有的无法控制的特性?在这一点上,圣奥古斯丁提出了他的阳物理论:如果人具有坚强的意志和自我控制的能力,他就能够控制自己身体各个部分的运动(圣奥古斯丁令人想到一系列极端的个案:印度一个苦行僧能使自己的心脏暂时停止跳动,等等);因此身体的各个部分原则上服从于人类的意志,其不可控制性(uncontrollabilities)只与人的意志的虚弱或强大的实际程度有关。各个部分都是如此,只有一个部分例外:阳物的勃起原则上避开了人类的自由意志的掌控。因此,在圣奥古斯丁看来,这就是"阳物的意义"(meaning of the phallus):人体的这一部分躲避着人的控制,人的躯体因为人的妄自尊大而惨遭报复。某些人有极其顽强的意志,即使身处装满美食的房间,也能绝食而亡;但是,如果有位裸体处女从他身边走过,他的阳物是否勃起绝不取决于他的意志是否顽强……

不过,这只是阳物悖论的一面,它的另一面由一个著名的谜语/

笑话揭示出来:"究竟什么物体最轻?阳物,因为它是唯一能够单凭意念就能升高之物。"为了获得"阳物的真正意义",我们必须同时解读这两个例子:"阳物"是接合点,在那里,作为独立于我们的意志、抵抗我们的意志的躯体所具有的极端外在性,与我们的意念的纯粹内在性,接合了起来。"阳物"就是这个短路的能指,凭借这一个能指,身体的不可控制的外在性(uncontrollable externality)直接变成了受限于"意念"这一纯粹内在性之物。在那个接合点上,内心深处的"意念"具有了某些怪异实存物(strange entity)的特性,它逃避我们的"自由意志"。用传统的黑格尔式术语说,"阳物"是"对立的统一"之点:不是(相互成全意义上的)"辩证的综合",而是从一个极端向另一个极端的直接过渡,如同黑格尔的例子表明的那样,最低级、最粗俗的排尿机能,变成了最崇高的生殖机能。

构成了"阳物体验"(phallus experience)的,正是这一"矛盾":那个谜语告诉我们,一切都取决于我;但圣奥古斯丁的理论告诉我们,我却无能为力。从这里出发,即从这样的阳物观——阳物是"一切"(all)和"乌有"(nothing)的搏动(pulsation)——出发,我们可以理解形式转换行为的"阳物"之维。形式转换行为把既定的现实(reality as given)转换为被设置的现实(reality as posited)。只要这种行为打上了无所不能("一切都取决于我":主体把所有现实设置为他的产品)和一无所能("我却无能为力":主体只能在形式上接纳上天赐予之物)重合点的标志,这种行为就永远是"阳物性"的。正是在这个意义上说,如果我们步阿多诺的后尘,把倒置(inversion)界定为"超验",那我们也可以说,阳物是"超验能指"(transcendental signifier)。借助于倒置,主体把自己的根本限制(radical limitation)体验为他的构成性的力量(constitutive power)。他的根本性限制表现在,他身陷自己的世界,无法越雷池半步;他的构成性力量表现为先验的范畴网络(a priori network of categories），这一网络结构着他对现实的感知（structuring his perception of reality）。

6. 预设设置[17]

不过，我们刚刚做过的说明有致命的弱点：我们对反思过程的描述，在涉及从设置的反思向外在的反思过渡的决定性时刻，被简化了。我们已经自动地接受了对这一过渡所作的寻常阐释。这一寻常阐释是：设置的反思是本质之活动（activity of the essence），即纯粹的调停运动（movement of mediation），它设置表象。也就是说，它是否定性的运动（negative movement），它扬弃每一个既定的直接性（given immediacy），把既定的直接性设置为"纯粹的表象"。但是对直接性（the immediate）的反射性扬弃（reflexive sublation），把直接性设置为"纯粹的表象"，本身受到了表象世界（world of appearance）的束缚。它需要作为已经给定之物（something already given）的表象。它需要作为根基（basis）的表象，以便在这个根基上施展其否定性调停活动（negative mediation activity）。简言之，反思把实证的表象世界预设为它的下列活动的起点：对实证的表象世界进行调停，把它设置为"纯粹的表象"。

为了以实例说明这一预设（presupposing），且以"意识形态批判"的经典程序为例。该程序"揭穿"某个理论的、宗教的或其他的宏大建筑的假面具。它揭穿假面具的方式是使我们"看穿它"，使我们从中看到［意识形态］表象，看到某些隐藏机制的表达效果（expression-effect）。因此这种程序寄身于纯粹的否定运动。这种纯粹的否定运动预设了"自发的"、"非反思的"（non-reflected）、具有既定—直接的实证性（given-immediate positivity）的意识形态经验。为了实现从设置的反思向外在的反思的过渡，反思运动必须做的只是留意，反思运动总是受到某些既定的、外在的预设的束缚，这些既定的、外在的预设随后通过反思运动的否定性活动被调停，被扬弃。

简言之,设置之活动(activity of positing)要留意它自己的预设,它自己的预设恰恰处于反思运动之外。

与这个流行看法形成鲜明对比的是,迪特尔·海因里希(Dieter Heinrich)在他对黑格尔的反思逻辑的精湛研究中表明,对设置和预设的整个辩证(whole dialectic of positing and presupposing),依然属于"设置反思"(positing reflection)的范畴。[18]且把费希特称作地地道道的设置反思的哲学家:主体通过自己富有成效的活动,"设置"、扬弃—调停、转化客体既定的实证性(given positivity of objects);主体把客体既定的实证性转化成他自己的创造力的展示;但这种设置依然总是受到它的预设的束缚,受实证性地给定的客体性(positively given objectivity)的束缚,而设置就是以实证性地给定的客体性为根基开展它的否定性活动的。换言之,对设置—预设(positing-presupposing)的辩证暗示我们,存在着劳作过程的主体(subject of the working process),即这样的主体——通过设置它的否定性活动,他调停预设的客体性(presupposed objectivity),把预设的客体性转化为它自身的客体化;简言之,它暗示我们,存在着"有限"的主体,并不存在"绝对"的主体。

在这种情形下,也就是说,如果对设置和预设的全部辩证依然属于"设置反思"的范畴,那么,从设置的反思向外在的反思的过渡出现于何处?我们在此得到了海因里希详细说明的重要区分,那就是,仅仅通过下列事实来确定外在的反思是不够的:本质把客观世界预设为它的基础,预设为它的否定的调停运动(negative movement of mediation)的起点,设定为这一运动的外在之物。外在的反思的决定性特征是,本质把自己预设为自己的异己之物(its own other),这个异己之物以外在性之形式(form of externality)显现,以事先客观地给定的某物(something objectively given in advance)的形式显现,也就是说,以直接性之形式(form of immediacy)显现。当本质——绝对调停之运动（movement of absolute mediation）、纯粹的自我指涉的否定性（pure, self-referential negativity）——以自在地存在的实存物（Entity existing in itself）之形式，以被排除在调停运动之外的实存物之形式预设自身时，我们就会在外在的反思中发现自己。用精确的黑格尔式术语说，当本质不仅预设它的异己物，即客观—现象的直接性（objective-phenomenal immediacy），而且预设以异己性（otherness）之形式，以某种异化实体（alien substance）之形式呈现出来的自己时，我们才处于外在的反思之中。

为了以实例证明这个决定性的扭曲（decisive twist），让我们引用一个案例。只要这一案例过于"具体"（"具体"是黑格尔的意义上的"具体"），也就是说，只要它发出这样的暗示，我们已经实现从纯粹的逻辑范畴（pure logical categories）向具体的历史精神内容（concrete historical spiritual content）的过渡，这一案例就是误导性的。这里指费尔巴哈对宗教异化的分析。"异化"的形式结构显然是外在反思的形式结构。"异化"之为"异化"，不只在于，人这个创造性的存在（creative being），这个在客体世界（world of objects）中外化自己潜能的存在，"崇拜"客体性，同时把无法控制的、客观的自然力量和社会力量视为某个超自然存在（supernatural Being）的显现。"异化"还指某种更为精确之物。它指的是，人预设、设想自己的以外在的物质性实存物（external substantial Entity）为形式的创造性力量；它指的是，人把自己内心深处的本质"投射"、转换为异化的存在（alien Being）——"上帝"。因此，上帝就是人，就是人的本质，就是创造性的调停运动，就是否定性具有的转化力量（transforming power of negativity），但它被视为外在性之形式（form of externality），被视为从属于某个怪异实存物（strange Entity）之物，这个怪异实存物自在地存在，与人类无关。

这就是黑格尔的反思理论为我们提供的至关重要却又常常为人

忽略的教益：我们可以谈论差异，谈论把本质与表象分割开来的裂缝，但这样做的前提是，本质自身是分裂的，其分裂的方式一如上述；也就是说，这样做的前提是，本质把自己预设为异化之物，预设为它自身的大对体。如果本质没有分裂，如果它在极端异化（extreme alienation）的运动中没把自己视为异化的实存物（alien Entity），那就无法确立本质/表象的二元性。本质的这一自我分裂意味着，本质是"主体"而不仅是"实体"——简单说来就是，"实体"之所以是本质，是因为本质在表象世界中，在现象客体性（phenomenal objectivity）中反射自身，本质是对这一客体性进行调停—扬弃—设置（mediation-sublation-positing）的运动；之所以"主体"是实体，是因为它本身是分裂的，它把自己体验为某种异己的、实证性地给予的实存物。

我们可以说，颇具讽刺意味的是，主体之所以是实体，正是因为它把自己体验为实体，体验为某个异化的、既定的、外在的、实证的、自在地存在着的实存物："主体"只是"实体"与自身保持的这一内在距离的称谓而已，只是这样的空位的称谓而已——在这个空位上，实体可以把自己视为"异化"之物。没有本质的这一自我分裂，就没有能把自己与本质区分开来的位置。在那个位置上，本质可以显现为与自身不同的事物，即显现为"纯粹的表象"：本质之所以能够显现出来，是因为它已经处于自身之外。

那么，从外在的反思向确定的反思过渡，其性质是怎样的？如果我们依旧停留在对反思逻辑（logic of reflection）进行普通阐释的层面上〔这种阐释中，从设置的反思向外在的反思过渡，与从设置（positing）向预设（presupposing）的过渡完全重合〕，事情当然已经清清楚楚。为了实现上述转向，我们只需要留意，预设已经被设置。由此我们发现自己已经身处确定的反思之中，已经身处回溯性地设置它自己的预设（posits its own presuppositions）的反射运动之中。

六　不仅作为实体，而且作为主体

不妨再次提及主动—能产的主体（active-producing subject），他调停—否定—构成被预设的客体性（mediates-negates-forms the presupposed objectivity）：他需要做的全部事情就是，体验这个被预设的客体性（presupposed objectivity）的本体论身份（ontological status）如何只是对他行动的预设，体验这种本体论身份是如何存在的，体验这种本体论身份在这里如何只供他在它的基础上施展他的调停活动（mediating activity）：它是如何通过他的活动，回溯性地"设置"起来的。可以说，"大自然"这个被预设的活动客体（presupposed object of activity）已经"根据它自己的性质"，自在地成了主体活动的客体，成了主体活动的材料；它的本体论身份是由生产过程的视域（horizon of the process of production）决定的。简言之，它提前被作了这样的设置，也就是说，它提前被设置成了对主体性设定的预设（presupposition of subjective positing）。

不过，如果外在的反思无法由"设置总是受某些预设的束缚"这一事实充分界定，如果本质为了抵达外在的反思必须把自己预设为自己的异己，那么事情会变得有点复杂。乍看之下，事情依然一清二楚。不妨再次参考费尔巴哈对宗教异化的分析。从外在的反思向确定的反思的过渡，不就表现在，人必须在"上帝"身上，在这个外在的、高级的、异己的实存物身上，看到他自己的本质的反像（inverse reflection），看到以异己形式呈现出来的他的本质，换言之，看到他自己的本质的反射性决断，进而确证他是"绝对主体"？这一设想的毛病出在哪里？

要想对此作出解释，我们必须重新回到"反思"这一概念那里。恰当理解从外在的反思向确定的反思过渡的关键，已由黑格尔的"反思"概念的双重意义提供。也就是说，已由下列事实提供：在黑格尔的反思逻辑中，反思总是处于两个层面上：

(1) 起初,"反思"指本质与表象的简单关系。在这种关系中,表象"反思"[19]本质。也就是说,在这种关系中,本质是否定性的调停运动(negative movement of mediation),它同时既扬弃又设置表象化的世界(world of appearing)。在这里,我们还停留在设置和预设的循环中;本质把客体性(objectivity)设置为"纯粹的表象",同时又将客体性预设为它的否定运动的起点。

(2) 不过,一旦我们从设置的反思转向外在的反思,我们就会遇到大相径庭的另一种反思。在这里,"反思"指两种"本质"的关系。一种本质是作为自我指涉性的否定性(self-referential negativity)的本质,是作为绝对调停之运动(movement of absolute mediation)的本质;另一种本质是以某种实体直接性(substantial immediacy)的被颠倒—被异化的形式呈现的本质,是作为被排除在反思运动之外的超验实存物的本质。这也是反思在这里成了"外在的反思"的原因:外在的反思并不涉及本质自身。

在这个层面上,仅仅通过体验下列两种本质的关系,我们从外在的反思进入了确定的反思:一种本质是自我调停之运动(movement of self-mediation),是自我指涉性的否定性;一种本质是被排除在反思的战栗(tremor of reflection)之外的实体性—实证性的实存物。这一形象,即实体性—直接性的、实证性地给予的本质之形象(image of the substantial-immediate, positively given essence),只是作为自我指涉的否定性的纯粹运动(as pure movement of self-referential negativity)的颠倒—异化的影像。体验到了这一点,我们就从外在的反思进入了确定的反思。

严格说来,只有第二种反思才是对本质进行的"进入性反思"

(reflection-into-itself)。在这种反思中,本质给自己加倍,因而在自身之内,而不仅在表象之中,反思自身。这是第二种反思是被加倍的反思(reflection redoubled)的原因。在"基本"反思的层面上,即在上述(1)的层面上,本质作为绝对否定性之力量(power of absolute negativity),与表象针锋相对。通过调停—扬弃—设置每个实证直接性(positive immediacy),本质使表象成为"纯粹的表象"。在加倍反思(redoubled reflection)的层面上,即在上述(2)的层面上,本质以其自身的预设之形式(in the form of its own presupposition),以既定—直接的实体之形式(in the form of a given-immediate substance),反思自己。本质对自身的反思是一种直接性(immediacy),该直接性不是"纯粹的表象",而是这一本质的颠倒—异化的形象,是以它的异己性之形式呈现出来的本质,换言之,本质对自身的反思是一种预设,该预设不仅被本质设置:以这种预设,本质把自己预设为设置(essence presupposes itself as positing)。

我们已经表明,这两种反思的关系并非简单的前后相续的关系:第一种反思,即基本的反思(1),并非简单地领先第二种反思,即加倍的反思(2)。严格说来,第二个反思是第一个反思的条件。第二个反思只是使本质加倍,只是使反思进入本质之内,这为表象开辟了空间,也只有借助于表象,隐含的本质才能反思自身。通过留意加倍反思的这一必然性,我们还可以指出,费尔巴哈的超越外在反思(surpassing the external reflection)的模型的毛病出在了哪里。

在费尔巴哈的模型中,主体是在已被异化的实体性实存物(substantial Entity)中看到了他自己的本质潜能(essential potential)的倒影(inverse image),进而克服了异化的。这个模型所暗示出来的宗教观,完美地对应着启蒙运动对犹太宗教的看法(万能的上帝是虚弱的人类的倒影)。这种理解没有注意到的,是隐藏在基督教的基本母题之后的逻辑:上帝的肉身。费尔巴哈要我们认识到,上帝作为异化的本质（alien essence），只是人类创造性潜能（creative potential）的异化形象（alienated image）。费尔巴哈这一姿势没有注意到上帝与人类的这种反射性关系的必要性，没有注意到人类把自己的形象投射到上帝身上的必要性。换言之，仅仅查明"人是上帝的真身"（man is the truth of God），主体是被异化的实体性实存物，是不够的。仅仅让主体在这种实存物中识别、反射自己的倒影是不够的；至关重要的一点是，这种实体性实存物必须是分裂的，必须"酿成"主体，也就是说，"上帝必须亲自变成人"。

对于设置（positing）和预设（presupposing）的辩证关系而言，这一必要性意味着，仅仅断言主体设置（posits）自己的预设（presuppositions）是不够的。对于预设（presuppositions）的这一设置（positing），已经包含在设置的反思（positing reflection）的逻辑中。用以界定确定的反思的是，主体必须把自己预设为设置的主体（positing subject）。说得更确切些，主体是通过把自己预设为设置的主体（presupposing himself as positing subject），通过把自己作为设置的主体投射到预设（presuppositions）身上，有效地"设置自己的预设"（posits his presuppositions）的。为了以实证说明这个至关重要的扭曲，且举两个寻常的例子，一个是君主，一个是基督。就他们生命的直接性而言，作为公民的主体当然与实体性国家（substantial State）针锋相对。实体性国家决定他们社会关系的具体网络。他们是如何克服这种异化特征（alienated character）的，是如何克服国家的不可化约的异己性的？在这里，国家是主体的行为—设置的实体性预设（substantial presupposition of the subjects' activity-"positing"）。

经典马克思主义的回答当然是，作为异化力量的国家必须"凋谢"，它的异己性必须溶化于透明的、非异化的社会关系中。与此相反，黑格尔的回答是，因为迫不得已，主体把自由的主体性（free subjectivity）投进国家，投射到君主身上，进而把国家视为"自己的产品"。也就是说，主体预设在国家中存在着这样的点位（point），从而把国家视为"自己的产品"："缝合点"，授予它的有效性（confers its effectivity）之点，自由的主体性之点（point of free subjectivity），君主的空洞姿势"这是我的意志……"之点。

从这一辩证中，我们可以完美演绎隐藏在"主体"一词的双重意义之后的必要性。"主体"一词的双重意义是：（1）屈从于政治统治的人；（2）自由的能动，自己的活动的发起者。只有通过使自身加倍（redoubling themselves），只有他们把他们自由的纯粹形式（pure form of their freedom）"投向"、转入与他们截然相反的实体的内心（heart of the substance），"投向"、转入作为国家首脑的主体——君主的内心，主体才能认识到，自己是自由的能动者。换言之，只有当他们作出下列预设——以国家的形式与他们作对的社会实体（social substance）已是他们屈从的主体（君主），主体才能是主体。

我们应该在此更正我们先前的分析，或者说得更确切些，我们应该在此补充我们先前的分析。借助于空洞姿势（empty gesture），借助于形式转化行为（act of formal conversion），"实体变成了主体"。这样的空洞姿势，这样的形式转化行为，没有散布在众多主体之中，并不以同样的方式为每个主体所专有；它总是集中于某个例外点（point of exception），集中于太一（the One），即集中于这样的人：他亲自接受了愚蠢的委任（idiotic mandate），要摆出空洞的主体化姿势（gesture of subjectivation），要以"这是我的意志"之形式补充既定的、实体性的内容。这类似于基督：主体不是通过直接宣称犹太神是自己的创造物，而是预设在犹太神那里存在着"肉身"之点（犹太神在这个点上变成了人），克服了犹太神的相异性（Otherness）、怪异性的。这就是基督降临的意义，就是基督的"它的成就"[20]的意义：想让自由［作为我们的设置（positing）］发生，它就必须已经在作为其肉身的上帝（God as his incarnation）那里发生；

没有这一点，主体就会永远受异化实体的束缚，就会永远陷入自己的预设之网（web of their presuppositions）而无力自拔。

　　这一加倍的必要性，可以完美解释，何以对自由活动（free activity）最强劲的激励是通过基督教新教获得的，是通过大力强调世间一切均由神定、"万物均已预先决定"的宗教获得的。现在，我们最终也能确切地概括从外在的反思向确定的反思的过渡了：要想获得我们的主体自由（subjective freedom），要我们的"设置"（positing），是有前提条件的。这条件就是，我们的主体自由、"设置"必须提前投射进入实体，以之作为自身的"反射性决断"（reflexive determination）。出于这个原因，在黑格尔看来，希腊人的宗教、犹太人的宗教和基督教构成了反思的三足鼎立（triad of reflection）：在希腊宗教中，神被设置于众多的美丽表象之中，这也是在黑格尔看来，希腊人的宗教是艺术品宗教（religion of the work of art）的原因；在犹太人的宗教中，主体以这种形式——超验的、外在的、难以企及的力量——设想自己的本质；在基督教中，人类自由（human freedom）最终被视为这个怪异实体——上帝——的"反射性决断"。

　　对于精神分析的意识形态理论来说，对这些乍看之下属于纯粹的沉思默想的意义，无论如何夸大都不会言过其实。借助于"空洞姿势"，没有感情和知觉的现实被当成我们的现实来采纳、接受，这样的"空洞姿势"如果不是最基本的意识形态运作（ideological operation），不是实在界的符号化（symbolization of the Real），不是实在界向有意义的整体（meaningful totality）的转化，不是实在界对大对体的铭刻，还能是什么？我们甚至可以说，这样的"空洞姿势"设置了大对体，使大对体存在：构成了这一姿势的纯粹形式转换，只是这样的转化——它把前符号性现实（pre-symbolic Real）转化成了符号化现实（symbolized reality），转化成了陷入能指网络陷阱（web of the signifier's network）的实在界。换言之，通过这样的"空洞姿势",主体预设了大对体的存在。

现在,或许我们有能力锁定那个巨变(radical change)的位置了。在拉康看来,这个位置界定了精神分析过程的最后阶段。这个位置就是"主体性贫困"(subjective destitution)。在这个"贫困"中,生死攸关的正是下列事实:主体不再把自己预设为主体;通过不再把自己预设为主体,主体废除了形式转换行为的结果。换言之,他接纳的不是大对体的存在(existence),而是大对体的不存在(non-existence),他接受了作为彻底的、无意义的极端愚蠢的实在界;他保持把实在界与其符号化分割开来的鸿沟。为此付出的代价是,通过完全相同的行为,他还废除了作为主体的他自己,因为——这也是黑格尔为我们提供的最后教益——主体是主体,只是因为通过加倍反思运动(movement of double reflection),他把自己预设为绝对主体。

注　释

〔1〕原注1。Yirmiyahu Yovel, "La Religion de la sublimité", in *Hegel et la religion*, ed. G. Planty Bonjour, Paris: PUF, 1982.

〔2〕原注2。Immanuel Kant, *Critique of Judgement*, Oxford: Clarendon Press, 1964, p.109. ——作者注。宗白华将这句话译为:"于是对象将作为崇高而用快乐来欣赏着,这快乐却是由不快乐的中介才可能的。"见康德:《判断力批判》,宗白华译,商务印书馆1964年版,第100页。邓晓芒把这句话译为:"而对象作为崇高就被以某种愉快来接受,这种愉快只有通过某种不愉快才是可能的。"见康德:《判断力批判》,邓晓芒译,人民出版社2002年版,第99页。——译者注

〔3〕原注3。Ibid., p.119. ——作者注。这段话原文甚是简单,但

理解和翻译颇不容易。原文为:"The sublime may be described in this way: It is an object (of nature) the representation [*Vorstellung*] of which determines the mind to regard the elevation of nature beyond our reach as equivalent to a presentation [*darstellen*] of ideas." 大意为:(1) 客体是来自自然界的客体,客体会以种种不同的方式呈现,因而构成所谓的"再现"。(2) 构成的这一"再现","决定了心态",即要做什么事情的心态。(3) 做什么?把 (a) 视为 (b):(a) 提升自然客体,提升到"我们够不着"(beyond our reach) 的高度,即我们难以企及的高度;(b) 理念的呈现。这实际上是把自然客体再现提升到了理念呈现的高度。宗白华将这句话译为:"人们可以这样来描写崇高:它是(自然界的)一对象,它的表象规定着心意,认为自然是不能达到诸观念之表现的。"康德:《判断力批判》,宗白华译,商务印书馆1964年版,第108页。邓晓芒把这句话译为:"我们可以这样来描述崇高:它是(自然的)一个对象,其表象规定着内心去推想自然要作为理念的表现是望尘莫及的。康德:《判断力批判》,邓晓芒译,人民出版社2002年版,第108页。——译者注

〔4〕原注4。Ibid., p. 106. ——作者注。康德此段文字甚为难解。齐泽克引用的原文是:"The feeling of the Sublime is, therefore, at once a feeling of displeasure, arising from the inadequacy of imagination in the aesthetic estimation of magnitude to attain, to its estimation by reason, and a simultaneously awakened pleasure, arising from this very judgement of the inadequacy of the greatest faculty of sense being in accord with ideas of reason, so far as the effort to attain to these is for us a law." 还有一个英文版与此大同小异,可供参考:"The feeling of the sublime is thus a feeling of displeasure from the inadequacy of the imagination in the aesthetic estimation of magnitude for the estimation by means of reason, and a pleasure that is thereby aroused at the same time from the correspondence of this very judgment of the inadequacy of the greatest sensible faculty in comparison with ideas of reason, insofar as striving for them is nevertheless a law for us."宗白华将这句话译为:"所以崇高感是一种不愉快的感觉,由于想象力在对大的审美的估量中和那通过理性的估量不合致,然而在这里同时引起一种愉快感,正是由于下列评判:即最大的感性机能的不合致性正是和理性观念相应合。而这对于理性观念的企望和努力,对我们正是规律。"见康德:《判断力批判》,宗白华译,商务印书馆1964年版,第97页。邓晓芒将这段话译为:"所以崇高的情感是由于想象力在对大小的审美估量中不适合通过理性来估量而产生的不愉快感,但同时又是一种愉快感,这种愉快感的唤起是由于,正是对最大感性能力的不适合性所作的这个判断,就对理性理念的追求对于我们毕竟是规律而言,又是与理性的理念协和一致的。"见康德:《判断力批判》,邓晓芒译,人民出版社2002年版,第96页。——译者注

〔5〕原注5。Ibid., p.127. ——作者注。原文为:"We have no reason to fear that the feeling of the Sublime will suffer from an abstract mode of presentation like this, which is altogether negative as to what is sensuous. For though the imagination, no doubt, finds nothing beyond the sensible world to which it can lay hold, still this thrusting aside of the sensible barriers gives it a feeling of being unbounded; and that removal is thus a presentation of the infinite. As such it can never be anything more than a negative presentation – but still it expands the soul. Perhaps there is no more sublime passage in the Jewish Law than the commandment: Thou shalt not make unto thee any graven image, or any likeness of any thing that is in heaven or on earth, or under the earth, and so forth. This commandment can alone explain the enthusiasm which the Jewish people, in their moral period, felt for their religion when comparing themselves with others."宗白华将这段话译为:"人们不必忧虑,对崇高的情绪会由于这一类的对感性完全消极性抽剥的表现方式会遭到减损;因为想象,尽管它在超越了感性的境地上见不到什么它能安顿自己的事物,却正是通过这些局限的祛除感到自己的无限制:并且那一游离孤独正是表现无限,这无限的表现固然因此除作为单纯消极的表现以外,不能有别的,它却仍然扩张了心灵。在犹太人的法典(出埃及记)里恐怕没有别处比下面的命令更为崇高的:'不可为自己雕刻偶象,也不可作甚么形象来比拟上天,下地和地底下,水中的百物!'只有这个命令可以理解犹太民族在他的文明旺盛时期,当它把自己和别的民族相比较时,对它的宗教所感的热情……"见康德:《判断力批判》,宗白华译,商务印书馆1964年版,第116页。邓晓芒将这段话译为:"我们不必担忧崇高的情感会由于在感性的东西上完全是否定性的这样一类抽象的表现方式而丧失掉;因为想像力虽然超出感性之外找不到它可以依凭的任何东西,它却恰好也正是通过对它的界限的这种取消而发现自己是无限制的;所以那种抽象就是无限东西的一种表现,这种表现虽然正因此而永远只能是一种否定性的表现,但它毕竟扩展了心灵。也许在犹太法典中没有哪个地方比这条诫命更崇高的了:'不可为自己雕刻偶像,也不可作什么形象,仿佛上天、下地和地底下、水中的百物'等等。只有这条诫命才能解释犹太民族在其教化时期当与其他各民族相比较时对自己的宗教所感到的热忱……"见康

德:《判断力批判》,邓晓芒译,人民出版社2002年版,第114—115页。——译者注

[6] 原注6。Hegel, *Phenomenology of Spirit*, p. 195. ——作者注。原文是:"In physiognomy, Spirit is supposed to be known in its own outer aspect, as in a being which is the utterance of Spirit – the visible invisibility of its essence ... In the determination yet to be considered, however, the outer aspect is lastly a wholly immobile reality which is not in its own self a speaking sign but, separated from self-conscious movement, presents itself on its own account and is a mere Thing." 另参见中文版:"但在面相学里,精神则据说可以在它自己的外在里得到认识,它的外在是一种像语言这样的存在,它以一种可以看得见的看不见的事物为本质。……但在尚待考察的规定里,精神的外在方面终于是一种完全固定不变的现实了,它自身不是一种传情达意的符号,它与自觉的运动完全无关,而只自为地呈现为一种赤裸的纯粹的事物。"见黑格尔:《精神现象学》上卷,贺麟、王玖兴译,商务印书馆1979年版,第215页。——译者注

[7] 原注7。Ibid., p. 210. ——译者注。原文是:"The depth which Spirit brings forth from within-but only as far as its picture-thinking consciousness where it lets it remain-and the ignorance of this consciousness about what it really is saying, are the same conjunction of the high and the low which, in the living being, Nature naively expresses when it combines the organ of its highest fulfilment, the organ of generation, with the organ of urination. The infinite judgement, *qua* infinite, would be the fulfilment of life that comprehends itself; the consciousness of the infinite judgement that remains at the level of picture-thinking behaves as urination." 另参见中文版:

"精神从内心里发挥出来的这种深刻性（但仅仅达到它的表象意识为止），和这种意识对它自己所说的东西的那种无知，深刻与无知，乃是高级与低级的结合，就像在生物身上自然所坦率地表现出来的生物最高完成器官、生殖器官与低级的小便器官之结合在一起是一样的。——无限的判断，作为无限的东西，可说是有自我理解的生命的最高完成；但无限判断的停留于表象中的意识，则相当于小便。"见黑格尔：《精神现象学》上卷，贺麟、王玖兴译，商务印书馆1979年版，第231—232页。——译者注

[8] 原注8。Ibid., p. 310.

[9] 感知—确定性（sense-certainty），中文版译为"感知确定性"，见黑格尔：《精神现象学》上卷，贺麟、王玖兴译，商务印书馆1979年版，第63—67页。——译者注

[10] 原注9。Ibid., p. 308.——作者注。原文是："it 'has for its content the form itself, the form which language itself is, and is authoritative as language. It is the power of speech, as that which performs what has to be performed'."另参见中文版："但现在，语言却以它自己这个形式为内容，并且作为语言而有效准；实现那必须予以实现的东西，其所依靠的力量就在于说话，在于说话本身。"见黑格尔：《精神现象学》下卷，贺麟、王玖兴译，商务印书馆1979年版，第55页。——译者注

[11] 这三个"反思"的英文分别是"positing reflection"、"external reflection"、"determinate reflection"，杨一之分别译为"设置的反思"、"外在的反思"、"进行规定的反思"。见黑格尔：《逻辑学》下卷，杨一之译，商务印书馆1976年版，第16—26页。——译者注

[12] 原注10。G. W. F. Hegel, *Wissenschaft der Logik*, volumes I and

六　不仅作为实体，而且作为主体

II, Hamburg: Hg. von G. Lasson, 1966.

〔13〕原注 11。Hegel, *Phenomenology of Spirit*, p. 385. ——作者注。黑格尔大意谓：有两种行动，一种是一般意义上的行动，盲目的行动，机械的行动，一种是体现了主体意志的行动，由主体"设置"的行动，即"化为行动"之行动；这种行动能够转换现实，即把一般意义上的现实，即单纯存在的现实，僵死的现实，"就在那里"的现实，转换为由行动导致的积极的现实，把一般的僵死的客观知识转换为认知现实甚至改造现实的知识，而认知现实与一般现实的不同之处在于，它是由意识制造出来的现实。原文是："Action *qua* actualization is thus the pure form of will – the simple conversion of a reality that merely is into a reality that results from action, the conversion of the bare mode of objective knowledge into that of knowing reality as something produced by consciousness." 另参见中文版："行为，作为实现〔运动〕，就是纯粹形式的意志；也就是说，行为就是单纯的转化〔运动〕，就是由一种存在着的现实变为一种被实行了的现实、由单纯关于对象的知识变为关于意识产物那样的现实的知识的一种单纯转化运动。"见黑格尔：《精神现象学》下卷，贺麟、王玖兴译，商务印书馆 1979 年版，第 149 页。——译者注

〔14〕原注 12。Ibid., pp. 270-1. ——作者注。原文是："This universality which the individual as such attains is pure being, death; it is a state which has been reached immediately, in the course of Nature, not the result of an action consciously done. The duty of the member of a Family is on that account to add this aspect, in order that the individual's ultimate being, too, shall not belong solely to Nature and remain something irrational, but shall be something done, and the right of consciousness be asserted in it ... Blood-relationship supplements, then, the abstract natural process by adding to it the movement of consciousness, interrupting the work of Nature and rescuing the blood-relation from destruction; or better, because destruction is necessary, the passage of the blood-relation into mere being, it takes on itself the act of destruction."另参见中文版："个别的人作为个体而达到的这种普遍性,是纯粹存在,是死亡;这是直接的自然的变化结果,不是出自于一种意识的行动。因此,家庭成员的义务,就在于把[意识的行动]这个方面添加进去,以便使他的这个最后的存在、普遍的存在也不仅只属于自然,也不始终仅只是一种非理性的东西,而成为一种由行动创造出来的东西,并使意识的权利在这种由行动创造出来的东西中得到确认。……血亲关系就以下述办法补充抽象的自然的运动:就是,它把意识的运动添加进来,把自然的事业打断,把血缘亲属从毁灭中拯救出来,或者说得更清楚些,它由于认出毁灭亦即变为纯粹存在这一过程是必然的、无可逃避的,于是它自己就把毁灭行动承担起来。"见黑格尔:《精神现象学》下卷,贺麟、王玖兴译,商务印书馆1979年版,第10—11页。——译者注

[15] 原注13。G. W. F. Hegel, *Philosophie der Religion*, volumes I and II, Frankfurt: Suhrkamp Verlag, 1969.

[16] 原注14。G. W. F. Hegel, *Grundlinien der Philosophie des Rechts*, Frankfurt Suhrkamp Verlag, 1969, Paragraph 280. ——作者注。中文版参见黑格尔:《法哲学原理》,范扬、张企泰译,商务印书馆1961年版,第280节,第301—302页。——译者注

[17] 原文为"Presupposing the Positing",可参照理解。——译者注

[18] 原注15。Dieter Heinrich, *Hegel im Kontext*, Frankfurt: Suhrkamp

六 不仅作为实体，而且作为主体

Verlag, 1971.

[19] 在英文中，"反思"（reflection）含有反射、反映之意，并不全属思辨（"反思"之"思"）的范畴。——译者注

[20] "它的成就"的原文是"It is fulfilled"，可能出自《圣经》"路加福音22"："时候到了，耶稣坐席，使徒也和他同坐。耶稣对他们说：'我很愿意在受害以前和你们吃这逾越节的筵席。我告诉你们，我不再吃这筵席，直到成就在神的国里。'"（When the hour had come, He sat down, and the twelve apostles with Him. Then He said to them, "With fervent desire I have desired to eat this Passover with you before I suffer; for I say to you, I will no longer eat of it until it is fulfilled in the kingdom of God."）——译者注

齐泽克其人其书

斯拉沃热·齐泽克（Slavoj Žižek）是斯洛文尼亚卢布尔雅那大学社会学研究所资深研究员，美国众多大学客座教授，人称哲学界的"猫王"、学术摇滚明星。

齐泽克生于小康之家，父亲在斯洛文尼亚东部地区长大，一直在经济领域工作。母亲是会计。齐泽克1949年3月21日出生于卢布尔雅那，大部分童年时光在海边小镇波尔托罗（Portorož）度过。齐泽克在接受采访时曾经说过："15岁时我想当电影导演，但我看了些很棒的欧洲电影，我知道我干不了这一行。17岁时我决定做哲学家。"

他十几岁时，举家迁往卢布尔雅那。他进入贝日格拉德中学（Bežigrad High School）读书。1967年进入卢布尔雅那大学，学习社会学和哲学，获博士学位。读书期间，在斯洛文尼亚马克思主义哲学家博兹达尔·德本加克（Božidar Debenjak）的影响下，开始关注德国唯心主义和法兰克福学派，并深受其影响。在德本加克的课上，他读到了马克思的《资本论》。但他独树一帜——他透过黑格尔的《精神现象学》这面镜子阅读《资本论》。这个独特的视角、奇妙的组合，一直影响至今，波及他所有著作。

1971年，齐泽克大学毕业并留校工作，任助理研究员。因为硕士学位论文颇富政治争议，1973年被迫离校。后弃文从武。退伍后进入斯洛文尼亚马克思主义中心（Slovenian Marxist Center），担任职员，在那里结识了当时正在专心研读拉康著作的两位学者，从此开始对拉康发生兴趣。1979 年，齐泽克进入卢布尔雅那大学社会研究所，不久即开始出版著作。著作皆从拉康精神分析的视角审视黑格尔哲学和马克思主义哲学。此外他还组织编译阿尔都塞、拉康、弗洛伊德等人的著作。20 世纪 80 年代后期，齐泽克引起公众注意。当时他为一个青年杂志写专栏，批评时政，口无遮拦，最后被迫与其他 32 人一道辞职。不久加入人权保卫委员会，为南斯拉夫的民主而战。1990 年斯洛文尼亚迎来首次大选，齐泽克竞选总统，败北。1989 年，他的第一部英文著作《意识形态的崇高客体》出版发行，对当代哲学世界构成巨大冲击，他也开始享有世界声誉，被人视为"危险的理论家"。

1982—1983 年和 1985—1986 年齐泽克任巴黎第八大学精神分析系客座教授，1991—1992 年任纽约州立大学水牛城分校精神分析与艺术研究中心客座教授，1992 年任明尼苏达大学比较文学系客座教授，1993 年任杜兰大学客座教授，1994 年任纽约卡多佐法学院（Cardozo Law School）客座教授，1995 年任哥伦比亚大学客座教授，1996 年任普林斯顿大学客座教授，1997 年任纽约社会研究新学院（New School for Social Research）客座教授，1998 年任密歇根大学客座教授，1999 年任华盛顿乔治城大学客座教授。近 20 年来，齐泽克足迹遍布世界各地，参加近 400 场学术研讨会。他是总部设在卢布尔雅那的理论精神分析学会（Society for Theoretical Psychoanalysis）的创始人和主席。

齐泽克出道以来出版的学术著作如下（为节省篇幅，不包括他与他人合著的著作）：

Bolecina razlike（1972）

Hegel in oznacevalec（1980）

Gospostvo, Vzgoja, Analiza: *Zbornik tekstov Lacanove sole psihoanalize*（editor, translator）（1982）

Zgodovina in nezavedno (1982)

Birokratija i uživanje (1984)

Filozofija skozi psihoanalizo (1984)

Problemi teorije fetisizma: Filozofija skoz psihoanalizo II (1985)

Hegel in objekt (1985)

Jezik, ideologija, Slovenci (1987)

Pogled s strani (1988)

Druga smrt Josipa Broza Tita (1989)

The Sublime Object of Ideology (1989)

Beseda, dejanje svoboda: Filozofija skoz psihoanalizo V (1990)

Beyond Discourse Analysis (1990)

For They Know Not What They Do (1991)

Hitchcock II. (1991)

Enjoy Your Symptom! (1992)

Looking Awry (1991)

Filozofija skoz psihoanalizo VII (1993)

Tarrying With the Negative (1993)

Everything You Always Wanted to Know About Lacan ... But Were Afraid to Ask Hitchcock (1993)

The Metastases of Enjoyment (1994)

Problemi: Eseji 4 – 5 (1994)

Slovenska smer (1996)

The Indivisible Remainder: Essays on Schelling and Related Matters (1997)

Argument za strpnost (1997)

The Abyss of Freedom (1997)

The Plague of Fantasies (1997)

Alain Badiou, Sveti Pavel: Utemeljitev Univerzalnosti (1998)

The Ticklish Subject (1999)

Contingency, Hegemony, Universality (2000)

The Art of the Ridiculous Sublime: On David Lynch's Lost Highway (2000)

The Fragile Absolute: Or, Why is the Christian Legacy Worth Fighting For? (2000)

Krhki absolut: Enajst tez o krscanstvu in marksizmu danes (2000)

Strah pred pravimi solzami: Krzysztof Kieslowski in siv (2001)

The Fright of Real Tears (2001)

Did Somebody Say Totalitarianism? (2001)

On Belief (2001)

Repeating Lenin (2001)

Opera's Second Death (2001)

Welcome to the Desert of the Real (2002)

Revolution at the Gates: Žižek on Lenin, the 1917 Writings (2002)

Kuga Fantazem (2003)

Organs Without Bodies (2003)

The Puppet and the Dwarf: The Perverse Core of Christianity (2003)

Paralaksa: za politicni suspenz eticnega (2004)

Iraq: The Borrowed Kettle (2004)

Kako biti nihce (2005)

The Universal Exception (2006)

Interrogating the Real (2005)

The Neighbor: Three Inquiries in Political Theology (2006)

Lacan: The Silent Partners (2006)

The Parallax View (2006)

How to Read Lacan（2006）

Virtue and Terror（2007）

Terrorism and Communism（2007）

On Practice and Contradiction（2007）

En defensa de la intolerancia（2007）

In Defense of Lost Causes（2008）

Violence: Six Sideways Reflections（2008）

Monstrosity of Christ: Paradox or Dialectic?（2009）

In Search of Wagner（2009）

First As Tragedy, Then As Farce（2009）

Mythology, Madness and Laughter: Subjectivity in German Idealism（2009）

Drustvo za teoretsko psihoanalizo（2010）

Philosophy in the Present Polity（with Alain Badiou, 2010）

Living in the End Times（2010）

The Idea of Communism（2010）

Paul's New Moment: Continental Philosophy and the Future of Christian Theology（2010）

Hegel and the Infinite: Religion, Politics, and Dialectic（2011）

Zaceti od zacetka, Ljubljana: Cankarjeva založba（2011）

God in Pain: Inversions of Apocalypse（2012）

The Year of Dreaming Dangerously（2012）

Demanding the Impossible（2013）

Less Than Nothing: Hegel And The Shadow Of Dialectical Materialism（2013）

译者

译者后记

一

齐泽克真正出道是在1989年,如今不仅红遍世界,而且"红得发紫"。美国《高等教育纪事周报》(*Chronicle of Higher Education*)把他誉为"文化理论界的猫王"。《村声杂志》(*The Village Voice*)说他是"屹立于人类智力顶峰"的"卢布尔雅那巨人"。英国著名学者特里·伊格尔顿(Terry Eagleton)说他是"几十年来强大无比的杰出阐释者"——不仅阐释自成一家的精神分析,而且阐释街上流行的文化理论。英国《卫报》说他有囊括四海之意,并吞八荒之心,事无巨细,"把一切纳入自己的研究领域",他的研究结果"极其有趣和极其刺激"。《出版人周刊》(*Publishers Weekly*)说他是"把理论的严密性与解读的强制性融为一炉",鲜有能与之比肩者。《纽约客》(*New Yorker*)说他把所有的社会现象和文化现象都理论化了,"是反直觉观察的大师"。可谓誉满天下,无与争锋。

齐泽克是魅力四射的演说家、光彩夺目的文化理论家。他以其新颖、独特的理论,征服了知识分子受众。精神分析、哲学、宗教、伦理学、社会学、政治学、语言学、艺术、电影、文学,五花八门的学科,他样样精通。身份、全球化、赛伯空间、虚拟现实、结构主义、解构主义、现代主义、后现代主义、法国大革命、十月革命,五颜六色的话题,他个个熟悉。如此博学,非一般人所能及。敏锐、深刻、胆大、心细、勤奋、多产，是齐泽克的特点。春江水暖鸭先知，齐泽克正是这个意义上的"先知"。他极其敏锐，极具洞察力。

齐泽克最拿手的好戏是用笑话说明哲学概念和哲学问题，即使黄色笑话他也不以为意；而且据我观察，笑话越"黄"，越能说明问题，越能触及人类幽深之处。齐泽克善于演讲，但平心而论，他更善于写作。简言之，他写得比说得好。但他偏偏喜欢"说"：开讲座，作报告，有请必至，毫无架子；接受采访，主持节目，上电视，去电台，与人争锋，乐此不疲。仿佛他不需思考，张口即来，出口成章。美国人发起"占领华尔街"的民粹运动时，他亲临一线，揎拳捋袖，带领大家高声朗诵他讲了无数遍的笑话："一个德国劳工在西伯利亚觅得一份工作。他知道，从那里写信回国，必定无法绕过审查官的法眼，于是与朋友约定：'我们建立一套密码：如果我写给你的信是用普通蓝墨水写的，那我信上说的一切都是真的；如果是用红墨水写的，那就是假的。'一个月后，朋友收到了他的第一封来信。信是用蓝墨水写的：'这里的一切都奇妙无比：商品琳琅满目，食品极其丰富，公寓不仅宽敞，暖气也很充足，电影院里放映的全是西方大片，还有很多漂亮女孩，可与她们眉来眼去。只有一样不好——红墨水缺货。'"民众始于正襟危坐，终于抚掌大笑。本书的笑话甚多，现在读来，亦有此功效。

齐泽克张扬他自己信奉的"辩证唯物主义本体论"（dialectical materialist ontology），并以此修正左翼对意识形态的批判。不仅如此，他还重新阐释了马克思的著作。有人说，我们如今已经进入"后意识形态"社会，齐泽克对此不以为然。即使我们处处采取"狗智"的态度，对一切都漠不关心，对一切都不再相信，"后意识形态"社会里依然充斥着异化和恋物癖（或拜物教）。其实我们一直都要"相信"，甚至比以前"相信"的还多。但我们的相信采取的形式却相当特殊：我们虽然不再相信任何意识形态，但我们相信，除了我们,还有些人在相信这些意识形态。因此,"后现代"思潮是彰显下列事实的征兆:主体以为自己能够做,实际上却做不到,只能徒然自欺。因此,"后现代"思潮并不激进,反而验证了意识形态运作的基本原理。它没有使我们远离意识形态,相反,它令我们沉浸于意识形态的幻象之中而不自知。

尽管如此,我们不得不说,在我们眼里,齐泽克是一个"怪人"。在哲学方面,他是黑格尔派;在精神分析方面,他是拉康派;在政治方面,他是共产主义者;在宗教方面,他是基督教—唯物主义者(Christian-materialist)。在常人看来风马牛不相及的东西,他则聚于一身。不仅如此,他还把拉康的精神分析理论、欧陆哲学(特别是他对黑格尔哲学所作的反本质主义的解读)和马克思的政治理论融为一炉,令人眼界大开。

二

严格说来,此书是齐泽克的开山之作、种子之作、奠基之作和引论之作。他后来的全部思想全都萌芽于此,全都能在这里找到源头。我甚至觉得,齐泽克后来的所有著述都是此书的注释和扩展。此书是了解他全部思想的"门户"和"索引"。

此书甫一问世,齐泽克立即名声大噪,何以至此?耐人寻味。

首先,齐泽克把握了时代的脉搏,把握了"时代精神"。他回答了我们这个时代亟待解答的诸多基本问题。比如,什么是社会?社会的本质是什么?什么是人(主体)?人(主体)的本质是什么?人(主体)是如何生成的?社会是如何运作的?意识形态为何?意识形态在社会运作过程中发挥着怎样的作用,又是如何发挥作用的?极权政体的问题出在哪里?民主政体的毛病又出在哪里?生活在西方民主政体下的人,隐隐约约地感到民主政体存在某种难以言表的问题，但无法用语言来描述和分析，齐泽克做到了这一点。

其次，齐泽克让我们感到了阅读的快乐。对于西方哲学史来说，阅读的快乐是稀缺品。在西方哲学史上，哲学家大多缺乏幽默感。如马丁·海德格尔，按现有纪录，只开过一次玩笑，是讽刺拉康的。他说拉康是需要精神病医师的精神病医师。自苏格拉底以来，齐泽克是能令受众热爱学问并开怀大笑的哲学家；和苏格拉底一样，齐泽克一直都在以反讽的口吻进行自我批判，例如，他一边批评别人沉溺于淫荡的种族主义幻象，一边打趣地把自己称作种族主义者。这种幽默感是他获得成功的一个因素。很多人对他的著作和演讲如醉如痴，获得了齐泽克一直都在关注的快感（enjoyment）。当然，快感（enjoyment）不是快乐（pleasure），因为严格说来，快感是剩余快感（surplus enjoyment），因为它能不断释放快感，不断制造快感的"剩余"。快感是伴随着不安和不适的怪异迷恋，因而是"痛"中之"快"，常常引导人类违背自己的私利。尽管人通常意识不到快感的存在，但所有的政治都依赖快感，都操纵快感。那么多人喜爱齐泽克，不仅因为他彻底解剖了快感，而且因为他能够制造快感：有时夹杂着痛苦、尴尬，但痛苦、尴尬中有快感。之所以齐泽克20多年来一直处于文化、政治、哲学漩涡的中心，就是因为他的话语制造了这样的快感。

另外，齐泽克极有天赋。他能把复杂的问题简单化，再复杂的问题，他都能用笑话、谚语、漫画或电影，作简洁的说明。他还能把简单的问题复杂化，再简单的问题，让他一说，都包含着极其深刻的哲学命题和人生哲理，而且说得令人口服心服，甚至佩服得五体投地。

三

齐泽克认为，意识形态不是有关政治、经济、社会、文化的观念，而是它们的基础性的构成。意识形态是我们存在与行为的一部分。意识形态并不只是消极的，它还有其积极的一面。社会生活没有意识形态，就会变成愚蠢的现实和自相矛盾的存在，就会丧失其一致性。以货币为例，货币本身就是一张纸，还脏兮兮的，细菌成堆，本身毫无实用价值，但人人都趋之若鹜，爱不释手，不可一日无之。那么它的价值源于何处？源于人人都假装它有价值。人人都假装它有价值，它就真的有了价值。因此货币是"征兆"：一个问题重重的东西，但要保持现实的稳定性，它又是必不可少的。

齐泽克认为，主体不是实体性的单个主体（substantial individual subject），不是笛卡儿"我思故我在"中的"我"，而是纯粹否定性之物，是存在之虚、之空、之白，即拉康所谓"未完成的、被分割的、划了斜线的无意识主体"。这样的主体观，自然有其社会—政治内涵，那便是对人人以之为理所当然的社会—政治现实的拒斥。它影响人的决策，因为人的决策并非意识性的，而是无意识性的，是拉康所谓的"行为"（act），而这样的"行为"破坏了"符号的坐标"（symbolic coordinates）。这样的"行为"——如俄国十月革命——是如何发生的？这也是齐泽克试图回答的问题。

弗洛伊德对超我作了精湛的阐释，并以此扬名立万。拉康百尺竿头，更进一步，对它重新阐释。齐泽克并不满足于前人的成就，对超我作了革命性的阐释。超我不再只是发布禁令的动能，它还是原乐（jouissance）之源泉。原乐是快感，但它又是过度的快感，是令人痛苦的快感。原乐并不直接源于超我，而是源于对超我的逾越，对超我禁令的违反。无论对于个人还是对于社会而言，原乐都是不可或缺的。它是对机构权威的隐秘补充，是"律令的淫荡面"（obscene underside of the law）。在诸如体育比赛和饮酒作乐之类的文化实践中，对原乐的体验可以使人远离道德法令，如此一来，仿佛人们服从道德法令是他们自由选择的结果。因此，对道德法令的有限逾越不仅没有削弱道德律令的合法性，反而强化了道德律令的合法性。

西方20世纪以来对所谓的本真的、实体性的"共同体"（community）青睐有加，政治和哲学也多由此汲取力量。海德格尔就是如此，他在20世纪30年代曾把"人民"（Volk）视为"存在"（Being）的根基。齐泽克对此大加讨伐。齐泽克认为，种族主义有其根本幻象。在种族主义的根本幻象中，"盗窃快感"（theft of enjoyment）乃其核心。所谓"盗窃快感"是指，种族主义者假定，既令人爱又招人恨的"他人"偷走了他们的原乐，因此，收回被"他人"偷走的原乐，不仅能弥补种族主义者的损失，而且能恢复"共同体"的平衡。在齐泽克看来，"平衡"本身就是一个意识形态概念，以"平衡"为主旨的生态主义，毫无疑问也是意识形态。

在一般人的眼中，弗洛伊德要揭示梦的真实意义（real meaning），马克思要揭示商品的实际价值（real value）。但在齐泽克看来，梦根本没有真实意义，商品也没有实际价值。潜在意义或隐秘意义、价值，都是子虚乌有。弗洛伊德的确分析梦，马克思的确分析商品，但他们的目的在于关注隐藏（concealment）这个过程，而不在于究竟隐藏了些什么。齐泽克还拒绝了以雅克·德里达为代表的解构主义，拒绝了让-弗朗索瓦·利奥塔德为代表的后现代主义，因为在他看来，解构主义和后现代主义不过是在全球资本主义形势下文化商品化和文化同质性的表现形式而已。

译者后记

四

在"引论"中,齐泽克为本书确立了三大目标:引入、阐释拉康精神分析的基本概念;在拉康精神分析的基础上再次激活黑格尔的辩证法;确立一套意识形态理论,同时阐释马克思主义和拉康精神分析的"秘响旁通"的关系。齐泽克认为,这三大目标是紧密相连的:只有通过拉康的精神分析,才能激活黑格尔的辩证法,才能确立意识形态理论,因此,拉康的精神分析理论是基础和前提;对黑格尔辩证法的重新认识和意识形态理论的确立,又会回过头来深化对精神分析的认识。

关于本书的第一大目标。齐泽克在谈及黑格尔和马克思时,总是以拉康的精神分析理论为坐标,总是不断援引拉康的概念,因为拉康给我们带来极具革命性的范式转移。未经深入考察的假定,未经严格批判的信仰,未经彻底反思的社会符号实践(sociosymbolic practices),都没能逃过拉康的"法眼"。黑格尔的辩证法的核心特征是否定性,这与无法言说、无法符号化的、抵抗进入符号秩序的、作为对抗的实在界不谋而合;意识形态并非话语,而是实践,其核心在于"崇高客体",等等。

齐泽克认为,意识形态使话语连贯一致,使话语具有"神话般的整体性"(mythic wholeness)。意识形态也是围绕着这样的话语运作的。意识形态能有此等功能,与主人能指(Master-Signifier)有关。作为"没有所指的能指",主人能指是符号权威手中的利器,赋予话语述行之维(performative dimension)。主人能指不仅是不可化约、无法界定的术语,而且它总能通过符指化(signification),指向超验之物(transcendent thing)。这不奇怪,因为符指化都必须借助于对符指化的超越。因此,尽管崇高的客体并没有出现在主体的经验之中，还是能给所有可能的经验领域提供连贯性和一致性。尽管任何意识形态都是不连贯、不完整、不一致的，但主人能指的不可界定性（indefinability）还是确保了系统的有效性。意识形态能有此等功能，还与幻象有关，幻象把实在界的对抗（Real antagonism）与匮乏（lack）掩饰起来，而在任何制度之内，都存在着实在界的对抗和匮乏，都存在着构成性的分裂（constitutive splitting）。而且实在界本身就是分裂（gap）和否定性（negativity）。因此，意识形态幻象发挥想象性统一（imaginary unity），它遮蔽了不可化约的对抗和非一致性（inconsistency）。"意识形态的功能不是为我们提供逃避现实的出口，而是社会现实本身，以供我们逃避某个创伤性的、实在界的内核（traumatic, real kernel）。"社会现实本身就是设法应对实在界创伤（Real trauma）或实在界对抗（Real antagonism）的产物。

关于本书的第二大目标。齐泽克认为对黑格尔辩证法的传统阐释是靠不住的，尽管它现在依然在学术界大行其道。根据这种阐释，黑格尔要在完整的理性综合（"绝对知识"）中克服一切差异。齐泽克要以拉康的精神分析概念重塑黑格尔的辩证法，重新激活早已死去的德国唯心主义。齐泽克认为，黑格尔辩证法的精髓在于，它总是暴露分裂、鸿沟、裂缝，它总是破坏、瓦解、颠覆任何整体性。难以界定的否定性从内部破坏了概念的综合。因此，黑格尔的"绝对知识"就是拉康"实在界"的雏形。换言之，黑格尔的"绝对知识"暗示我们，任何符号系统和整体性都是不一致的。其实早在黑格尔之前，拉康就发现"存在"（being）并非谓词，故不能把存在简化为实体的概念属性。如此看来，充分、完整地界定概念的所指是根本不可能的。"绝对知识"之为"绝对"知识，就在于它知道，任何辩证综合都是不完整的和不一致的。齐泽克志在使哲学"辩证"起来，形成"辩证哲学"。以这种"辩证哲学"审视人性和人类社会，会获得全新的视境。

关于本书的第三大目标。齐泽克不仅确立了全新的意识形态理论，而且对马克思作了全新的解读，以驳斥某些"我们已经进入'后意识形态'社会"的"庸见"。学界通常通过马克思和恩格斯的《德意志意识形态》解读他们的意识形态理论。齐泽克则独辟蹊径，通过马克思的《资本论》解读其意识形态理论。

马克思对"商品恋物癖"的解释表明，在社会交换中，商品就是充满魔力的客体，具有离奇的法力，它可以用来填补构成性匮乏（constitutive lack），而符号秩序就是围绕着这样的"构成性匮乏"旋转的。人通过劳动，生产了某个产品。一旦将此产品置于社会互动和社会交换的过程中，即用于交换，它就会具有抽象价值（abstract value）。抽象价值与生产这个商品的劳动量无关，与这个商品的使用价值无关。一个偶然拣到的宝石可以换一所房子，宝石既不需要劳动来生产，又没有使用价值，与房子无法相提并论，却能与房子交换，是因为它具有抽象的交换价值，仿佛与房子相比，它"天生"就有房子的价值。

这个交换过程就是"抽象过程"（process of abstraction）。这个过程与康德的"知性"（Understanding）范畴颇有相通之处："在思维获得纯粹的抽象之前，抽象以市场的社会功效的形式出现了。商品交换包含了双重的抽象：其一来自商品的多变品性，而商品的多变品性是在交换行为中出现的；其二来自商品具体的、经验的、感性的、特殊的品性。在交换行为中，对商品进行特殊的、具体的、定性的决断，不在考虑的范围之内；商品被化约为抽象的实存物，不论它的特殊本性和它'使用价值'如何，它都与它就要交换的商品具有'同等价值'。"显然，这里所谓的"抽象"与我们理解的"抽象"相去甚远。

齐泽克认为，弗洛伊德的无意识概念与马克思对商品恋物癖的分析大有异曲同工之妙，因为它们都涉及不可化约的抽象之维（dimension of abstraction）。这一点，弗洛伊德和马克思都没有意识到。他们理论中的"抽象形式"（abstract form）值得我们关注。关于弗洛伊德，我们要关注的问题不是：在梦的后面究竟有着怎样的隐秘意义？而是：为什么恐惧和欲望采取了梦的形式，它们又是如何采取梦的形式的？关于马克思，齐泽克这样说道："我们在此触及一个马克思没有解决的问题，即有关货币的物质品性的问题：货币不是由经验的、物质的材料制成的，而是由崇高的材料（sublime material）制成的，是由另一种'不可毁灭和不可改变的'、只生不灭的物质制成的。货币的这种物质俨然萨德笔下的受难者的躯体。"这的确是一个重大理论发现。这个发现，同样离不开拉康的启迪，这可由"崇高"一词见出。当然，这里的"崇高"也不是我们理解的、作为审美范畴的"崇高"。

齐泽克认为，社会生活中充斥着恋物癖式倒置（fetishistic inversion），甚至社会生活以恋物癖式倒置为指针。这意味着，主体无法认知现实，因为现实是以幻象结构起来的。主体深深陷入幻象而不自知，又如何认知由幻象结构起来的现实？这可以用来解释，何以主体明明知道事情是怎样的，但做起事情来，仿佛他对此一无所知。"他们对自己的所作所为一清二楚，但他们依旧坦然为之。"幻象常以信仰为表现形式。当今世界，信仰已经彻底外化。"它类似于西藏人的转经轮：你把祷告写在纸上，把纸卷成一个轮子，然后令其自转，而不需思考。或者，如果你要按黑格尔的'理性的诡计'（cunning of reason）行事，干脆把它绑在风车上，这样它就会为风力所驱动。"精神本质（spiritual essence）的深度和精致不再深藏不露，而像秃头上的虱子，就摆在那里。

五

阅读此书，颇为不易。单以语言论，也是如此。且以一个并不过分复杂的语句为例："An ideology really succeeds when even the facts which at first sight contradict it start to function as arguments in its favour." 此句并不涉及高深的学问和精深的思想，但即使你以英语为母语，乍看之下，也会头晕眼花，也禁不住要问："what the hell does that mean?" 其实，它的意思是，初看上去与意识形态矛盾的那些事实，现在也开始充当有利于这种意识形态的证据，到了这个时候，意识形态真的就大功告成了。

除了语言，还有奇奇怪怪的图表，莫名其妙的数学符号，含混不清的表述，都是理解的障碍。这些是拉康的遗产。齐泽克把它们引入此书，一样不少，增加了阅读本书的难度。当然，齐泽克理解的拉康，与别人理解的拉康颇不相同。坦率地说，我不喜欢这些图表、数学符号和表述，但我喜欢拉康讲述的道理。而且我觉得，即使不用这些图表、数学符号和那样的表述，拉康一样能够讲清他的道理。可惜选择权不在我们，所以我们也只能耐心细读，理解拉康。

此外，欧陆哲学（非英美哲学）、精神分析，乃至康德、黑格尔、马克思、弗洛伊德和拉康等人的著作，是读懂此书的基石。健全的常识，是理解齐泽克的"反常识"的前提。清晰的逻辑和发达的智力，也是必需。不过话说回来，阅读此书，也为我们重新理解欧陆哲学、精神分析和康德等人的著作，提供了全新的契机和可能。读完此书，我们会发现，我们以前理解的欧陆哲学、精神分析和康德等人的著作，与齐泽克的理解，几乎风马牛不相及。比如齐泽克对黑格尔的看法完全不同于主流哲学家们的看法。在我们指责黑格尔是"唯心主义"哲学家之时，齐泽克则认为黑格尔唯一的罪过，就是他"唯心"得还不够彻底——黑格尔还不是一个彻底的黑格尔派。当今世界,多数哲学家早已对黑格尔"弃之如敝屣",但在齐泽克这里,黑格尔成了极具先锋意味的哲学家:比后现代还"后"的哲学家,比马克思还"马"的思想家。如此一来,经过一番改造,黑格尔被他加工成了风味独特的"斯洛文尼亚香肠"。艺高胆大,反弹琵琶,难怪主流哲学家会对齐泽克不冷不热,冷眼旁观。

齐泽克的著作术语极其密集。本书第六章可谓登峰造极,读起来,有负重顶山之感——气喘吁吁,上气不接下气。那里面有知识、逻辑和智力的挑战,也有接受挑战之后的阅读快感。本人为读者计,作了些注释,"跟"了些原文,引文倘若有不同的中文版,亦常加以对比,旨在帮助读者参照理解。即使属于狗尾续貂,亦在所不惜。希望只有一个,帮助读者理解作者本意。中西之不同,概而言之,表现于器物、制度和精神三个层面,器物和制度之异,已如天壤;精神之别,远大于云泥。我越来越相信,中西之精神可相互沟通者,屈指可数,寥寥无几。读懂西方哲学,特别是欧陆哲学,极为不易。近者且不论,我们接触拉康、黑格尔已逾百年,真能读懂其著作者,在我们这个泱泱大国,能有几人?

为什么说"读懂……欧陆哲学,极为不易"?因为同为"西方哲学",欧陆哲学与英美哲学大异其趣。英美哲学追求逻辑严密(这里的逻辑当然是"形式逻辑",而非欧陆哲学家青睐的"辩证逻辑")、表述流畅,被欧陆哲学斥为肤浅。欧陆哲学追求深刻甚至深奥,被英美哲学斥为"蒙昧"。代表欧陆哲学的德里达与代表英美哲学的塞尔曾经展开论战。论战的结果是,塞尔直斥德里达宣扬"蒙昧主义"(obscurantism),德里达则讥讽塞尔"浅薄可笑"(superficiality)。英美哲学和欧陆哲学即使使用相同的概念,表达的意思也往往南辕北辙。比如,它们都很重视"经验"(experience)与"理性"(reason),但对"经验"与"理性"的理解大相径庭。且以

译者后记

"经验"为例。在英美哲学那里,经验是常识性的直觉,是逻辑推理、理性思维或分析判断的能力。在欧陆哲学那里,经验不同于常识性的直觉,不同于一般的科学实验,它处于常识性的直觉和科学实验之下,自成一域,难以触及。胡塞尔、海德格尔、萨特、梅洛·庞蒂等人把这种经验说成"具体的"、"活生生"的经验。与这种经验相比,日常经验和科学实验实在是肤浅、虚妄,苍白无力,不堪一击。如此经验与新康德主义推崇的"先验意识"(transcendental consciousness)或"绝对意识"(absolute consciousness)有异曲同工之妙。没有"先验意识"和"绝对意识"的支撑,我们的日常经验毫无意义。

和所有的欧陆哲学家一样,齐泽克的著作看上去结构松散,逻辑不够严密,术语常常不加界定,读起来"神龙见首不见尾",甚至"有句无段"、"有段无节"、"有节无章"、"有章无篇",但他总有"石破天惊"之语,充满了启迪心灵的智慧,读来令人拍案叫绝。有此一项,足矣。更何况,在这些表面松散的结构之下,自有其严密的"辩证逻辑",有待我们发现。

本人十五年前初译此书。那时本人对齐泽克其人其书一无所知,对欧陆哲学及精神分析更是一知半解,无网络之便利,无师友可切磋,仅凭几本字典,耗时一年有余,将其译出,"憨大胆"也。如今想来,不免汗颜。依本人当时之学养、能力和水平,绝无可能担此重任。于是想到了那个故事。据说巴洛克表演集团曾经招募了一批小学生,让他们演唱巴赫的合唱曲,那可是高难度的作品,非一般人所能及。一群听众听完小学生的演唱,问指挥:"这么难的曲子,他们居然唱了下来,怎么做到的?"指挥立即制止他:"嘘——小声点,别让他们听见,听见他们就不唱了。"我就是那个小学生,但没有"听众"告诉我真相,否则早就打鼓退堂了。这次修订,名为修订,实为重译,天生愚笨,只好以勤补拙,字斟句酌,战战兢兢,小心翼翼，汗不敢出。无奈毕竟水平有限，错讹难免，敬祈方家指正。感谢黄灿、张浩然同学帮我校对文稿，并贡献弥足珍贵之见。最后（也是最重要的），郑重感谢中央编译出版社对本人的信任和对学术发展的贡献，在此向出版社的领导和编辑致敬。

2013 年 9 月 15 日